Zu diesem Buch

Knapp drei Wochen nach dem gescheiterten Putschversuch der altkommunistischen Garden gegen die Organisatoren der Perestrojka, stellen sich ebenjene Organisatoren, stellen sich Michail Gorbatschow und Boris Jelzin in demonstrativer Eintracht den Fragen amerikanischer Fernsehzuschauer und krönen so das weltgeschichtliche Ereignis mit einem medialen Finale: Die «Supermacht» UdSSR, das Mutterland des Kommunismus, ist nicht mehr; die siebzigjährige Herrschaft der allmächtigen KPdSU ist beendet, ihr Wirken gar gesetzlich verboten. Der hoffnungslose Versuch der im sog. «Notstands-Komitee» versammelten Hasardeure vom 19. August, das alte System zu restituieren, ist nicht bloß gescheitert; er hat sich vielmehr in sein Gegenteil verkehrt und eine «zweite russische Revolution» initiiert, deren innen- wie außenpolitische Konsequenzen denen der einstigen «Oktoberrevolution» in nichts nachstehen. Und gerade daß der militante Restaurationsversuch «hoffnungslos» war, ist das Erstaunliche, beweist es doch, welche irreversiblen Veränderungen die Politik der Perestrojka bewirkt hat. Der von Gorbatschow eingeleitete Demokratisierungsprozeß hat eine Dynamik entfaltet, mit der auch Gorbatschow selbst am Ende nicht mehr Schritt halten konnte.

Nie zuvor hat sich eine Weltmacht so schnell, so still und – von den drei bedauernswerten Putschopfern abgesehen – so unblutig verabschiedet. Die erste Euphorie ist allerdings schnell verflogen. Neben den sich plötzlich eröffnenden und lange Zeit ungeahnten Perspektiven treten nun die Gefahren und die immensen Probleme in den Vordergrund, welche die Erosion der ehemaligen UdSSR zur Folge haben werden. Was wird aus der Roten Armee und ihren Atomwaffen? Wie mächtig bleibt das KGB? Welche Konzepte entwikkeln die nun stark gewordenen demokratischen Bewegungen? Wie lassen sich die ökonomische wie die ökologische Krise meistern? Welche Rolle werden die zunehmenden Nationalitätenkonflikte spielen? Und schließlich: Welche Verantwortung haben jetzt die westlichen Länder, was können, was müssen sie tun, damit der Zerfall des einstigen Riesenreiches nicht in einer politischen, sozialen und ökonomischen Katastrophe mündet?

In diesem Band suchen sowjetische und deutsche Experten nach Antworten auf diese und weitere Fragen. Sie analysieren die Lage vor und nach dem Putsch, sie beleuchten die historischen Hintergründe ebenso wie die aktuellen Ereignisse, um nicht nur die Notwendigkeit dieser weltgeschichtlichen Zäsur in ihrer Entwicklung transparent zu machen, sondern um die Perspektiven zu verorten, die sich ebenso notwendig aus ihr ergeben. Mit dem Ende der UdSSR ist die Welt eine andere geworden.

Eduard Schewardnadse / Andrej Gurkow /
Wolfgang Eichwede u. a.

Revolution in Moskau

Der Putsch und das Ende der Sowjetunion

rororo

Rowohlt

rororo aktuell
Herausgegeben von Ingke Brodersen

Originalausgabe
Redaktion: Rüdiger Dammann/Frank Strickstrock

Veröffentlicht im Rowohlt Taschenbuch Verlag GmbH,
Reinbek bei Hamburg, September 1991

Umschlaggestaltung: BÜRO Hamburg – Jürgen Kaffer/Peter Wippermann
(Foto: dpa)
Satz Times (Linotronic 500)
Gesamtherstellung Clausen & Bosse, Leck
Printed in Germany
1280-ISBN 3 499 13122 6

Inhalt

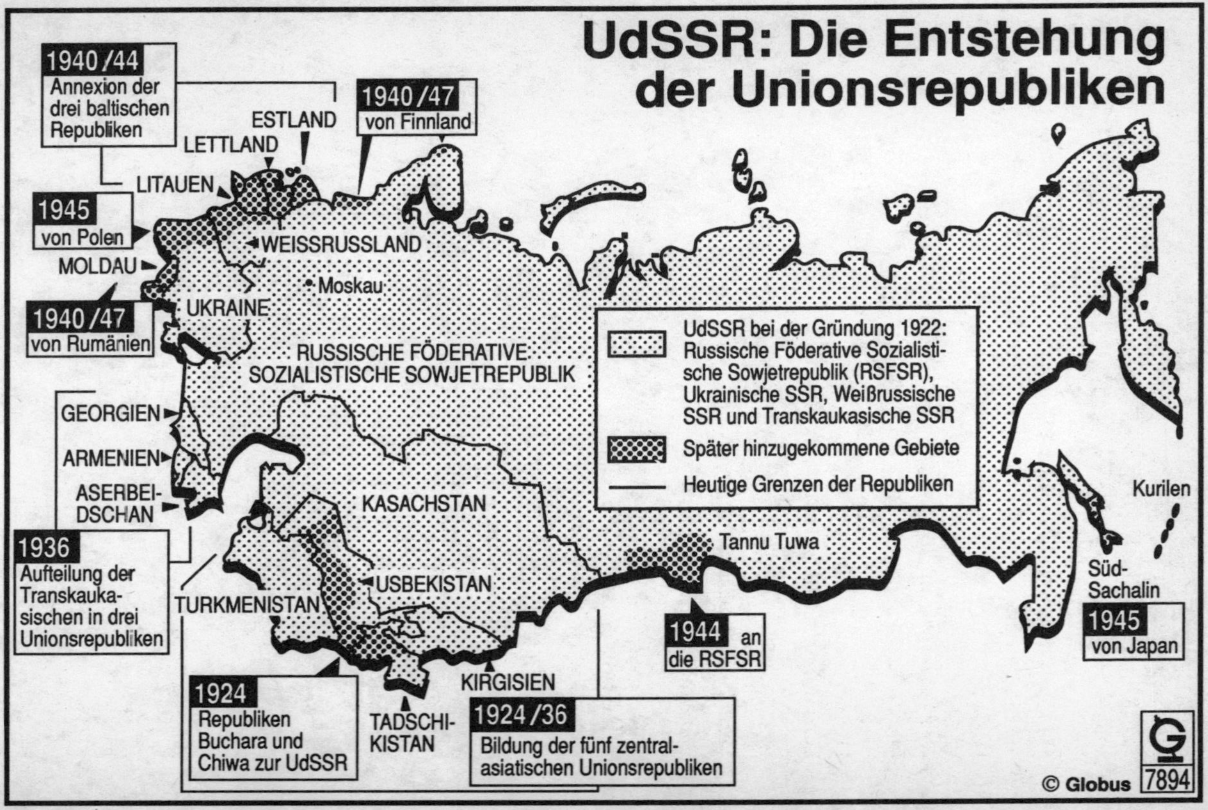
UdSSR: Die Entstehung
der Unionsrepubliken
1940/44
Annexion der drei baltischen Republiken
1940/47
von Finnland
ESTLAND
LETTLAND
LITAUEN
1945
von Polen
WEISSRUSSLAND
MOLDAU
Moskau
1940/47
von Rumänien
UKRAINE
RUSSISCHE FÖDERATIVE SOZIALISTISCHE SOWJETREPUBLIK
UdSSR bei der Gründung 1922: Russische Föderative Sozialistische Sowjetrepublik (RSFSR), Ukrainische SSR, Weißrussische SSR und Transkaukasische SSR
Später hinzugekommene Gebiete
Heutige Grenzen der Republiken
GEORGIEN
ARMENIEN
ASERBEIDSCHAN
KASACHSTAN
1936
Aufteilung der Transkaukasischen in drei Unionsrepubliken
USBEKISTAN
TURKMENISTAN
Tannu Tuwa
Kurilen
Süd-Sachalin
1945
von Japan
1944 an die RSFSR
KIRGISIEN
1924
Republiken Buchara und Chiwa zur UdSSR
TADSCHIKISTAN
1924/36
Bildung der fünf zentralasiatischen Unionsrepubliken
© Globus 7894

Vorwort

Seit Michail Gorbatschow im März 1985 die Führung der Sowjetunion übernahm, haben sich sein Land und die Welt grundlegend geändert: Abrüstung, Ende des Ost-West-Konflikts, Fall des Eisernen Vorhangs, Auflösung des Warschauer Pakts, Demokratisierung in weiten Teilen Osteuropas, Vereinigung Deutschlands, im Land selbst Glasnost und Perestrojka, Umgestaltung des gesellschaftlichen Lebens zu mehr Freiheit, der Versuch, die Partei und die marode Wirtschaft zu reformieren und der Korruption Herr zu werden. Sechs Jahre lang gelang Gorbatschow das Kunststück – von vielen als Unentschiedenheit gegeißelt –, bei dem Versuch, die Gesellschaft umzubauen und der KPdSU trotz Demokratisierung eine tragende Rolle zu erhalten, die gegensätzlichsten Kräfte auszubalancieren. Dann beendete ein Putsch der alten Nomenklatura die Phase der Perestrojka. Gerettet wurde Gorbatschow – mitsamt den Früchten seiner Politik – von denen, die ihm immer zu weit gingen: den demokratischen Kräften und seinem langjährigen Widersacher Boris Jelzin. Über Gorbatschow hinaus vollzog der russische Präsident Jelzin den endgültigen Bruch mit dem Leninismus und leitete damit das Ende der Sowjetunion ein. Die damit verbundene radikale Einsicht fiel Gorbatschow vielleicht am schwersten, er formulierte sie bei einem gemeinsamen Auftritt mit Boris Jelzin ausgerechnet im US-amerikanischen Fernsehen. Auf den Kommunismus angesprochen, sagte er: «Die historische Erfahrung hat gezeigt, daß dieses Modell, so wie es in unserem Land praktiziert wurde, fehlgeschlagen ist.»

Der Kommunismus ist gescheitert, sein Scheitern auch in seinem Mutterland ausdrücklich erklärt. Vor den Augen einer faszinierten Welt vollzieht sich ein Prozeß, der in der Menschheitsgeschichte ohne Beispiel ist: Eine der beiden Supermächte, geographisch das größte Imperium der Welt, zerfällt. Das Ende der Sowjetunion, fast 70 Jahre lang die «Union der sozialistischen Sowjetrepubliken», ist bereits besiegelt. Die drei baltischen Staaten Estland, Lettland und Litauen, 1940 dem Hitler-Stalin-Pakt zum Opfer gefallen, haben ihre Souveränität zurückgewonnen. Zehn weitere Republiken einschließlich der russischen entwickeln eine Form der Konföderation – einstweilen mit Gorbatschow an der Spitze als Präsident einer Union souveräner Staaten.

Der Umwandlungsprozeß der Sowjetunion, der nach dem Putsch durch Boris Jelzin sowohl eine neue Dimension als auch an Tempo gewonnen hat, vollzieht sich weitgehend friedlich. Wird es dabei bleiben, wenn in den 15 Ex-Sowjetrepubliken das Selbstbewußtsein von über 100 Völkern und ethnischen Gruppen aus dem Alptraum der Angst erwacht, in den Stalin es versetzt hatte? Kann ein Neubeginn nach innen und außen friedlich bleiben, der in wirtschaftlichem Elend gründen muß? Hat die Demokratie wirklich überall eine Chance? Auf dem Territorium vieler Ex-Sowjetrepubliken sind Atomwaffen stationiert; werden sie deshalb schon zu neuen Atommächten? Was wird aus der Roten Armee, dem KGB, dem militärisch-industriellen Komplex, hat die stalinistische Reaktion mit dem August-Putsch wirklich zum letztenmal ihr Haupt erhoben? Welche Rolle kann und muß der «Westen» – ein Begriff, der nur historisch noch Sinn macht – spielen, Europa zumal, das schon vor dem Zerfall Jugoslawiens und seinen Folgen hilflos zu versagen droht?

Auf viele dieser Fragen gibt es derzeit noch keine zuverlässigen Antworten. Macht es da Sinn, die Vorgänge in der Sowjetunion und ihre Konsequenzen jetzt schon in einem Buch zu analysieren? – Es macht sogar viel Sinn. Gorbatschows Politik der Perestrojka hatte zwar das Gesicht Europas und die strategisch-ideologische Weltlage von Grund auf geändert, uns in bezug auf die Sowjetunion selbst aber weitgehend in der trügerischen Sicherheit einer Stabilität gewiegt, die altem geostrategischem Denken noch immer bequeme Nischen anbot. Damit ist es nun endgültig vorbei. Die neuerlichen Umwälzungsprozesse, die die Revolution in Rußland in Gang gesetzt hat, betreffen uns unmittelbar. Die Nachkriegswelt, in der wir fast ein halbes Jahrhundert lebten, gehört unwiderruflich der Vergangenheit an. Wir müssen rasch begreifen, wie es dazu kam und unter welchen Bedingungen sich die Veränderungen vollziehen, damit *auch wir* umdenken können. Dieser Band soll dazu beitragen, jetzt.

Siebzehn Beiträgerinnen und Beiträger analysieren in diesem Buch die Geschichte der Perestrojka, die Entwicklung bis zum Putsch und die Situation danach: Journalisten und Publizisten, Wissenschaftler und Politiker, sämtlich langjährige Beobachter der sowjetischen Entwicklung, einige aktiv an ihr beteiligt.

Sechs Beiträger stammen aus der Sowjetunion. Sie nahmen sich die Zeit, für diesen Band zu schreiben, obwohl sie sich viel lieber ungehemmt auf die aufregenden Ereignisse und Diskussionen in Moskau konzentriert hätten. Ihnen sowie allen Autorinnen und Autoren, den Übersetzerinnen und Übersetzern aus dem Russischen, denen wir eine außergewöhnliche Anstrengung zumuten mußten, gilt der Dank der aktuell-Redaktion.

September 1991

Eduard Schewardnadse

Eine Verschwörung der Verlierer

Mir ist die Eitelkeit eines Politikers fremd, der stolz darauf ist, das Geschehene richtig vorhergesagt zu haben. Ebensowenig wäre es meine Art, jetzt selbstzufrieden auszurufen: «Das habe ich doch gleich gesagt!» Im Gegenteil, nach meinem Rücktritt habe ich meinen Freunden immer wieder versichert: «Ich werde glücklich sein, sollte meine Prognose nicht eintreffen.» Sie hat sich aber doch zu meinem Unglück als korrekt erwiesen.

Die Geschehnisse vom 19. bis 21. August warfen ein grelles Licht auf die Leinwand des Gedächtnisses und erhellten vieles auf neue Weise. Jenes Licht ist zwar intensiv, doch es blendet nicht, sondern verschärft die Kontraste. Mancherlei Tatsachen, Beobachtungen, viele Gedanken, Vermutungen und unvermittelte Einsichten, manche Zweifel, die aufkamen und wieder verschwanden – all die Fragmente des realen Lebens, die Herz und Verstand so leicht verletzen können und die mich veranlaßt hatten, so und nicht anders zu handeln, sie alle haben sich in jenen Tagen zu einem Mosaik gefügt, zu einem zusammenhängenden Bild: Ich verstand. Alles, was ich über die schleichende Diktatur dachte, die sich heimlich an die Errungenschaften der Perestrojka heranpirschte, alles, was ich sagen wollte, hatte ich in meinem Buch «Die Zukunft gehört der Freiheit» bereits gesagt. An dem hier gezeichneten Bild gilt es, nur noch einige wenige, allerdings sehr, sehr wesentliche Pinselstriche zu ergänzen.

Während der letzten zwei Jahre, vom April 1989 an, hatte mich ein Gefühl der Depression nicht losgelassen. Die Ereignisse im Lande, in meiner Umgebung – aber auch meine eigenen Gedanken – bestürzten mich tagein, tagaus. Immer drohender schien mir die reale Gefahr einer Explosion, die ich nicht genau zu benennen wußte, wenngleich aus meinem Unterbewußtsein langsam ihr Name auftauchte: «Diktatur.» Am Morgengrauen des 19. August dann wurde ich von der

Stimme eines Rundfunksprechers geweckt. So erfuhr ich, daß im Lande der Notstand verhängt worden war.

All das, wovor ich Angst hatte und vor dem ich gewarnt hatte, all das war eingetreten. Seltsamerweise verspürte ich nichts als ein Gefühl der Erleichterung. Ganz so, als wären die Gewichte von meinem Herzen abgefallen, die es so viele Monate lang beschwert hatten. Alles, was die Seele quälte und keine Ruhe gab, was die Gedanken in endlose Labyrinthe von Fragen – «Wer?» «Wie?» «Warum?» – trieb, war in einem Augenblick verweht und verschwunden, so wie sich Nebel bei starkem Wind verflüchtigt. Es brach eine erstaunliche Klarheit an. Alles lag nun offen da: Namen, Absichten, Taten. Das Geheime hörte auf, geheim zu sein. Verschwommene Schatten nahmen die Deutlichkeit konkreter Gestalten und Personen an. Das Kräfteverhältnis war klar.

Ich empfand, ja spürte beinahe physisch, wie eine jede Zelle meines Gehirns arbeitet, wie ein jedes Teilchen meines Wesen freigesetzt wird und sich schon mit anderer, nicht mehr durch die einstigen Fesseln gebundener Energie anspannt.

Erstaunlich auch, daß alle meine Sorgen zurücktraten, verdrängt durch dieses Erlebnis der absoluten Klarheit: Das ist eine Verschwörung der Verlierer, deren Anstifter, Organisatoren und Teilnehmer von Anfang an zum Scheitern verurteilt waren. Feierlich lasen Rundfunk- und TV-Sprecher ihre Erklärungen herunter, ich aber dachte daran, daß all diese Deklamationen einem Volke galten, das es in dieser Form gar nicht mehr gab. Ihre abgenützten Worthülsen verhallten in der dunklen Höhle unserer Geschichte; die Hörer aber hatten schon längst den Ausgang aus jener Höhle gefunden und die makabren Appelle fanden den Weg zum Verstand und Herzen des Volkes nicht...

Meine Frau begleitete mich zum Aufzug unseres Apartmenthauses, wir verabschiedeten uns, und sie sagte: «Ich weiß, du bist auf alles vorbereitet, genauso wie ich. Also gut, geh nur und möge Gott dich behüten!»

Ja, ich war auf alles gefaßt, seit langem schon. Genauer, seitdem ich in Georgien lebte und arbeitete, und noch mehr seit meinem Rücktritt vom Amt des Außenministers am 20. Dezember 1990. Am nächsten Tage hatte in meiner Wohnung in der Plotnikow-Gasse das Telefon geklingelt. Meine Frau nahm den Hörer ab: «Hier ist ein Freund Ihres Mannes, der ihn sehr schätzt. Seine Rücktrittserklärung macht alles möglich. Warnen Sie ihn vor weiteren Äußerungen.» Dann legte er auf.

Am selben Tag erzählte ich dies meinem Berater Tajmuras Stepanow. Später erklärten mir mehrere enge Vertraute und Freunde aufgrund sogenannter «zuverlässiger Informationen», daß ich gefährdet sei. Nun, ich kannte die Sitten und Gebräuche des Systems. Die Ereignisse und meine Analysen der letzten Jahre, die immer krasser werdende Hetze in den Zeitungen «Glasnost» – ein ZK-Wochenblatt – und in «Sowjetskaja Rossija» sowie in anderen Blättern imperialer chauvinistischer Gesinnung, aber auch Einbruchsspuren in meiner Wohnung: Das alles unterstrich, daß jener Anruf keine leere Drohung darstellte.

Doch derlei Bemühungen, mich einzuschüchtern, kamen mindestens 20 Jahre zu spät. Was ich vollbringen sollte und konnte, hatte ich vollbracht. Was ich zu sagen hatte, hatte ich gesagt. Es blieben nur manche Details, die mir aber zum Zeitpunkt meiner Demission unwesentlich vorkamen. Doch im Sommer 1991 wuchs allem, selbst dem geringsten Detail, ein neues Gewicht, eine andere Größe zu. Und nun blieb als einziges, was mir Angst einjagte – abgesehen vom Los meiner Familie –, die Befürchtung, daß niemand so richtig die Täter kennen, den Grund verstehen könnte, sollte mir das Schlimmste zustoßen.

Nur meine Frau hätte es gewußt. Allerdings konnte ich nicht ausschließen, daß ihr das gleiche Schicksal wie mir drohte. Ich brauchte also eine Art testamentarische «Rückversicherung». Im Juni 1991, als ich mit einer Privatmaschine der Fluggesellschaft «Polsterer Jets» von Wien nach Moskau flog und bereits wußte, daß eine parteiinterne Aufforderung vorlag, meine jüngsten Äußerungen zu überprüfen, richtete ich eine Art mündliches Testament an meine Freunde und Helfer, Sergej Tarassenko und Temo Stepanow, und machte sie darauf aufmerksam, daß sie es nur unter bestimmten Umständen öffentlich bekanntgeben dürften.

Nun, nachdem die Verschwörung der Rechten gescheitert ist, ist es weniger wahrscheinlich geworden, daß jene ominösen Umstände eintreten, und ich befreie die beiden von allen Verpflichtungen.

Die Unterschriften unter dem Appell des «Notstandskomitees» der Putschisten kannte ich samt und sonders nur allzugut. Von Baklanow bis Jasow – mit einigen Ausnahmen waren all diese Männer bekannte Gegner unserer Politik. Freilich sind Mißtrauen, Vermutungen und Spekulationen über mögliche Gefahren einer heraufziehenden Diktatur eine Sache; eine ganz andere Sache ist es, über genaue und unwiderlegbare Beweise zu verfügen. Solche besaß ich bis zum Tag der Putschistenrebellion nicht. Doch ein Politiker ist nicht nur berechtigt, sondern sogar verpflichtet, sich nicht nur von einer nüchternen Analyse, sondern von seiner Intuition leiten zu lassen. Er ist dazu aufgerufen, bei jeder Gelegenheit seinen Kollegen, der Gesellschaft, ja, wenn es darauf ankommt, der ganzen Welt seine Befürchtungen zu offenbaren. Dies habe ich getan.

Doch was hatte ich unterlassen? Am Morgen des 19. August blieb keine Zeit, darüber nachzudenken. Um 9 Uhr früh saß ich in meinem Arbeitszimmer in der Jelisarowa-Straße; ich fing an, meine Mitstreiter aus der Bewegung für demokratische Reformen der Reihe nach anzurufen. Ein «Regierungstelefon» besaß ich nicht – mein Apparat, ein ganz gewöhnliches Exemplar, funktionierte nur sporadisch. Meinen Beratern las ich den Entwurf eines Appells unserer politischen Bewegung vor. Um 11.15 Uhr gelang es mir, Boris N. Jelzin am Telefon zu erreichen.

«Ich bin praktisch isoliert hier», sagte er, «mit den russischen Regionen gibt es keine Verbindungen.» Wir kamen überein: «Dies ist Faschismus.» Wir verabredeten, uns bei der ersten sich bietenden Gelegenheit zu treffen. «Wenn sich uns solch eine Gelegenheit bietet», scherzte ich, «wenn man sie uns bietet...» – «Wir werden sie uns selbst bieten», erwiderte Jelzin. «Heute wird das wahrscheinlich nicht klappen. Zu viel ist zu tun. Morgen aber unbedingt.»

Gegen Mittag drang die Journalistin Galina Sidorowa auf geheimnisvolle Weise in das Gebäude unserer «Außenpolitischen Assoziation» ein, sie brachte den Appell Jelzins an die Bürger Rußlands mit.

Außerdem funktionierte noch unser Faxgerät, das auch auf Telefonbetrieb umgestellt werden konnte – es klingelte regelmäßig. Der französische Botschafter rief an: «Was ist mit Schewardnadse?» Mein Sekretär: «Er ist hier.» Dann meldeten sich Journalisten der «Komsomolskaja Prawda», der «Iswestija», georgische Zeitungen und amerikanische Fernsehteams. Auch Gorbatschows langjähriger Berater Alexander Jakowlew kam durch: «Ich bin zu Hause und kann nicht raus. Die Haustür wird von einer Militärstreife versperrt.»

Am Samstag, dem 17. August, hatten wir in einer Sitzung des politischen Rats unserer demokratischen Bewegung eine Erklärung über die Gefahr eines Umsturzes von rechts verabschiedet – nun ärgerten wir uns darüber, daß wir das Dokument nicht rechtzeitig in Umlauf gebracht hatten.

Dann die Meldung: Panzer und Schützenfahrzeuge rollen durch die Innenstadt. Auf der Twerskaja-Straße stemmen sich Bürger als lebende Panzersperren den Kampfwagen entgegen. Im Autowerk «Lichatschow» versammelten sich die Arbeiter zu einer Kundgebung. Später erfuhr ich, daß das Werk täglich tausend Kollegen zum Schutz des Weißen Hauses abkommandiert hatte. Noch aber war ich vom Nachrichtenfluß fast völlig abgeschlossen. Vieles wußte ich nicht. Was war mit Gorbatschow? Zu mir kamen Alexander Wladislawlew und Michail Minasbekjan – sie zählen zu den Führern unserer Bewegung –, und sie berichteten: «Der Präsident ist telefonisch nicht zu erreichen. Entweder haben sie ihn ermordet oder aber gefangengenommen...»

Wir redigierten den Text unseres Appells an die russische Öffentlichkeit und stimmten ihn per Fax mit unseren Freunden ab. So ging er zur Agentur «Interfax», dann nach Italien, an die Journalisten des Verlages «Nowosti» und in Kopie an alle möglichen Adressen – bis wir kein Papier mehr hatten (die Moskauer Firma «Astep» half uns aus).

Um 14 Uhr fuhr ich in die Zentrale unserer Bewegung – es galt, den Mitarbeitern Mut zu machen, die politische Arbeit in Schwung zu bringen. Erstaunlicherweise kam ich durch. Schon auf der Fahrt war deutlich erkennbar, daß Moskau seine Stimme erheben würde – und wem sie zufallen sollte, war auch klar. Die Menschenmasse, die das Volk geworden war, hatte zu jener Stunde schon die ersten Panzerketten verkeilt.

Um 15.30 Uhr hielten wir in der Außenpolitischen Assoziation eine Pressekonferenz ab. Teilnehmer waren neben Wladislawlew und Minasbekjan das Akademie-Mitglied Juri Ryshow, das Mitglied des Ministerkabinetts Woronzow und andere Freunde. Sie sagten, daß in der kommenden Nacht die Verteidigung des Weißen Hauses organisiert werden müsse.

Wir alle wußten – die Verschwörer würden vor nichts zurückschrecken. Schließlich hatten sie ja sich selbst aufs Spiel gesetzt. Wir verabredeten, daß im Falle von Verhaftungen kein einziger Name der Schuldigen verschwiegen werden dürfte.

Etwa vier Dutzend Journalisten hatten den Weg zu uns gefunden – mit Freude erkannte ich die Gesichter sowjetischer und ausländischer

Reporter wieder. Jetzt hing sehr viel von ihnen ab – und sie taten alles, um unserem Land und der ganzen Welt unsere Bewertung des Putsches zu vermitteln. Am nächsten Tag erfuhr ich allerdings, daß unser Appell zumindest die sowjetischen Zeitungsleser nicht erreicht hatte; ihre Zeitungen gab es nicht mehr. Ich diktierte einen «Schrei ins Leere», um mich ein letztes Mal zu Wort zu melden, um eine Spur zu hinterlassen.

Um 17.50 Uhr rief mich die ehemalige litauische Ministerpräsidentin Kasimera Prunskiene an: «Ich bin im Begriff, nach Deutschland zu fliegen. Wenn ich tatsächlich fliege – wie kann ich Ihnen helfen?»

«Wir brauchen die Unterstützung der ganzen Welt», sagte ich, «in moralischer wie in politischer Hinsicht. Den unzähligen, massiven Verletzungen der Menschenrechte muß eine Abfuhr erteilt werden.» Und was ist mit Gorbatschow? Ich sagte: «Ich bin mir unschlüssig über seine Rolle und über sein Schicksal. Wenn er lebt, so sollte er unverzüglich dem Volk im Fernsehen ein für allemal erklären, warum dies alles geschehen ist. Sollte ihm die Möglichkeit verwehrt sein, so sollte die Weltöffentlichkeit verlangen, daß sie ihm gewährt wird. Schlagen Sie überall Alarm, Frau Prunskiene.» Und über die Putschisten: «Das Unternehmen ist derart wahnsinnig, daß sein Scheitern gewiß ist.»

Und wieder klingelte das Telefon – der Innenminister der russischen Republik: «Im Auftrag von Boris Nikolajewitsch Jelzin ordne ich einen Wachtposten zu Ihrem Schutz ab.» Ich dankte, sagte, daß ich den Posten nicht benötige, daß er aber meine Familie bestimmt beruhigen würde.

Und nicht nur meine Familie; denn dieser Anruf bedeutete zwar noch keine Gewißheit, daß der Putsch endgültig fehlschlagen würde, kündigte aber doch sein Scheitern an: Die legitime Macht übernahm die Initiative, und ihre Legitimität war ihr vom Volk selbst verliehen worden.

Die demokratische Presse handelte ungeachtet des Verbots. Wir schöpften Informationen aus den Berichten des Senders «Echo Moskau». Die von der Junta verbotenen Ausgaben vereinten ihre Kräfte in den illegalen Ausgaben der «Gemeinsamen Zeitung». Arbeiter der Iswestija-Druckerei vervielfältigten im Handverfahren Dokumente der Regierung Rußlands. Mit ihrem Frohsinn und Wagemut, ihrem Erfindungsreichtum und ihrer Verachtung für die Putschisten veranschaulichte die unabhängige Journalistik den Triumph der vom System totgeschwiegenen These: Die Freiheit der Information ist ein unveräußerlicher Bestandteil der Freiheit und Demokratie.

Gelobt sei die Informationstechnologie! Gelobt seien Reporter und Ansager von CNN. Alle Besitzer von Parabolantennen, die die Sendungen dieser TV-Gesellschaft empfangen konnten, hatten ein vollständiges Bild von den Ereignissen. Inzwischen ließ Leonid Krawtschenkos höriges Fernsehen trübe Wogen von Desinformation und Lügen über den Äther rollen. Ich empfand Schuldgefühle gegenüber den Jungens aus der «Wsgljad»-Sendung: Einst hatten sie einen Film über die Arbeit unseres «Teams» gedreht und das später mit dem Berufsverbot bezahlt. Nach Aussagen der TV-Leute hat der Chef der Unions-Fernsehgesellschaft verboten, meinen Namen zu erwähnen, und meinen Beratern den Auftritt vor den Fernsehkameras verwehrt.

Jetzt drehten die jungen Autoren des Programms unter dem Titel «Ein Blick aus der Illegalität». Ihre Kollegen von «Westi» fanden einen ehrlichen Menschen im Ministerium für Fernmeldewesen, der ihnen einen Kanal des Satellitenfernsehens zur Verfügung stellte. Dadurch erhielt Rußland – von Moskau bis zur Kamtschatka-Halbinsel – wahrheitsgetreue Informationen. Solche Menschen fanden sich auch im Unionsfernsehen, und so wurden die Grabesstimmen der Verschwörer mit realen Episoden des Tagesgeschehens gekoppelt: Boris Jelzin auf dem Panzer. Die Barrikaden an der Kutusow-Brücke. Die gewaltige Kundgebung am Mariinski-Palast in Leningrad. Sobtschak am Rednerpult und die Spruchbänder: «Der Faschismus wird nicht obsiegen!»

Die vom System scheinbar endgültig erdrückten Menschen wurden zu Helden. Der Wagemut und der Dienst an der Wahrheit wurden zur Norm. Auch das Fernmeldewesen diente der Wahrheit. Die Verschwörer hatten es wohl sehr eilig und dachten nicht daran, all unsere Verbindungen zur Außenwelt abzuschneiden.

Am selben Tag hörte ich über das Telefon Hans-Dietrich Genschers Stimme, beantwortete seine Fragen, sagte ihm, was wir benötigten. Der Vorsitzende der sozialdemokratischen Fraktion im Deutschen Bundestag, Hans-Jochen Vogel, informierte mich über einen möglichen Besuch einer Delegation der Sozialistischen Internationale.

Freunde werden in der Not erkannt. Einen Tag später erreichten mich Jim und Suzy Baker von ihrer Ranch in den Rocky Mountains aus per Telefon. Triviale Wahrheiten gewinnen die Kraft von Lebensregeln, wenn sie in den Zeiten der Wirren und Ratlosigkeit beherzigt werden.

Es folgte eine schlaflose Nacht. Unter Schwierigkeiten gelangte ich am nächsten Morgen zum Gebäude des Moskauer Stadtsowjets. Dort hatten sich Menschen zu einer Kundgebung versammelt – gegen das Verbot der Junta. Zu ihnen sprachen Moskaus Bürgermeister Gawriil Popow, Alexander Jakowlew und andere. Auch ich ergriff das Wort: «Wir haben es mit einem Vulkanausbruch zu tun, der schon seit geraumer Zeit rumort hatte. Unsere Demokratie, unsere Freiheit drohen unter der Vulkanasche der Vergangenheit erstickt zu werden. Die Diktatur, die Schattenmacht ist zum Kampf angetreten. Sie will einen Strich durch die Demokratie ziehen, sie riskiert den Bürgerkrieg. Sie will die Wiederaufnahme des Rüstungswettlaufs, die Neuauflage des Kalten Krieges. Wollen wir das? Die Antwort ist klar – nein, auf keinen Fall! Verstellen wir der Diktatur den Weg, schlagen wir ihr die kurzen Beine weg!»

Die Bewegung «Demokratisches Rußland», unsere eigene Bewegung und die demokratischen Parteien machten gemeinsame Front – eine Koalition der Freiheit. Ich mag das Wort «Feind» nicht, aber nun sah ich das Weiße in seinen Augen, und ich wußte auch, wer in diesem Kampf auf unserer Seite stehen würde. Also machten wir uns auf den Weg zum Weißen Haus und schlossen uns den Offizieren und Truppen des Widerstandes an. Auch dort hielten wir Reden, weil wir spürten, daß sich das Wort in eine physische Kraft verwandelte.

Nach der Kundgebung hatte ich gemeinsam mit Alexander Wladislawlew und Michail Minasbekjan eine Unterredung mit dem Präsidenten Rußlands. Boris Jelzin teilte uns mit, er habe gerade ein Telefongespräch mit US-Präsident George Bush geführt. Das war ein sehr wichtiges und vor allem rechtzeitiges Signal der Unterstützung.

Wir besprachen eine ganze Reihe von außenpolitischen Fragen und von Schlüsselproblemen des inneren Lebens. Jetzt war zu seinem Mittelpunkt, seinem Zentrum dieses Gebäude aus weißem Marmor in der Krasnopresnenskaja-Uferstraße an der Moskwa geworden. Das Zentrum der Verteidigung der Demokratie, der verfassungsmäßigen Macht, des gesetzlichen Präsidenten des Landes. Das Weiße Haus verwandelte sich vor unseren Augen in eine Festung. In seinen Kellerräumlichkeiten nahm ein Sender des russsischen Rundfunks seine Arbeit auf. Vizepräsident Alexander Ruzkoi, ein Berufsmilitär, Held der Sowjetunion und Afghanistan-Veteran, Premier Iwan Silajew und

Staatsrat Burbulis schilderte, wie für die Lebensfähigkeit des Weißen Hauses gesorgt wird. Gleichzeitig mit der Organisation der Verteidigung wurden Erlasse und Gesetze des Präsidenten Rußlands erörtert und angenommen.

Um 19.30 Uhr sollte der deutsche Botschafter bei mir zu Hause vorbeikommen. Ich fuhr also heim, um ihn zu empfangen. (Auch die Botschafter Italiens und Frankreichs hatten uns während dieser tumultuarischen Tage Ehre und Hochachtung erwiesen und unterstützt – wie übrigens auch der neue Vertreter der USA, Mr. Straus, der mich ebenfalls besuchte.) Nach dem Gespräch mit Herrn Blech klopfte es an die Tür: Auf der Schwelle standen der Vorsitzende des sowjetischen Journalistenverbandes Eduard Sgalajew und sein Stellvertreter Nugsar Ponchadse – und mein alter Freund Guram Mgeladse stieß 30 Minuten später hinzu. Ich begriff, warum sie gekommen waren: Gerüchte über meine Verhaftung machten bereits die Runde; sollten die Schergen kommen, wollten sie an meiner Seite stehen.

Wir traten auf den Balkon. Der Nachthimmel zerschnitten von grellen Leuchtkugeln. Plötzlich dröhnte über dem Nowyj Arbat-Viertel eine Explosion, eine weiße Rauchwolke stieg auf. «Wir sollten dort sein», sagte ich zu meinen Freunden. Aber Namuli, meine Frau, stellte sich vor die Wohnungstür: «Ich lasse euch nicht gehen!» Da fiel Nugsar eine Kriegslist ein – er «organisierte» einen Anruf von außen: Eine Stimme forderte uns auf: «Versteckt euch für ein paar Stunden!» – «Dann geht schon!» sagte Namuli.

Nie vorher hatte ich erlebt, was ich in jenen Stunden erleben sollte. Als wir uns dem Weißen Haus näherten, ließen uns die Soldaten anstandslos durch. Ein junger Bursche im Kampfanzug umarmte mich und flüsterte mit gepreßter Stimme: «Wir werden Sie verteidigen!» Ein Oberst rief uns nach: «Sagen Sie dem Jelzin, zur Erstürmung des Weißen Hauses werden wir es nicht kommen lassen!» Irgendwelche jungen Männer, die sich untergehakt hatten, bahnten uns eine Gasse durch die Menschenmenge. Frauen wischten mir mit Kopftüchern den strömenden Regen von der Stirn. Ein Landsmann lief eine Zeitlang neben uns her und rief immer wieder: «Eduard, wir, die Georgier, lieben Sie sehr!»

Ach, meine Lieben, meine Teuren, Russen, Georgier, Armenier, Juden, Usbeken, Litauer, Letten, Ukrainer oder wer auch immer ihr sein mögt, wie sehr auch ich euch liebe! Wie dankbar bin ich, daß es euch gab, gibt und geben wird. Euch habe ich es zu verdanken, daß ich mich als Teil des Volkes gefühlt habe.

Im Weißen Haus herrschte eine Atmosphäre der ruhigen Entschlossenheit. Junge Männer mit Kalaschnikows waren an strategisch gut ausgesuchten Stellen postiert. Generaloberst Kobez organisierte in einer Kommandozentrale des Gebäudes die nötigen Verteidigungsmaßnahmen. Ich bin zwar kein Militär, doch konnte ich durchaus erkennen, daß alles höchst professionell ablief.

Und ich sah den großen Musiker Mstislaw Rostropowitsch. Ein erschöpfter Soldat hatte den Kopf auf seine Knie gelegt und war eingeschlafen. Der Nationalökonom Grigori Jawlinski begegnete mir – wir besprachen kurz die Lage: «Das ist es. Sie haben verloren!»

Um 4.00 Uhr morgens verließ ich das Weiße Haus – nachdem ich mich davon überzeugt hatte, daß die Erstürmung des Gebäudes vereitelt worden war.

Ein regnerischer, trüber Morgen brach an. Doch dann hob sich der Nebel, und es hörte zu regnen auf. Der Oberste Sowjet Rußlands versammelte sich im Weißen Haus, und der russische Präsident teilte mit, daß Michail Gorbatschow und seine Familie lebten, er habe mit ihm telefoniert. Etwas später eine neue Nachricht: Die Verschwörer seien geflohen. Doch wohin? Eine Stunde später wurde auch dies bekannt: Auf die Krim. Aber warum dahin? Warum ausgerechnet dahin?

Und dann sah ich auf dem TV-Bildschirm in meiner Wohnung Michail Sergejewitsch Gorbatschow, heil und unversehrt. Unter denen, die ihn zurück in Moskau begrüßten, erkannte ich den Chef des Generalstabes, Michail Moissejew. Ich machte mir wieder Gedanken über die Gefolgschaft des Präsidenten.

Ich kann nichts dagegen tun, inzwischen wandern meine Gedanken immer wieder zu Michail Gorbatschow, zu seinem Schicksal in all seinen Schattierungen und Wendungen, zu den Kehren und Zickzackbewegungen der letzten Monate und Tage. Denn es war doch auch mein Schicksal. Wer trägt die Schuld daran, daß unsere Leben derart weit auseinandergedriftet sind? Bin ich ganz ohne Schuld?

Nein, wie streng ich mich auch richte – ich fühle mich schuldlos an dieser Entwicklung. Alles, was ich tun konnte, habe ich getan. Aber vielleicht hätte ich noch mehr riskieren sollen – bei Strafe eines völligen Verlustes seines Vertrauens in mich? Nicht jetzt, nicht in diesen Tagen, sondern viel früher? Nun, ich weiß es nicht; ich werde noch länger darüber nachdenken müssen – aber nicht im stillen Kämmerlein, sondern laut, in aller Öffentlichkeit, ohne etwas zu verheimlichen.

Daß ich ihm schon vor über einem Jahr meine Vermutungen über eine unverkennbare Verschwörung ultra-reaktionärer Kräfte offenbart hatte, einer Verschwörung, die darauf zielte, der Perestrojka das Rückgrat zu brechen – na und? Daß ich ihn das ganze Jahr 1990 über gewarnt hatte, und zwar anhand von Tatsachen, Handlungen, Schriften, offenen und verborgenen Manövern jener Amtsträger, von denen sich einige dann in dem selbsternannten Notstandskomitee wiederfinden sollten – na und? Mehr noch – nachdem ich alle persönlichen Möglichkeiten und Ressourcen ausgeschöpft hatte –, war ich am 20. Dezember 1990 etwa nicht an das Rednerpult des Volksdeputiertenkongresses getreten, um davor zu warnen, daß die Diktatur vorrücke? So war es – na und?

Ich hätte in Wahrheit erklären sollen: Der Präsident ist taub und blind, er sieht nichts mehr, er hört nichts mehr. Und wären auch alle erdenklichen irdischen und himmlischen Strafen auf mich niedergeprasselt. Wahrscheinlich war die Annahme naiv gewesen, der Präsident werde meine «Selbstverbrennung» nutzen, um das Land und das Volk aufzurufen, der Reaktion eine Abfuhr zu erteilen. Am 20. Dezember 1990 wußte ich doch schon nur zu gut, daß Michail Gorbatschow höchst wählerisch auf Handlungen reagiert, die ohne seine Kenntnis, ohne seine Zustimmung und seinen Willen vollzogen werden. Zu den einen ist er außergewöhnlich nachsichtig oder gleichgültig, zu den anderen dagegen aufgebracht-intolerant. Die einen zerstören beinahe vor seinen Augen das Hauptwerk seines Lebens, er aber scheint das nicht zu bemerken. Andere versuchen, dieses Hauptwerk zu retten, stoßen aber bei ihm auf Unverständnis.

In meinem Fall wurde eiserne Selbstbeherrschung an den Tag gelegt. Der Präsident stand auf und sagte, er sehe keinerlei Diktatur.

Und dann kroch die Junta aus dem Schatten seiner Fittiche hervor, unter denen sie groß geworden war.

Ob Michail Gorbatschow das so wollte oder nicht – seine Äußerung fügte sich harmonisch in jenen Cantus firmus von Erklärungen und Kommentaren, die sich gegen seinen ehemaligen Außenminister und seine Form der Demission richteten: «Politisches Spektakel», «Angst vor der Verantwortung», «Bangemacherei mit dem Diktatur-Gespenst», «Schewardnadse ist müde geworden», «Schewardnadses Nerven sind gerissen» – und dergleichen mehr. Zu den Urhebern dieser Anwürfe zählten der damalige Vorsitzende des Präsidiums des Obersten Sowjets der UdSSR, Anatoli Lukjanow, und einige der späteren Putschisten, unter ihnen der «Präsident» von eigenen Gnaden, Gennadi Janajew. Heute verstehen wir, daß in jenem Chor meiner Kritiker die Bonapartisten Moskaus harrten, in Gedanken schon ihrem 18. Brumaire verschrieben. Dies alles im nachhinein zu begreifen, stimmt mich nicht gerade froh.

Ein Wort noch zu Lukjanow und seinen Freunden: Mitte Mai 1990 reichte ich dem Obersten Sowjet einen Entwurf des Beschlusses über die Kündigung des Freundschaftsvertrages mit der DDR ein. Soweit ich mich erinnern kann, war das am 25. oder 26. September. In Anbetracht der sich nähernden Vereinigung Deutschlands sei dieser Entwurf dem Parlament unverzüglich zur Erörterung vorzulegen. Anatoli Lukjanow aber holte den Entwurf erst am 3. Oktober ans Licht hervor, also am Tage, da die Deutsche Demokratische Republik als Völkerrechtssubjekt zu existieren aufhörte. Nicht im geringsten zweifle ich daran, daß diese Verzögerung eingeplant gewesen ist. Das war ein mit der Gruppe «Union» abgestimmtes Signal zur Attacke gegen den Außenminister und seine Kollegen, gegen die Außenpolitik des Landes.

Der Plan ging auf: Kaum daß Anatoli Lukjanow direkt vor Sitzungsschluß wie zufällig den letzten Punkt der Tagesordnung, der noch nicht behandelt worden war, angesprochen hatte, folgte auch schon prompt: «Was ist denn da los?! In allerletzter Minute schiebt uns Schewardnadse eine für den Staat höchst wichtige Frage unter! Wie lange noch wird man weiter das Parlament und die Interessen des Landes dermaßen verhöhnen?»

Ein Sturm brach los. Alles verlief nach einem Szenarium, verfaßt von wer weiß wem. Aber die straffe, stählerne, die politarmeehafte Regie war doch allzu durchsichtig. Hinter dem Rücken der Männer mit den breiten Schulterstücken waren andere Gestalten zu erraten.

Es hieß, daß der Entwurf zwei Wochen lang durch die Korridore des Präsidialamtes gewandert sei. Statt nun öffentlich den Leiter des Amtes, Boldin, zu rügen und die Nachlässigkeit öffentlich zu gestehen, lobte der Präsident meinen Stellvertreter Bessmertnych, der diese Tatsache verschwiegen hatte. Und ich beging den Fehler, ebenfalls zu schweigen, weil ich die Gefühle des nicht mehr jungen Mannes und die Würde des Präsidenten schonen wollte.

In Erinnerung geblieben ist mir der 15. Oktober 1990, jener Tag, als die Verleihung des Friedensnobelpreises an Michail Gorbatschow bekanntgegeben wurde. Just in jenen Stunden, da er die Gratulationen entgegennahm, stand sein Außenminister auf dem Podium des Obersten Sowjets und wehrte die Attacken der Gruppe «Sojus» ab, die ihm ebenjene Politik zur Last legte, mit denen das Nobel-Komitee seine Preisverleihung begründet hatte. Der Vorsitzende des Obersten Sowjets, Anatoli Lukjanow, der dies alles durchschaute, zog es wieder einmal vor, vieldeutig zu schweigen.

Am nächsten Tag habe ich Michail Gorbatschow angerufen und ihm zur verdienten Auszeichnung gratuliert. Er bedankte sich bei mir und sagte, diese Auszeichnung würde ich mit ihm teilen. Doch ich bedurfte weder solch einer privaten Anerkennung noch einer öffentlichen Bescheinigung meiner wirklichen oder vermeintlichen Verdienste. Das einzige, wessen ich bedurfte, was ich mir vom Präsidenten wünschte und was ich auch erwarten durfte, war, daß er eindeutig Position bezog, den Rechten eine klare Abfuhr erteilte und daß er unsere gemeinsame Politik ohne wenn und aber öffentlich verteidigte. Ich wartete vergeblich.

Erinnern wir uns der Armee-Einheiten und der Gefechtstechnik, die man rund um den Kreml unter dem lächerlichen Vorwand aufstellen ließ, sieben Abgeordnete wegen angeblicher Bedrohung durch die «sogenannten Demokraten» schützen zu müssen. Wer hat den Präsidenten zu solch einer Entscheidung, die die Situation in der Hauptstadt des Landes stark destabilisierte, überredet oder genötigt? Und warum verfiel er, Garant der Sicherheit seines Landes, so augenfällig dem verhängnisvollen Einfluß einer besonderen Spezies seiner Berater, während die vernünftigen Ratschläge anderer bei ihm auf taube Ohren stießen?

Vielerlei Dinge entsinne ich mich, und manches sehe ich jetzt in einem anderen Licht als früher. Und vieles wird erst nach dem Putsch-Versuch richtig klar.

Über die Toten nur Gutes oder gar nichts, pflegten die Alten zu sagen. Ein aus dem Leben gegangener Mensch hat sich dem Gericht der Lebendigen entzogen. Es gibt aber auch eine andere Rechtsprechung, andere, an die Schicksale des Landes und des Volkes gebundene Normen, und wir dürfen sie nicht ignorieren. Erst recht, wenn der Tote auch an sich selbst ein solches Maß anlegte.

Die Nachricht über den Selbstmord von Marschall Sergej Achromejew hat mich erschüttert. Er war ein Mann der Pflicht, und das achtete ich an ihm. Wir waren keine Freunde, das sagte er selbst. Wir waren Kollegen, konnten aber keine Freunde sein. Mich ließ er aber nie gleichgültig. Er war ein Kämpfer mit offenem Visier. So manche Stunden habe ich neben ihm am Verhandlungstisch und bei der Erörterung unserer Positionen verbracht. Er war Mitautor vieler hochwichtiger Entscheidungen zu Abrüstungsfragen. Aber dabei hat er seine Haltung zu uns und unserer Politik nicht verborgen oder fast nicht verborgen. Er verstand es, mit einem Blick, mit einem Gesichtsausdruck, mit einer Geste, seine Abneigung zu unterstreichen.

Ein Soldat der Pflicht – das war ihm gleich anzusehen. Manchmal freilich machte es stutzig, daß er es sich im Namen der Pflicht herausnehmen konnte, von den Geboten der Ehre abzuweichen. Beispielsweise konnte er sich in Schweigen hüllen, als man uns wutschnaubend wegen Entscheidungen kritisierte, an denen er selbst mitgewirkt hatte. Oder er konnte erklären, gegen den Einmarsch der Truppen in Afghanistan gewesen zu sein, obwohl er sich seinerzeit lediglich für einen Aufschub ausgesprochen hatte.

Nachdenklich stimmte auch solch eine Aussage von ihm: «Mein Vater ist in der Zeit der Kollektivierung verlorengegangen. Aber das verüble ich der Sowjetmacht nicht, denn die Kollektivierung ist eine historische Notwendigkeit gewesen.»

Pflichtgefühl, das höher als sittliches Gefühl gestellt wird, läßt einen erschaudern. Wenn das Pflichtgefühl jemandem vorschreibt, im Namen einer «historischen Notwendigkeit» den Tod des eigenen Vaters und mit ihm Tausender andere zu billigen...

Etwas Ähnliches konnten die Mittäter der Augustverschwörung im Schilde führen. Auf meinem Schreibtisch liegt ein Vordruck einer Anweisung des obersten Kommandanten von Moskau über Vorbeugungshaft. Über die Verhaftung von wem? Von jedem, dessen Festnahme die Junta für nötig hält. Der Platz für den Namen war frei – man trage ein, wen man will. Beim Totalitarismus gibt es für dieses «Wen man will» keine Grenzen. Ebensowenig kennt er Grenzen für Hinrichtungen, Verbannungen und Repressalien. Eine Tonne Panzer ist für den Totalitarismus teurer als ein Menschenleben. Auf der Waage der Geschichte bedeutet es nichts.

Apropos Panzer. Als das Verteidigungsministerium und der Generalstab unter Umgehung der Pariser Charta Tausende Panzer hinter dem Ural versteckt hatten, legte ich beim Präsidenten Protest ein. Er beauftragte seinen Berater Marschall Achromejew, Klarheit zu schaffen. Sergej Achromejew lieferte ein Memorandum ab, das diesen Schritt bedingungslos und ganz rechtfertigte. Mein Protest verblaßte im stählernen Glanz seiner Argumente, ebenso wie mein Unmut darüber, daß man spezifische Panzer-Einheiten, die laut Abrüstungsvertrag verschrottet werden sollten, gaunerhaft mit Farben der Marine-Infanterie angestrichen hatte.

All dies kam das Land teuer zu stehen.

In Frage gestellt wurden mit diesem Verhalten der Vertrag über die strategischen Offensivwaffen, das Vertrauen zu uns und die Politik des Neuen Denkens, die Zukunft der sowjetisch-amerikanischen Beziehungen und die neue Weltordnung. Aber Achromejew folgte den Geboten seiner Pflicht. Hatte ihm sein Pflichtgefühl nicht geboten, dem Präsidenten des Landes und Oberkommandierenden seiner Streitkräfte, mit dem er nicht einverstanden war, seinen Dienst aufzukündigen?

Aber es gibt da noch eine andere, jetzt aktuellere Frage: Wie konnte der Präsident in sein Team solche Leute holen, die sich derart unverkennbar gegen seine Politik sträubten? War das Großmut, Toleranz gegenüber Andersdenkenden? Das sind prächtige Eigenschaften, wenn man dann die Zeche nicht mit Verschwörungen und Umstürzen zu bezahlen hat.

Die Schattenmacht hatte es sich neben der gesetzlichen Macht bequem gemacht, verbarg sich nicht einmal und unterwanderte die legitimen Herrschaftsstrukturen.

Von Zeit zu Zeit wurde zu «Rettungsaktionen» aufgefordert. Presse und Fernsehen berichteten im Herbst 1990 über Versammlungen, auf denen vom Zentrum «entschlossene Maßnahmen» gefordert wurden. Drohungen der Separatisten gegen Parteimitglieder, Unterdrückung des Militärs und der russischsprachigen Bevölkerung waren das Hauptargument der Konservativen. Im Parlament widerlegten Vertreter der Republiken solche Beweise, worauf ihnen neue vorgelegt wurden. Man kann jetzt diese Berichte und Stenogramme ans Licht fördern, um zu sehen: Die Grundablagerungen waren aufgetaucht und hatten das Bild getrübt. In solcher Situation hätte alles passieren können. Erklärungen einiger Abgeordneter, der Januar 1991 werde im Zeichen ernsthafter Prüfungen stehen, ließen aufhorchen.

Die Beunruhigung wuchs. Im November 1990, nach der berüchtigten «Erklärung der 53», wurde sie fast unerträglich. Einmal konnte ich ihrer nicht mehr Herr werden und rief Gorbatschow an: Man sagte mir, er sei gerade unterwegs zur Arbeit. Ich wählte die Nummer seines Wagens: «Gewaltaktionen sind das Ende der Perestrojka, Ihres guten Rufs...» – «Wo denkst du hin?» entrüstete sich Michail Gorbatschow. «Wie konnte es dir auch nur in den Sinn kommen, daß ich mich auf so etwas einlasse?»

Ich habe ihm geglaubt. Ich mußte ihm einfach glauben, so wie ich ihm auch später glaubte, als Michail Gorbatschow sagte, ihm sei über die Drahtzieher der Ereignisse im Baltikum nichts bekannt. Aber meine Vermutungen, daß es gewisse Kräfte im Untergrund gibt, die hinter dem Rücken des Präsidenten zu verbrecherischen Aktionen bereit sind, wurden langsam zur Gewißheit.

Vor meinem geistigen Auge stand der April 1990 in Tiflis – die Probe für eine totalitäre Antiutopie. In wacher Erinnerung war noch, was ich im Dezember 1989 miterleben mußte, als ein machtvoller Chor zur Unterstützung und Rechtfertigung der Rädelsführer dieses Gemetzels anhob. Die Dirigenten blieben in Deckung. Und es tat sich nichts. Als wäre nichts geschehen.

Diese Lehren nutzten nichts. Der Präsident ließ zunehmend mehr Schläge durchgehen und wurde für die Umgebung leicht verwundbar. Jetzt diktierte sie ihm Bedingungen und stellte ultimative Forderungen. Ich spreche erst gar nicht von den Obristen im Parlament, hier ging es bereits um Männer höherer Dienstgrade.

Jeder in Moskau erinnert sich der jüngsten «Revolte» im Obersten Sowjet, als Ministerpräsident Pawlow Sondervollmachten reklamierte. Es geschah auf einer «geschlossenen Sitzung». Wer hatte die Öffentlichkeit ausgeschlossen, und warum? Warum durfte niemand sehen, wie Verteidigungsminister Jasow, KGB-Vorsitzender Krjutschkow und Innenminister Pugo diese Forderung unterstützten? Warum wurden ihre Reden in der Leningrader Fernsehsendung «Sechshundert Sekunden» zitiert? Man sollte jene Aufnahmen heute noch einmal senden. Damals schien der Präsident in eine völlig ausweglose Lage geraten zu sein. Doch einmal wenigstens gab er eine entschiedene, unzweideutige Erklärung ab, um unsere gemeinsame Politik zu verteidigen. Er sagte, daß nicht nur er und Schewardnadse für diese Politik verantwortlich zeichneten, sondern daß zahllose hochmögende Experten, die sich heute in Schweigen hüllen, die Verantwortung für diese Politik teilten.

Einen Tag später aber erklärte er, daß es zwischen ihm und dem

Ministerpräsidenten keine Unstimmigkeiten geben würde. Umgeben von doppelzüngigen Partnern, die er selbst zur Macht befördert hatte, blieb der Präsident ungeschützt gegen deren Heimtücke und Boshaftigkeit.

Ich habe bereits über den großen Panzer-Feldzug um die Pariser Charta herum und über seinen Preis gesprochen. Brandherde der Konspirateure loderten im Obersten Sowjet der UdSSR und Rußlands, in den Leitungsstrukturen der KPdSU und der KP der Russischen Föderation und in der Armeespitze auf.

Mit Schützenhilfe von Parteibonzen, darunter dem Diktatorkandidaten Oleg Baklanow, der Gruppe «Sojus» und der Rechtspresse türmte der Generalstab noch weitere Barrieren auf: Er verzettelte das in Houston abgestimmte Abrüstungspaket «START» in Einzelfragen.

Als beide Seiten nach sieben Monaten endlich dort angelangt waren, wo man schon vorher gewesen war, wurde das als ein großartiger Verhandlungserfolg des Verteidigungsministeriums hingestellt. Als Sieger spielten sich jene auf, die mich noch ein halbes Jahr zuvor als Verräter gebrandmarkt hatten.

Am Tag der Unterzeichnung des START-Vertrages in Moskau wurde allerdings in einem Sender des Fernsehens ein Film gezeigt, der in der «geheimen» Stadt Arsamas 16 gedreht worden war. Die Geheimhaltung sollte sich als eine Täuschung erweisen: Über die hohe Mauer, über die ansonsten nicht einmal ein Vogel fliegen darf, waren Leute eingedrungen, die nun auf der Mattscheibe Tränen darüber vergossen, daß das Nuklearprogramm des Landes zunichte gemacht worden sei. Von Zeit zu Zeit blendete man den berüchtigt-berühmten Oberst ein, der «Verrat!» geiferte.

Wer hatte sie dort hineingelassen? Wer hatte diese Sendung just zur Zeit der Unterzeichnung des sowjetisch-amerikanischen Vertrages angesetzt? Damals kannte ich die Namen der Urheber dieser Provokation, die der Anstifter und Helfershelfer konnte ich nur ahnen.

Keinerlei direkte Beweise, nur indirekte. Allein Verdächtigungen, mögen sie auch auf persönlicher betrüblicher Erfahrung beruhen.

3. August 1990. Mit US-Außenminister Baker hatte ich mich bereits über eine gemeinsame sowjetisch-amerikanische Erklärung gegen die Aggression des Iraks in Kuweit verständigt. In der Aktentasche lag schon der abgestimmte Wortlaut dieser Erklärung. Wir brachen zum Flughafen Wnukowo 2 auf, von wo der Amerikaner ab-

fliegen sollte, als man mich aus einer «kompetenten» Behörde anrief: «Die USA versetzen heute Bagdad einen Schlag.» Das glaubte ich nicht, fragte aber trotzdem Baker: «Stimmt das? Sagen Sie mir die Wahrheit. Es geht doch auch um meine Ehre.» Er blickte mich beleidigt und bedauernd an.

Dann rief der Präsident an: «Nun, sieh zu!» Das sollte heißen: Die Verantwortung übernimmst du. Und ich übernahm die Verantwortung, der Willkür unserer einheimischen Saddams ausgeliefert.

Jene gegen mich gerichtete Kampagne in der Presse und im Obersten Sowjet erweist sich post festum als Bestandteil der Ideologie der Verschwörung, der psychologischen Vorbereitung des Umsturzes.

Am 23. Juli 1991 erschien in der Zeitung «Sowjetskaja Rossija» ein Pamphlet unter dem Titel «Wort an das Volk». Meiner Meinung nach war es ein direkter Aufruf zur Rebellion. Unter den Unterzeichnern dieses aufwieglerischen Dokuments fand ich die Namen jener, die im Laufe all der letzten Jahre offen oder im Verborgenen gegen die gesetzliche Macht operiert, die Hetzkampagne gegen uns aufgezogen, die Verwirklichung gefällter Entscheidungen gebremst, Gorbatschow, Jakowlew und mich als «Malteser Ritter» verspottet hatten (weil wir auf der Insel Malta im Gespräch mit dem US-Präsidenten Bush den Entspannungsprozeß vorangetrieben hatten). «Helden der Sowjetunion» und «Helden der Sozialistischen Arbeit», Generale und Schriftsteller chauvinistisch-großmachtbesessener Schattierungen boten im Grunde genommen einen unverhüllten Aktionsplan an. In ihm wurden sogar indirekt die Personen erwähnt, die fähig und bereit wären, das Ruder der Macht zu übernehmen. Zwei der Unterzeichner gehörten später dem Notstandskomitee an, ein dritter fuhr auf die Krim, um Gorbatschow ein Ultimatum zu stellen.

Die rechts-reaktionäre Front, die alle Ultras aus dem Parteiapparat, dem Militär und der chauvinistischen Presse in sich vereinigte, trat immer kecker nach vorn und bereitete direkte Aktionen vor.

Was aber unternahm der Präsident? Er fuhr in Urlaub. Und was unternahmen wir, seine ehemaligen Freunde und Mitstreiter, die wir nicht gewillt waren, die Aktivitäten der Bande in seinem Umkreis zu decken? Alles war vergeblich – auch die Rücktritte aus seiner Mannschaft. Taub blieb Gorbatschow gegenüber den Ratschlägen jener Freunde, die zu ihm hielten.

Im Juni 1991 hielt ich es deswegen für notwendig, die demokratischen Kräfte des Landes dazu aufzurufen, sich zu vereinigen und eine legale, konstruktive Opposition zu bilden. Dabei ließ ich mich von einem einfachen Gedanken leiten: Eine organisierte demokratische Opposition sollte die politische Basis für die wenigen Reformatoren bilden, die in der Führung des Landes verblieben waren. Denn der Ellbogen, mit dem sich Präsident Gorbatschow auf die Rechte stützen wollte, rutschte eindeutig durch.

Womit hat er mir und meinen politischen Freunden geantwortet? Womit hat die reaktionäre Spitze der KPdSU geantwortet? Mit der Androhung der Parteiinquisition und der entsprechenden Strafe. Mit neuen Beleidigungen und Verleumdungen. Mit der Verfolgung von demokratisch gesonnenen prominenten Parteimitgliedern – von Alexander Jakowlew, Alexander Ruzkoi, Wassili Lipizki, Nikolai Stoljarow und vielen anderen.

Aber die Bewegung für demokratische Reformen, an deren Aufbau wir – das weiß ich genau – gegen den Wunsch des Präsidenten und sogar angesichts einen gewissen Widerstandes seinerseits arbeiteten, wurde nicht schwächer; im Gegenteil, sie wuchs und breitete sich aus. Die Rechte sah in ihr eine unmittelbare Bedrohung für sich und lenkte das Feuer auf deren Initiatoren und Führer.

Man prügelte von rechts auf uns ein, und er schwieg. Uns haben die unterstützt, die er zu «sogenannten Demokraten» abstempelte – «Demokratisches Rußland» und andere Parteien in der Russischen Föderation und den anderen Republiken.

Jawohl, er war mit der Vorbereitung eines neuen Unionsvertrages beschäftigt. Jawohl, er mußte selbst Angriffe und Erniedrigungen erdulden, übersah aber mit erstaunlicher Beharrlichkeit, wie der Putschistenring um ihn immer enger wurde.

Sah er das nicht? Wollte er das nicht bemerken? Oder steckte etwas anderes dahinter? Ich weiß es nicht. Es ergeben sich eine Menge Fragen, auf die ich keine Antwort habe. Am Abend des 20. August traf ich den französischen Fernsehreporter Ulysses Gausset von TV-1 und übergab meinen «Schrei ins Leere».

Nach seiner glücklichen Befreiung aus der Krim-Gefangenschaft wurde Michail Gorbatschow auf der Pressekonferenz von einem Journalisten gebeten, meine Worte über ihn aus dieser persönlichen Erklärung zu kommentieren. Im Interesse der Wahrheit lohnt es sich, sie zu zitieren:

«Die Ereignisse vom 19. August 1991 haben uns nicht überrascht. Sie sind öffentlich vorhergesagt worden, und zwar nicht allein von mir, sondern auch von meinen politischen Mitstreitern. Wie sie habe ich vor derartigen Geschehnissen gewarnt: den Präsidenten in persönlichen Gesprächen, unser Land und die ganze Welt öffentlich, von der Tribüne von Kongressen aus, in der Presse und im Fernsehen.

Jetzt, da uns nichts über das Schicksal von Präsident Gorbatschow und seiner Familie bekannt ist, enthalten wir uns jeglicher Mutmaßungen darüber, in welchem Maße er von den Plänen der Verschwörer Kenntnis hatte. Einstweilen ist nur eins klar: Die unter Umgehung der gesetzlichen Macht und ihr zuwider agierende Schattenmacht, jener verfassungswidrige Untergrund, auf dessen Existenz wir wiederholt hingewiesen hatten, operiert nun in aller Öffentlichkeit. Wie schon mehrfach in unserer Geschichte geschehen, erheben dabei diese Gestalten aus dem Untergrund Anspruch auf Legitimität und Legalität. Doch nichts ist weiter vom Gesetz entfernt als dieser Putsch. Laut dem Gesetz wird der Ausnahmezustand durch einen Akt des Obersten Sowjets und nur unter ausdrücklicher Zustimmung der bevollmächtigten Machtorgane jener Gegenden verhängt, wo er eingeführt wird. Versuche, eine gesetzwidrige Aktion im nachhinein zu legalisieren, sind nichts anderes als Betrug an der Öffentlichkeit im In- und Ausland. Das Parlament darf nicht verantwortungsvolle Entscheidungen unter den drohenden Läufen von Maschinengewehren fällen.

Sollte der Präsident unseres Landes nicht imstande sein, seinen Pflichten nachzukommen, so hat er davon das Volk selbst unmittelbar und frei, unter Bedingungen, die durch demokratische Institutionen kontrollierbar sind, in Kenntnis zu setzen und selbst die Prozedur der Machtübertragung zu bestimmen. Obwohl ich schon seit längerem nicht mehr in persönlichem Kontakt mit Michail Gorbatschow stehe, behaupte ich dennoch, daß seine körperliche und geistige Verfassung nicht derart ist, daß man ihm die Möglichkeit, seine Funktionen und Vollmachten wahrzunehmen, entziehen müßte. Die bei jener Belastung, die einem Präsidenten aufgebürdet ist, nur natürliche Abgespanntheit ist bei weitem kein Hindernis dafür, daß er sich im Fernsehen und in der Presse klar äußert, worauf er nie verzichtet hat, so auch nicht vor dem für ihn so verhängnisvollen Urlaub.

Es ist doch ganz offensichtlich, daß nicht er es ist, der sich solcher Möglichkeit verschließt, sondern daß man sie ihm verweigert und daß man gegen ihn Gewalt ausübt. Das tun eben jene ‹Nacht›-Verschwörer, von denen er die meisten selbst auf den Gipfel der Macht befördert hat.

Eindeutig handelt es sich um einen himmelschreienden, ungesetzlichen, verfassungswidrigen Sturz des gesetzlichen Präsidenten. Es ist ein Vorgang außerhalb von Recht und Moral – also jener Werte, die die Gruppe, welche die Macht an sich gerissen hat, nun mit dem Namen des Präsidenten zu ‹heiligen› sucht. Sie will den Anschein erwecken, als ob sie seine Interessen verteidige und für eine Kontinuität der Macht sorge.

Ich behaupte unabhängig von eventuell kommenden Erklärungen von Michail Gorbatschow oder der Junta, die ihn gestürzt hat: Wer krank ist, das ist nicht der Präsident. In den Handlungen der Junta treten augenscheinlich Symptome eines verschleppten Leidens hervor, das zu kurieren sich die Perestrojka anschickt – eine vor dem Volk geheimgehaltene, sich hinter den Kulissen abspielende, vorsätzliche Verschwörung; die Beseitigung von mißliebigen Spitzenpolitikern durch gesetzwidrige Methoden und unter scheinheiligem Vorwand; Heuchelei und Lüge im Gespräch mit dem Volk; der Aufbau eines neuen Feindbildes und die Aufhetzung des Volkes gegen Mißliebige und Unbequeme.»

Das erklärte ich in den Stunden vor dem Sturm auf das Parlament von Rußland, als all seinen Verteidigern, allen Anhängern der legitimen Macht – wie übrigens auch unserem Präsidenten – etwas Schlimmeres als die üblichen Verleumdungen in der «Sowjetskaja Rossija» und in «Glasnost», der Zeitung der KPdSU, drohte.

Wie aber reagierte er auf die Frage des Journalisten? Er habe meine Ausführungen nicht gelesen, aber wenn ich mich tatsächlich so geäußert hätte, wie vom Reporter zitiert, so solle ich das mit meinem Gewissen abmachen.

Also bitte.

Er sollte die jüngste Vergangenheit analysieren. Zu oft hatte er keine Ahnung von den Ereignissen um ihn und im Lande, als daß ich solche Vermutungen völlig hätte ausschließen können.

Als Mensch, Vater und Ehemann und schließlich als sein ehemaliger Kampfgefährte habe ich den 72stündigen Alptraum seiner Haft im komfortablen Palastgefängnis in Foros nachvollziehen können. Er war Häftling der Junta. Als er aber zurückgekehrt war und auf der Pressekonferenz auftrat, sah ich, daß er nach wie vor ein Gefangener ist – ein Gefangener seines Charakters, seiner Vorstellungen, seiner Denk- und Handlungsweise. Jetzt kann ich mit aller Bestimmtheit behaupten: Kein anderer, sondern er selbst hat die Junta hochgepäppelt durch seine Fahrlässigkeit, seine Unentschlossenheit und seine Neigung zum Lavieren, durch seinen Mangel an Menschenkenntnis, durch seine Gleichgültigkeit gegenüber seinen wahren Kampfgefährten, durch sein Mißtrauen gegenüber den demokratischen Kräften, dadurch, daß er nicht an die Festung glaubte, deren Name Volk ist. Jenes Volk, das sich dank der von ihm eingeleiteten Perestrojka verändert hat.

Hierin liegt die große persönliche Tragödie des Michail Gorbatschow, und wir müssen leider sagen – mag unser Mitgefühl mit ihm noch so groß sein –: Dieses Trauerspiel hätte beinahe zu einer nationalen Katastrophe geführt.

Genauso qualifizierte der Politische Rat der Bewegung für demokratische Reformen den Umsturz der Rechten am 19. August. Genauso, synchron und gleichzeitig mit dem von Boris Jelzin, Iwan Silajew und Ruslan Chasbulatow unterzeichneten Appell an die Bürger Rußlands. Ohne das Scheitern des Putsches abzuwarten, wie es viele andere, darunter die «Führer» der Kommunistischen Partei, getan haben, stellten wir unverzüglich die Frage: Was ist mit dem Präsidenten? Und beharrten auf einer Antwort. Gerade so sprachen und handelten Gawriil Popow in Moskau und Anatoli Sobtschak in Leningrad, Tausende ihrer Mitbürger und Gesinnungsgenossen in ganz Rußland.

So haben also diejenigen den Präsidenten geschützt, die er verraten, denen er mißtraut hat: Boris Jelzin, das Volk Rußlands und Moskaus, die demokratischen Bewegungen und Parteien, seine ehemaligen Kampfgefährten. Ich empfinde darüber riesengroße persönliche Genugtuung; denn der Ausgang der Augusttragödie hat die Richtigkeit meines Hauptprinzips bestätigt: Nur eine moralische Politik ist unbesiegbar. Nur jene politische Idee ist unbesiegbar, die als Maß aller Dinge das menschliche Leben in Freiheit anerkennt.

Für die einen – hoffentlich wenige – waren das Tage der Schmach, für die anderen, die Mehrheit, Tage des Ruhms und des großen, gemeinsam erkämpften Glücks. Das unbewaffnete, aber mit dem Glauben an sein Recht ausgerüstete Volk hat einen Sieg davongetragen.

Die Verschwörer hatten vieles berücksichtigt, nur das Wichtigste hatten sie vergessen. Die Jahre der Perestrojka haben uns von der Angst befreit. Wir sind jetzt anders geworden. Und da wir anders geworden, sie aber die alten geblieben sind, konnten sie uns nicht bezwingen.

Das Ende des Militärumsturzes – ich bin davon überzeugt – wird der Ursprung eines neuen Landes, einer neuen Gemeinschaft stolzer, starker und freier Menschen, einer neuen Weltgemeinschaft sein. Denn in diesen Tagen habe ich mich erneut davon überzeugt, wie viele wir in der Welt und wie einig wir im Streben nach Ehre, Würde und Wahrheit sind.

Ich möchte hoffen, daß auch Michail Gorbatschow ein anderer geworden ist. Anders kann es auch nicht sein: wurde ihm doch eine harte Prüfung zuteil – ein Schritt an den Rand des Todes, Verrat der nächsten Gefährten und die glückliche Befreiung. So etwas vergeht nicht spurlos und darf nicht spurlos vergehen.

Zwar kann noch viel geschehen. Wir dürfen nicht in Euphorie verfallen. Alles kann noch anders werden. Alles ist möglich in den Stunden und Tagen der Agonie eines Systems, das sich zum letzten Kampf entschlossen hat. Acht Verschwörer sind noch nicht die ganze Verschwörung und nicht die ganze Diktatur. Sie hätten ihre finstere Absicht nicht realisieren können, hätten sie sich nicht auf zahlreiche Anhänger gestützt. Ich fordere nicht auf zu einer «Hexenjagd», zur politischen Abrechnung oder zur politischen Rache, wohl aber klage ich Gerechtigkeit ein. Die «Gnade für die Gefallenen» gehört ebenfalls zum Komplex einer moralischen Politik. Wir dürfen aber nicht vergessen, wie viele moralisch «Gefallene» es noch unter uns gibt. Nur wenn wir es wissen, kann die Politik der Verschwörungen zum Scheitern verurteilt sein. Nur dann sind ihre Drahtzieher und Anhänger zum Untergang verdammt. Ich bin zwar kein Prophet, aber ich wage dies zu prophezeien, ohne Fehler fürchten zu müssen. Ich möchte meine Prognose nicht schon wieder bestätigt sehen, muß aber sagen: Die Gefahr ist groß. Die Verschwörer haben eine chaotische, irrationale Entwicklung der Ereignisse vom Zaun gebrochen, die sich bereits im Rahmen eines regulierbaren Prozesses vollzogen hat. Sie haben die «Pendelbombe» in Bewegung gesetzt, die jetzt gegen ohnedies Brüchiges prallt. Sie muß um jeden Preis zum

Stillstand gebracht werden, damit das Land und die Welt gerettet werden können. Damit Menschen nicht leiden. Das Gesetz muß sprechen, nicht die Willkür. Man darf nicht die Feinde der Demokratie nachahmen. Die Feinde der Demokratie dürfen kein Vorbild sein.

Moskau, 24. August 1991

Aus dem Russischen von Nowosti, überarbeitet von
Katrin Finkemeier und Alexander Kasakewitsch-Fitz

Klaus-Helge Donath

Drei Tage im August

Schließlich kann ich es nicht mehr ertragen. Ich verziehe mich aus dem Wohnzimmer in die Küche. Hier bin ich allein. Hier, wo während siebzig Jahren Sowjetherrschaft in unzähligen oppositionellen Visionen mit Genius, reichlich Spiritus und einem Schuß Larmoyanz Gedankenspiele entworfen wurden, die regelmäßig im Kater endeten. Heute, Sonnabend, den 24. August 1991, sind sie schlagartig Wirklichkeit geworden. Noch haben es nicht alle begriffen. Michail Sergejewitsch Gorbatschow hat sein Amt als Generalsekretär der KPdSU niedergelegt, die Rückgabe des Parteieigentums an das Volk verfügt und dem ZK nahegelegt, sich aufzulösen. Der Putsch der schwarzen Junta in Moskau liegt erst fünf Tage zurück. Ihre Niederlage schon drei. Die Partei ist führungslos, ihr Stillhalten während des Umsturzversuches wertet das Volk zurecht als Mittäterschaft. Einst Staatsmacht, ist die KPdSU in dieser Woche zum Objekt strafrechtlicher Verfolgung geworden.

Es ist Iras Küche. Sonst korrigiert Ira mit Engelsgeduld meine verquere Grammatik. Fehler machen kann auch Vergnügen sein. Sie ist die Tochter eines Militärs, der schon vor einem Jahr die Partei verlassen hat. Aber Verwandte und Bekannte sind noch immer aufs engste mit dem System verbunden. Die Damen der ehemals besseren Gesellschaft, Gattinnen aus Diplomaten- und ZK-Kreisen, sitzen im Wohnzimmer. Das war schon immer ihr Ort. Die Nachricht von Gorbatschows Rücktritt hat wie eine Bombe eingeschlagen. Nacheinander haben sie zum Telefon gegriffen, um ihre Männer anzurufen, die dabei waren, das Terrain zu sondieren. Besetzt. In dieser Nacht konnte das vieles bedeuten...

Gorbatschows Rücktritt können sie nicht nachvollziehen: «Warum macht er das?» Sie haben kein Unrechtsbewußtsein und kennen keine Scham, sonst hätten sie es verstanden. Sie denken nur an den Erhalt der Stellung und Privilegien ihrer «Klasse». Als die Unabhängigkeitserklärungen Kasachstans und der Ukraine gemeldet werden, wird für sie alles klar: «Die machen doch das Land kaputt!» empört sich eine. Schuld sind wieder einmal die anderen. Subversive Kräfte, der Klassenfeind oder sonstwer. Wie schon immer. Zusammenhänge will man hier nicht begreifen. Ich suche meine Zuflucht in der Küche.

«Eine tödliche Gefahr schwebt über unserem Land»

Kurz nach halb sieben am Morgen des 19. August klingelt das Telefon. «Hast du das gehört?» Was für eine Frage um diese Zeit. «Ein Komitee, Gorbatschow krank, abgesetzt und ich weiß auch nicht... immer wieder die gleiche Meldung.» Sofort bin ich auf Hundertachtzig. Wieder einmal eine dieser russischen Übertreibungen! Die Neigung, Fiktion und Realität zu einem Gebräu zu vermengen, das dann den Blick trübt. Hauptzutat Pessimismus. Wie oft hatte ich mich darüber schon aufgeregt. Aber tatsächlich: Funkstille auf den Wellen Radio Moskaus. Auf den anderen drei russischen Sendern die monotone Stimme mit dieser schauererregenden Dekretintonation, wie man sie von früheren Gelegenheiten noch im Ohr hat: «Landsleute, Bürger der Sowjetunion. Eine tödliche Gefahr schwebt über unserem großen Heimatland... dieses sind erzwungene Maßnahmen, die das lebenswichtige Bedürfnis diktiert, die Wirtschaft vor dem Ruin zu bewahren, Hunger abzuwenden und die Eskalation der sich ausbreitenden Bürgerkriegszustände zu verhindern...» Im Fernsehen, auf allen drei Kanälen, die gleiche Bekanntmachung. Die Minen der Ansager allesamt in Trauer gefaltet. Als gebe es den Tod des Staatspräsidenten zu beklagen – oder eben einen Machtwechsel würdevoll einzuleiten. Die Sowjetbürger kennen diese Tonlage. Im letzten Jahrzehnt haben sie sie dreimal erlebt; Breschnew, Andropow, Gorbatschow. Und nun schon wieder?

Das durfte nicht wahr sein. Wie immer, wenn ein gewaltsamer Machtwechsel stattfand, sollten auch diesmal wieder die Werktätigen im vorhinein für alles geradestehen. Sie wurden als die eigentlichen Initiatoren des Putsches hingestellt. Denn natürlich hatte dieses «Staatliche Komitee des Ausnahmezustands» nur in «Beantwortung der Wünsche der Werktätigen» die Macht übernommen. Das war eine Allusion an die alte Zeit. Ansonsten vermied das Komitee auffallend die ideologische Phraseologie der Partei und des Marxismus-Leninismus. Beides tauchte in der Erklärung überhaupt nicht auf. Auch nicht in den nächsten Tagen. Statt dessen gab man sich populistisch, mit der dazugehörigen Portion Autoritarismus. Man baute offenkundig auf die Vorurteile der Bevölkerung und ihre in den letzten Jahren angeschlagene Großmachtidentität. Vom «Stolz des Sowjetmenschen» sprach das Manifest, beklagte den Einfluß «des Sexes und der Gewalt, die das Leben und die Gesundheit nachrückender Generationen bedrohen». Natürlich fehlte auch der Seitenhieb auf die Spekulanten nicht. In der Ideologie der Konservativen waren sie schon immer die blutsaugenden Nutznießer der Perestrojka gewesen und für die wirtschaftliche Talfahrt hauptverantwortlich. Egoismus, ein fürchterliches Schimpfwort noch in diesem Land, sei die Folge des «Rutsches in die Marktwirtschaft». Andererseits sei, wer etwa auf Hilfe von außen baue, ein «unverantwortlicher Mensch». Hieraus sprach deutlich der Isolationismus der Putschisten, wenn sie auch später der Weltöffentlichkeit einen anderen Eindruck vermitteln wollten. Nach innen glaubten sie damit Punkte machen zu können. Ein «operatives» Konzept scheinen sie nicht gehabt zu haben. Obwohl es heute heißt, der Putsch sei seit vier Monaten vorbereitet worden.

Alle halbe Stunde wiederholt das Fernsehen die Bekanntmachung, zwischendurch wechseln sich Tschaikowskys «Schwanensee» und Rachmaninows «Elegisches Trio» ab. Trauermusik. Der von Gorbatschow im letzten Winter eingesetzte Chef des staatlichen Fernsehens, Krawtschenko – er sollte damals die flügge werdenden Journalisten wieder zur Räson bringen – wird nach dem Scheitern des Putsches allen Ernstes erklären, die Trauermusik sei «sein ganz persönlicher Ausdruck des Protestes» gegen die Junta gewesen.

Die Situation ist wirklich ernst. Ich selbst kann es aber noch nicht glauben. Zuviel spricht gegen den Erfolg eines solchen Komitees. Auf Russisch liest sich dessen Kurzformel: «GeKaTschePe». Die Ansager haben ihre Schwierigkeiten damit. «Ge-Ka–Tschee-Pe!» Die gutturale Anhäufung ist selbst für die konsonantengeprüften Russen zuviel. Schlecht beraten, oder wollten sie damit vielleicht Furcht einflößen? Tscheka, NKWD und KGB, die Abkürzungen der sowjetischen Geheimdienste, liegen immerhin schon auf derselben Wellenlänge.

Um wirklich sicherzugehen, hole ich einige Russen aus dem Schlaf. Sie sollen sich das anhören. Langes Schweigen: «Das ist ernst.» Dann fallen sie in eine Starre. Sie begreifen es noch nicht, aber sie spüren schon, wie sie die Last der Geschichte wieder in die Tiefe reißt. «Die Mahner hatten also doch recht, der russische Fatalismus hat sich mal wieder bestätigt. Hier ändert sich nichts».

Vor dem Haus bleibt alles ruhig. Normalerweise herrscht ab sieben ein Höllenlärm. Es hat die Werktätigen beim Frühstück erwischt, und sie sind offensichtlich wie gelähmt. Kurz nach acht bietet sich auf der Straße eigentlich wieder das gewohnte Bild. Doch die Leute gehen schneller, die meisten schauen auf den Boden. Sie weichen aus, wenn man ihnen ins Gesicht schaut. Vor dem Zeitungskiosk die übliche Schlange. Doch was die Zeitungen an diesem Morgen melden, gehört noch einer anderen Zeit an; erst um 6 Uhr verbreitete die sowjetische Nachrichtenagentur Tass die Meldung über den Umsturz. Die Menschen kaufen sie trotzdem. Sie halten ein Stück Vergangenheit in der Hand, die zum Paradies wird. Am Leninskij-Prospekt und weiter draußen ist von Truppenbewegungen noch nichts zu merken. Die Fahrt zum Büro verläuft ganz normal. Nicht einmal in der nahegelegenen Kaserne, in deren Hof ich schaue, ließen sich «Unregelmäßigkeiten» erkennen. Und dann die größte Überraschung: Unser internationales Telefon ist nicht abgestellt. Haben sie das vielleicht nur vergessen? Nein, in den andern Büros dasselbe. Hat man uns bei dem Putsch etwa eine besondere Rolle zugedacht? Was ist das für ein Umsturz, der einen ungehinderten Nachrichtenfluß zuläßt? Sind die Putschisten selbst schon derart weit von Glasnost infiziert, ohne es gemerkt zu haben?

In mir wächst die Überzeugung, daß diesem Umsturz kein Erfolg beschieden sein wird. Selbst, wenn sie es einige Zeit aushalten könnten. Zuviel hat sich in den letzten Jahren verändert. Die Gesellschaft hat sich differenziert, das Selbstbewußtsein der neuen politischen Elite ist gewachsen, und die abtrünnigen Republiken des Imperiums werden sich nicht kampflos einem neuen Moskauer Diktat unterstellen. Sollte die Armee wirklich geschlossen hinter den Obristen stehen, müßte sie an zig Orten gleichzeitig kämpfen. Die Partei, das Stützkorsett der Gesellschaft, windet sich seit längerem schon in Agonie. Die Angst, die die Menschen lange handlungsunfähig hielt, ist längst von ihnen gewichen. Das hatte schon die Pro-Jelzin-Demonstration am 28. März in Moskau gezeigt, als Gorbatschow Truppen in der Hauptstadt auffahren ließ, um seinen ärgsten Widersacher einzuschüchtern. Erst Ende Juli hatte die KPdSU dann eine schwere Schlappe einstecken müssen, als die Russische Föderation die Parteizellen in den Betrieben verbot. Und nicht einmal ihre eigenen Mitglieder – außer den Schmarotzern der diversen Apparate – hatte sie wirksam mobilisieren können.

Die Schlacht der Dekrete

Gegen zehn Uhr wird das erste Dekret des Komitees veröffentlicht, in dem die Aktivitäten politischer Parteien, sozialer Organisationen und Massenbewegungen, die «eine Normalisierung der Lage verhindern», verboten werden. Für den Fall des Widerstandes werden die Behörden angewiesen, Ausgangssperren zu verhängen. Wenig später untersagt das Komitee auch die Arbeit der unabhängigen Presse. Von den fünf sowjetischen Fernsehprogrammen sendet nur noch der Verlautbarungskanal. Filme und Folklore. Kurz drauf meldet die BBC, Jelzin und die russische Regierungsmannschaft seien unversehrt im «Weißen Haus», dem Parlament der RSFSR am Ufer der Moskwa, angekommen. Jelzin erklärt das Komitee für illegal und verfassungwidrig, fordert die Freilassung Gorbatschows und wendet sich an alle Soldaten, «nicht an dem reaktionären Coup teilzunehmen». Dann ruft er zum unbefristeten Generalstreik auf. Der wird zwar nicht befolgt, aber zigtausende Moskauer finden sich vor dem Parlament ein, um Barrikaden zu bauen. In der Innenstadt verhindern sie das Vorrücken von Panzerkolonnen. Blut fließt am ersten Tag noch nicht.

Die meisten Russen, mit denen ich an diesem Tag spreche, sind pessimistisch. Die einen schweigen, und die gebildeteren wühlen in der leidvollen Geschichte. Sascha, dem Redakteur von «Moskowskije Nowosti», versuche ich Mut zuzusprechen. Boris, der noch bei seinen Eltern wohnt und dem ich just letzte Woche seine ewigen Bedenken auszureden versucht hatte, findet sich nun bestätigt. Auch wenn es ihm keine Freude macht. Seine Angst stützt sich auf seine spontanen Erfahrungen im unmittelbaren Familienkreis. Nach Bekanntwerden des Putsches klingelte unaufhörlich das Telefon. Die Generation seiner Eltern, um die 50, begrüßte den Putsch überhaupt nicht, reagierte aber instinktiv wie in alten Zeiten. Fragen und Antworten waren so gehalten, daß man sie mannigfach interpretieren konnte. Denn eins war ja schon wieder klar: Das KGB, «Schild und Schwert der Partei», hört selbstverständlich mit. Daß in den sechs Jahren Perestrojka nicht nur die Wirtschaftsstrukturen erodierten, sondern auch die der repressiven Staatsorgane in Mitleidenschaft gezogen worden sein könnten, damit rechnet keiner. Sein Vater ruft aus einer anderen Stadt an und fragt besorgt: «Sind bei euch auch diese Raupenfahrzeuge unterwegs?»

Am Mittag hatte sich der phlegmatische Großvater eines Freundes aus dem Militärhospital gemeldet: «Richtig haben sie es gemacht. Ordnung muß sein!» Die Veteranen des Großen Vaterländischen Krieges erkannten ihre Ordnung wieder. Ihr Moskauer Dachverband gehörte zu den ersten, die das Komitee anerkannten. Ihnen versprach es «Ruhe und Lebensfreude», «Preisstopp» inklusive. Dabei war es einer der Putschisten, Premierminister Walentin Pawlow, der in seiner Eigenschaft als Finanzminister die Notenpresse auf Touren gebracht und damit die Inflation angeheizt hatte. Vom Typ ein Befehlsempfänger und Hilfsbuchhalter, wollte er sich nun als Retter aufspielen. Zum Stimmvieh eignen sich Rentner vielleicht, das setzt geordnete Wahlen voraus, doch für einen Putsch?

Von der Erfolgs- und Aussichtslosigkeit der Polithasardeure war nur Leonid überzeugt. Bestenfalls sechs Monate könnten sie sich halten. Der Bevölkerung hätten sie nichts zu bieten. Und wenn sie glaubten, im Rückgriff auf altbewährte Kommandomethoden die Wirtschaft wieder ins Lot bringen zu können, hätten sie sich getäuscht. In der Tat stellten sich die acht Verschwörer, von denen nur einer Ökonom war, nämlich Pawlow, das so ähnlich vor. Schon ihr erstes Dekret verlangte die Abordnung von Betriebsbelegschaften, um die verrottende Ernte von den Feldern zu holen. Nur, gab Leonid zu bedenken, wieviel Blut würde ihr Rückzug kosten.

Zwischen den Herren im Kreml und Jelzin im «Weißen Haus» begann eine Dekreteschlacht. Die eine Seite dekretierte. Die andere erklärte es für null und nichtig – und dekretierte. So ging es bis zum Zusammenbruch des Putsches am 21. August. Die Abendnachrichten enthielten den Zuschauern auch die Ukasse der russischen Regierung nicht vor. Sie kamen später, aber sie kamen. Was ist das für ein Putsch, der der Rechtsauffassung der Gegenseite Sendezeit einräumt? War es Sabotage, schlichte Nachlässigkeit, oder wollte man Objektivität vortäuschen? Sollten sie sich ihrer Sache gar so sicher sein? Letzteres wohl kaum.

Am Spätnachmittag stellten sich die Herren der Weltpresse. Das soll die neue Führung sein? Auf dem Podium in der Mitte der Königsmörder Gennadi Janajew, vormals Vizepräsident. Gorbatschow hatte ihn im Dezember vergangenen Jahres selbst ins Amt gehievt. Ihm ging der Ruf eines hart arbeitenden Apparatschiks voraus, dem kommunistischen Ideal mit Haut und Haar verschrieben. Er selbst stilisierte sich gerne zum Held der Arbeiterklasse. Wegen seiner ideologischen Rigorosität war er während der Breschnew-Zeit in Kreisen der Nomenklatura in Ungnade gefallen. Janajews Lebenslauf spiegelte etwas der alten russischen Werte wider; Erde, kollektive Pflicht und Zentralmacht. In der Übersetzung des kommunistischen Systems steht das für kollektive Landwirtschaft, Staatsbetriebe und Omnipräsenz der Partei. Er galt als kompromißloser Kämpfer. Seit die KPdSU zunehmend aus ihrer «führenden Rolle» verdrängt wurde, übten Leute wie er auf noch unversehrte Bastionen der Zentralmacht eine beträchtliche Attraktivität aus. Ihr Aktionismus und ihr unbeugsamer Wille, der Desintegration des Imperiums nicht nachzugeben, machte sie zu vermeintlichen Garanten des Erhalts. Auch Innenminister Boris Pugo, zur gleichen Zeit wie Janajew von Gorbatschow in sein Amt gehievt, war so eine Figur. Auch er gehört zum Verschwörerkreis. Alle, wie sie da sitzen, verkörpern sie die vom Untergang bedrohten Kasten und Interessen des Systems. Die Staatsbetriebe vertritt Alexander Tisjakow, Präsident des Verbandes der Staatsunternehmen. Oleg Baklanow ist der zuständige Mann dafür im ZK. Sie sind die Speerspitzen der Rüstungsindustrie, die sich ihre Privilegien erhalten will. Eine freie Preisgestaltung für Energie und Rohstoffe würde sie empfindlich treffen. Die Komponente der Kollektivfarmen deckt der Verbandschef der «Bauernunion» Starodubzew ab. Dazu gehören noch die beiden Weichlinge, Dmitrij Jasow und Wladimir Krjutschkow, der eine Verteidigungsminister, der andere Chef des KGB.

Sie haben nicht viel zu sagen. Wiederholen nochmals ihre populistischen Vorhaben, die mittlerweile jeder im Lande kennt. Aber sie versuchen den Eindruck zu erwecken, als wollten sie mit dem Reformkurs nicht brechen. Janajew spricht sogar von seinem «Freund Gorbatschow», der nach seiner Genesung hoffentlich wieder in die Politik zurückkehre. Zynismus, Dummheit oder Hilflosigkeit? Von allem ein bißchen. Dem neuen Kremlherren zittern dabei die Hände, als würde sein Todesurteil verkündet. Der neue «starke Mann» sucht nach einem Halt, und Millionen Fernsehzuschauer sehen es. Respekt konnte diese Riege keinem einflößen. Das sollen die Vollstrecker des seit einem Jahr kursierenden Putschgerüchtes sein?

Klarere Konturen hatte der innenpolitische Ruck nach rechts im November vergangenen Jahres gezeigt. Gorbatschow hatte sich mit Militärs aller Ebenen getroffen. Er sicherte ihnen zu, es werde weder nach Nationalitäten organisierte Einheiten geben noch denke er daran, eine Berufsarmee zu schaffen. Dennoch drohte danach der schwarze Oberst Viktor Alksnis, Gorbatschow habe nun auch die Armee verloren. Der Oberst ist einer der Rädelsführer der ultrakonservativen «Sojus»-Fraktion im Parlament. Unermüdlich hatte sie den ideologischen Dünger für den Putsch geliefert. Ihre Essentials: Rücktritt Gorbatschows, die Verhängung des Ausnahmezustands und die Übertragung der Macht auf ein Rettungskomitee. Die Generalproben dazu fanden im Januar im Baltikum statt. Auch in Rußland soll ähnliches geplant gewesen sein. Vorgeplänkel fanden auch hier statt. Die Einrichtung von gemeinsamen Miliz- und Militärpatrouillen im Februar. Eine Demonstration der Militärs und reaktionären Kräfte im Februar; die militärische Elite war zugegen, ebenso Innenminister Pugo. Im März verwandelte die Staatsmacht Moskau in ein Heerlager, um eine Pro-Jelzin-Demonstration zu verhindern. Es gelang ihr nicht. Zuvor, am 20. Dezember 1990, war Außenminister Schewardnadse mit der Begründung zurückgetreten, dem Lande drohe eine neue Diktatur. Gorbatschow war gerade dabei, die Herren in Ämter zu hieven, die ihm am 19. August 1991 den Garaus machen wollten. Unmißverständlich meldete sich die Stimme der Reaktion am 23. Juli 1991 zu Wort. Die konservativen Blätter veröffentlichten ein «Wort an das Volk», das der stellvertretende Innenminister und Ex-Afghanistan-Oberbefehlshaber Boris Gromow sowie Jasows Stellvertreter Walentin Warennikow zusammen mit den nationalistischen Schriftstellern Walentin Rasputin und Jurij Bondarew unterzeichnet hatte: «Alle, wo ihr auch seid, in Städten und Dörfern, Steppen und Wäldern, an den Ufern der Ozeane, wacht auf, erhebt euch für die Freiheit, zum Widerstand gegen die Verwüster der Heimat!»

Es war Ferienzeit. Die meisten Moskauer waren im Urlaub. Daß sich dahinter der endgültige Schlachtruf verbarg, hatte niemand so recht begriffen. Dabei war es eine ideale Zeit für einen Umsturz, und eine historische Parallele gab es auch: den Fall Chruschtschows. Am 20. August sollte der neue Unionsvertrag unterschrieben werden, der den Republiken weitreichendere Freiheiten zugestanden und der Zentralmacht und Bürokratie empfindlich die Flügel gestutzt hätte. In ihrer Logik war es die letzte Möglichkeit, um zuzuschlagen.

Die junge Generation geht auf die Straße

Vor dem russischen Parlament versammeln sich am Abend 50000 Menschen. Die Zufahrtsstraßen sind verbarrikadiert. Die ersten Meldungen von übergelaufenen Einheiten treffen ein. Gegen 23 Uhr rollt eine Elitetruppe der Tamanskij-Division vor dem Parlament an. Abgeordnete mit der weiß-blau-roten russischen Trikolore vorneweg geleiten sie in ihre Stellungen. Die Stimmung vor dem Parlament ist nicht schlecht. Die Menschen sind entschlossen, die russische Souveränität und die Abgeordneten, die sich im Parlament verschanzt haben, zu verteidigen. Unter ihnen sehr viele junge Leute, eine Generation, die sich bisher aus der Politik auffallend herausgehalten hatte. Die Vätergeneration und die Senilokratie will sie jetzt wieder verheizen. Das treibt sie wohl auf die Straße. Wie werden die Putschisten sich verhalten? Sie müssen doch handeln. An diesem Abend geschieht nichts. Drei Kilometer Luftlinie von hier, im Umkreis des Kreml, haben sich die gegnerischen Truppen postiert. Hier ist es fast menschenleer. Die Soldaten alle blutjung. Verlegen nuckeln sie an ihrer Extraration Zigaretten. Ihr Major, ein ausgesprochen eloquenter Mann, scheut nicht das Gespräch. Aber er ist eben Soldat, und Befehl ist Befehl. Er selbst, so gibt er freimütig preis, habe bei den Präsidentschaftswahlen für Jelzin gestimmt, wie 60 Prozent seiner «Jungs». Doch das sei seine persönliche Geschichte. Tage später sehe ich ihn im Fernsehen. Auch er ist übergelaufen.

Die Spannung wächst, der zweite Tag verstreicht, ohne daß die Putschisten etwas unternommen hätten. Dekrete und Erlasse, doch niemand befolgt sie. Der Radiosender «Echo Moskau» sendet wieder, wird zur offiziellen Stimme der russischen Regierung, die jetzt jeder hört. Pawlow ist nach wie vor krank, und es entstehen Gerüchte, Jasow und Krjutschkow hätten ihren Rücktritt erklärt. Es bleiben Gerüchte. Anatolij Lukjanow, Vorsitzender des Obersten Sowjets, ehemaliger Vertrauter Gorbatschows und einer der Hintermänner des Putsches, distanziert sich vorsichtig in der Öffentlichkeit. Nachts wird der Sturm des Parlamentes erwartet. Denn die Verschwörer müssen jetzt handeln, jede Minute Zögern bringt sie dem Kerker näher. Der Stadtkommandant hat eine Ausgangssperre verhängt. Doch das hält die Menschen nicht zurück. Hunderttausend schützen das Parlament. In der Stadt sammeln sich überall Grüppchen. Die Gegenseite zieht ihre angekündigten Kontrollen nicht durch. Nachts versucht ein Panzer, der seine Kolonne verloren hat, am Gartenring durch eine Barrikade auszubrechen. Es gelingt ihm nicht. Demonstranten stecken ihn in Brand. Drei Demonstranten werden getötet, einer erliegt seinen Verletzungen später. Doch der Sturm auf das «Weiße Haus» bleibt aus. Nach Tagen heißt es, die dafür vorgesehene Spezialeinheit «Alpha» des KGB habe den Befehl verweigert. Auch Verteidigungsminister Jasow wird erkannt haben, daß seine Soldaten nicht auf die eigenen Leute schießen werden. Die Tage hatten es offenbart: Auch die Armee war kein monolithischer Block mehr.

Das Ende der Apathie

Am Mittwoch nachmittag ist der Spuk vorbei. Er endete so kläglich, wie er begonnen hatte. Die Putschisten sollen noch einen Fluchtversuch unternommen und Jelzin angeboten haben, ihn zu Gorbatschow in sein Exil zu fliegen. Janajew wurde am Morgen in seinem Büro betrunken aufgefunden.

Die Sowjetunion gibt es seit diesem Tag nicht mehr. Sie steht nur noch auf dem Papier. Aus ihren Trümmern erhebt sich Rußland, das nun für sich in Anspruch nimmt, auch die andere Völker vor der Diktatur gerettet zu haben. Die Pfeiler des alten Systems, die Partei und der Apparat, haben sich völlig diskreditiert. Moskau ist siegestrunken, doch der Rest des Reiches geht schon zu einer neuen Tagesordnung über. Am Donnerstag feiert Moskau. Der Präsident der Union ist inzwischen in die Hauptstadt zurückgekehrt. Sie ist nicht mehr die Stadt, die er verlassen hat. Auch die Menschen sind nicht mehr dieselben. Die drei Tage haben sie verändert. Sie sind wachsamer geworden, die politische Resignation und Apathie der letzten anderthalb Jahre ist der Hoffnung gewichen, jetzt wirklich etwas Neues in Angriff nehmen zu können. Es war ein kathartischer Moment. Als sei die vom System forcierte Indifferenz, längst Teil der Volkspsyche, auf immer und ewig vertrieben. Nur der Präsident war der alte geblieben. Er hatte es noch nicht begriffen. Die Nummer Eins ist jetzt Rußlands Boris Jelzin, sein erbittertster Widersacher, ein Volksheld, so wie ihn die Russen lieben und wohl auch brauchen. Auf der Kundgebung spricht Gorbatschow nur kurz, ganz gegen seine Gewohnheit, er ringt nach Worten. In seiner ersten Pressekonferenz liefert er ein trauriges Bild und verspielt sogleich den Bonus, den ihm seine Arrestierung zugespielt hatte. Obwohl die Russen ihren Präsidenten schon lange nicht mehr lieben, hatten sie Mitleid mit ihm. Denn sie haben eine Seele für Opfer. Gorbatschow aber verteidigt die Partei und die «vielen aufrechten Genossen». Doch das will keiner mehr hören. Die Putschisten stempelt er zu Verbrechern, die sein Vertrauen mißbraucht haben. Er kommt nicht darauf, dahinter die Strukturen des Molochs KPdSU zu vermuten. Wo waren die vielen aufrechten Gefolgsleute, als man ihn abservieren wollte? Keiner hat aufgemuckt, alle haben sich eher in kommunistischem Kadavergehorsam geübt, den er selbst in diesem Moment noch einmal vorexerziert. Man hatte von ihm ein klares Wort, seinen Rücktritt als Generalsekretär erwartet, doch der ewige Zauderer zögert auch jetzt noch. Auch die Stalinopfer brauchten lange, um ihre Folterer anzuklagen? Wie lange braucht Gorbatschow, um sich seinen Häschern zu entziehen?

Zwei Tage später, am 24. August, ist es soweit. Seine Berater werden es ihm beigebracht haben. Will er in dem neuen Chaos noch eine politische Funktion bekleiden, vielleicht sogar noch einmal Präsident eines sowjetischen Torsos werden, dann muß er die Partei auf Gedeih oder Verderb verlassen. Denn sie ist untergegangen. Die ersten beiden Tage zurück im Amt halten für Gorbatschow eine Kette von Demütigungen bereit. Im Russischen Parlament führt Jelzin seinen Widerpart regelrecht vor. Er stellt ihm Fragen nach seiner eigenen Rolle im Putsch, legt ihm ein Protokoll der Verschwörer vor, von dem Gorbatschow noch nichts wußte. Während Gorbatschow noch am Rednerpult steht, kündigt Jelzin feixend an, er werde jetzt einen Ukas unterschreiben, der die Arbeit der KPdSU in Rußland bis zur Klärung ihrer Rolle im Putsch suspendiert. Gorbatschow schluckt: «Das wird ein Fehler sein.» Aber er hat keine andere Wahl. Schon bei seinem ersten Treffen mit Jelzin mußte der Präsident seine Personalentscheidungen vom ersten Amtstag rückgängig machen. Die Erlasse Rußlands während des Putsches hatte Gorbatschow vorher schon anerkannt.

Indes treten die anderen Republiken jetzt auf den Plan. Schlagartig kommt die Bedrohung nicht mehr aus dem Zentrum, das einen gnadenlosen Einbruch erlitten hat, sondern aus dem wiedererwachten Rußland. Man fürchtet das Aufkeimen eines großrussischen Chauvinismus, mit Jelzin an der Spitze. Fast alle Republiken erklären ihre Unabhängigkeit. Die Unterzeichnung eines Unionsvertrages rückt in immer weitere Ferne. Sogar die mittelasiatischen Republiken wollen an einer Union, wie sie zuletzt entworfen wurde, nicht mehr teilnehmen. Ihr Sprecher ist der kasachische Präsident Nursultan Nasarbajew, der drittmächtigste Mann im Lande heute. Mit den übrigen sowjetischen Staaten Mittelasiens, die die billigen Rohstofflieferanten der Union und vor allem Rußlands waren, vereinbarte er eine Art «östliche Konföderation». In einem ersten Schritt legte sie eine einheitliche Preispolitik gegenüber dem Zentrum fest. In Nasarbajew erwächst Jelzin, dessen Politik gegenüber Mittelasien sich nicht deutlich von der Unionspolitik abhebt, ein ernster Widersacher. Am Ende könnte Rußland allein dieser robusten «Konföderation» gegenüberstehen, ein Nord-Süd-Konflikt bahnte sich an. Der heftigste Schock kam allerdings aus der Ukraine. Das Parlament in Kiew, «der Mutter der russischen Städte», strebt nach völliger Unabhängigkeit. Rußland gegenüber herrscht großes Mißtrauen. Mit Kiew und Kasachstan kam es gleich zu territorialen Streitigkeiten. Unversehens hat diese Entwicklung Jelzin und Gorbatschow einander wieder nähergebracht. Denn nun sitzt der russische Präsident im gleichen, aber engeren Boot wie sein geschlagener Opponent. Auch er muß retten, was noch zu retten ist. Wenn Gorbatschow das lecke Schiff Restunion glücklich um die Klippen schifft, wird er zum Dank vielleicht doch noch einmal Präsident. Diesmal nur ohne viel Macht.

Barbara Kerneck-Samson

Der Präsident

Ein Porträt Boris Jelzins

Als der Soldat auf dem Panzer, praktisch noch ein Teenager, die Hände vors Gesicht schlug, ahnten viele Umstehende, daß Rußland, die Sowjetunion und die Welt verschont bleiben würden von einem unkalkulierbaren Konflikt. Daß die Armee nicht bereit war, gegen ihr eigenes Volk einzugreifen. Die Geste war gleichzeitig theatralisch und spontan, weich und unwiderruflich. Es geschah um die Mittagszeit, an jenem Montag, dem 19. August 1991, dem ersten der drei Moskauer Putschtage, die die internationale Öffentlichkeit in Atem halten sollten. Trotz seines eher dunklen Teints, sahen alle deutlich, daß dem jungen Mann heiß die Schamröte ins Gesicht schoß. Die Hände ließ er noch lange dort, wo sie waren, fast bis Boris Nikolajewitsch Jelzin zu Ende gesprochen hatte und ihm seinerseits zum Abschied die Hand reichte: der Soldat konnte seinem Präsidenten nicht in die Augen sehen.

Jelzin, der ohnehin schon seine gesamte Suite um einen Kopf überragt, stand monumental auf dem Panzer, auf der dem Moskwa-Fluß zugewandten Seite seines Regierungssitzes, gleichzeitig Tagungsort des Russischen Parlamentes. Die Russen hatten diesem Gebäude den Spitznamen «Weißes Haus» gegeben, nun wurde dies zu einer ernstgemeinten Bezeichnung. Silbrig weiß leuchteten auch Boris Nikolajewitschs Haare in der Sonne, wie das Metall der Ikonen, die die Russen einst ihren Angreifern entgegentrugen. Hier wurde er zum Katalysator des Widerstandes gegen die putschende Junta, zum Schutzpatron der Barrikadenkämpfer in spe. In gezielten Sätzen verurteilte er den Putsch als «rechts» und «antikonstitutionell», unterstellte sämtliche Beamten, Polizisten und Soldaten in Rußland seinem Oberkommando und rief die Bürger zum Widerstand und zum Generalstreik auf.

Den Panzer hatte der russische Präsident nicht angesteuert, als er mit ungedeckter Brust die Freitreppe zur Moskwa herunterstieg, er fühlte nur die Notwendigkeit, denen – neben der bereits von Militärfahrzeugen verstopften Brücke – nahe zu sein, die bei ihm Hoffnung suchten. Kein Aufruf und keine Anweisung, ja nicht einmal informelle Absprachen untereinander hatten Hunderte von Menschen an diesem Morgen an diesen Ort getrieben, es war eine Art geographischer Magnetismus, das Gefühl für das historisch Angemessene. Viele Frauen und alte Männer hatten Tränen in den Augen. Beim Anblick von Boris Nikolajewitsch belebten sie sich und skandierten «Na tank!», «Na tank!», «Auf den Panzer!». Und Jelzin ließ sich nach alter Gewohnheit von der Menge erhöhen, indem er ihren Erwartungen folgte. Jetzt, da man ohnehin schon versucht hatte, ihn zu verhaften und da die Waffen gegen ihn marschierten, war die Nähe zu seinen Schützlingen der einzige Schutz. Die Bildersprache der Sowjetmythen wurde noch einmal lebendig, um sich selbst zu widerlegen: Wie Lenin einst bei seiner Ankunft aus dem finnischen Exil im aufständischen Petrograd einen Panzer bestieg, um die Initialzündung zur Oktoberrevolution zu geben, so kletterte hier auch Boris Nikolajewitsch hinauf – diesmal aber, um einem Putsch entgegenzutreten. Und noch ein wichtiger Unterschied besteht zwischen den beiden historischen Situationen: der Panzer, den Jelzin erklomm, war nicht nur Podest – er war bemannt, und die freundlichen Absichten seiner Insassen gegenüber Jelzins russischer Regierung durften in Zweifel gezogen werden.

Einmal, früh an diesem Morgen, muß Jelzin, Zeugenberichten zufolge, doch gezögert haben: nämlich als es darum ging, per Dekret sämtliche auf dem Territorium der Russischen Föderativen Sowjetrepublik stationierten Militäreinheiten seinem eigenen Oberbefehl zu unterstellen. Jetzt verkündete er diesen Beschluß. Experten halten dies für den Hauptwendepunkt in der Putsch-Geschichte. In den nächsten Stunden verbreitete sich die Nachricht wie ein Lauffeuer in Moskau und in den Garnisonen.

Schon in der nächsten Nacht waren einige Zweifel beseitigt. Tausende – und am nächsten Tag schon Zehntausende – verteidigen das Weiße Haus. Elf Panzer der Tamanskij-Division, des Elite-Regimentes, dem der beschämte Soldat angehörte, unterstellten sich dem Kommando der Russischen Regierung, stündlich meldeten weitere Regimenter der Roten Armee dem Weißen Haus ihre Solidarität.

Und noch ein Gerücht wurde aus der Welt geschafft: Wer schon früh um sieben Uhr am Putschtag die Aktivitäten an sich riß und drei Nächte ohne Schlaf durchhielt, wie Boris Jelzin im Weißen Haus – der konnte weder getrunken haben noch krank sein. Zugute kam Boris Nikolajewitsch in den schweren Stunden der Nation auch, daß er die eigene äußere Erscheinung so etepetete kultivierte. Die frischgebügelten Ersatz-Anzüge, die in seinem Büro immer bereithingen, konnte er diesmal gebrauchen.

Immer noch das einzige Kapital, über das Boris Jelzin in diesen Stunden verfügte, war der vielstrapazierte Kredit des Vertrauens. Ihn hatten die Völker Rußlands Boris Nikolajewitsch eingeräumt, weil es ihm gründlich an Zynismus mangelte. In der heutigen Epoche gibt es in Rußland mehrere Politiker seines Schlages, doch noch fünf bis fünfzehn Jahre vorher, während Jelzin als Erster Parteisekretär der KPdSU erst in Swerdlowsk, dann in Moskau regierte, wirkte es völlig außerhalb der Norm sonstiger Politbürokraten, daß er die Anliegen der Durchschnittsbürger wie seine eignen behandelte, das Wohlergehen des Volkes nicht nur in Sonntagsreden beschwor, um sich insgeheim darüber lustig zu machen, sondern sich auch aktiv darum kümmerte. Wie ein kommunistischer Haroun Al Raschid mischte Jelzin sich unters Volk, probierte mit dem eigenen Leib aus, wie die Verkehrsmittel arbeiteten, stand Schlange, kontrollierte, ob die vor den Geschäften ausgeladenen Waren auch wirklich auf den Ladentisch kamen oder durch das Hintertürchen schwarz verschoben wurden. Und setzte immer wieder durch, daß, statt anderer Projekte, Wohnungen gebaut wurden, für Menschen, die in Baracken wohnten, wie er sie als Kind zu hassen gelernt hatte. Kredite auf einer solchen Basis bewirken offenbar Wunder.

«Wir sagten, daß wir von seinem gewaltigen Mut begeistert sind», erklärte die pensionierte Margaret Thatcher am 20. August, als es ihr, wie auch manchen amtierenden westlichen Staatsoberhäuptern, darunter Präsident Bush, gelungen war, sich mit dem russischen Staatsoberhaupt innerhalb des belagerten Weißen Hauses verbinden zu lassen. Im Westen nahm man Boris Jelzin plötzlich wahr, auch im Europäischen Parlament, wo ihm führende Politiker noch kürzlich – von der Gorbimanie geblendet – buchstäblich die Tür gewiesen hatten. Wußten die westlichen Politiker nicht, daß sie damit auch fast 100 Millionen Russen die Tür wiesen, die diesen Mann zum ersten demokratisch legitimierten Präsidenten innerhalb der UdSSR erwählt hatten? Für westliche Repräsentanten in Moskau war es jedenfalls im

Frühjahr und Sommer 1991 zu einer immer peinlicheren Aufgabe geworden, russischen Freunden und Bekannten das Verhalten der eigenen Obrigkeit gegenüber deren Regierung zu erklären. Zwar gab es auch in anderen Ländern der ehemaligen Sowjetunion Präsidialverfassungen. Aber nur im winzigen Georgien war bisher der Präsident vom Volk gewählt worden, wobei die Gerüchte über Manipulationen der Ergebnisse nachträglich blühten. Die baltischen Staaten verzichteten damals auf Präsidialverfassungen, in anderen ehemaligen Sowjetrepubliken wurden die Vorsitzenden der Obersten Sowjets nachträglich zu Präsidenten erklärt. Die wenigsten konnten sich, wie der Armenier Ter Petrosjan, als Häupter eines wirklich geheim und frei gewählten Parlamentes bezeichnen. Und was erst recht den Präsidenten der UdSSR, Michail Gorbatschow, anbetraf, so war seine Wahl zum Präsidenten durch den Obersten Sowjet der Union ein denkwürdiges Schauspiel bonapartistischer Usurpation gewesen. Die Korrespondenten, die ihn über Jahr und Tag als Vorsitzenden dieses Parlamentes erlebt hatten, wußten, daß ihm jegliche Großzügigkeit gegenüber politischen Gegnern fremd war. Dem Geschichts-Professor Jurij Afanasjew, der damals das einzige ausführliche Gegenplädoyer zur Wahl Gorbatschows hielt, gönnte dieser nicht einmal zwei Minuten zusätzlicher Redezeit, um seine Argumentation zu Ende zu führen. «Man muß Michail Gorbatschow vor sich selbst in Schutz nehmen», plädierte Afanasjew. Während des August-Umsturzes 1991 war es Boris Jelzin, dem diese Aufgabe zukommen sollte. Die Rückkehr und Wiedereinsetzung des wie-auch-immer-verfassungsmäßigen Präsidenten der UdSSR war eine der Hauptforderungen seines ersten Ukasses am ersten Putsch-Tag.

«Und merke dir, in die Politik lasse ich dich nicht wieder rein», diesen Spruch hatte Michail Gorbatschow Boris Jelzin nachgerufen, nachdem er ihn 1988 als Moskauer Parteichef entmachtet und mit dem Posten eines stellvertretenden Ministers für Bauwesen abgespeist hatte. Boris Nikolajewitschs Weg zum Präsidentenamt, von dem er sich, auch als er schon Großvater wurde, nicht hätte träumen lassen, war nicht nur mit harten Steinen gepflastert, sondern mit bleischweren Knüppeln gesäumt, die ihm seine Gegner immer wieder zwischen die Beine warfen. Es stimmt schon, daß er aus bescheidenen Verhältnissen stammte, doch verlief seine Karriere anfangs durchaus gesetzmäßig, keineswegs wie bei jener *Leninschen Köchin*, die plötzlich im Staate das Zepter schwingt.

Boris Nikolajewitschs Eltern waren Bauern im Ural. Als der Junge fünf war, 1935, bekam die Familie die Folgen der Kollektivierung der Landwirtschaft auf das härteste zu spüren. Die einzige Kuh verreckte, die kleine Familie spannte sich vor einen Karren und zog ihr Hab und Gut auf der Flucht vor dem Hunger in die nächste Stadt. Dort verdingte sich der Vater auf Baustellen, die Mutter ging nähen. Boris versorgte das Brüderchen und das Schwesterchen, die bald danach geboren worden waren. In einer langen, mit mehreren Familien überfüllten Baubude bewohnten sie, bis Boris in die Schule kam, ein winziges Kämmerchen. In den Wintern drängten sich die Kinder an die bereits in der Stadt erworbene Ziege, um nicht zu erfrieren. In der Schule lernte Boris Nikolajewitsch mit Leichtigkeit. Früh machten ihm neben der großen Wißbegier dennoch die anderen Jelzinschen Charakterzüge zu schaffen: Dickköpfigkeit, Rauflust, Aufsässigkeit und Gerechtigkeitssinn. Die Sechs in Betragen war ihm in jedem Zeugnis so gut wie sicher, eine unbeliebte Lehrerin ekelte er von der Schule, und zu Kriegsbeginn verlor er zwei Finger der linken Hand: er hatte eine scharfe Granate geöffnet, um zu «gucken, was drin ist».

Dennoch widmete sich Boris Nikolajewitsch später einem Sport, bei dem die Hände eine große Rolle spielen: dem Volleyballspiel. Bis zu sechs Stunden am Tag trainierte er als älterer Schüler und Student und war in allen Ferien auf Achse, von einem Ende der riesigen Sowjetunion zum anderen, bald zu Sportwettkämpfen, bald ohne Fahrschein auf dem Tender oder Dach eines Zuges, bald mit Rucksack und Gitarre. Beim Sport entwickelte er eine eigene Fangtechnik mit allerlei Verrenkungen. Dies führte später zu einem Wirbelsäulenschaden. Als Parteichef von Moskau litt er oft tagelang unter unerträglichen Kopf- und Rückenschmerzen, von denen ihn erst im April 1990, bereits als Präsident des Obersten Sowjets der Russischen Föderation, eine Wirbelsäulenoperation in Spanien erlöste. Erst einmal jedoch, bis 1955, studierte Jelzin den Beruf eines Bauingenieurs am Technischen Kirow-Institut im Ural. Noch vor Studienabschluß heiratete er die schrägäugige, lachlustige Naina Jossifowna, und zwar, weil nicht alle Interessenten an der Hochzeit teilnehmen konnten, gleich dreimal hintereinander. Gemeinsam mit den beiden Töchtern Lena und Tanja bildet Naina noch heute in der Familie ein lebhaftes brünettes Gegengewicht zu dem oft schweigsam-brummeligen «Weißen Riesen». Bevor der junge Absolvent und Familienvater als Bauleiter begann, wandte er ein ganzes Jahr auf, um zwölf verschiedene Bauberufe – vom

Maurer bis zum Kranführer – auch praktisch zu erlernen: «Damit mich nicht jeder Vorarbeiter um den Finger wickeln kann».

Die Karriere im engeren Sinne begann für Jelzin erst mit dreißig Jahren, als er 1960 in die KPdSU eintrat, relativ spät für einen Sowjet-Manager. Politische Gegner wollten ihm später daraus einen Strick drehen und werteten diese Verzögerung als «Zeichen politischer Unreife». Schon 1963 ging es in die Verwaltung: Boris Jelzin wurde Chefingenieur des Swerdlowsker Hausbaukombinats, eines Riesenkombinats in der Millionenstadt. Weitere Stufen: 1968 Abteilungsleiter der KPdSU in Swerdlowsk, 1975 Sekretär des Gebietsparteikomitees von Swerdlowsk, 1978 Deputierter der Unionskammer im Obersten UdSSR-Sowjet, 1981 Mitglied im ZK der KPdSU, April 1985 Abteilungsleiter im ZK, Juli 1985 ZK-Sekretär, Dezember 1985 Parteichef von Moskau. Gerufen, ja geradezu genötigt, hatte ihn hierher Michail Gorbatschow, seit März, seit dem Tod Tschernenkos, neuer Generalsekretär der KPdSU. Ihm verdankte Jelzin auch den rapiden Aufstieg in der ZK-Leiter. Die beiden konsultierten sich seit einigen Jahren in bezug auf ihr politisches Vorgehen. Und mit Äußerungen, daß «bei uns alles durch und durch verfault» sei und «von Grund auf umgekrempelt» werden müsse, hatte Michail Sergejewitsch bei Boris Nikolajewitsch offene Türen eingerannt.

Den Umzug nach Moskau absolvierte das Ehepaar schweren Herzens. Ungern gab Boris Nikolajewitsch die heimatliche Bastion auf, ein Zentrum der Schwer- und Rüstungsindustrie. Und auch der treue Freundeskreis fehlte in Moskau, der sich seit dem Studium kaum verändert hatte. Ein wenig half es, daß Tochter Tanja hier Mathematik studiert und sich verheiratet hatte. Mit Tanja, ihrem Ehemann und Enkel Boris bewohnen Boris Senior und Naina Jossifowna noch heute die geräumige Wohnung im Herzen der Stadt, in der lauten, rußigen Gegend unweit des Weißrussischen Bahnhofs, die sie damals als erste beste, die ihnen angeboten wurde, bezogen. Lena, mit Mann und zwei kleinen Töchtern, lebt inzwischen im Nachbarhaus und arbeitet als Ingenieurin. Der Jelzinsche Haushalt ist schlicht und rustikal eingerichtet, Mittelpunkt ist die Wohnküche mit Eckbank. Es fehlt hier der übliche Pomp und Trödel, mit dem die Russen sonst so gern das endlich ergatterte «home» zu einem «castle» ausstaffieren. Nur Bücherregale ziehen sich über die Wände fast aller Räume. Noch ein paarmal sollte es dem Ehepaar Jelzin gelingen, von hier aus gemeinsam mit den alten Swerdlowsker Studienfreunden im Urlaub zu wandern und Kanu zu fahren. «Warum denn nicht», antworteten Frau und Töchter, als ihnen der Haushaltsvorstand zwei Jahre später im Zuge seines politischen Kreuzzuges gegen die Bonzenprivilegien vorschlug, auf Amtsdatscha, Sonderrationen und Regierungskliniken zu verzichten: «Die anderen leben doch auch!»

Moskau wurde ein wenig menschenfreundlicher unter der Partei-Ägide Jelzins: da tauchten plötzlich Spielplätze mit Wippen und Holzbären auf, hexenhausähnlich-beschnitzte Verkaufsbüdchen für Marktstände an den U-Bahnstationen, ja sogar pilzförmige Metallschirme mit Hockern darunter, auf denen müde Besucher der kaffeehausarmen Hauptstadt schon mal eine Limonade schlürfen konnten. Und schon auf seinem ersten persönlichen Treffen mit Bürgern, einer Bildungsveranstaltung für Komsomolzen und Agitatoren der KPdSU, beantwortete Boris Nikolajewitsch über 200 Fragen derart freimütig, daß das Protokoll der Veranstaltung dann unionsweit im Samisdat zirkulierte. Ganz offensichtlich hatte der neue Stadt-Parteichef Glasnost ein wenig zu ernst genommen. Und obwohl sein Entschluß, über 60 Prozent der Bezirks-Parteisekretäre Moskaus abzusetzen, in der KPdSU durchaus unpopulär war, warf man ihm später von höchster Stelle vor, er fische «nach billiger Popularität».

Daß die Bonzen dennoch nicht zu kurz kamen, dafür sorgten einflußreiche ZK-Genossen, denen Gorbatschow trotz Glasnost und Perestrojka-Predigten keineswegs seine Protektion entzog. Allen voran Erzfeind Jegor Ligatschow, der tat, was er nur konnte, damit Jelzins Wüten gegen die Privilegien für diesen zum Bumerang wurde. «Die klebrige Schicht» von dienstbaren Elementen, wie Jelzin sie nannte, die selbst aufgrund der Bonzen-Privilegien in Lohn und Brot stand, verlieh der Hauptstadt-Parteiorganisation eine dauerhaft konservative Schlagseite. Damals begann Boris Nikolajewitsch sich grundsätzlich kritische Gedanken über die Rolle der KPdSU im Staat zu machen. Zum ersten großen Eklat kam es zwischen dem dialogbereiten Jelzin und dem gern und ausführlich monologisierenden Generalsekretär dieser Partei, als Gorbatschow dem passiv lauschenden und applaudierenden Politbüro im Herbst 1987 seine für die bevorstehende 70-Jahrfeier der Oktoberrevolution geplante Rede vorstellte. Jelzin meldete sich anschließend zu Wort und warf ihm in einer Reihe von Punkten praktisch Schönfärberei der Rolle Lenins und der KPdSU in der sowjetischen Geschichte vor. Der redefreudige Generalsekretär war durch dieses Verhalten derart schockiert, daß er wortlos den Raum verließ und erst nach einer Sammlungsphase zurückkehrte. Die Sabotage gegen Jelzins Arbeit in Moskau nahm zu. In dieser Situation traf Boris Nikolajewitsch die Entscheidung, seine ZK-Mitgliedschaft niederzulegen.

Die Rede, mit der er dies auf dem Oktoberplenum 1987 begründete, enthielt soviel Zündstoff, daß die Parteispitze sie erst – auf den Druck der Öffentlichkeit hin – zwei Jahre später veröffentlichte. Im wesentlichen wiederholte Jelzin darin, was er schon auf dem 27. Parteitag gefordert hatte: «Die Unanfechtbarkeit der Autoritäten, die Unfehlbarkeit des Führers, die ‹Doppelmoral› – sind unter den heutigen Bedingungen unerträglich und unzulässig». Es war der endgültige Abschied Boris Jelzins von der Politik der «Perestrojka als halbe Maßnahme».

Kurz nach dem Oktoberplenum lag Boris Jelzin schwerkrank in einem Moskauer Spezialkrankenhaus. Über den Anlaß dieses Krankenhausaufenthaltes hat er sich selbst nie eindeutig geäußert. In Moskau kursierten Gerüchte, daß er damals einen Herzinfarkt erlitten hatte oder bei einem Attentat verwundet worden war. Es ging jedenfalls um Leben und Tod. Was dann folgte, schildert er in seinen Memoiren:

«Da klingelte am 11. November morgens plötzlich das Telefon. Es war die Automatische Fernsprechvermittlung I im Kreml – Gorbatschow rief an. In ruhigem Ton, als wäre ich nicht im Krankenhaus, sondern in meiner Datscha, sagte er: Boris Nikolajewitsch, du müßtest mal kurz zu mir kommen. Danach halten wir vielleicht auch gleich noch das Plenum des Moskauer Stadtkomitees ab. Ich antwortete, ich könne nicht kommen, liege im Bett, und die Ärzte erlaubten mir nicht aufzustehen. Macht nichts, sagte er munter, die Ärzte werden dir schon helfen. Das werde ich nie verstehen, ich erinnere mich nicht, daß ich in meiner ganzen Laufbahn einen Menschen, ob Arbeiter oder Komiteeführer, krank aus der Klinik kommen ließ, um ihn zu kündigen.» Hilflos, von den Kremlärzten so mit Beruhigungsdrogen vollgepumpt, daß er selbst zu keiner Erwiderung fähig war, mußte Boris Jelzin sich vor dem versammelten Moskauer Stadtparteikomitee und der Parteispitze die gegen ihn gerichteten Schmähreden seiner ehemaligen Konkurrenten und Mitarbeiter anhören.

Die Verletzung, die Jelzin hier erfuhr, galt nicht nur seinem politischen Ruf und seiner Psyche. Er selbst kennzeichnete diese Episode später als «einem echten Mord ähnlich».

Trotz dieser Erfahrung hat Jelzin als Abgeordneter des Obersten Sowjets der UdSSR und vor allem später als Präsident des Obersten Sowjets der Russischen Föderation wiederholt eine gemeinsame Basis mit Gorbatschow beschworen, Hoffnungen in diverse Zusammentreffen gesetzt, denen immer baldige Enttäuschungen folgten. Die persönliche Scheu Jelzins, andere zu verletzen, mag dabei eine Rolle gespielt haben, vielleicht auch der Wunsch, an die kooperativen Impulse anzuknüpfen, die Michail Gorbatschow einst den Weg einer Außenpolitik gegenüber dem Westen beschreiten ließ, deren Verdienste Jelzin immer anerkannt und unterstrichen hat.

Als Boris Jelzin im Sommer 1990 aus der KPdSU austrat, war das sein zweiter großer Abschied von Michail Gorbatschow. Er hatte erkannt, daß diese Partei sich jetzt zwar – rein formal – von Artikel 6 der Verfassung lossagte, die ihre führende Rolle im Staate bisher festgeschrieben hatte, daß sie damit aber keineswegs auch den Schritt zu einer inneren Demokratisierung vollziehen wollte. Boris Nikolajewitsch war jetzt frei, vor allem als russischer Staatsmann zu handeln. Persönlichen Illusionen gab er sich nicht mehr hin. Er habe das ständig erneute Zugehen auf Gorbatschow schon lange satt, gestand er fast beiläufig in einem Interview der «Moskowskije Nowosti» Ende 1990. Und weiter berichtete er darin über eines seiner letzten Gespräche: «Der Präsident sagt: Sie können mich doch nicht verdächtigen, daß ich das bestehende System aufrechterhalten will. Und ich sage: Gerade Sie verdächtige ich genau dessen.» Trotzdem trieb die Not der Völker seines Staates Jelzin, als nunmehr erstem Mann in Rußland, zu einem weiteren Versuch, das Gespräch wieder aufzunehmen.

Das gemeinsame Programm der «500 Tage», des Übergangs zur Marktwirtschaft in Rußland und der gesamten Sowjetunion, war der vorerst letzte Versuch eines historischen Kompromisses zwischen der russischen Regierung unter Jelzin und der UdSSR-Zentrale. Weshalb Gorbatschow den sehr differenzierten Plan einer Preis- und Marktreform des Wirtschaftswissenschaftlers Schatalin nicht akzeptieren konnte, bleibt sein Geheimnis. Seine starre Haltung mußte er schon wenig später mit dem Verlust seiner besten Wirtschaftsberater bezahlen. Der Plan wurde, nicht ohne seine persönliche Mitwirkung, beerdigt. Die krasse Erhöhung aller Preise durch die Unionsregierung, nicht etwa nach irgendwelchen marktwirtschaftlichen Kriterien, sondern stur nach Plan bedeutete für Rußland eine wirtschaftliche Katastrophe. Für den Parlamentspräsidenten der «Russischen Föderation», Boris Jelzin, war dies ein weiterer Abschied.

Nach dem Blutbad der Roten Armee in Litauen und Lettland im Januar 1991 und nach der entschiedenen Stellungnahme Jelzins für die Balten begann in den zentralen Medien eine Diffamierungskampagne gegen den Präsidenten des russischen Parlaments. Schon vorher wurde das Fernsehen so gut wie gleichgeschaltet. Die «Komsomolskaja Prawda» stellte Anfang März 1991 ihre «TV-Kolumne» ein, weil es über die Sendungen nichts Interessantes mehr zu sagen gab, und die Redaktionen der großen Zeitungen sahen sich verstärktem Druck ausgesetzt. Die Zentralgewalt setzte nach altem Brauch auf die Macht des Monologs.

Unter diesen Umständen verzichtete Boris Nikolajewitsch auf jeden weiteren Versuch eines Dialogs mit Michail Sergejewitsch. «Ich habe meine Wahl getroffen», mit diesem Satz brach Jelzin die Brücken zu Gorbatschow hinter sich ab. Der Satz fiel in einem Fernsehinterview, das schließlich als Kompromiß auf Jelzins Wunsch, im zentralen TV aufzutreten, zu für ihn ungünstigen Bedingungen ausgehandelt worden war. Boris Nikolajewitsch forderte im nächsten Satz den Rücktritt des Präsidenten der UdSSR.

Wohl selten in der Geschichte ist eine rein moralische Autorität so schnell in reale staatliche Macht umgewandelt worden wie im heutigen Rußland nach dem Staatsstreich. Hatte sich der russische Präsident seit Beginn seiner Amtszeit auf seine Weise auf das Putsch-Szenarium vorbereitet? Die Geschichte der Präsidentschaft Boris Jelzins ist kurz, aber einprägsam. Der Wahlkampf im Mai 1991 war turbulent wie immer. Den Höhepunkt bildete eine «psychologische Expertise» in der KPdSU-Zeitung «Prawda», die Jelzin als handlungsunfähigen Psychopathen und «unfähig zu beständigen menschlichen Bindungen» darstellte. Wie es bei solchen Anlässen auch in den Perestrojka-Jahren der Brauch war, wurden die Soldaten erpreßt, um gegen den Vertreter der demokratischen Bewegung zu stimmen. In vielen Kasernen wurde die Stimmabgabe überwacht. Schon nach dem mit über 60 Prozent für westliche Verhältnisse haushohen Sieg war vielen Beobachtern klar: die einfachen Ränge der Roten Armee und Unteroffiziere hatten sich trotz des immensen Drucks, dem sie ausgesetzt worden waren, auf Jelzins Seite geschlagen. Schon vor den Wahlen, während seiner einjährigen Amtsperiode als Präsident des Obersten Sowjets Rußlands, konnte Jelzin die brillantesten Gelehrten und Wissenschaftler der

Sowjetunion in seinem Beraterstab vorweisen. Nicht er hatte sie, besser gesagt hatten sie ihn zu sich herangezogen.

In der mittelalterlichen und nachmittelalterlichen Geschichte Rußlands hat es wiederholt sogenannte «Samoswanzy» gegeben. Der Terminus «Samoswanjez» bezeichnet nicht eigentlich einen «selbsternannten» Herrscher, wie die wörtliche Übersetzung lautet. Unter den «Samoswanzy» versteht man vielmehr Bettler und Entrechtete, die das Volk auf den Schild hob und zu rechtmäßigen Erben der Zaren ernannte. In dieser Tradition steht auch der heutige Präsident Rußlands. In der Phase seiner tiefsten Erniedrigung 1988 und 1989 waren es die einfachen Bürger, die sich seiner annahmen, in ihm das Symbol der eigenen Entrechtung erblickten. Die schon in seiner Zeit als Moskauer Parteichef großen Sympathien der Russen für Boris Jelzin wuchsen noch, als dieser entmachtet wurde. Weniger den persönlichen Gegenpol zum «Zaren im Kreml» erblickten die schlangestehenden Massen in ihm, sondern vor allem das Symbol aller eigenen Interessen, die denen der Nomenklatura entgegengesetzt waren. Das Engagement der einfachen Russen für Jelzin wuchs mit jedem Hieb, mit jeder Diffamierungskampagne, die die Vertreter dieser Klasse gegen ihn führten. Der Moskauer Barrikadenkampf während des Putsches der Altherrenriege im August 1991 erscheint so als Konsequenz einer gesetzmäßigen Kette von Ereignissen.

Da er an die einfachen Menschen appellierte und diese an ihn, warf man Boris Jelzin im Westen häufig «Populismus» vor. Mit anderen Worten eine Taktik, die dem Volke alles Gewünschte verspricht, ohne sich um die Realisierungsmöglichkeiten zu kümmern. Was nun speziell das russische Volk betrifft, so muß man ihm zugute halten, daß es eine derartige Taktik aufgrund 70jähriger Erfahrung allzu gewohnt ist, um noch darauf hereinzufallen. Wenn man im nun vergangenen Abschnitt der Sowjetgeschichte jemandem den Vorwurf einer entsprechenden Politik machen konnte, so war es Michail Sergejewitsch Gorbatschow. Der entscheidende Schritt, den er, gemäß der im damaligen Abschnitt der Sowjetgeschichte herrschenden Negativ-Logik, unternahm, um sich selbst zu schaden, war das Versprechen einer konstitutionellen und demokratischen Verfassung. Gorbatschow tüftelte zur Jahreswende 1988/89 ein zwieparlamentarisches Staatswesen aus: da sollte ein «Kongreß der Volksdeputierten» (2250 Deputierte) aus den eigenen Reihen einen «Obersten Sowjet der UdSSR» (422 Deputierte) wählen und deren Angehörige dann auch noch nach undurchsichtigen Vorschriften «rotieren» lassen. Schon ein Drittel der Abgeordneten des Kongresses der Volksdeputierten wurde nicht öffentlich gewählt, sondern automatisch von der KPdSU und ihr nahestehenden «gesellschaftlichen» Organisationen «deputiert». Die übrigen sollten durch undurchsichtige «Wahlkommissionen» in den einzelnen Bezirken vorgefiltert werden. Doch diesmal hatte der Wirt die Rechnung ohne das Volk gemacht.

Das stille Heldentum, das die Russen, vor allem die Moskauer, vor den Märzwahlen 1989 an den Tag legten, steht in nichts ihren späteren Leistungen während des Putsches vor dem Weißen Haus nach. Im Gegenteil: hier fehlten die Siegesgewißheit und der heroische Aufschwung, beherrschend war nur der stille Wille, es «denen» zu zeigen. Der «Moskauer Wählervereinigung» (MOI) schlossen sich Hunderte von Rentnern, Hausfrauen und Studenten an, um aktiv eine dennoch «demokratische» Wahl zu gewährleisten.

Dieses Heer von anonymen Helden der Ausdauer bewegte sich zum Winterende hin fast kriechend durch Eis, Nieselregen und Schlamm der Mammut-Hauptstadt (offiziell 9, de facto 12 Millionen Einwohner, 6 Millionen Wähler). Fast ohne Personenwagen und Vervielfältigungstechnik verfolgten sie ihre Sache und ließen sich auch dann nicht entmutigen, wenn eines ihrer Vereinslokale bis auf den letzten Stuhl und Bilderrahmen von Partei-Kommandos kurz und klein gehackt wurde, wie im Moskauer Stadtteil «Otradnoje». Mit Butterbroten und Decken ausgestattet überwachten die «MOI»-Kommandos schließlich bis zum Morgengrauen die Auszählung der Stimmen. Dann wußten sie: Der Wirt war wieder berechenbar; Boris Jelzin hatte mit weit über 80 Prozent gesiegt.

Schon vorher war Boris Nikolajewitsch nicht nur vom Volke, sondern auch von frustrierten jungen, aber auch älteren Wissenschaftlern jeglicher Provenienz geradezu «adoptiert» worden. Diese Leute sahen im herrschenden Gesellschaftssystem keine Anwendungsmöglichkeiten für ihre Erkenntnisse, außer der Arbeit für den künftigen russischen Präsidenten. Jelzin ist somit nicht nur politischer Führer, sondern auch politisch «Geführter». Neben der politischen Berechenbarkeit lieben die Moskauer Wähler seine Lernfähigkeit. Die politische Kultur, die er nach dem Staatsstreich von 1991 der Weltöffentlichkeit demonstrierte, war hart erarbeitet. Jelzins Küchenkabinett, später «Präsidialrat» genannt, versammelte die brillantesten Geister des Landes. Und nachdem die Wirtschaftsreformer Schatalin und Jawlinskij Mitte 1990 zu Jelzin übergelaufen waren – auch die besten Ex-Berater Michail Gorbatschows.

Der Weg Boris Nikolajewitschs in die Ämter des Präsidenten des RSFSR-Parlamentes im Sommer 1990 und des ersten frei gewählten Präsidenten Rußlands wurde von den gleichen Kräften, dennoch auch von zusätzlichen Koalitionen flankiert. – Nach der feierlichen Präsidenten-Inauguration im Kreml Anfang Juli 1991 konnte Boris Nikolajewitsch – als erste kirchlich gesegnete Staatsperson seit 70 Jahren – kräftig «verordnen». Sein erster Ukas zielte auf eine wirkliche Revolution der Sowjetgesellschaft ab: Er befahl, die Zellen der kommunistischen Partei in Betrieben und öffentlichen Institutionen der RSFSR aufzulösen. Der zweite verordnete eine Reform des Bildungssystems in Rußland: beides Fragen, die unter den Nägeln brannten. Die KPdSU leistete erstaunlich geringen Widerstand. «Ferienzeit», hieß es als Erklärung. Und Michail Gorbatschow versäumte es auch, trotz aller Appelle der Rechten, Jelzins Anordnung per Ukas wieder zu annullieren. Was war geschehen?

In den Monaten Februar/März des Jahres 1991 war es in Moskau und anderen sowjetischen Großstädten erneut zu mächtigen Pro-Jelzin-Demonstrationen gekommen. Der öffentliche Unmut über die Politik der UdSSR-Regierung hatte sich von Mal zu Mal in größeren Wellen auf die Straßen und Plätze ergossen. Vor allem hatten sich die Manifestationen gegen die öffentliche Verleumdung Boris Jelzins in den Massenmedien gerichtet. Gorbatschows Antrag, das glücklich erst im Vorjahr vom Obersten UdSSR-Sowjet verabschiedete Gesetz zur Garantie der Pressefreiheit zu annullieren, war zwar von dem ansonsten schon eingefrorenen Parlament ungewohnt unwillig zurückgewiesen worden, doch war es ihm gelungen, das Fernsehen zu disziplinieren und einige der beliebtesten kritischen Polit-Magazine abzusetzen. Die russische Regierung hingegen hatte kaum die Möglichkeit gehabt, den Völkern der RSFSR die eigenen politischen Initiativen durch Radio oder Fernsehen vorzustellen. Die erneute Spannung zwischen den Polen Gorbatschow–Jelzin war auf gefährliche Weise kulminiert, als am Vorabend einer Tagungsperiode des Kongresses der Volksdeputierten der RSFSR, am 28. März 1991, dicht verschlossene Truppentransporter in gewaltiger Anzahl die Straßen Moskaus verstopft hatten. Den Befehl hatte Michail Gorbatschow erteilt. Es heißt, der spätere Putschist Boris Pugo und andere Berater hätten in ihm den Eindruck erweckt, es stünde ein Sturm des

Kreml durch «extremistische» Volksmassen bevor. Gorbatschow soll sich erschrocken abgewandt haben, als er von einem Kreml-Erkerchen aus den Ernst der Lage in der Innenstadt erkannte. Seine Wahlmöglichkeit war schizophren gewesen: entweder ließ er auf friedliche Demonstranten schießen – und machte sich damit in den Augen der Welt unmöglich, oder er ließ die selbst gerufene Militärmaschinerie sang- und klanglos abziehen – und machte sich damit in den Augen der Moskauer lächerlich. Gorbatschow wählte die zweite Variante. War dies der Beginn seiner eigenen Wandlung gewesen?

Eine Zusammenarbeit mit Michail Sergejewitsch wurde anschließend für Boris Nikolajewitsch wieder möglich – trotz jener dramatischen Aufkündigung der Beziehungen zu Jahresanfang: «Ich habe meine Wahl getroffen.» Doch diesmal galten neue Vorzeichen: Nicht mehr als Junior-, sondern als Senior-Partner diktierte Rußland nun dem Zentrum seine Bedingungen, dem alle Felle in der auseinanderbröselnden Union wegschwammen. Als im April das erste Grün grünte, wurden die Sowjetbürger von der Nachricht überrascht, daß sich Boris Nikolajewitsch Jelzin und Michail Gorbatschow in der Regierungsdatscha der neuen Moskauer Vorsatadt «Nowo-Ogarjowo» getroffen hatten, um nicht nur zwischen Rußland und dem Zentrum ein neues Arrangement vorzubereiten: Der sogenannte Nowo-Ogarjower Prozeß vereinte in laufend neuen Verhandlungen bis zum Sommer die fünf mittelasiatischen Republiken Kirgisien, Kasachstan, Usbekistan, Tadschikistan und Turkmenistan sowie das ferne Aserbaidschan mit den «Slawen» Rußland, Bjelorußland und Ukraine zu einer Union unter neuen Vorzeichen. Alle Teilnehmer wurden als souveräne Staaten anerkannt; wer nicht mehr mitmachen wollte, wie die Balten, wurde als Ausland anerkannt und – so das letzte Zugeständnis Gorbatschows: das Zentrum wollte künftig auf die Erhebung von Steuern in den Republiken verzichten. Kein Wunder, daß die geplante Unterzeichnung des entsprechenden Unions-Vertrages für den 20. August die Putschisten gerade am 19. auf den Plan rief.

Dennoch: Bei der Nachricht vom «Ausnahmezustand», am 19. August 1991, gingen viele Russen ganz automatisch davon aus, daß der Präsident und KPdSU-Generalsekretär Gorbatschow diesen selbst verhängt haben müsse. Schon vorher gab es Gerüchte, er wolle so in einer Art Doppelstrategie den geplanten Unionsvertrag konterkarieren. Auch als sich dieser Irrtum aufklärte – nach dem Staatsstreich und vor dem Prozeß gegen die Täter –, blieb das Mißtrauen aus vielen

Erfahrungen gespeist. Was geschah wirklich während des Putsches an Gorbatschows Verbannungsort, in Foros auf der Krim? Viele Antworten widersprachen sich hier. Experten meinten, wenn die Verschwörer über ihre Vor-Putsch-Machenschaften auspackten, müßten schon Geheimdienst-Anweisungen Gorbatschows zur Unterwanderung und Erpressung der Bewegung «Demokratisches Rußland» und der teilnehmenden jungen demokratischen Parteien genügen, um ihn von einer verantwortlichen Tätigkeit in einer neuen politischen Ordnung zu suspendieren. Der Noch-Generalsekretär jedenfalls schien bei seiner Rückkehr aus der Geiselhaft allen Ernstes von der Möglichkeit einer Wiederbelebung des sozialistischen Prinzipes zu träumen, sprach immer noch von einer Reform der KPdSU, obwohl er selbst konstatierte, daß er in ein neues Land zurückgekehrt war. Hatte er die neue Entwicklung wirklich verstanden?

Und dann wurde Gorbatschow ein zweites Mal neu geboren – den Geburtshelfer spielte dabei Boris Jelzin. Beim Nach-Putsch-Hearing vor den Deputierten Rußlands führte er einen fahrigen, unsicheren und zaudernden Michail Sergejewitsch vor. Und zwang diesem vor den Augen der fernsehenden Nation die Zustimmung zum vorläufigen Arbeitsverbot der Kommunistischen Partei in Rußland ab, das er selbst bei der günstigen Gelegenheit mit flottem Federstrich unterzeichnete. Der Präsident der UdSSR sprach zwar zaghaft von einem «Fehler», um aber schon tags darauf selbst als KPdSU-Generalsekretär zurückzutreten. «Ich kann bezeugen, daß er sich in diesen 72 Stunden sehr geändert hat», bescheinigte ihm Boris Jelzin damals auf dem Bildschirm in bezug auf die Putsch-Zeit bei einer Gesprächsrunde internationaler Fernsehjournalisten. Eines war klar: Michail Gorbatschow, der immer lieber redete, hatte in den Tagen der Isolation das Zuhören gelernt. Trotzdem blieb er für Boris Jelzin und die Demokratie in Rußland und in der Sowjetunion eine gefährliche Person. Außer der verbitterten und ihrer Privilegien beraubten Partei-Nomenklatura hatte er zwar keine soziale Basis mehr im Lande. Die Demokraten hatten aber nicht vergessen, daß er noch im Herbst des vorangegangenen Jahres durch gut mit den faschistoiden Interfronten im Baltikum abgestimmte Reden und durch entsprechende Fernsehprogramme dem blutigen Putsch in Vilnius den Boden bereitet hatte. Gorbatschow damals: es sei Zeit für die KPdSU, «aus den Schützengräben herauszukommen». Und hatte er nicht selbst, zum Teil gegen starken Widerstand des Obersten Sowjets, sämtliche Mitglieder des

«Klubs der Zitterhände» erst kürzlich in ihre Ämter gehievt? War er gegenüber deren Eigenschaften wirklich so blind gewesen?

Warum ließ sich der russische Präsident darauf ein, mit einem aus seiner Sicht so zweifelhaften Kompagnon an der Seite in den neuen Verband souveräner Staaten einzutreten, der die alte Sowjetunion ablöste? Zumal das Verhalten beider Politiker auch jetzt keinen Zweifel daran ließ, daß sie sich gegenseitig so wenig gern hatten wie eh und je? Antworten darauf gibt es viele. Denn nun war wirklich der Zeitpunkt gekommen, zu dem der erstarkte Jelzin den geschwächten Gorbatschow brauchte: als Kreditköder gegenüber dem immer noch von Gorbimanie befallenen westlichen Ausland, als zentrales Gegengewicht zu sich selbst in einem Staatenverbund, der die Stärke und Größe Rußlands zu neutralisieren wünschte. Und in diesem Zusammenhang beging Boris Nikolajewitsch den ersten Fehler in jenem zweiten politischen Leben, das er nun schon einige Jahre als Anti-Apparatschik führte: Um die Großstaaten Ukraine und Kasachstan auch nach dem Staatsstreich noch in eine neue gemeinsame Staatenunion zu zwingen, ließ er durch einen Sprecher verlautbaren, wer dabei nicht mitmache, müsse mit territorialen Forderungen Rußlands rechnen. Was folgte, war mehr als ein Sturm im Wasserglas. Mühsam glättete die russische Diplomatie die Wogen in bilateralen Gesprächen mit den ehemaligen Sowjetrepubliken. Sie konnte indessen nicht verhindern, daß in der Welt der Verdacht des Nationalismus und Populismus gegen Boris Jelzin wiederauflebte. Wer konnte in der Außenwelt schon verstehen, daß die Moskauer, wenn sie nach ihrem erfolgreichen Widerstand auf den Barrikaden nun so gern das Eigenschaftswort «groß» mit dem Wörtchen «russisch» verbanden, eher die moralische Größe meinten? Wer glaubte noch den jungen Vertretern der neuen «Nationalgarde» vor dem Weißen Haus an der Moskwa, sie seien keine Nationalisten und begrüßten gerne Tataren und Juden in den eigenen Reihen? Tatsächlich aber lag die größte Versuchung für Boris Jelzin an dieser historischen Schwelle nicht in verqueren nationalistischen Vorstellungen – die nüchterne Sprache der Fakten drohte ihn angesichts der neugewonnenen Macht ins Unrecht zu setzen. War es der Geniestreich des oppositionellen Jelzin gewesen, die nationale Form mit sozialen und territorialen Inhalten zu füllen, so mußte der Präsident Rußlands nun die sozialen Erwartungen erfüllen und das staatliche Territorium zusammenhalten. In den 14 von 88 Landkreisen und autonomen Gebieten der Republik, die auf die Junta gehört hatten, setzte Jelzin sogleich nach dem Putsch eigene Gouverneure ein, doch auch für die übrigen wurden bereits Schatten-Regierungen bereitgehalten. Dies alles geschah angesichts eines drohenden Hungerwinters, angesichts schrumpfender Energiereserven im Lande, die nur noch für fünf schwere Frosttage in Zentralrußland reichten, angesichts eigener Souveränitätsbestrebungen eines immer größeren Teils der nationalen Minderheiten in den 17 «Autonomen Gebieten» und «Autonomen Republiken» Rußlands. Sollten diese abbröckeln, würde der russische Staat nicht etwa am Rande geschmälert, sondern im Bauch durchlöchert: ein Schweizer Käse von der Ostsee bis nach Alaska. Selten war für eine geschichtliche Person die Versuchung so groß gewesen, mit Versprechungen zu blenden und letztendlich im wahrsten Sinne des Wortes zum «Populisten» zu werden. Eine Herausforderung, der sich Boris Jelzin angesichts der Zwänge von «Realpolitik» wohl auch in Zukunft stellen muß.

Russische Sozialistische Föderative Sowjetrepublik (RSFSR)
russische Gebiete
autonome Republiken nichtrussischer Nationalitäten in der RSFSR
autonome Gebiete und Kreise
Sowjetrepubliken außerhalb der RSFSR
Gebiet Königsberg
Karelo-Finnen
Nenzen
Moskau
Komi
Jamolo-Nenzen
Chanten u. Mansen
Taimyr
Ewenken
Autonome Republik der Jakuten
Tschuktschen
Korjaken
Burjäten
Juden
Tuwinen
1000 km
1 Mordwinen
2 Tschuwaschen
3 Mari
4 Komi-Permjaken
5 Tataren
6 Baschkiren
7 Adygen
8 Kabardiner
9 Nord-Osseten
10 Tschetschenen
11 Kalmücken
12 Dagestaner
13 Chakassen
© Globus
8341

Leonid Gosman

Die Psychologie der Revolution

Die ersten Anmerkungen zu diesem Text habe ich in der furchtbaren Nacht vom 20. zum 21. August auf Band gesprochen, als ich zusammen mit Tausenden von Moskauern vor dem Weißen Haus stand und auf die Erstürmung wartete. Jetzt, zwei Wochen später, schickt sich der Volksdeputiertenkongreß der UdSSR an, den Tod des letzten Imperiums dieses Planeten – der Union der Sozialistischen Sowjetrepubliken – zu attestieren. Darüber, was in dieser Zeit geschah, insbesondere in den drei Tagen der Augustrevolution, wird die Welt noch lange sprechen. Der Fall eines Regimes, berechnet auf Jahrhunderte, das die halbe Welt verschlungen und mehr Blut vergossen hat als alle antiken Despotien zusammengenommen – das ist ein außerordentliches Ereignis. Darüber, was war und was sein wird, sprechen Wirtschaftsfachleute, Politiker, Soziologen und Historiker. Ich bin Psychologe und will die subjektive, menschliche Komponente dieser Tage begreifen – Tage, von denen wir immer geträumt haben, aber niemals glaubten, daß sie je kommen würden.

Die letzte Luft des Sterbenden

Das Cheyne-Stokessche Atmen oder das sogenannte Todesatmen (die kurzfristige Wiederherstellung der Atmungsaktivität bei einem Sterbenden) erweckt bei einem Laien den Eindruck, als habe sich der Zustand des Patienten auffallend gebessert; dem Arzt aber sagt es, daß es das Ende ist. Der Putsch war das Cheyne-Stokessche Atmen des kommunistischen Regimes. Panzer fuhren auf, bedrohliche Befehle wurden erteilt, Rußland, so schien es, kehre zur Tyrannei zurück, doch all das war die Agonie. Es ist bezeichnend, daß niemand in Moskau dem Notstandskomitee eine lange Frist zubilligte – man billigte ihm drei Tage zu (wie es ja wirklich kam), höchstens ein halbes Jahr. Von der ersten Minute an war absolut klar, daß die Putschisten nicht imstande waren, das Land zu regieren, daß sie keinerlei Chance hatten. Sie hatten kein positives Programm, und sie konnten auch keines haben – mit Panzern kann man kein Land aus dem wirtschaftlichen Abgrund herausziehen. Die Isolation oder der Tod Gorbatschows konnte zu nichts führen. Die neuen politischen Führer, die ihre Macht nicht einmal mit dem gesetzmäßigen Präsidenten hatten teilen wollen, wären niemals mit den Usurpatoren übereingekommen. Wäre es den Putschisten gelungen, Jelzin zu beseitigen, hätte der Kampf ohne Zweifel länger gedauert, aber doch mit dem gleichen Resultat geendet. Der Kusbass und Swerdlowsk, Jerewan und Vilnius, Hunderttausende von Menschen hätten Widerstand geleistet; sie hätten sich nicht nur aus ethischen, sondern auch aus pragmatischen Gründen nicht ergeben. In den letzten Jahren haben sie so viel getan und gesagt, daß sie vom Notstandskomitee außer Lagerhaft oder einer Kugel ins Genick nichts anderes hätten erwarten können. Das war allen klar, außer jenen, die dieses Abenteuer angezettelt hatten.

Warum haben sie sich so geirrt? Natürlich könnte man ihre Dummheit oder Inkompetenz anführen, aber das ist nicht die Wahrheit. Die Mitglieder des Notstandskomitees – das sind doch dieselben Leute, unter deren Führung die ohnehin kranke Ökonomie aufs Sterbelager gebettet wurde, die Armee zerfiel und die Rechtsorgane ohnmächtig dem Anwachsen von Verbrechen zuschauten. Menschen mit minderer Bildung – das Fehlen einer systematischen Ausbildung oder einfach die Unbildung unserer Führer – haben unserem Land seit 1917 Unglück gebracht; Menschen, die sich daran gewöhnt hatten, alles ihren Vollzugshelfern zu überantworten, dem «Apparat», und die in ihren Luxusreservaten die Gesetze der realen Welt längst vergessen hatten: Sie haben noch einmal der ganzen Menschheit demonstriert, daß ein unfähiger Lenker jede beliebige Maschine zugrunde richten kann, sogar eine so mächtige wie das KGB. Doch die Gründe ihrer Fehler, ihres unlogischen Verhaltens, liegen tiefer. Sie haben sich nicht in dem Moment geirrt, als sie den Putsch begannen, sie irrten sich weitaus früher. Die Führer und Diener des Systems, die für ihre Untergebenen eine illusorische und künstliche Welt geschaffen hatten, waren selbst von der Ideologie vergiftet. Sie sahen die Welt nicht, wie sie ist, sondern verzerrt, sie besaßen die Züge, die man traditionell dem Homo soveticus zuschreibt, in weitaus größerem Maße als der gewöhnliche Bürger.

Die Welt, die sie schufen und an die sie glaubten, besaß im Vergleich zur realen Welt einige Besonderheiten. Die wichtigste war ihre Einfachheit, ihre niedrige kognitive Komplexität, wenn man es im psychologischen Fachjargon ausdrücken will. Diese Welt in schwarzweiß wird mit einer geringen Anzahl von Koordinaten beschrieben: gut – schlecht, eigenes – fremdes, richtig – falsch. Der Glaube an die Einfachheit der Welt führt zu einfachen und häufig gewalttätigen Lösungen. Man muß den Knoten nicht lösen, besser ist es, ihn zu zerschlagen. Und die Macht zerschlug die Knoten, wählte von Jahr zu Jahr aus allen möglichen Lösungen die einfachsten, die in der Komplexität des Denkens dem Niveau derer entsprachen, die die Macht verkörperten. Und natürlich führten solche Lösungen zu tragischen Folgen in der Ökologie, der Ökonomie und der Politik. Oftmals kalkulieren wir nicht ein, daß Politiker von hohem Rang auch nur Menschen sind, daß ihre Handlungen ebenso irrational und undurchdacht sind wie die Handlungen eines beliebigen anderen Menschen. Als die Sowjetführer den Krieg mit Afghanistan begannen, beschränkten sie sich auf einen Vergleich der Feuerkraft des sowjetischen Okkupationspotentials mit den gegnerischen Möglichkeiten, ohne den gesamten Komplex an ethnischen, religiösen und psychologischen Faktoren zu berücksichtigen, die denn auch die Niederlage der UdSSR vorherbestimmten. Konfrontiert mit dem Wassermangel in den mittelasiatischen Regionen des Landes, lehnten sie das ihnen unterbreitete Projekt einer ökonomischen Wassernutzung ab und ordneten die Ableitung des Wassers nördlicher Flüsse nach Süden an – eine Idee, deren Realisierung direkt zur ökologischen Katastrophe führte. Doch für sie war gerade diese Idee in ihrer Einfachheit ungemein attraktiv; die Kompliziertheit der lebendigen Natur wurde total ignoriert. Niemals glaubten sie an die Selbstorganisierung, weder in der Ökonomie noch in der Politik – sich selbst organisierende Systeme sind zu kompliziert –, sie glaubten vielmehr an die Disziplin. Demokratie war für sie gleichbedeutend mit Chaos, Diktatur hingegen die einzige Methode, einen Staat zu regieren. Einer einfachen Welt entsprechende einfache Lösungen erfordern keine komplizierten Strukturen für deren Bau – wie Parlamente, Gerichte, Aufteilung der Macht; man muß die Macht nur einem guten Menschen übertragen, und der tut dann schon, was nötig ist. Und schließlich erzeugt der Glaube an eine einfache Welt auch eine eigentümliche Ästhetik – die Ästhetik einer soldatischen Ordnung.

Die Diktatur ist dann nicht nur die einfachste Organisationsform der Macht, sondern auch ihre schönste.

Der Glaube ist irrational, die rationalen Argumente sind hier machtlos. Tausende Male erklärte man den würdigen Anbetern des Kolchossystems in der UdSSR mit Zahlenkolonnen in der Hand, daß ein freier Mann auf seinem Land wesentlich mehr produziert als ein Sklave. Sie akzeptierten diese Argumente nicht. Natürlich hörten die Mitglieder des Notstandskomitees davon, daß Konzentrationslager im Zeitalter von Computern und Hochtechnologie nicht die geeignetste Methode sind, die Produktivität der Ökonomie anzuheben, aber sie konnten es nicht glauben. Und als zur ökonomischen Katastrophe im Land das Begreifen hinzukam, daß man sie nach der Unterzeichnung des Unionsvertrages wegen Unbrauchbarkeit einfach wegwerfen würde, da schritten sie zur Tat.

Strenggenommen entschlossen sie sich nicht zum Umsturz. Sie wollten die Macht einfach wieder dort haben, wo sie ihrer Meinung nach hingehörte – in die Gebietskomitees der KPdSU und die Politabteilungen der Divisionen. Von ihrem Standpunkt aus gesehen waren die Usurpatoren die, die die gesetzmäßige Macht innehatten – Jelzin, Landsbergis und der zu nachsichtige Gorbatschow. Deshalb war ihre Wahrnehmung der Situation nach der Inhaftierung auch so inadäquat – sie begriffen, daß sie verloren hatten, aber sie begriffen nicht den Ernst ihrer Lage. Der ehemalige KGB-Chef Krjutschkow sagte sogar, er hoffe, man verstehe ihn, und er wolle weiterhin der Heimat in Freiheit dienen. Zu dieser Zeit wurde im Land sehr heftig über die Todesstrafe für die Putschisten diskutiert, vor allem bezogen auf ihn!

Eine nicht unwesentliche Rolle bei dem verhängnisvollen Entschluß der Putschisten spielten auch ihre fehlerhaften Vorstellungen über das Volk, über den sogenannten einfachen Menschen. All die siebzig Jahre glaubten die Führer, daß der russische Mensch die Knute und die starke Macht liebt, daß man mit einer Flasche Wodka für jeden jegliche Art von Aufruhr beschwichtigen kann. Als die letzten Bolschewisten, die Mitglieder des Notstandskomitees, sahen, daß die Wertschätzung der Demokraten im sinken begriffen war, weil sie unfähig waren, das alltägliche Leben der Menschen in den Griff zu bekommen, die genauso erniedrigt und schutzlos waren wie zuvor, nahmen sie an, daß diese Menschen eine Diktatur enthusiastisch begrüßen würden. Doch obwohl der Widerstand keinen Massencharakter trug, war die Freude nicht allzu groß. Die Putschisten begriffen einfach nicht, daß die Enttäuschung über Gorbatschow durchaus keinen Nährboden für ihren Machtantritt bot – ganz im Gegenteil: das machte ihre eigene Position nur noch haltloser. Gorbatschow war unbeliebt wegen seiner Weitschweifigkeit und seiner Inkonsequenz, mehr noch, weil er als Reformer ein Mann des kommunistischen Systems geblieben war, deren gefährlichste und unattraktivste Vertreter sie ja selbst waren. Was sie verstanden, war die Feindseligkeit der Menschen gegenüber der kommunistischen Symbolik, und deshalb erwähnten sie in ihren ersten Verlautbarungen mit keinem Wort den Kommunismus und die sozialistische Systemwahl, versprachen lediglich Wohlstand und Ordnung. Doch dieser klägliche Versuch einer Mimikri brachte nichts – man glaute ihnen nicht.

Zu diesem Abenteuer trieb sie noch ein zutiefst persönliches Motiv. Ein totalitäres Regime sichert seinen Führern nicht nur die Möglichkeit, über Leben und Tod ihrer Untertanen zu verfügen, es bietet ihnen weitaus mehr – Bewunderung, Liebe und ängstlich-ehrfürchtigen Respekt der Menschen. Gegründet auf totaler Angst und Gewalt, flößt das System jedem in seinem Machtbereich Schrecken ein. Nach bekannten psychologischen Gesetzen wird diese Furcht aus dem Bewußtsein verdrängt und sublimiert sich in einem positiven, ekstatischen Gefühl: Liebe, Ergebenheit, Begeisterung. Je grausamer (nebenbei gesagt: sinnlos grausam) die Macht war, desto wichtiger wurde es, jenen zu lieben, der diese Macht personifiziert. Auf diese Weise brauchte man sich nicht zu fürchten – er ist weise und gut, er straft nur die Feinde, ich aber bin kein Feind, ich liebe ihn. Und die Menschen liebten Stalin, wie sie etwa auch Kim Il Sung liebten. In dem Maße, wie das System des Massenterrors in der UdSSR demontiert wurde, verschwand die Liebe zu den Führern, sie verlor ihren psychologischen Sinn. Doch das Fehlen einer freien Presse, die scharfe Kontrolle des Wortes und die Rechtlosigkeit der Bürger verschafften der herrschenden Oligarchie wenn nicht die Illusion von Liebe, so doch von Achtung durch das Volk.

Die heutige, letzte Generation sowjetischer Machthaber hat auch dieses Privileg eingebüßt. Glasnost hat ihr Leben zur Hölle gemacht: vor den Toren ihrer Datschas lärmten Meetings, die Zeitungen veröffentlichten ihren Speisezettel, überall begegneten ihnen Hohn und Spott und der Ruf «Nieder!». Man nahm ihnen nichts weg, weder ihre Autos noch die besondere medizinische Betreuung, noch das besondere Essen, doch man beraubte sie der Möglichkeit, sich an alldem zu erfreuen. Ja, sogar Auslandsreisen, die früher nur für sie reserviert waren und ihnen das Gefühl von Exklusivität vermittelten, wurden jetzt für die möglich, die sie zuvor nicht für Menschen angesehen hatten. Mehr als einmal habe ich miterlebt, wie unwohl sich offizielle sowjetische Wissenschaftler auf Konferenzen im Ausland fühlen, wenn sie mitbekommen, daß außer ihnen, den verdienten und überprüften, noch andere Landsleute anwesend sind, die diese Reise nicht als Auszeichnung für makellosen Dienst am System bekommen haben, sondern einfach, weil sie ein paar Thesen ans Organisationskomitee der Konferenz geschickt haben. Es ist kein Zufall, daß in der ersten Verlautbarung des Notstandskomitees ein ehrlicher seelischer Aufschrei vorkommt: Früher habe man den Sowjetmenschen im Ausland geachtet (soll heißen, man hat *sie* geachtet, andere durften ja nicht reisen), jetzt nicht mehr. Die Perestrojka hat die Nomenklatura nicht der Macht enthoben, sie hat sie um ihre Ruhe und Selbstachtung gebracht. Die Mitglieder des Notstandskomitees waren wohl die unattraktivsten Vertreter aus der gesamten höchsten Riege sowjetischer Führer. Tag für Tag sahen sie sich in den Zeitungen, im Fernsehen, in den Berichten über das KGB neuen und neuen Demütigungen ausgesetzt. Ihr Abenteuer war der Versuch, die ihnen entgleitende Macht nicht nur zu erhalten, sie wollten sich auch an den Journalisten und an uns allen für die ihnen zugefügte Erniedrigung rächen, dafür, daß man sie der Lächerlichkeit preisgab, sie nicht mehr achtete. Sie hatten die Hoffnung, uns zu zwingen, wenn nicht sie zu lieben, so doch sie zu fürchten.

Der Sturz

Zu den Gründen, die zum Zusammenbruch des Putsches führten, zählt als wichtigster der Massenandrang rund um das Weiße Haus, der das Militär moralisch entwaffnete. Sogar die Soldaten, die in Litauen und Baku die Menschen auseinandergetrieben hatten, scheuten sich, über die Leiber ihrer eigenen Landsleute hinwegzutrampeln, derer, die russisch sprachen und unbewaffnet waren. Niemand will mit dem Schandmal des Henkers leben. Die Soldaten lasen Zeitung und verfolgten das Fernsehen, wo tagtäglich die verflucht wurden, die das Blut friedlicher Menschen in Vilnius und Riga, Tiflis und Duschanbe vergossen. Die Generale und Verfechter einer starken Hand fletschten die Zähne, blieben allerdings lahm und uneffektiv, und schoben die Schuld auf die Ausführenden. Tatsache ist, daß die obersten Machthaber, indem sie ihre Nichtbeteiligung an den Vorkommnissen in Georgien, Aserbaidschan und im Baltikum beteuerten, all die verrieten und preisgaben, die als Stütze des Regimes dienten, ja selbst die Elitetruppen. Und nun, in diesem August, hat das symbolische Schild aus Tausenden menschlicher Leiber die Soldaten vor die Wahl gestellt – die Sünde auf sich zu laden und zum Mörder zu werden, nicht nur in fremden, sondern auch in den eigenen Augen, oder den Befehl zu sabotieren.

Am Weißen Haus standen ja nur einige zigtausend Menschen – für eine Millionenstadt so etwas wie ein Wassertropfen im Meer. Aber wären sie nicht gewesen, hätte man das Weiße Haus gestürmt. Warum waren die Menschen gekommen?

Die überwiegende Mehrheit der Verteidiger war aus eigenem Antrieb zum Weißen Haus gekommen. Keine Partei und keine Organisation hatte sie gerufen. Alle hatten begriffen, wie groß die Gefahr war; viele von ihnen trugen wie die Soldaten eine Erkennungsmarke – ein Papier mit Adresse und Telefon –, wohin man Nachricht geben solle, falls sie getötet oder schwer verwundet würden. Der farceähnliche und operettenhafte Charakter des Putsches war offensichtlich, nur denen war er nicht klar, die ihn initiiert hatten und einige hundert Meter vom Parlament entfernt angestrengt auf MP-Salven lauschten. Alle Menschen begriffen, daß die Macht der Junta gewiß nicht allzu lange dauern würde, doch Zeit, die hier Versammelten zu erschießen, wäre genügend. Zum Weißen Haus zu gehen, dort stundenlang auszuharren – das war gewißlich eine existentielle Entscheidung.

Die erste Reaktion auf die Verlautbarung des Notstandskomitees war ein Schock, dann erfaßte die Menschen ein Gefühl der Kränkung. All diese sechs Jahre hatten die Menschen, die wohl verstanden, daß sich viel im Land verändert, die ganze Tiefe der Umwälzungen unterschätzt. Es mußten erst die Putschisten kommen und Punkt für Punkt aufzählen, was sie verbieten – Versammlungen, Zeitungen –, erst da begriffen die Menschen, wieviel sie gewonnen hatten und daß das bereits ein Teil ihres Lebens war – diese bisher so abstrakten Menschenrechte. Für die Bürger, die im geschichtsträchtigen Moskauer Stadtteil Krassnaja Presnja innerhalb weniger Stunden Barrikaden errichteten, genau dort, wo während der ersten russischen Revolution von 1905 auch Barrikaden standen, war der Umsturz kein Machtkampf zwischen Gorbatschow und seinen ehemaligen Freunden. Dieser Umsturz bedeutete für die Menschen der Versuch, sie in die Vergangenheit zurückzustoßen, als es zwar besser mit der Versorgung war und ungefährlicher in den Straßen, wo einen aber von allen Plakatwänden die stumpfen und selbstgefälligen Gesichter der Führer anstarrten, wo die Zeitungen alle ein und dasselbe schrieben und wo man nur in der eigenen Küche frei denken konnte.

Natürlich war die Rolle von Jelzin immens, und die Bedeutung seiner Popularität ist schwerlich überzubewerten. Jedoch hatten die Menschen auf den Barrikaden nicht das Empfinden, daß sie Jelzin verteidigten oder gar die Demokratie. Jedenfalls gab es dort kaum welche von den uns so gut bekannten exaltierten Jüngern Jelzins, die sonst auf den Moskauer Meetings auftauchten. Am Weißen Haus waren eine Menge Leute, die sich in voller Übereinstimmung mit den russischen Traditionen unendlich weit von jeglicher Macht fühlen – sie gehen nicht an die Wahlurnen, zu den alten Führern verhalten sie sich feindselig und zu den neuen ohne jeden Enthusiasmus. Sie eilten zu den Barrikaden, weil sie sich bewußt geworden waren, daß sie sich unmöglich mit der rohen Verachtung ihrer Menschenwürde abfinden konnten, damit, daß man beliebig über ihr Schicksal verfügte, das jeder Sowjetführer im Munde führte, wenn er sich an das Volk wandte.

Die Verteidigung des Weißen Hauses wurde als logischer Abschluß in den Beziehungen zwischen den Menschen und der Macht aufgefaßt. Es wurde ein Punkt gemacht, und ungeachtet aller Gefahren waren die Menschen erleichtert. Sechs Jahre Perestrojka hatten nicht nur Hoffnung aufkommen lassen, sondern auch Enttäuschung – und das wiegt schwer für die russische Kultur: Enttäuschung über ein Versprechen. In der Breschnew-Ära meinten wir alle, es genüge zu *reden*, und das System würde zerbersten wie das Schloß des Menschenfressers. An die mythische Kraft des Wortes glaubte auch die andere Seite – deshalb wurden die Leute von den Parteiapparatschiks wegen Samisdat-Büchern und politischer Witze verfolgt. Und nun wurden seit 1985 alle mythischen Worte öffentlich gesagt, doch das System blieb bestehen. In den 70 Jahren haben wir verlernt, von den Worten zu Taten zu schreiten, haben gar den Unterschied zwischen ihnen vergessen. 700000 Menschen versammelten sich auf Meetings gegen die KPdSU und das KGB, leidenschaftliche Reden erklangen, aber das KGB brachte immer neue Provokationen zustande, und Pawlow veranstaltete ein weiteres sinnloses ökonomisches Experiment, und unsere Worte zerstoben in der Luft. Sie manipulierten und sie logen, alle sahen es und waren doch machtlos. Am 19. August war die Geduld der Menschen endgültig am Ende – das Faß floß über. Solch eine Lüge, solch eine Dreistigkeit konnten sie nicht mehr ertragen. Und wie in den Filmen über die Oktoberrevolution, die allen längst zum Halse raushingen, sammelten die Menschen Pflastersteine für die Barrikaden.

Viel ist bereits gesagt worden über die wundervolle Atmosphäre am Weißen Haus. Ich fürchte, die Verteidiger des Weißen Hauses sind ihr Lebtag dazu verdammt, wieder und wieder diese drei wunderbaren und tragischen Tage zu durchleben. Dort herrschte keine opferbereite Überspanntheit, niemand hat sich berauscht an den Ereignissen, obwohl allen die Bedeutung dessen klar war, was sie da vollbrachten – sie waren bereit für den Tod. Die Menschen waren einander sehr zugetan, man teilte Zigaretten, heißen Tee und warme Kleidung. Flüche, sonst bei uns so üblich, hörte man kaum. Solche Gesichter wie dort habe ich nur auf Fotos gesehen, die Soldaten von 1914 zeigten. Ich glaubte nicht, daß es noch solche offenen, leuchtenden Gesichter gab. Keine Angst – und sie war jedesmal da, wenn in dieser Nacht Alarm gemeldet wurde – ließ die Menschen versteinern; man nahm sie als etwas durchaus Natürliches. Und dann änderte sich die Stimmung – keine Fallschirmjäger sprangen ab, der Sturmangriff wurde verschoben, es verbreitete sich sogar das Gerücht, ein Panzer sei auf unsere Seite gewechselt, vier Panzer, ein ganzes Regiment, schon marschieren sie zu uns hin, und natürlich würden wir siegen. Zwei junge Priester hielten einen Gottesdienst vor dem Parlament ab und segneten alle – die Getauften und die Ungetauften, Russen, Juden, Armenier. Bei strömendem Regen, unter einer provisorisch aufgespannten Plastikfolie, hielten Ärzte ihre chirurgischen Instrumente bereit, um im Notfall an Ort und Stelle operieren zu können.

Eine vorläufige Bilanz

In den Tagen des Oktoberumsturzes 1917, als die Bolschewiki, zur Macht gekommen, die blutigste und grausamste Periode in der russischen Geschichte einleiteten, maßen Zeitzeugen, urteilt man nach ihren Erinnerungen und Briefen, diesem Ereignis nicht die gebührende

Bedeutung zu. Dieser Wahnsinn vollzog sich fast lautlos. Durch bittere Erfahrung belehrt, begriffen wir jetzt sehr wohl die ganze Tragweite der Ereignisse. Zeitungen und Zeitschriften waren voll von Analysen und Prognosen: Was ist das Resultat all dessen, was haben wir und die ganze Welt abgeschüttelt, was haben wir erreicht, was erwartet uns und das Imperium?

Die politischen Folgen unserer Revolution sind äußerst vielschichtig und vermutlich nicht voraussehbar. Verständlich das Interesse der Welt, wer über unser Kernwaffenarsenal verfügen wird und ob es zu kriegerischen Auseinandersetzungen in Transkaukasien und Mittelasien kommen wird. Doch über all den politologischen und ökonomischen Erörterungen wird leicht vergessen, welche Veränderungen möglicherweise in den Menschen vor sich gehen, in ihren ureigensten Wahrnehmungen und Auffassungen, in ihren gegenseitigen Beziehungen.

Die existentielle Erfahrung dieser drei Tage hat die Teilnehmer dieser Ereignisse verändert. Sie haben das durchgemacht, was der amerikanische Psychologe Abraham Maslow «peak experience» nennt. Viele, die zum Weißen Haus gekommen waren, haben zum erstenmal in ihrem Leben etwas riskiert. Unsere vorangegangene Entwicklung – die Erweiterung von Glasnost, die Aufhebung des Verbots, über vorher geheime Themen zu diskutieren – vollzog sich irgendwie unabhängig vom Menschen selbst. Er konnte die Ereignisse verfolgen, innerlich immer kühner und radikaler werden (gestern schimpfte er nur auf Stalin, heute bereits auf Lenin), und doch blieb er ein willfähriges Objekt der Gesetze wie zuvor. Schließlich war alles ja gestattet und erlaubt. Und bei all unserer Freiheit verlor der Mensch dennoch nicht seine Angst – die Angst, aus dem System zu fallen, was einem Menschen aus dem Westen schwer verständlich ist. Die staatliche Wohnung, die staatliche medizinische Betreuung, keinerlei Ersparnisse – all das macht den Sowjetmenschen total abhängig von der Macht, von jedem x-beliebigen Natschalnik: angefangen vom Generalsekretär des ZK der KPdSU bis hin zum kleinen Licht im Wohnungsamt. Doch die Menschen überwanden die Angst, und für viele war es eine Art Heldentat. Sie hätten getötet werden können, doch sie wußten, daß ihr Tod nicht sinnlos wäre. Vielleicht haben die Menschen zum erstenmal begriffen, was das ist: ein sinnvolles Leben. Das, was da vor sich ging, war eine gigantische Seance der Logotherapie, und diese Erfahrung wird nie vergessen werden.

Die unmittelbare Erfahrung der Angstüberwindung und Sinnfindung erlebte weniger als ein Prozent der Moskauer – ein verschwindendes Teilchen der Landesbevölkerung. Doch Fernsehen und Zeitungen preisen gerade diese Minderheit, erweisen den bei der Verteidigung des Parlaments Umgekommenen die höchste Ehre. All die, die in jenen Tagen nicht am Weißen Haus waren, unter ihnen auch Menschen, die sich zum Umsturz absolut gleichgültig verhielten (und bedauerlicherweise waren es die meisten), werden zu einem Teil der Verteidiger und beginnen sich mit ihnen zu identifizieren. Kulturwissenschaftler und Schriftsteller ziehen auf der Basis diese drei Tage Schlußfolgerungen hinsichtlich des nationalen Charakters und der Geschichte des russischen Volkes, und diese Analyse richtet sich bereits an alle, und nicht nur an die, die das Weiße Haus umgaben. Also betreffen diese psychologischen Veränderungen den gesamten reflektierenden Teil der Gesellschaft.

Das wichtigste psychologische Resultat der Ereignisse ist die Formierung eines positiven Russenbildes in den Augen der Russen selbst wie auch in den Augen anderer Nationen. Alle Völker der UdSSR haben eine Krise des nationalen Selbstbewußtseins durchlebt, doch bei den Russen war sie möglicherweise besonders schwer. Viele Russen hatten die negativen Stereotypen ihres eigenen Volkes längst verinnerlicht (die Russen sind Säufer, Faulpelze, ein «Sklavenvolk», wie der russische Schriftsteller Tschernyschewski es einst ausdrückte, usw.). Das russische nationale Selbstbewußtsein war praktisch zerstört. In diesem Zusammenhang ist interessant, daß gerade von Russen die meisten Proteste gegen die vorgesehene neue Verfassung Rußlands, gegen die Abschaffung der Nationalitätsbenennung im Paß kamen. Viele befürchteten, daß sie im Ergebnis dieser Maßnahmen ihr Nationalgefühl endgültig verlieren würden. Die Geschichte der russischen Kultur und Staatsform, die wie die Geschichte jedes anderen Volkes beliebige Schlußfolgerungen zuläßt, wurde zur Bestätigung des Negativbildes genutzt. Die Verfechter eines anderen, weitaus positiveren Standpunktes zu den Besonderheiten des russischen Nationalcharakters hatten selbstredend ihre eigenen Argumente, doch diese fanden keinen emotionalen Widerhall in den Herzen der Menschen. Russische Knechtschaft, Unfähigkeit zur Arbeit und Trägheit sah man auf Schritt und Tritt, Talent und freiheitliches Denken ließen sich nur in ferner Vergangenheit ausmachen. Diese Position wurde noch dadurch verschärft, daß man an allen Ecken und

Enden des Imperiums die Russen als Eroberer verdammte, sie der Zerstörung fremder Kulturen und anderer Verbrechen bezichtigte, Verbrechen, begangen vom kommunistischen Regime.

Die drei Tage des Putsches und der Sieg der Demokraten haben die Lage der Dinge einschneidend verändert. Die Russen hatten nun Grund, stolz zu sein. Ja, wir hatten es schwerer als andere – in Rußland, in Moskau war der Druck des Regimes maximal. Doch ungeachtet dessen haben wir dieses Regime gestürzt, haben uns und andere Völker befreit. Wir waren der Ansicht, daß die Erbmasse der Nation vernichtet sei – die, die nicht in den GULAGs umgekommen waren, waren ins Ausland emigriert. Wir meinten, daß die Traditionen von Ehre und Mut so endgültig vergessen seien, daß sie gar nicht mehr existierten, doch es waren noch echte Menschen da. Mögen es auch wenige gewesen sein, doch sie reichten, um die Katastrophe abzuwenden. Mit nichts in den Händen haben wir gesiegt. Wir vermochten es, mit nackten Händen gegen die Panzer anzutreten, wir haben nicht erlaubt, daß man mit uns wie mit Vieh umgeht.

Diese Art Gefühle erfüllen heute die Menschen. Vor unseren Augen entsteht ein neues Epos – die Helden des Bürgerkrieges und des Zweiten Weltkriegs, die schon längst keinen mehr begeistern, werden durch die Verteidiger des Weißen Hauses ersetzt. Die Menschen identifizieren sich aktiv mit ihnen. An der Stelle, wo die drei jungen Männer an den Stufen des Parlaments umgekommen sind, liegen Berge frischer Blumen. Die Vorstellung von der Messiasrolle des russischen Volkes hat unerwartet Bestätigung bekommen – gerade den Russen, die am meisten unter dem Kommunismus gelitten haben, war es bestimmt, ihn zu vernichten. Den Russen, den Bürgern Rußlands wurde bewußt, wofür sie sich achten konnten.

Diese angestiegene nationale Selbsteinschätzung hat eine Reihe von Folgen.

Zum ersten muß sich das Verhältnis zur eigenen Geschichte ändern. Der etwas operettenhafte Prozeß der Wiedergeburt russischer Stände – Adelsversammlungen, Kosakenzirkel, die Uniformen aus der Zeit des Ersten Weltkrieges –, all das hat einen tiefen psychologischen Sinn. Hat ein Mensch heute keinen Grund zur Selbstachtung, dann nimmt er seine eigene Bestätigung daher, daß sein Großvater Träger des Georgskreuzes oder vielleicht Kaufmann Erster Gilde war. Jetzt, da die Menschen sich ihrer Vorfahren würdig erwiesen haben, können Ständeordnungen, Titel, Orden aus dem 19. Jahrhundert den ihnen in der nationalen Kultur gebührenden Platz von Familienreliquien einnehmen, und nicht den von sakralen Symbolen, in die sie auszuarten drohten. Aus ebendiesen Gründen wäre ein gewisses Erlahmen der monarchischen Idee zu erwarten – Rußland hat bewiesen, daß es auch ohne Monarch in der Lage ist, historische Taten zu vollbringen.

Zum zweiten erleichtert das gewachsene Selbstbewußtsein der Russen die psychologische Akzeptanz der Unabhängigkeit anderer Völker des Imperiums, schafft ein positives Verhältnis zu nationalen Befreiungsbewegungen. Ungeachtet der komplizierten Lage in der zwischennationalen Sphäre, sehen 53 Prozent der Einwohner Rußlands mit Optimismus auf eine perspektivreiche Entwicklung in den Beziehungen zu den Völkern des Imperiums. Analog dazu ist in den zwischenmenschlichen Beziehungen die hohe Selbsteinschätzung Basis und Bedingung eines konstruktiven Zusammenwirkens der Menschen; die Überwindung des national-kulturellen Komplexes der Minderwertigkeit ist die unerläßliche Notwendigkeit eines positiven und gleichberechtigten Umgangs mit anderen Völkern.

Zum dritten darf man auf eine Verbesserung der Beziehung zu den Dutzenden Millionen Russen hoffen, die außerhalb der Grenzen Rußlands auf dem Territorium der ehemaligen Unionsrepubliken leben. Die Russen müssen sich nicht mehr als Eroberer betrachten; sie sind Menschen, Brüder, die das Regime zu Fall gebracht haben, das zuvor der gemeinsame Feind aller Völker des Imperiums war; sie haben sich selbst und anderen die Freiheit gebracht. Ungetrübt wird die Beziehung zu den Russen ohnehin nicht bleiben. Doch vielleicht gelingt es wenigstens, den wachsenden Strom russischer Flüchtlinge aufzuhalten.

Der Putsch bewirkte eine psychologische Konsolidierung der Gesellschaft. Der Anteil von Vertretern vieler verschiedener Völker an der Verteidigung des Weißen Hauses reißt den russischen nationalfaschistischen Bewegungen, wie der Vereinigung «Pamjat», den Boden unter den Füßen weg. Natürlich werden die Faschisten (kranke Menschen, die beispielsweise auf die Vorstellung von einer jüdischen Gefahr fixiert sind) bleiben, doch ein nicht gar zu voreingenommener Mensch wird sich schwerlich einer aggressiven, antisemitischen Bewegung anschließen, zumal er weiß, daß einer der drei Gefallenen auf den Barrikaden ein Jude war. Am Tag der Beerdigung erklang das jüdische Totengebet über den ersten Kanal des zentralen Fernsehens und erinnerte die Menschen daran, daß das Blut bei allen Menschen dieselbe Farbe hat.

Am Weißen Haus waren nicht nur Menschen unterschiedlicher Nationalitäten, sondern auch unterschiedlichen Alters, unterschiedlicher Konfession und sozialer Gruppen. In einer der Nächte wurde bei den Barrikaden ein Rockkonzert improvisiert, und das war vermutlich der einzige Ort im Land, wo Rockmusik die älteren Menschen nicht aufregte, wo konservativ gekleidete Bürger ohne Mißbilligung auf die aufgeputzten Punks blickten. Alle blieben sie sie selbst, anerkannten das Recht des anderen, anders zu sein. Man war ausgesprochen duldsam gegeneinander. Und so bleibt die Chance, daß diese Erfahrung, wird sie erst einmal reflektiert, zu einem Anwachsen der Toleranz in der Gesellschaft führt. An dieser Stelle sei ein interessanter Gedanke angeführt: Die traditionell «ins Volk» gehende russische Intelligenz hatte eine Menge Vorurteile gegen ebendieses Volk. Viele dieser Stereotypen sind zu Bruch gegangen. Die Basis sozialer Veränderungen und des Fortschritts erwies sich allemal als breiter, als wir je angenommen hatten.

Man sollte beispielsweise nicht den Fakt unterschätzen, daß sich endlich in der Gesellschaft ein würdiger Platz für die Veteranen des Afghanistan-Krieges gefunden hat, die eine sehr bedeutende Rolle bei der Verteidigung des Weißen Hauses gespielt haben und nun das Gerüst der sich formierenden Nationalgarde Rußlands bilden. Die «verlorene Generation» der Afghanistankämpfer hätte, was viele befürchtet haben, das Reservoir einer «Ordnungspartei» bilden können, was durchaus in der Tradition der Veteranen wie auch des Landes gelegen hätte. Das Verhältnis zu den «Afghanern» hat sich wesentlich verbessert, und sie selbst spüren, daß sie gebraucht werden.

Ein weiterer wichtiger Aspekt dieser Ereignisse ist, daß sich ein weitaus komplizierteres Bild der sozialen Welt formiert. Bis zum Putsch waren zum Beispiel KGB und militärische Sondertruppen für den demokratisch gesinnten Bürger gleichbedeutende Feinde. Aber in den Tagen des Putsches zeigte sich, daß ein Teil des KGB die Verschwörung inszenierte, der andere sie zu sabotieren versuchte. Die einen Panzer gingen zum Sturm auf das Weiße Haus über, die anderen hißten die dreifarbige Flagge zu seinem Schutz. Es zeigte sich, daß sowohl KGB als auch die Armee sehr unterschiedlich sein können – sowohl «gut» als auch «schlecht», und der Arbeitsplatz eines Menschen ist noch lange kein Grund, ihn zu den Gegnern zu zählen. Für eine demokratische Gesellschaft verstehen sich diese Dinge von selbst, für uns aber ist das eine gewaltige Erkenntnis.

Viele im Land fürchten jetzt eine «Hexenjagd», die Verfolgung von Kommunisten. Meiner Meinung nach gibt es für derlei Befürchtungen keinen ernsthaften Grund. Das Schleifen der Denkmäler der Begründer des Regimes war ein notwendiges Ritual, eine symbolische Handlung, die vor wirklichen Aggressionen schützt. Unbedingte Rache liegt nicht in der russischen Tradition. Was aber wesentlich ist – unser Regime ist niemals okkupiert worden, stützte sich nie auf fremdländische Bajonette. Es gab bei uns also keine Kollaborateure, und die Unschuldigen von den Schuldigen zu scheiden ist weitaus schwieriger als beispielsweise in Osteuropa. Man kann sicher sein, daß die Strafe nur den geringsten Teil derer trifft, die vor dem Gesetz schuldig geworden sind; aber auf jeden Fall werden Unschuldige nicht leiden müssen.

Der Putsch machte den Menschen auch die eigene anti-autoritäre Befindlichkeit klar. Urteilte man vor dem Putsch gemeinhin noch, daß Pinochet, an die Macht gekommen, eine Menge Menschenrechte verletzt, dafür aber die Wirtschaft hochgebracht hatte, so wurde diese «Errungenschaft» nun angezweifelt. Man vertritt jetzt den Standpunkt, daß er die Wirtschaft nur weiter entwickelt hat und daß dieser Aufschwung durch eine massierte Unterstützung durch die USA gesichert wurde. Ohne auf die Wirtschaftsgeschichte Chiles eingehen zu wollen, kann man sagen, daß die Menschen nicht länger an positive Informationen über ein autoritäres Machtsystem glauben *wollen*. Sie haben keine Furcht mehr, und nicht nur das, sie waren fähig, sich eigenständig auf die Verteidigung vorzubereiten oder möglicherweise in die Illegalität zu gehen, sie waren imstande, viele Generale zu neutralisieren, das KGB unwirksam zu machen. Nebenbei gesagt beschuldigte man die Demokraten vor allem der Inkompetenz. Diese Schuld ist jetzt abgetragen.

Und schließlich hat sich das verändert, was ewig schien – wie Rußland selbst: das skeptische Verhältnis zur Macht. Zum erstenmal – und das nicht nur in der sowjetischen Periode, sondern in der ganzen Geschichte des Staates überhaupt – waren die Intelligenz, die denkenden Menschen, stolz auf ihre Regierung. Die Führung Rußlands hat sich würdig und kompetent verhalten.

Nie zuvor hat der fortschrittliche Teil der russischen Gesellschaft die eigene Macht verspürt. Jetzt ist dieses Gefühl da. Zusammenarbeit mit den Machthabern war immer ein wenig anrüchig, erforderte Rechtfertigungen und Erklärungen. Nun aber haben wir die Möglichkeit, ohne Komplexe mit der Macht zusammenzuarbeiten.

Verändert hat sich die Beziehung zu Staatssymbolen – zur Staatsflagge, zum Präsidenten. Es scheint, daß der Patriotismus in diesem Land aufhört, ein Privileg der «ewig gestrigen» Bolschewiken oder Faschisten aus der «Pamjat» zu sein. Bei uns entwickelt sich ein normales Verhältnis zum eigenen Land.

*

Ich bin weit davon entfernt anzunehmen, daß die Zukunft bei uns ein einziger Feiertag sein wird. Wir haben eine Vielzahl von Problemen vor uns – ökonomische, politische und auch psychologische. Aber ich hoffe, daß die Vergangenheit nie wieder zurückkehrt und unsere Probleme normale Probleme eines normalen Landes sein werden. Ich denke, wir können sie lösen. Ich bin glücklich, ein Zeitzeuge dieser Tage gewesen zu sein.

Übersetzung: Ursula Krause

Gassan Gussejnow

Die demokratischen Bewegungen am Scheideweg

Mit dem gescheiterten Putsch, der das Ende der Perestrojka markiert, haben sich für die demokratischen Bewegungen grundlegend neue Bedingungen ergeben. Sie agieren in einem neuen historischen Raum. Können sie in ihm noch die gleiche Funktion erfüllen? Sind sie – zumal angesichts der Spannweite des Demokratiebegriffs in der Perestrojka-Zeit – noch so demokratisch wie zuvor? Eine Bestandsaufnahme ist nötig: Wie steht es um die demokratische Bewegung in Rußland, wie um die in moskauferneren Republiken?

Die national-demokratischen Bewegungen in den baltischen Republiken, in Moldawien, Georgien und Armenien haben die jeweiligen kommunistischen Regime zerschlagen und damit ihr politisches Ziel unter der Devise der Entsowjetisierung, ja auch der Entrussifizierung realisiert.

In Transkaukasien und in Moldawien bildeten sich jedoch als Folge einer steten Erstarkung der nationalistischen Komponente in der demokratischen Bewegung Regime, die dem zerfallenen kommunistischen Totalitarismus gleichen. Deshalb läßt innerhalb dieser Republiken die postkommunistische Schichtung der gesellschaftlichen und politischen Kräfte wenig Raum für die Demokratie westlichen Typs.

In Moldawien haben die nationalen Bewegungen der republikanischen Minderheiten, die für die Erhaltung der Unionsregierung eintreten, die russischen Separatisten aus Pridnestrowje und in Gagausien dazu gedrängt, den Umsturzversuch in Moskau zu unterstützen. Demgegenüber hat die nach uneingeschränkter Herrschaft auf dem Territorium «ihrer» Republik trachtende Bewegung der nationalen Mehrheit die Moldawier in ihrer unionsfeindlichen Haltung bestärkt. Die Folge davon ist, daß der politische Sieg der ehemaligen Unionsrepubliken über das Unionszentrum, verstärkt durch die moralische Niederlage der Minderheiten in den Republiken, für den demokratischen Prozeß in Moldawien die ungünstigsten Bedingungen seit 1985 schafft.

In Georgien und Aserbaidschan haben die ochlokratischen Regime des Swiad Gamsachurdija und des Ajas Mutalibow den Putsch befürwortet, einerseits aus Angst, einer offenen Aggression des am 19. August für einige Stunden wiedererwachten Zentrums des Reiches zum Opfer zu fallen, andererseits in der Hoffnung, der Arm dieses Zentrums würde den Separatismus der nationalen Minderheiten (der Osseten und Abchasen in Georgien bzw. der Armenier in Aserbaidschan) ersticken.

Daher muß die demokratische Bewegung – wie schon 1985! – in diesen beiden multinationalen Republiken Transkaukasiens noch einmal bei null anfangen. Wieder steht hier die Demokratie dem Totalitarismus gegenüber – jetzt allerdings in seiner national-bolschewistischen Form. Der Isolationismus und die nationale Beschränktheit, die den georgischen und aserbaidschanischen demokratischen Bewegungen eigen sind, lassen indessen wenig Hoffnung auf ihren Erfolg als Opposition zur nationalen Macht zu, von der die ungebildete Masse manipuliert wird. Und da eine aktive militärische Einmischung des russischen Nordens in der Region wenig wahrscheinlich ist, sind nationaler Terror und Repressalien gegen die Demokraten in diesen Republiken unausweichlich. Es ist paradox, daß der Untergang des Kommunismus in einer traditionalistischen und feudalen Gesellschaft die demokratischen Bewegungen auf so katastrophale Weise geschwächt hat. Denn ebendiese Bewegungen haben sich zwischen 1985 und 1991 entweder als Bestandteil der nationalen Bewegungen oder zusammen mit ihnen formiert. Aber gerade deswegen sind sie in keiner Weise imstande, dieser nationalistischen Hysterie Widerstand zu leisten, die Millionen Einwohner in den ehemaligen Unionsrepubliken mit dem Triumph der Demokratie gleichzusetzen geneigt sind. Vertieft wird die Krise der demokratischen Bewegung noch durch die zunehmende Emigration der Juden, der russischen Bevölkerung und auch eines bedeutenden Teils der westlich orientierten Angehörigen der nationalen Mehrheit dieser Republiken.

Der – zumindest bis zum Ende dieses Jahrhunderts – unausweichliche soziokulturelle Verfall der Region und die sinkenden Chancen auf eine demokratische Entwicklung sind nicht zuletzt durch eine unkontrollierte Militarisierung bedingt: Militärische Aktionen gehören in Transkaukasien zunehmend der Sphäre des großen und mittleren Busineß an. So bezahlt beispielsweise Aserbaidschan, das noch kein eigenes Militär besitzt, welches sich den bewaffneten Truppen der armenischen Seite entgegenstellen könnte, Kampfeinsätze der an der Grenze zu Armenien stationierten Einheiten der sowjetischen Armee großzügig aus privaten und staatlichen Mitteln.

Die einzige wirklich den demokratischen Weg beschreitende Republik Transkaukasiens übrigens, Armenien, erkaufte und bezahlte den Sieg der demokratischen Kräfte mit der vollständigen Vertreibung fremdstämmiger Aserbaidschaner, mit ökonomischer Isolation und dem Grenzkrieg mit dem benachbarten Aserbaidschan, das seinerseits die Vertreibung der restlichen armenischen Bevölkerung vorantreibt.

Traditionalismus und eine tiefgreifende strukturbedingte Rechtlosigkeit der Allgemeinheit verringern die Chancen der demokratischen Kräfte für die nahe Zukunft nicht nur in Transkaukasien, sondern darüber hinaus auch in Mittelasien. Die nationale Unabhängigkeit wurde hier nicht unbedingt schneller als die Demokratie erworben, sondern eher *statt* ihrer.

In den ehemaligen Unionsrepubliken und den autonomen Gebieten mit großen muslimischen Bevölkerungsanteilen wird die Krise der demokratischen Bewegungen vertieft durch den schwindenden Status des Islams. Zwar hatte dic in den Jahren zwischen 1985 und 1990 im Zentrum der Union aufgekommene antiislamische Propaganda die Muslime in Mittelasien, Powolsche, im Kaukasus und in Transkaukasien gleichsam automatisch in eine Opposition gegen die rassistischen Stereotypen und antiarabischen und antiafghanischen Stimmungen getrieben, die von einer Mehrheit der sowjetischen Journalisten des Zentrums verbreitet wurde. Und dies führte auch zu einer ungestümen Politisierung und Nationalisierung im Zeichen des Islams innerhalb der national-demokratischen Bewegungen. Doch erlaubte die tiefe Irreligiosität der sogenannten muslimischen Völker dem Islam nicht, eine integrierende Rolle zu spielen: In keinem Fall führte der islamische Faktor in dem Konflikt der Völkergruppen etwa zu einer Aussöhnung der Glaubensgenossen. Der unverdiente Vorwurf des islamischen «Fundamentalismus», die völlige Machtlosigkeit der Geistlichen angesichts des Blutrauschs der entfesselten Massen in Sumgait (1986), Oscha und Nowyj Usen (1989) und die überall verbreitete Idee der Nationalstaatlichkeit als einziger Alternative zum Imperium – all das führte vielmehr zu einer tiefen Spaltung der islamischen Bewegung.

Da die Bevölkerung der Republiken Mittelasiens insgesamt empfindlich auf die islamische Frage reagiert, die von einer jeden beliebigen demokratischen Gruppe oder Bewegung aufgegriffen wird, verliert der Islam politisch immer mehr an Bedeutung und wird zu einer Art neutralem Hintergrund, vor dem sich das blutige Drama der Feindschaft zwischen den Bevölkerungsgruppen abspielt.

Die nahe Zukunft wird zeigen, welche Chancen sich den Muslimen zur Ausarbeitung einer integrativen politischen Ideologie auf der Grundlage einer traditionellen Religion bieten, die in vollem Umfang erst am Anfang des letzten Perestrojka-Jahres gesetzlich anerkannt worden ist. Bisher nimmt die mit den Mitteln der Massenkommunikation aufgezwungene Konfrontation des Christentums und des Islams den demokratischen Kreisen beider Seiten in den Republiken sowohl die gemeinsame Sprache als auch die Hoffnung auf einen ökumenischen oder ähnlichen Dialog. Offensichtlich sind die demokratischen Perspektiven nicht gerade rosig.

Man kann es auch schärfer formulieren: Nach dem Scheitern des Umsturzes in Moskau und dem Sieg der Demokraten im Norden ist der Rest der Union der Sozialistischen Sowjetrepubliken sich selbst überlassen, für die nahe Zukunft zu einer Schwächung der demokratischen Institutionen und (vielleicht kurzfristigen) Niederlage der Demokratie verurteilt.

Die eilige «Souveränisierung» der Republiken Mittelasiens und Aserbaidschans nach dem Scheitern des Putsches erklärt sich jedoch nicht nur aus dem Bestreben, angesichts der drohenden «demokratischen Expansion» des russischen Nordens die nationalbolschewistischen Regime zu bewahren. Das Schlüsselproblem «des Endes der Perestrojka» besteht vielmehr darin, daß der Hauptakteur auf der neuen politischen Landkarte des ehemaligen russischen Imperiums, der UdSSR nicht mehr das sich umbildende Zentrum Michail Gorbatschows ist, sondern das revolutionäre demokratische Rußland Boris Jelzins: Die übernationale, posttotalitäre Perestrojka überläßt ihren Platz einer national-demokratischen Revolution.

Argumente des gesunden Menschenverstands, die – hohl gewordene – Rhetorik von der internationalen Solidarität, die begründeten Aufrufe zur «gemeinsamen Lösung allgemeiner Probleme», die indessen keinem mehr Vertrauen einflößen, überlassen damit ihren Platz den platten, aber wirkungsvollen Argumenten des russischen Nachbarn.

Die patentesten Demokraten in der Regierung der Russischen Föderation, die zwar keine vernünftige politische Linie hinsichtlich der autonomen Gebiete ausgearbeitet, dafür aber den ihnen überflüssig scheinenden Begriff «Föderation» abgelegt haben, zeigten schon einen Tag nach dem Putsch den ehemaligen Unionsrepubliken die Zähne. Ein Mitarbeiter Präsident Jelzins, sein Berater für die nationalen Beziehungen, beklagte in einem Interview der «Istwestija» die großen Opfer, die Rußland auf dem Altar der Union habe darbringen müssen, und äußerte sich sodann über die besonderen «Rechte» dieser größten Republik. Rechte, die sich daraus ergäben, daß nunmehr nicht nur irgendwelche nebulösen unionsföderativen oder andere Werte geschützt werden müßten, sondern nationale. Mit anderen Worten: Die Demokratie wird nach dem operettenhaften kommunistischen Umsturzversuch des 19. bis 21. August in Moskau und Leningrad als nationales Verdienst Rußlands verstanden. Der Sieg der Demokratie wird ausgelegt als der Sieg des neuen russischen Nationalstaates über das nichtnationale Reichszentrum.

Zwar haben die russischen demokratischen Kräfte die Kommunistische Partei führungslos gemacht, sie zersplittert und die Zentrale einer ideologischen Kastration unterworfen, doch zu einer politischen Beseitigung dieser Zentrale – in Gestalt des Präsidenten der UdSSR, Michail Gorbatschow – sahen sie sich nicht in der Lage. Warum?

Offensichtlich zeigte sich schon bei der «Verteidigung des Weißen Hauses», daß die Stärkung der Souveränität der Russischen Föderation und der Macht Präsident Jelzins sowie seiner russischen Minister, überhaupt das rasche Hineinwachsen russischer Demokraten in die transformierten Unionsstrukturen, Grenzen haben mußte. Hinter Parolen Jelzins wie «Rußland rettete die Union» und gar «Rußland rettete die Welt» blinkte jedenfalls deutlich die Drohung einer Degradierung der russisch-föderativen (i. e. rossijskij) demokratischen Bewegung zu einer volksrussisch-nationalistischen (i. e. russkij) Bewegung hervor.

Kaum war er die stärkste politische Kraft in Rußland, liquidierte der demokratische Apparat Präsident Jelzins seinen einzigen institutionalisierten Gegner, die KPdSU, und zwang bedeutende Teile des militärisch-industriellen Komplexes der Union, der Armee und des KGB nieder. Dieser Vorgang, vorbereitet von sechs Jahren Perestrojka, nahm nur wenige Tage in Anspruch. Er veränderte im gesamten Gebiet der ehemaligen Union grundlegend die Kräfteverhältnisse und die Bedeutung der Begriffe «Demokratie» und «Reaktion».

Indem sie größere Vollmachten in der Übergangsunion der souveränen Staaten für sich beanspruchte, übernahm die Regierung Jelzin einen Teil der Verantwortung, die an das Amt Präsident Gorbatschows geknüpft ist. Damit tat sie einen Schritt in eine gefährliche Richtung.

Überhaupt entblößte die Geschwindigkeit, mit der die Augustrevolution des Jahres 1991 zur Parodie des Gemetzels nach dem Oktober 1917 wurde, schicksalhafte Schwächen der Demokratie in der Russischen Föderation.

Eine Hauptschwäche ist ihr irrationaler Drang nach Verwirklichung schon wieder einer sozialen Utopie, ihr Glaube an ein politisches Wunder, für das man nur, damit es eintritt, die gesamte Macht aus fremden in die eigenen Hände nehmen müsse. Die Forderung nach politischen Vollmachten als Gegenleistung für die erwiesene moralische Festigkeit während der drei Putsch-Tage ist so eine irrationale Erscheinung, die vom Leichtsinn etwa solcher Kampfgenossen Jelznis wie G. Jawlinskij und anderer Autoren des eingefrorenen «500-Tage-Plans» zeugt, die glauben, ein wirtschaftliches Wunder herbeiführen zu können. Eine massenhafte Unterstützung der radikalen demokratischen Wirtschaftsreform in Rußland ist jedoch wenig wahrscheinlich. Wenn früher die scheinbaren Reformer Pawlow & Co. zu den ersten Opfern der gnadenlosen Umwandlung und Privatisierung gehörten, dann «winkt» jetzt dem Kommando Jawlinskijs das Los eines Kamikazepiloten. Die demokratischen Experten und Wirtschaftsberater stürzten sich auf die Machtbefugnisse, ohne zu bemerken, daß diesen Befugnissen Unpopularität fatal anhaftet.

Eine weitere Schwäche der demokratischen Bewegung in Rußland liegt in ihrem zutiefst sowjetischen, geheimen Kult um die staatliche Macht. So hat einer der führenden Demokraten in der Wirtschaft, der übrigens in das allgemeine Bewußtsein den Begriff des «administrativen Kommandosystems» eingeführt hat, der Moskauer Bürgermeister G. Popow, aus der russischen Macht spezielle Vollmachten zu einem zentralisierten, großangelegten Racketing aller Unternehmer Moskaus herausgeschlagen, als gelte es, den Widerstand gegen hartnäckige Putschisten fortzusetzen: Es geht um nicht mehr und nicht weniger als darum, dem Bürgermeister der Stadt, welche den Putsch besiegt hat, das ausschließliche Recht zu übertragen, Höchstpreise im Einzelhandel und im Dienstleistungsbereich festzulegen.

Mit solch mystischem Glauben an die Stärke und das besondere Recht der *eigenen* Macht gehen weitere Schwächen der demokratischen Mentalität einher, die klar sowohl während des Putsches als auch danach hervorgetreten sind. Sie zeugen letztlich von einem tiefen Mißtrauen, ja sogar Verachtung gegenüber der Rechtsordnung als solcher. Unter den Dekreten von Präsident Jelzin, die in der Woche des Putsches veröffentlicht wurden, gibt es rein revolutionäre und übergesetzliche Erklärungen, deren Realisierung entweder wenig wahrscheinlich ist oder nur unter der Voraussetzung Sinn machen, daß sie in der Erwartung einer längerfristigen Aufrechterhaltung des Ausnahmezustands (z. B. durch die Einsetzung von Statthaltern des Präsidenten in allen Städten des Landes) abgefaßt worden sind.

Die Eilfertigkeit, mit der die demokratischen Führer sich daranmachten, die ihnen von den Putschisten «geschenkten» Gebäude und Organe zu teilen, führte alle demokratischen Kräfte bis an die politischen Grenzen, hinter denen der Ruf Michail Gorbatschows höher geschätzt wird als irgend jemandes Ruf sonst. Diese Grenze sollten die Demokraten nicht überschreiten.

Gorbatschow, der im Frühjahr noch 4 bis 7 Prozent Zustimmung in der Bevölkerung bekommen hatte, war am 8. September (nach den Angaben des Allunionsinstituts für die Erforschung der öffentlichen Meinung in der UdSSR, VCIOM) bei einer Umfrage für 38 Prozent der Befragten derjenige, den sie am ehesten als Präsidenten der zukünftigen Union souveräner Staaten sehen wollten.

Diese grandiose Zunahme von Gorbatschows Popularität erklärt sich nicht nur aus der traditionellen «Mitleidigkeit» unseres Volkes, das zuvor Zeuge einer ebenso traditionellen vaterländischen Roheit und unangebrachten Demütigung des ungeliebten Präsidenten vor dem russischen Parlament geworden war. Weitaus wesentlicher hier ist der Widerwille der Massen gegenüber der billigen revolutionären Rhetorik der siegreichen Demokraten.

Ihr wichtigster Fehler aber bestand in der Vergangenheit und besteht immer noch erstens in der Vorstellung, daß nur die Ebene der Einzelrepubliken als höchster Träger staatlicher Souveränität im zerfallenden russischen Imperium in Frage komme; und zweitens in der daraus entspringenden absurden und an die ungebildete Masse gerichtete Parole der «Unabhängigkeit Rußlands von der Union».

Die russischen Demokraten unter den Volksdeputierten; die diese Parole ausgegeben und über sie abgestimmt haben, erkennen erst heute, daß für Rußland die Trennung vom Unionszentrum nur um den Preis der Übernahme aller Funktionen des Zentrums in bezug auf die übrigen ehemaligen Republiken der Union möglich ist. Deshalb ist es kein Zufall, daß die neuen russischen Führer und ihre Berater, die mit der Idee der nationalen Selbstbestimmung sympathisieren, in seltener Einmütigkeit territoriale Ansprüche gegenüber den ehemaligen Unionsrepubliken anmeldeten. Charakteristisch ist, daß Gawriil Popow vorschlägt, beispielsweise die Ansprüche gegenüber der Ukraine in die Form eines Referendums zu kleiden, das der benachbarten Republik aufgedrängt wird – wiederum von Moskau, dem wiederbelebten Zentrum des Reiches.

Wenn auch heute der Zerfall der demokratischen Koalition mit Jelzin an der Spitze unwahrscheinlich scheint, so mag er morgen eine Voraussetzung für ein würdiges Überleben der Menschen in den Ruinen der Union der Sozialistischen Sowjetrepubliken sein. Die heutigen Vertreter der demokratischen Bewegung Rußlands, die einen klaren Erfolg bei der Zerschlagung des kommunistischen Regimes zu verzeichnen haben, erleiden in der nationalstaatlichen Politik – nach außen wie nach innen – eine Niederlage nach der anderen. Das Fehlen gegenseitigen Verständnisses zwischen Jelzin und den autonomen Gebieten kann dazu führen, daß der russische Führer gegen einen flexibleren und, wahrscheinlich, Gorbatschow ähnlicheren republikanischen Politiker ausgetauscht wird.

Im Kampf gegen das Zentrum der Union haben die demokratischen Kräfte in den Republiken schroffe und zu einfachen Lösungen neigende, mutige und kompromißlose Politiker hervorgebracht – Jelzin, Nasarbajew oder Akajew. Jetzt aber, da die Unionsrepubliken ihre politische Freiheit bekommen haben, sind einfache Lösungen nicht mehr möglich. Und das Volk wird kaum Verständnis dafür haben, wenn die demokratischen Führer den mutigen und schroffen Stil der Auseinandersetzung nun untereinander fortsetzen, als wären sie weiter nur Opposition. Doch die beunruhigenden Signale in Richtung einer solchen Entwickung nehmen ständig zu.

Am Tag nach Jelzins Erklärung, Rußland werde Atomwaffen der UdSSR aus Kasachstan und der Ukraine auf das Territorium der Russischen Föderation überführen, wies einer der Kandidaten für das Amt dcs ukrainischen Präsidenten, Tschornowil, diesen Beschluß des russischen Präsidenten zurück mit der Begründung, daß Rußland in einer neuen Union nicht allein den Status einer Atommacht von der alten UdSSR erben sollte. Ob wir es hier mit der verbalen Ouvertüre eines Konflikts des serbokroatischen Typs zu tun haben, wird von der politischen Kunstfertigkeit der russischen Führer abhängen, besonders aber – von der Kompetenz ihrer Berater.

Leider flößt einem weder das eine noch das andere Optimismus ein. Und selbst das russische Parlament kann sich bei all seinem Willen zur Demokratie oft nicht von chauvinistischen Stereotypen frei machen, die so charakteristisch für das Beamten-Rußland der Sowjetzeit waren.

Die Großmachtkomplexe selbst der zivilisiertesten Deputierten und der akademischen Suite um Boris Jelzin werden auch in Zukunft Anlaß für Reibungen zwischen Rußland und Kasachstan, Rußland und Bjelorußland, Rußland und der Ukraine geben, ganz zu schweigen von den innerrussischen Konflikten in Powolsche oder im nördlichen Kaukasus, auf dem Altaj oder in Jakutien. Wie lange noch werden die herausragenden persönlichen Eigenschaften Boris Jelzins und seine unbestreitbaren Verdienste und Leistungen die unterschiedlichen national-demokratischen Kräfte vor dem Zusammenprall schützen?

Und hier erhebt sich – nicht zum erstenmal in den letzten hundert Jahren – die fast schmerzhafteste Frage für Rußland, die Frage des Antisemitismus. Ein Schlaglicht darauf, in welcher Schärfe sie sich stellt, warf eine Antwort Jelzins bei der TV-Begegnung des russischen Präsidenten und Gorbatschows mit amerikanischen Zuschauern am 6. September. Auf die Frage nach seiner Haltung gegenüber der Vereinigung «Pamjat» (deren zahlreiche Ableger vielfältige Strafen für die Juden ersinnen, die angeblich an den historischen Mißständen in Rußland schuld seien), antwortete Präsident Jelzin dahingehend, daß «Pamjat» dabei sei, sich zu «bessern» und sich vom Antisemitismus als Hauptinhalt seiner Tätigkeit loszusagen. Hinter einer solchen Aussage steckt mehr als die mangelnde Einsicht des Präsidenten in die tatsächlichen Verhältnisse. Es geht am Ende darum, daß er öffentlich nicht näher über die Tragödie nachdenken will, die sich in bezug auf die Juden und auf die gesamte russische Intelligenzija in der russischen Republik nach wie vor vollzieht. Der Exodus der Juden, Armenier, Deutschen, aber auch der Mathematiker, Ärzte und Unternehmer aus Rußland, das als erstes zur Demokratie übergegangen ist, ist nicht nur Folge einer anhaltenden Massenpsychose, sondern nicht zuletzt auch des Mißtrauens gegenüber der russischen Demokratie, gegenüber ihrer Lebensfähigkeit und Wahrhaftigkeit, und er ist auch Folge des Zweifels daran, ob sie es schafft, im Land Platz zu greifen, bevor wieder eine neue militärische Polizeibande auftaucht, um die «Ordnung wiederherzustellen». Es geht darum, daß die fliehenden Juden und der vorsichtige Präsident dasselbe fürchten – die gesetzlose Gewalt der Menge, und wenn sie im Gewand demokratischer Parolen einherkommt.

Den Flegelkult des einfachen Volkes zu zerschlagen, die immer noch knurrende, immer noch zu sowjetische Demokratie zu veredeln – das ist das Gebot der Stunde.

Wolfgang Eichwede

Gorbatschow und die Eigendynamik der Perestrojka

Vorbemerkung

«Die Regierung können Sie noch zu Fall bringen, das Volk schon nicht mehr» – so kommentierte die *Komsomolskaja Prawda* den gescheiterten Putsch im August. Über einen drohenden Staatsstreich war wiederholt gerätselt worden. Vom Herbst letzten Jahres an gehörte der Ruf nach Verhängung des Ausnahmezustandes zum festen Repertoire konservativer Kreise. Gerichtet an den Präsidenten, zielte er zugleich gegen ihn. Gorbatschow schien als Initiator der Perestrojka wenig geeignet, die Schleusen wieder zu schließen, die seine Politik geöffnet hatte.

Von Ordnung war die Rede, imperiale Macht war gemeint. Der Coup d'etat jedoch entpuppte sich als Farce, die Putschisten als Karikaturen ihrer selbst. Daß die alten Strukturen keine Kraft mehr besaßen, die Gesellschaft im produktiven Sinn voranzutreiben, war längst bekannt. Nun offenbarte sich, daß auch ihre negative Handlungsmacht in der Öffentlichkeit dahin war. Insofern ist die Auflistung der operativen Fehler und Unterlassungen, die die Staatsstreichler begingen, von nachgeordnetem Interesse – sie selbst waren der Fehler. Das alte System, für das sie standen, lieferte mit ihnen gleichsam den Beleg eigener Funktionsuntüchtigkeit.

Wie die Befehlsverweigerungen der Soldaten überdies dokumentieren, war die Saat der Perestrojka – Keimformen selbständigen Denkens – selbst in den Sicherheitsorganen aufgegangen. Der Putsch wurde zum Katalysator der Revolution. Gorbatschows Konzeption der *Rücksichtnahmen* zerbrach an dem Dilemma, daß sie, um die Perestrojka abzuschirmen, auch deren Gegner geschützt hatte. Die Abwehr der Gefahr hielt die Gefahr am Leben. Erst die Politik des Nachgebens macht das Nachgeben zum Zwang. In diesem Sinn räumt der gewandelte Gorbatschow von heute eine Mitschuld ein, mag andererseits aber für sich reklamieren, den Gegenschlag bis zu einem Zeitpunkt hinausgeschoben zu haben, an dem sich die neuen Kräfte behaupten konnten. Die Konflikte freilich, die der Kremlführer seiner Gesellschaft aufgenötigt hat, waren nicht inszeniert worden, um Widerstandspotentiale zu entwickeln. Da war schon die «List der Geschichte» am Werke.

Gorbatschows Reformansatz im Strudel der Perestrojka

Ausgangspunkt war 1985/86 der Versuch, die Innovationsfähigkeit für das Land zurückzugewinnen, das System, das niemals eine Blütezeit besessen hatte, vor der Vergreisung zu bewahren. In den Bahnen früherer Kurskorrekturen war zunächst von «Erneuerung» und «Beschleunigung» der Produktion, einer Vervollkommnung des Sozialismus, die Rede. Schon bald jedoch wurden die ausgetretenen Raster verlassen und Denkverbote beiseite geschoben. Indem der neue Generalsekretär dafür eintrat, einerseits die Gesellschaft mehr als jemals zuvor in die Politik hineinzuführen, andererseits die Politik von der Überwucherung durch die Apparate ein gutes Stück weit zu befreien, gab er der Reform eine radikal neue Dimension. Hatte die bisherige Geschichte der Sowjetunion unter den Oktroi der «Verstaatlichung» gelitten, so sprachen Gorbatschows Weggefährten nun von einer Umkehrung des Trends, «Entstaatlichung» als Therapie (Alexander Jakowlew).

Gewiß waren schon vorher ganze Sozialbereiche der obrigkeitlichen Kontrolle entglitten. Ab 1986/87 aber wurde die dosierte Freigabe zur offiziellen Doktrin. In der Absage an die blinde Machtakkumulation vergangener Jahrzehnte kündigte sich eine neue Rationalität an. Erste, noch vage Entflechtungspläne für Partei und Staat, Ökonomie und Politik, Ideologie und Gesellschaft wurden vorgelegt, um das System von Steuerungsverlusten zu befreien. Es war, als suchte die UdSSR Anschluß an die westliche Moderne. Widersprüche in der Gesellschaft wurden als normal, ja sogar produktiv anerkannt, das kommunistische Monopol auf Wahrheit in die Rumpelkammer der Geschichte verbannt. Allenthalben wurden Formen der Selbstregulierung propagiert bis hin zu Selbstverwaltungsmodellen in Betrieben, von denen man sich einen Ausweg aus der ökonomischen Misere versprach. Die Hoffnungen trogen.

Zum Schlüsselbegriff der frühen Perestrojka avancierte Glasnost – Öffentlichkeit, Transparenz, die freie Information, die intellektuelle Unabhängigkeit. Sie – Glasnost – sollte Licht in das dschungelartige Dunkel des Ancien régime bringen, war gedacht als Gegenentwurf zu der Welt der Abschottungen (black boxes) und des Scheins, der «Lüge» und der Maskerade. Sie wollte die sprachliche Rekonstruktion von Wirklichkeit, die Wiedereinsetzung des Worts in seinen eigentlichen Sinn. Über Generationen hin war der sowjetische Bürger gezwungen, sich in einem Labyrinth doppelter Gedankengänge zurechtzufinden, mit sich und den anderen Versteck zu spielen. Sollte die Suche nach einer neuen Motivationsstruktur überhaupt eine Chance haben, mußte die soziale «Schizophrenie» überwunden werden. Die «direkte Rede» stand in einem funktionalen Zusammenhang.

Im Visier hatte Gorbatschow die Entschlackung des Systems, nicht die Zerschlagung, die Renovierung, nicht die Demontage. Glaubte er, mit dem Argument der Reformnotwendigkeit große Teile der Bürokratien für sich gewinnen zu können, so setzte er mit dem Nachweis der Reformfähigkeit auf die Einbindung der Gesellschaft. Im Spannungsfeld von Herrschaftsrationalisierung und Systemöffnung vertraute er, der Generalsekretär, auf die Integrationskraft des Zentrums. Wollte er gleichzeitig neue Schichten in sein System hineinholen und die alten nicht zur Gänze aufgeben, mußte die Perestrojka eine Dynamik entfalten, die nach beiden Seiten hin das Handeln bestimmt. Aus einer tiefen Krise heraus entwickelt, war ihr Fonds an Ressourcen (ökonomische Erfolge, Glaubwürdigkeit) jedoch begrenzt. Je hartnäckiger der Widerstand der Apparate war, die in ihrem Trott einfach fortfuhren, oder von Parteipolitikern, die um ihre erstarrten, aber geheiligten Werte fürchteten, um so nachdrücklicher mußte Gorbatschow nach Verbündeten Ausschau halten. Er fand sie vor allem im akademischen Milieu und im Kulturbetrieb, in der schöpferischen Intelligenz. Glasnost war ihr Metier, Kritik ihre Waffe. Doch lag der Platz, den die neue Öffentlichkeit in der Gesamtkonstruktion einnehmen sollte, im Vorfeld der Macht, nicht im Kampf um sie. Die Freigabe gesellschaftlicher Räume zielte auf die Schaffung von Denkfabriken und Korrekturinstanzen, vielleicht auch von Gegengewichten, nicht aber auf die Initiierung konkurrierender politischer Bewegungen. Die KPdSU sollte geläutert, nicht vertrieben werden. Glasnost fiel eher eine aufklärende als mobilisierende Funktion zu. So grundsätzlich sie auf der Ebene des Diskurses definiert war, ihr politisch-taktischer Zweck blieb limitiert.

Wohl als «generalnyj dissident» in Moskau bestaunt, blieb Gorbatschow Parteiführer genug, um Flügelbildungen im Politbüro gegen seine Person zu vermeiden. Offenbar sorgte er sich um konservative Frondeure ebenso sehr, wie er glaubte, auf die Apparate als Regierungshebel und Ordnungselemente nicht verzichten zu können. Im Oktober 1987 ließ er den schon damals legendären Parteichef von Moskau und Personifikation einer antibürokratischen Orientierung, Boris Jelzin, fallen. Um der Pazifizierung seiner Gegenspieler willen nahm er Enttäuschungen seiner Anhänger in Kauf. Abstriche in der Durchsetzung von Reformprogrammen waren die notwendige Folge. Gorbatschows Popularitätskurve erlitt einen empfindlichen Knick.

Dennoch dominierte über das gesamte Jahr 1988 die Sprache der Perestrojka, ja fand auf der Parteikonferenz im Juni, die der Demokratisierung des politischen Lebens gewidmet war, manche Höhepunkte. Im Herbst wurden mit dem Umbau der höchsten Staatsorgane die Konsequenzen daraus gezogen. Auf die intellektuelle Öffnung sollte – wenigstens einen Spaltbreit – die institutionelle folgen. Über die Neukonstruktion von Volkskongreß und Obersten Sowjet hinaus wurde das Bestreben erkennbar, parlamentarische Elemente in das «Räte»-System einzubauen und das Wahlverfahren (personenbezogen) zu demokratisieren. Mit dem Amt eines Vorsitzenden des Obersten Sowjets, der als Staatspräsident fungiert, wurde die exekutive Spitze deutlich ausgebaut, ohne schon einer Präsidialverfassung gleichzukommen. Perspektivisch waren Schienen gelegt, um Entscheidungsbefugnisse aus dem Gestrüpp der Apparate auf Vertretungskörperschaften zu übertragen. Zugleich jedoch waren die Dosierungen so gehalten, daß systemkonservative Mehrheiten gesichert erschienen. Die strukturellen Neuerungen wirkten fürs erste machtpolitisch abgefedert.

Über den Bau einer zweiten Säule konstitutionalisierte Gorbatschow seine eigene Position. So recht er hatte, die Wahlen zum Volkskongreß im März 1989 ein großes Ereignis zu nennen – ihre elektrisierende Bedeutung gewannen sie, indem sie über seine Politik hinausgriffen. Als er dann Ende Mai mit überwältigender Mehrheit zum Staatspräsidenten gewählt wurde, zeigte sich seine Innovationskraft im Innern des Landes erschöpft. Seit mehr als einem halben Jahr lief ihm die öffentliche Diskussion davon; er koppelte sich von ihr ab.

Den aufbegehrenden Nationen stellte er sich entgegen, den streikenden Arbeitern drohte er. Der Kremlchef blockierte Antworten auf Fragen, die er selbst aufgeworfen hatte.

Aus dem Integrationsversuch der frühen Perestrojka wurde ein Balanceakt, der mehr auf Stabilisierung und Machterhalt als darauf gerichtet war, etwas zu bewegen. Der Abriß des Alten geriet zum Stückwerk. In die epochale Krise des sowjetischen Sozialismus schob sich die Krise der Reform. Vielen schien es, als sei der Rettungsversuch längst mitgerissen vom Zusammenbruch des alten Systems. Ein politischer Konsens über das, was geschehen sollte, war nicht in Sicht.

Die gegenseitigen Blockaden hatten kumulierende Effekte. In herber Polemik gegen die Wirtschaftspolitik der zurückliegenden drei Jahre meinte 1989 ein Moskauer Ökonom, man habe Antibiotika in den Benzintank eines kaputten Fahrzeugs gefüllt und erwarte nun, er werde laufen. Inkonsistenz und hektische Strategiewechsel in Halbjahresfolge seien mitverantwortlich für das Chaos, in das man hineintreibe. Während tradierte Instanzenzüge längst nicht mehr funktionierten, waren neue noch nicht einmal in Planung.

Freilich sind Erosion und Zerklüftung von Strukturen in der Sowjetunion bei weitem älter als 1985. Die Perestrojka sollte sie einst stoppen. Indem ihr dies nicht gelang, sie aber dennoch Schein-Sicherheiten zerbrach, beschleunigten sich die Zerfallsprozesse. Die Szenarien wurden bedrohlicher, die angeschlagenen Strukturen verloren an Kalkulierbarkeit. Während «die Macht einfach dahinschwand», mußte der konstitutionell verankerte Führungsanspruch der Kommunistischen Partei zum immer größeren Ärgernis in der Öffentlichkeit werden. Hunderttausende, ja bis zu einer halben Million, demonstrierten in Moskau gegen die Arroganz der «Partokratie». Angeregt durch die Revolutionen in Zentraleuropa wurde der Rückzug der KPdSU aus der «eigenen» Gesellschaft gefordert.

Anfang 1990 antwortete Gorbatschow mit einem neuen Versuch, seine Gestaltungsfähigkeit zurückzugewinnen. Einerseits wurde der Paragraph 6 (Führungsrolle der KP) aus der Verfassung gestrichen und im Grundsatz ein Parteienpluralismus akzeptiert. Andererseits sollte nun endlich ein «Präsidialsystem» die Exekutive stärken, neue «Dynamik» gewährleisten und «destruktiven Tendenzen» entgegenwirken. Was in der sowjetischen Publizistik seit Monaten als Chance oder Gefahr einer «eisernen Hand» zur Durchsetzung der Reformen diskutiert wurde, gewann auf dem Papier Kontur, war in Wirklichkeit aber schon ein Verzweiflungsakt. Alter Ballast wurde abgeworfen, unhaltbar gewordene Ansprüche preisgegeben, um mit dem Präsidentenamt eine entideologisierte, aber starke, vielleicht sogar autoritäre Führungsstruktur auf dem Verfassungswege zu schaffen. Gorbatschow suchte eine Staatlichkeit jenseits des ins Wanken geratenen Systems und jenseits der in Bewegung gekommenen Gesellschaft, gleichsam einen archimedischen Punkt außerhalb, von dem aus er Interventionschancen zurückerlangen konnte. Ob die frühe Einsicht vergessen war, daß die Sammlung von Kompetenzen noch lange nicht die Steuerungskapazität erhöht? Entgegen manchen Spekulationen blieb Gorbatschow Parteichef. Wollte er als Präsident Reformen befördern, als Generalsekretär die Widerstände abwehren? Ein Spagat, der auf Dauer kaum auszuhalten war.

Vor allem aber ging es ihm darum, ein institutionelles Gegengewicht zu den zentrifugalen Kräften des Vielvölkerreichs zu schaffen, präsidiale Autorität contra Souveränitätsverlangen. In den Monaten Februar und März liefen in mehreren Republiken, darunter in Rußland und der Ukraine, Wahlen zu den jeweiligen Volkskongressen bzw. Obersten Sowjets, die die politischen Landschaften gründlich veränderten. Am 9. März löste sich Litauen unter Bezug auf die Unabhängigskeitdeklaration von 1918 aus dem sowjetischen Staatsverband. Gorbatschow erklärte den Wilnaer Parlamentsbeschluß (der ohne Gegenstimmen zustande gekommen war) für null und nichtig, um sich in einen wochenlangen Nervenkrieg zu begeben. Truppenverbände wurden demonstrativ nach Litauen verlegt, Gebäude besetzt, eine Wirtschaftsblockade verhängt. Zeitweise drohte gleiches mit Lettland und Estland, ohne daß irgendeine Aussicht bestand, das Rad der Geschichte noch einmal umkehren zu können. Statt die Paralyse der Macht zu stoppen, verschliß der sowjetische Präsident sein Prestige. Handlungsräume, um die er so sehr gerungen hatte, schmolzen zusammen. Die Reste, die für die Einheit der Union mobilisiert wurden, fehlten der Reform. Was die sowjetische Führung gerade erst in Zentraleuropa gelernt hatte – daß die Abgabe von Hegemonie Teil der eigenen Befreiung ist –, sträubte sie sich noch, diesseits der Grenzen, die sie als die eigenen betrachtete, nachzuvollziehen. Vielleicht aber bedingten sich die Entwicklungen insofern, als die Verarbeitungskapazität nahezu jeder Großmacht überfordert gewesen wäre, so vieles gleichzeitig aufzugeben und – über den Systemwechsel hinaus – in friedlichen Bahnen von ihrem Imperium Abschied zu nehmen.

Immerhin gelang im Frühsommer eine Abschwächung der Drohgebärden im litauisch-sowjetischen Konflikt. Gegen die Bereitschaft, das Unabhängigkeitsmanifest für 100 Tage auszusetzen, wurde die Blockade aufgehoben. Eine wirkliche Befriedung war dies, wie sich zeigen sollte, nicht.

Mitgenommen von den Veränderungen im Lande, unfähig, sie zu verstehen, zeigte sich auch Gorbatschows Partei. Der einstige Machtkoloß sank in sich zusammen. Während die radikalen Reformer – in Scharen bald – hinausdrängten, probten auf dem Gründungskongreß der russischen KP im Juni die Konservativen den Aufstand. Auf Unionsebene hingegen dirigierte Gorbatschow den 28. Parteitag, verpflichtete ihn auf die Perestrojka und schob seine Gegner an die Wand, was manchen Beobachter überraschte, aber die sowjetische Bevölkerung nicht mehr beeindruckte. Die Politik hatte interessantere Nachrichten. Umfragen notierten einen massiven Vertrauensschwund. Gorbatschow saß zwar fest im Sattel, aber auf dem falschen Pferd.

Die Gesellschaft in Bewegung

Manches von dem, was nach 1985, 1986 in der sowjetischen Gesellschaft hochkam und zum Allgemeingut wurde, existierte schon vorher in Grauzonen, am Rande oder in der Verbannung. Sacharow war nicht auf Gorbatschow reduzierbar. Die Sowjetunion kannte alternative Kulturen, anderes Denken, Traditionen der Résistance, Strategien der verborgenen Offenheit. In den Jahren der Stagnation war nicht alles verboten. Grundsätzlich neu aber war infolge der Perestrojka ein Denken ohne Wächter, ein Fragen ohne Tabu. Neu vor allem, daß sich aus Toleranzzonen soziale Handlungsräume bildeten und aus diesen wiederum Politikebenen. Zum Fundament aller weiteren Entwicklungen wurde die Herstellung einer unabhängigen Öffentlichkeit. Noch ganz in den Anfängen würfelte sie sich 1987/88 aus Selbstvorlagen (Samizdat) und Perestrojka-Redaktionen, aus Akademieinstituten und Kultureinrichtungen, aus Komsomol-Zirkeln, Dissidenten-Seminaren und einer Fülle politischer Klubs, eben erst ins Leben gerufen, zusammen. So bunt das Spektrum war, so vielfältig waren die Dialogkanäle in die Machtstrukturen hinein. Mehr und mehr jedoch wurden gerade im «informellen» Milieu die eigenen Positionen akzentuiert. Zweifel an der Verläßlichkeit des Reformkurses wurden nicht mehr verschwiegen.

Da öffneten die Wahlen zum Volkskongreß den Gang in die parlamentarischen Institutionen. Erstmals seit 1917 sollten Volksentscheidungen mehr sein als ein bloßes Ritual. Unversehens fanden sich die Klubs im politischen Strudel eines Wahlkampfs wieder, gezwungen, Kandidaten zu nominieren und zu unterstützen. Ohne alle organisatorischen Erfahrungen wurde im Zeitraffer gelernt. Diskussionen von bislang rein akademischem Charakter (über ein Mehrparteiensytem etwa, mit der KPdSU als Verfassungsrichter!) füllten sich mit Realitätsanteilen. Politik gewann eine pragmatische, konkrete Dimension.

In Andrej Sacharow und Boris Jelzin hatten die jungen Demokraten eine glückliche Kombination zweier Symbolfiguren, den einen als Mann des Gewissens, den anderen als «Held» oder Liebling des Volkes. Was an Infrastruktur fehlte, kompensierten sie durch Identifikation. Der beispiellose Triumph Jelzins in Moskau war ein Sieg über den alten Apparat, der zwar noch nicht als direkter Schlag gegen Gorbatschow, aber doch als dramatischer Appell an ihn galt, sich aus seinen Einbindungen zu lösen. Mochten sich auch landesweit die etablierten Mehrheiten behauptet haben – in wichtigen Nervenzentren des Imperiums hatten die neuen Bewegungen Achtungserfolge errungen. Mit den Wahlen war überdies die Diskussion aus den Kreisen der Intelligenzija auf breite Bevölkerungsschichten übergesprungen. Moskau wie das frühere Leningrad sammelten Erfahrungen in großen, staatsunabhängigen Massendemonstrationen. Sieht man von der Dramatik der ersten Volkskongreß-Debatten ab, die weite Teile der Bevölkerung in ihren Bann zogen, erschöpfte sich die innovative Rolle der zentralen Parlamente schnell. Zu klar waren die Nomenklatura-Majoritäten, zu definitiv die Bindung an das Imperium. Für die demokratische Bewegung stellte sich mit der Organisationsfrage die der Handlungsebene. Sie kam über den Unionszusammenhang nicht mehr entscheidend voran.

Da brachen im Juli 1989 die Streiks der Bergarbeiter aus. Die Sowjetunion der Perestrojka erlebte ihre ersten großen Klassenkämpfe. Das Bild vom «incorporated worker» und seiner passiven Systemloyalität ging in die Brüche. Über soziale Anliegen hinaus votierten die Streikenden für einschneidende Wirtschaftsreformen. Offenbar war die Verbitterung über die Schikanen der bestehenden Ordnung größer als die Sorge vor den Risiken des Neuen. Letztendlich gelang es den Unterhändlern der Regierung, mit einem Paket von Versprechungen die Lage zu entspannen. An eine stabile Befriedung glaubte niemand. Aus den Streikkomitees aber entwickelte sich das Organisationsgerüst einer authentischen Arbeiterbewegung.

Öffnung der sowjetischen Gesellschaft hieß auch Aufbruch der Nationen, die in das Vielvölkerreich eingebunden waren. Schon der Begriff der «sowjetischen Gesellschaft» im Singular gehört in die alte Zeit. 1987/88 ging es noch um Autonomie, ein Jahr später schon um Souveränität und Unabhängigkeit. Aus Bewegungen zur Unterstützung der Perestrojka wurden Bewegungen weg vom Zentrum. Das Gorbatschowsche Moskau reagierte mit Ratlosigkeit und unternahm kaum einen Versuch, auf die Völker zuzugehen. Die Appelle, den tragischen Fehlern der Vergangenheit abzuschwören und gemeinsam die neue Demokratie zu bauen, ließen die permanente Blockierung dieses Weges durch die eigene, sowjetische Administration außer acht. Sie übersahen auch, daß aus der Sicht der Nationen, die zwangsweise zur UdSSR gehörten, Systemwechsel Selbstbestimmung bedeutete oder kein Systemwechsel war. Nicht ohne Verbitterung hörte man in Tallinn oder Riga, daß für einen Menschen, der unschuldig in Haft sitzt, die Befreiung nicht darin bestehen könne, seine Zelle als Wohnheim einzurichten.

Indem die Kreml-Führung dennoch Entwicklungen zuließ, fand sie sich schon halb mit den Fakten ab. Am 23. August 1989 – 50 Jahre nach dem Hitler-Stalin-Pakt – schrieb eine millionenköpfige Menschenkette den Unabhängigkeitswillen der baltischen Staaten fest. Daran konnte niemand mehr vorbei. Die Völker überall in der Sowjetunion versprachen sich von ihrer Selbständigkeit einen Modernisierungsschub. Demgegenüber hatte die Perestrojka keinen Kredit mehr. Viel zu häufig hatte ihr politisches und institutionelles Instrumentarium versagt. Konnte die Zentralmacht die Pogrome von Sumgait (Februar 1988) nicht verhindern, hat sie das Blutbad von Tblibissi (April 1989) sogar provoziert. Noch freilich war das nicht die Perspektive eines Bürgerkrieges, aber doch die eines Friedensverlustes.

Die Besorgnis war weit verbreitet, daß Rußland zur letzten Bastion des Imperiums werden könnte, darauf bedacht, den Gürtel der Republiken um sich herum nicht zu verlieren. Wie oft hatte man, auch in der westlichen Forschung, darüber gesprochen, daß im Kern sowjetischer Politik russische Großmachtinteressen liegen. Gegenwärtig ist viel davon auf den Kopf gestellt.

Indem Rußlands Demokraten den Ruf nach Souveränität aus den anderen Republiken aufnahmen und dafür plädierten, das Land seinerseits von der imperialen Bürde zu befreien, gaben sie der Reform einen mächtigen Impuls. In den Republik- und Kommunalwahlen vom März 1990 konnten sie erhebliche Stimmenanteile gewinnen und die Metropolen zu ihren Hochburgen machen. Ende Mai wurde (mit denkbar knapper Mehrheit) Boris Jelzin zum Parlamentspräsidenten bestellt. Am 12. Juni erklärte Rußland seine Souveränität. Die Auflösung des Imperiums wurde zum Gewinn. Gemeinsam mit anderen Republiken ging es darum, an die Union Forderungen zu stellen. Diese sah sich der Gefahr gegenüber, ein Staat ohne Staatsgebiet, gleichsam ein Skelett von Apparaten zu werden. Mit den Wahlerfolgen aber wurden demokratische Nervensysteme in Rußland eingezogen. Neue Aufstiegskanäle und Karrieremuster, zumal für die städtische Intelligenz, taten sich auf. Der Konflikt zweier Politikebenen, der zentralen und republikanischen, war auch das Gegeneinander alter und neuer Eliten.

Die Dynamik der russischen Entwicklung hat keiner so entscheidend befördert wie Boris Jelzin. Nach seiner Verbannung aus dem Politbüro war er über die Gesellschaft in die Institutionen der Macht zurückgekehrt, um sie dann von innen und außen gleichzeitig aufzubrechen. Daß er aus seiner Konfrontation mit dem Apparat eine Volksbewegung für Demokratie gemacht hat, ist sein bleibendes Verdienst. Gewiß sind ihm plebiszitäre Züge eigen, doch im gegenwärtigen Rußland sind sie eine Brücke, über die reformerisches Gedankengut in eine wenig strukturierte Gesellschaft transportiert wird. Darin liegen zwar auch Gefahren, für den Augenblick aber läßt sich so die – unvermeidbare – Organisationsschwäche demokratischer Parteien kompensieren. Ohne Eroberung einer zentralen Machtsäule, wie sie die RSFSR im Gesamtsystem der Sowjetunion darstellte, wären die Gefahren für die Reformer sehr viel größer. Was Gorbatschow für die Perestrojka war, ist für Rußlands Öffnung in dieser Phase Jelzin.

Politische Wechselbäder

Schon Mitte Juni, also noch vor dem 28. Parteitag der KPdSU, sandte Gorbatschow Entspannungssignale an die Adresse seiner demokratischen Opponenten aus. Vor dem Hintergrund der Differenzen mit Ryschkow und der Entmachtung Ligatschows ließen sie die Möglichkeit einer «Linkswendung» des Präsidenten aufkommen, die nicht bloß seinem taktischen Geschick geschuldet sein mußte. Hatte er die Kräfteverschiebungen begriffen, die sich in den sowjetischen Gesellschaften manifestierten, oder ging es ihm nur darum, sie ein weiteres Mal abzufangen? Die etablierten Führungseliten rangen um Orientierung und Machterhalt zugleich. Für den Eintritt gesellschaftlicher Kräfte in die hohe Politik fehlten alle Paradigmen.

Am 27. Juli traf sich Gorbatschow mit intellektuellen Vordenkern der Reform, warb für die Bildung eines «linken Zentrums» und erkannte – nach den Worten des Sozialwissenschaftlers Igor Kljamkins – an, sich einem Bündnis mit Jelzin zu verweigern, hieße, «gegen den natürlichen Strom des Lebens zu schwimmen». In der Tat einigten sich beide Präsidenten auf die Einsetzung einer Expertenkommission, die – konkurrierend zu dem Kabinett Ryschkow – einen schnellen Übergang zum Markt vorbereiten sollte. Am 1. September lag das Schatalin-Programm der 500 Tage vor. Was dann folgte, war ein Verwirrspiel um ökumenische Grundsätze, dessen Ausgang die Machtkonstellationen erneut verschob. Hatte Gorbatschow sich Anfang des Monats noch für die Radikalversion ausgesprochen, ließ er sich Ende des Monats nach ergebnislosen Debatten im Obersten Sowjet in einer Art «ökumenischem Ermächtigungsgesetz» Sondervollmachten übertragen und legte Mitte Oktober ein neues Programm vor, das hinter den Erwartungen der Reformer zurückblieb und von Jelzin verworfen wurde. Ryschkow, dessen Ablösung zu den zentralen Forderungen der Opposition und der russischen Führung zählte, blieb im Amt. Statt die Perestrojka fortzuschreiben, sammelte Gorbatschow, wie schon so oft, Kompetenzen in Fülle, mit denen er aber nichts mehr zu bewegen vermochte. Schatalins Plädoyer für eine umfassende Privatisierung fand sich in der Präsidentenfassung nur sehr verkürzt wieder. Vor allem aber wurde die Schlüsselrolle der Republiken, wie sie das 500-Tage-Programm vorsah, durch die Zentralmacht erneut an die Wand gedrückt. Während dic Radikalvariante schon die neuen Träger von Politik und Ökonomie (Republiken und Eigentümer) im Auge hatte und auf ihre sich wechselseitige dynamisierende Koalition setzte, lag dem Ansatz Gorbatschows noch das alte System zugrunde. Er fand aus dem Dilemma nicht heraus, jene mit der Reform beauftragen zu müssen, die sie am meisten zu fürchten hatten. Igor Kljamkin erklärte dies damit, daß der Präsident sich im Sommer zwar zu einem Ausgleich mit den Republiken entschlossen habe, aber auf den Widerstand des «militärisch-industriellen Komplexes» gestoßen sei, der um sein Eigentum gefürchtet habe. So befand sich Gorbatschow vor der Alternative, entweder einzulenken oder sich zu einem «revolutionären Präsidenten» zu häuten. Er gab dem Widerstand der Militärs nach, ohne doch von der Notwendigkeit eines Marktes abrücken zu können. Gorbatschow mochte auch zu der Erkenntnis gelangt sein, daß er, würde er sich unwiderruflich für die Demokratie entscheiden, eine Dynamik in Gang setzen würde, die ihn schließlich überflüssig machen müsse. Er sah sich qua Amt gefangen.

Mitte September kursierten Putschgerüchte in Moskau – sie wurden dementiert, zeigten aber die wachsende Nervosität. Die ökumenischen Parameter verschlechterten sich dramatisch, Zentralmacht und Republiken führten einen «Krieg der Gesetze». Zwischen Gorbatschow und Jelzin rissen die Kontakte zwar nicht ab, bildeten aber auch keine tragfähige Handlungsbasis. Vorbei waren die Hoffnungen des Sommers. Auch durch eine abermalige Reorganisation der Staatsspitze, die immerhin zur Ablösung Ryschkows führte, konnten sie nicht mehr neu belebt werden. Im Entwurf zum Unionsvertrag dominierten bundesstaatliche Tendenzen, wenngleich von «souveränen Republiken» die Rede war. Weiter könne er, so der Präsident, nicht gehen. Dahinter beginne der «Zerfall» und drohe ein «Blutbad». Alarmglocken wurden auch im konservativen Spektrum geschlagen, wo sich neue Gruppierungen, wie «Sojus» (Union), frei von dem Muff der alten Staatspartei, Gehör verschafften. Eher macht- als ideologieorientiert standen sie für unverhohlen imperiales Denken. Das Chile Pinochets und das China, das die Demokratiebewegung im Blut erstickt hatte, galten erklärtermaßen als Vorbilder auf dem Weg in eine moderne Ökonomie unter autoritärer Kontrolle. Viktor Alksnis, Sprecher der Gruppe, der sich immerhin ein Viertel der Abgeordneten des sowjetischen Volkskongresses zurechnete, forderte ein Komitee der nationalen Rettung, das Gorbatschow ablösen sollte. Von November an verschärfte sich der Ton. Die Marschälle Achromejew und Jasow empfahlen die Armee als Garanten der Einheit des

Imperiums, der Sicherheitschef Krjutschkow sah gleich mehrfach «destruktive Elemente» und ausländische Mächte am Werke, denen sein Dienst entgegentreten müsse. Während sich 54 Würdenträger von der Kommunistischen Partei bis zur orthodoxen Kirche um die gefährdete Ordnung sorgten, gab Gorbatschow die Schlüsselfunktionen im Innenministerium an ausgewiesene «Falken» (Boris Pugo und Boris Gromow). Mit der Warnung vor einer drohenden Diktatur reichte Außenminister Eduard Schewardnadse am 20. Dezember 1990 seinen Rücktritt ein.

Die Konfliktszenarien, die sich nun (vor dem Hintergrund der Golfkrise) ankündigten, liefen nicht gegen Gorbatschow. Vielmehr war er auf sie eingeschwenkt. Zur Debatte standen nicht mehr Reformvarianten, sondern die Durchsetzung eines Ordnungsprinzips, die Dominanz der Zentrale über die Republiken. Schon auf dem Volkskongreß im Dezember hatte der Präsident von einem möglichen «Ausnahmezustand» gesprochen. Zum Jahreswechsel betonte er, es gebe «keine heiligere Sache» als «die Bewahrung und Erneuerung der Union». Am 10. Januar beschuldigte eine Präsidentenverlautbarung Litauen des Verfassungsbruchs und des Aufbaus einer «bourgeoisen» Staatsordnung. Luftlandeeinheiten wurden nach Wilna verlegt, öffentliche Gebäude besetzt und am 13. Januar bei dem Sturm auf das Fernsehzentrum 14 Menschen getötet. Ein «Nationales Rettungskomitee» griff vergeblich nach der Macht, ebenso in Riga, das Schauplatz ähnlicher Ereignisse war. Die Perestrojka hatte ihren tiefsten Punkt erreicht und war dabei, in eine Gegenperestrojka umzuschlagen. Gorbatschow bestritt, den blutigen Angriff befohlen, ja überhaupt von ihm gewußt zu haben, ordnete später unter dem Druck der Öffentlichkeit eine Untersuchung an und sprach sein Bedauern aus. Da weder der Ausnahmezustand noch das Präsidialregime formell verhängt worden waren, kam der Militäreinsatz gegen zivile Objekte einem Verfassungsbruch gleich. Das Grundanliegen aller Reformen, Politik zu konstitutionalisieren, war im Kern beschädigt. Vagabundierende Militär- und Sicherheitsorgane? Oder trug der Präsident doch die unmittelbare Verantwortung – beide Möglichkeiten waren gleich alarmierend. Zu den flankierenden Maßnahmen gehörten Versuche, die Pressefreiheit – das Herzstück von Glasnost – in staatliche Obhut zu nehmen, Polizeifunktionen zu militarisieren sowie die Kompetenzen des KGB zu erweitern.

Ein ganzes Machtkartell wurde in den folgenden Debatten bezichtigt, an dem Umsturz interessiert gewesen zu sein. Bei aller propagandistischen Vorbereitung scheint von ihm aber doch nur ein sehr begrenzter Teil mitgezogen zu haben. Wilna als Experimentierfeld für einen unionsweiten Putsch war gründlich fehlgeschlagen. Auch Gorbatschows eigene Regierungsinstrumente, der neu geschaffene Föderationsrat, hatten mäßigend eingegriffen und mit der Entsendung einer Vermittlerdelegation als Puffer gewirkt. Gescheitert aber war die «Offensive» zunächst an der Menschenmauer rund um das Parlamentsgebäude in der litauischen Hauptstadt, auch an der Staatsspitze, die vor Ort geblieben war. Boris Jelzin flog nach Tallinn, appellierte an die russischen Soldaten, sich nicht gegen Zivilisten einsetzen zu lassen, und gab mit den baltischen Führern zusammen eine Protesterklärung ab. Auf Moskaus Straßen versammelten sich 400000 Menschen zum Zeichen ihrer Solidarität. Einzelne Zeitungen erschienen mit schwarzem Trauerrand.

Von nun an sprang der Konflikt wieder zurück in die Metropole. Hier kam es zu einer bislang beispiellosen Konfrontation zwischen Gorbatschow und Jelzin. Während die Medien, soweit sie unter zentraler Kontrolle waren, gegen den russischen Parlamentspräsidenten mobil machten, zu einem «kalten Bürgerkrieg» bliesen, und Gorbatschow ihm öffentlich vorwarf, nicht mehr auf dem Boden der Perestrojka zu stehen, antwortete Jelzin mit nicht weniger schwerem Geschütz. Tief enttäuscht von dem Initiator der Reform sah er ihn auf dem Weg zur Diktatur und forderte am 19. Februar den Rücktritt.

Um der KPdSU wirksam entgegentreten zu können, brauchte auch die demokratische Bewegung eine mächtige Partei. Bemühungen in diesem Sinne waren seit längerem in Gang. Nun schien es, als könnten sie unter dem Druck der Ereignisse einen neuen Impuls bekommen. Über Wochen rissen die Massendemonstrationen von mehreren Hunderttausend nicht ab. Anfang März traten die Bergarbeiter wieder in Streik und machten deutlich, daß es ihnen nicht allein um soziale Aufbesserungen geht. «Wir fordern nicht Geld – Wir wollen die Freiheit», war von ihnen in den *Moskowskie Nowosti* zu lesen. Dazu zählte in ihren Augen die Überführung ihrer Betriebe in die Rechtshoheit der russischen Republik.

Mitte des Monats erhielt das von Gorbatschow eingeleitete Referendum über den Erhalt einer erneuerten Union «souveräner Republiken» eine klare Mehrheit dort, wo abgestimmt wurde (sechs Republiken hatten sich geweigert teilzunehmen und ihre eigenen Referenden organisiert). Doch waren in großen Teilen der Union so weitreichende Veränderungen in die ursprüngliche Frage eingebaut, daß die Ergebnisse im Sinne des Fortbestehens der Union wie im Sinne vermehrter Unabhängigkeit der Republiken interpretierbar wurden. Vor allem aber votierte Rußland parallel für die Direktwahl seines Präsidenten, was schon im vorhinein einem Durchbruch gleichkam.

Danach überstürzten sich die Abläufe. Der Versuch der Zentralregierung, in Moskau eine Demonstration zur Unterstützung des russischen Parlamentspräsidenten mit Sicherheitskräften zu verhindern, schlug auf grandiose Weise fehl. Mehr als eine halbe Million Menschen waren auf den Beinen. Als unmittelbar anschließend der Volkskongreß der RSFSR zusammentrat, hatte der Antrag von kommunistischer Seite, Jelzin zu stürzen, keine Chance mehr. Im Gegenteil. Was zunächst höchst gefährdet schien, wurde doch in Aussicht genommen: Präsidentenwahlen durch das Volk. In der russischen KP bildete sich unter Führung von Alexander Ruzkoj mit den «Kommunisten für Demokratie» eine neue Fraktion, die Jelzin fortan unterstützte. Bis zur Etablierung der Präsidentschaft erhielt der Vorsitzende des Parlaments Sondervollmachten.

Die veränderte politische Szenerie zwang auch Gorbatschow zu einer selbstkritischen Bestandsaufnahme, nicht unähnlich zur Lage im Juli 1990. Während die Rechtsallianz keine Stabilisierung des Imperiums eingeleitet hatte, kam er nun an Rußland nicht vorbei. Die in seinen Händen konzentrierten Befugnisse bewirkten nur noch wenig, die Arbeiter hörten nicht auf seine Verbote. Zu den Ausständen im Kusbass traten Streikwellen in Bjelorußland, der Westen zeigte ich irritiert. Wollte Gorbatschow nicht eine weitere Auflösung seiner Macht im Wildwuchs riskieren, mußte er auf eine Teilung der Macht mit den Republiken zusteuern. Es scheint, als hätten Jakowlew und Schewardnadse ihn in dieser Richtung bestärkt.

Auch aus Jelzins Sicht gab es gute Gründe für einen Ausgleich. Wirtschaftsreformen blieben schwer gegen die Zentrale zu realisieren. Die Programme lagen vor, setzten auf Privatisierung und hatten eine gute Presse. Ins Geschäft mit dem Westen ließ sich, wenn überhaupt, nur im Einklang mit der Union kommen. Vor allem aber waren die Präsidentenwahlen abzuschirmen.

Unter Einbeziehung acht weiterer Republiken einigte man sich am 23. April auf die Erklärung « 9 plus 1». Die «souveränen Staaten», wie es in dem Kommuniqué heißt, bekunden ihren Willen, baldmöglichst einen neuen Unionsvertrag abzuschließen, um aus der gegenwärtigen Krise herauszufinden. Den nicht anwesenden Republiken der früheren Sowjetunion wurde es überlassen, sich anzuschließen, was das Recht auf Austritt implizierte. Faktisch lief die Vereinbarung auf einen «Waffenstillstand... im Krieg der Gesetze» und auf den Versuch hinaus, die Konflikte zu zivilisieren. Während die Einwirkungsmöglichkeiten der Palamente zurückgingen, zeichnete sich mit der Runde der Republikpräsidenten eine neue Machtebene ab. In ihr wiederum kam dem Kräfteparallelogramm Jelzins (Rußland), Krawtschuk (Ukraine), Nasarbajew (Kasachstan) und Gorbatschow (Union) mit wechselnden Möglichkeiten der Ausbalancierung eine eigene Bedeutung zu. Noch Ende April sprach Jelzin mit den Bergleuten und bewegte sie zur Wiederaufnahme ihrer Arbeit gegen die Zusage, die Gruben in russische Verantwortung zu überführen.

In den Reihen der demokratischen Bewegung setzte nun eine lebhafte Diskussion um die Folgen des Ausgleichs ein. Der Vorwurf klang an, Jelzin habe eine sich gerade bildende revolutionäre Welle um des Machtarrangements willen gebrochen. Sorge bestand, daß sich der russische Parlamentspräsident zwischen Republiken und Union, sämtlich von der KPdSU regiert, nur schwer werde behaupten können. Was gäbe es schon gemeinsam zu stabilisieren mit Kräften, die sich den gesellschaftlichen Bewegungen oft genug in den Weg gestellt hätten. Jurij Afanasjew sprach von einem «absurden Theater». Andere sagten vorher, daß der avisierte Unionsvertrag ohehin ein Stück Papier bleiben werde. In der Tat orientierte sich Jelzin auf einen demokratisch legitimierten, aber institutionellen Weg der Reformen. Daß er am 12. Juni mit großer Mehrheit zum ersten Präsidenten Rußlands gewählt wurde, markierte nicht nur ein wichtiges Datum in der russischen Geschichte, sondern stärkte auch seine Stellung im politischen Kräftespiel.

Im Sommer 1991 kam auch die «Parteienlandschaft» in Bewegung. Ein Jahr zuvor war ein regelrechtes Gründerzeitfieber ausgebrochen. Doch die meisten Gründungen waren über ein Zirkeldasein oder das Schicksal ständiger Zellteilungen nicht hinausgekommen. Nur einzelne, wie die Sozialdemokratische Partei oder die Demokratische Partei, hatten eine gewisse organisatorische Stabilität gewonnen. Anders als in brügerlichen Gesellschaften definieren sich hier die politischen Vereinigungen primär über Ideen und Symbole, nicht über soziale Interessen, was die hohe Fluktuation erklärt. Initiativen gab (und gibt) es auch in Richtung breiter Zusammenschlüsse über spezifische Parteiprofile hinweg, mit dem Ziel, zunächst einmal die Fundamente demokratischer Entwicklungen zu legen («Demokratisches Rußland»). Nach dem Absplittern der «Demokratischen Plattform» von der KPdSU zeichnet sich mit Ruzkoj eine weitere Bruchstelle ab. Nun, Ende Juni meldete sich eine Reihe prominenter Parteidissidenten zu Wort, darunter Eduard Schewardnadse, Alexander Jakowlew, Anatolij Sobtschak, Iwan Silajew, die eine neue «Bewegung für demokratische Reformen» ins Leben riefen. Wollten einige sogleich eine Partei aus der Taufe heben, nahmen andere den Herbst in Aussicht.

Auf der Gegenseite organisierte sich die Rechte. Zu «Sojus», die sich wiederholt für die Verhängung des Ausnahmezustands stark machte, gesellten sich die «Kommunisten Rußlands», die für die «Sowjetisierung» des gesamten öffentlichen Lebens warben. Anderen, wie «Otchizna», geht es um die Bewahrung der vaterländischen Ehre; sie sind mit immerhin 150 Deputierten (eigenen Angaben zufolge) im russischen Obersten Sowjet vertreten.

Erneut regte sich großer Unmut unter jenen, die schon vor Weihnachten nach Wiederherstellung der alten Ordnung mit Gewalt gerufen hatten. Der KGB-Chef meinte, würden nicht außerordentliche Maßnahmen ergriffen, sei das Land in seiner Existenz bedroht. Die heutige Lage sei jener von 1941 vergleichbar, als man Stalin vor dem deutschen Angriff gewarnt habe und nichts geschehen sei.

Ohne Frage offenbart sich hier die Pathologie eines Systems, das in voller Auflösung begriffen ist. In ernsthafter Form noch wird über Strategien autoritärer Politik in einem Forschungszentrum nachgedacht, das dem sowjetischen Ministerrat zugeordnet ist. So will ein neuer «Block zentristischer Kräfte» in definitiver Abwendung von liberalen Vorstellungen eine «Post-Perestrojka-Periode» für die UdSSR einleiten. Die «Imitation» des Westens wird als dem russischen «Typ der Zivilisation» nicht angemessen ausdrücklich verworfen. Nach einem im April bekanntgewordenen Aktionsplan wird für die Ausschaltung der politischen Opposition mit Hilfe des Ausnahmezustands argumentiert.

Ministerpräsident Pawlow, dem gute Beziehungen zu dem Zentrum nachgesagt werden, griff im Juni nach Sondervollmachten für seine Unionsregierung, was ihm von Gorbatschow (und vom Obersten Sowjet) abgeschlagen wurde. Allem Anschein nach war die Initiative Teil des Versuchs von systemkonservativer Seite, gegen den «9 plus 1»-Prozeß Front zu machen. Indem der vorgesehene Unionsvertrag weitere Rechte an die Republiken übertrug und der Präsident nicht mehr willens war, sich dieser Tendenz entschlossen genug zu widersetzen, mußte die Unterzeichnung für die Repräsentanten des Ancien régime zum Menetekel werden.

Das sommerliche Moskau war nicht durch die Ängste der alten Garde bestimmt – es schien über sie hinwegzugehen. So hoch der Zerstörungsgrad der Gesellschaft auch war, und so viele Mühe es kosten würde, die Verhältnisse zu ändern – manche bislang offene Entwicklungen bekamen, in vagen Umrissen noch, doch Richtungen, sei es in der Frage Rußlands als politischem Rahmen, sei es in der der Privatisierung als ökumenischer Zielsetzung.

Grigorij Jawlinskijs neues Programm «Verständigung auf eine Chance», das in aller Munde war, propagierte eine internationale Vernetzung (Jawlinskij hatte schon das 500-Tage-Programm inspiriert). Was in der Vergangenheit nur ökonomische Theorie war, suchte nach praktischen Erprobungsfeldern. In einem solchen Zusammenhang waren die Putschisten vom August gleichsam ein Anti-Körper. Ihr gescheitertes Unternehmen befreite letztendlich die russische Gesellschaft von einer immer wieder diskutierten Gefahr und gab ihr ein neues Selbstbewußtsein.

Otto Lacis

Das Ende der Kompromisse

Aus heutiger Sicht erscheinen die Organisatoren des August-Putsches, ihre Pläne und Handlungen erstaunlich armselig. Sie hofften darauf, die Entwicklung eines mächtigen Landes mit Hilfe bürokratischer Mittel, mit Hilfe von Erlassen – das einzige, worauf sie sich verstehen – herumzudrehen. Zuerst verlangten sie von Gorbatschow einen Ukas über die Übergabe der Macht an Janajew; sie zweifelten offenbar nicht daran, daß Gorbatschow in Isolationshaft alles unterschreiben würde, wonach sie verlangten. Dann wollten sie das Land unter Führung von Janajew regieren, in der Hoffnung, das Volk würde sich ihnen schon unterwerfen, sobald die Junta den Menschen ein sattes Leben verspricht. Doch ihr Plan geriet bereits ganz zu Anfang durcheinander, und so waren auch ihre nächsten Schritte absurd und beschleunigten nur den Bankrott der Verschwörung.

Der äußere Eindruck trügt allerdings. Die Verschwörer waren zwar in der Tat armselige und nicht gerade kluge Leute, «furchtbar fern stehen sie dem Volk» * und verstehen es nicht; wären sie nur ein klein bißchen klüger gewesen, dann hätten sie keine Panzer nach Moskau geholt, denn gerade dieser Schritt hat sie in den Augen derer diskreditiert, die durchaus bereit waren zu glauben, daß die Junta sich um die Interessen des Volkes kümmern würde. Und dennoch haben die drei Putschtage das Antlitz der UdSSR irreversibel verändert. Der Putschversuch erwies sich als ein leichter Stoß, der ein mächtiges Erdbeben auslöste, das wiederum große Spannungskräfte freisetzte, die sich schon seit langem in allen Schichten der sowjetischen Gesellschaft zusammengebraut hatten. Der Putsch war zu Ende, doch das Erdbeben dröhnte immer stärker und ließ innerhalb weniger Tage erodieren, was in Jahrzehnten entstanden war.

Der Putsch kennzeichnet darüber hinaus das Ende der sechsjähri-

* Geflügeltes Lenin-Wort über die Dekabristen aus dem Artikel «Dem Gedächtnis Herzens», 1912 (A.d.Ü.).

gen Kompromißpolitik Gorbatschows. Diese Politik war an und für sich kein Fehler. In den ersten Jahren der Perestrojka war sie die einzige Möglichkeit, und Gorbatschow beherrschte sie meisterhaft, bewunderswert. Hätte er bereits 1985 nur ein einziges Wort über den Übergang zur Marktwirtschaft verlauten lassen – ganz zu schweigen von einer Entmachtung der KPdSU –, dann hätte die Parteibürokratie ihn auf der Stelle gestürzt, so wie sie einst auch Chruschtschow entmachtet hatte.

Die Mehrheit der Bevölkerung hatte außerdem keine Ahnung, wie groß die Ineffektivität des von Stalin geschaffenen Systems tatsächlich war und wie tief die Veränderungen im Lande gehen mußten. Ja, selbst Gorbatschow hatte, als er den Weg in die richtige Richtung einschlug, wohl keine Vorstellung davon, wie lang und wie steinig dieser Weg dann wirklich werden würde.

Ich möchte hier hinzufügen, daß die Politik des Kompromisses zwischen den sich einander gegenüberstehenden Kräften nicht nur aus taktischen Gründen zweckmäßig war; sie war ebenso von prinzipieller strategischer Bedeutung. Jahrzehntelang – auf alle Fälle seit 1905, wenn nicht sogar schon früher – existierten im Land gesellschaftliche Schichten, die außerhalb des Gesetzes standen. Mit anderen Worten, jahrzehntelang herrschte ein Zustand des heißen beziehungsweise kalten Bürgerkrieges. Gorbatschow war der erste, der unser Land aus diesem Zustand herausführen wollte, ohne jemanden dabei in die Enge zu treiben, auch nicht die Reaktionäre und die Gegner seiner Reformen.

Die Politik des Kompromisses zwischen der Demokratie und der Reaktion war unumgänglich und bis zur Mitte des Jahres 1988 die einzige Möglichkeit. Erst auf der 19. Parteikonferenz legte Gorbatschow dann den Grundstein für den Abbau der uneingeschränkten Macht des Parteiapparates. Im Frühjahr 1989 mußten die Apparatschiks bei den ersten relativ demokratischen Wahlen des Landes empfindliche Verluste hinnehmen. Danach war der Kompromiß nicht nur nicht mehr nötig, er war auch nicht mehr möglich. Einige Zeit konnte er noch beibehalten werden – offensichtlich dank der taktischen Meisterschaft von Gorbatschow, der Zurückhaltung vieler Demokraten und der Armseligkeit der Reaktionäre, die sich ohne Befehl von oben nicht organisieren und keinen Führer finden konnten.

Im Sommer 1990 scheiterte auf dem 28. Parteitag der KPdSU der Versuch eines legalen Staatsstreichs der Partei. Nach dieser Niederlage mußte der Führer des konservativen Flügels, Jegor Ligatschow, die politische Arena verlassen. Einige Anzeichen deuten darauf hin, daß das heimliche Komplott der Reaktionäre gegen Gorbatschow bereits im Herbst 1990 begann. Im Dezember folgte dann die Warnung Schewardnadses vor einer kommenden Diktatur, ein Kassandra-Ruf, den sogar einige Politiker aus dem demokratischen Lager nicht wörtlich verstehen wollten. Im Januar 1991 wurde der Putsch bereits im Baltikum geprobt: Unter Hinzuziehung von Teilen des Parteiapparats, der Spezialabteilungen des KGB, des Ministeriums des Innern und der Armee wurden der Ausnahmezustand verhängt, die freie Presse unterdrückt und demokratisch legitimierte Regierungen geknebelt.

Dieser Januar-Miniputsch im Baltikum war offensichtlich der letzte Versuch der Reaktion, Gorbatschow dazu zu zwingen, die Linie des Kompromisses zu verlassen und offen gegen die Demokratie aufzutreten. Das Gegenteil trat ein, Gorbatschow wandte sich von den Reaktionären ab. Seit dem Frühjahr führte die Reaktion daraufhin einen offenen Angriff gleichzeitig gegen die Demokraten und gegen Gorbatschow. Im April holte Gorbatschow mit seiner Erklärung, er würde vom Führungsposten der Partei zurücktreten, zum Gegenschlag aus. Dies wiederum paßte den Reaktionären ganz und gar nicht – sie brauchten nicht den Rücktritt des Generalsekretärs, sondern den des Präsidenten, denn die reale Macht war bereits von der Parteistruktur zur Staatsmacht übergegangen. Als Antwort auf den in Aussicht gestellten Rücktritt wurden daher alle weiteren Angriffe aus dem ZK-Plenum gestoppt: Die Reaktionäre verstummten. Auf dem darauffolgenden Plenum Ende Juli 1991 ging es nachgerade harmonisch zu. Oberflächliche Beobachter interpretierten dies als Zeichen der Schwäche der Reaktion. Aufmerksame Analytiker allerdings waren beunruhigt: Sie spürten die Stille vor dem Sturm. Ruft man sich diese Tage ins Gedächtnis zurück, so begreift man, daß die Organisatoren des Putsches bereits damals einen konkreten Plan hatten. Die sechsjährige Kompromißpolitik war an ihr Ende gekommen. Und es war nicht die Demokratie, die dieses Ende herbeigeführt hat, trotz ihrer scharfen Kritik an Gorbatschow. Es war die Reaktion. Doch die Folgen für die Reaktionäre waren katastrophal.

Dem Bruch folgte eine politische Erosion, die nicht nur das Lager der Reaktion erschütterte. Der gesamte schwankende politische Überbau des Kompromisses brach ebenso zusammen, in Sekundenschnelle, wie alle lebensunfähigen politischen Strukturen, die jahrzehntelang von innen ausgehöhlt worden waren und die Gorbatschow allmählich und friedlich umzuwandeln gedachte. Die Trümmer des zusammengebrochenen Überbaus begruben nun allerdings auch vieles unter sich, was im Leben der Gesellschaft durchaus noch vonnöten war. Bereits eine Woche nach dem Putsch zeigte sich ein umfassendes Bild der Zerstörung.

Das Ende der Staatspartei

Die schwierigste, ja beinahe undurchführbare Aufgabe der Gorbatschowschen Perestrojka war die Umgestaltung der Partei. Diese der westlichen Welt unbegreifliche politische Organisation war streng genommen nur bis zur Erringung der Macht im Jahre 1917 eine *politische* Partei. Als sie die führende und gleichzeitig einzige Kraft geworden war, verwandelte sie sich sehr bald in einen spezifischen Apparat, der in erster Linie die Funktion des Staates, aber nicht die Aufgaben einer Partei ausübte. Da sie die einzige Partei war, konzentrierte sie alle politischen Kräfte, die unterschiedlichsten Anschauungen und Ziele unter ihrer Aufsicht. Faktisch existierten unter einem Dach immer zwei Parteien, wenn nicht sogar mehr.

So hatte also die Perestrojka eine doppelte Aufgabe zu erfüllen. Erstens mußte die Staatspartei in eine parlamentarische Organisation umgewandelt, zweitens mußten die durch die Partei verknüpften gegensätzlichen politischen Kräfte getrennt werden. Den ersten Teil der Aufgabe konnte Gorbatschow teilweise erfüllen, indem er die Partei von der Funktion der Staatsführung befreite, den Parteiapparat stutzte und teilweise erneuerte. Aber zu einer Spaltung konnten sich weder er noch die Mehrheit der Demokraten innerhalb der KPdSU entschließen. Die Reaktionäre in der Partei konnten sich deshalb ungehindert formieren. Mit der Führung der neugegründeten Kommunistischen Partei Rußlands schufen sie sich einen Stoßtrupp.

Im Endeffekt war die durch den inneren Kampf zermürbte Partei zu Beginn des Putsches völlig gelähmt. Ihre Führung beteiligte sich nicht an der Gründung der Junta – des «Staatskomitees für den Ausnahmezustand». Lediglich einer der Sekretäre des ZK der KPdSU, Schenin, war direkt und äußerst aktiv an der Verschwörung beteiligt. Die übrige Parteispitze, einschließlich des stellvertretenden Generalsekretärs der KPdSU, Iwaschko, erfuhr von den Ereignissen offensichtlich auf dieselbe Weise wie die übrige Bevölkerung, nämlich aus den Massenmedien. Das bedeutete faktisch, daß die KPdSU bereits keine funktionierende Partei mehr war. Die Führer, die sich in den Tagen des Putsches versammelt hatten (es waren nicht einmal alle), brachten es nicht fertig, auch nur einen einzigen Beschluß zu fassen – weder gegen die Junta noch für sie. Zwei Tage lang unternahm die Spitze keinerlei Schritte; nicht einmal anläßlich der Verhaftung des vom Parteitag gewählten Generalsekretärs gab sie eine offizielle Erklärung ab. Erst am dritten Tag, am 21. August, forderte der gerade am Vortag aus dem Krankenhaus entlassene Iwaschko von der Junta ein Treffen mit Gorbatschow. Für den realen Verlauf der Ereignisse war diese Forderung allerdings ohne Bedeutung. Zu diesem Zeitpunkt war die Niederlage der Junta bereits offensichtlich.

Die eigentümliche Lähmung während der Putschtage führte allen vor Augen, daß die KPdSU nicht nur keine führende Partei mehr war; sie war nicht einmal mehr in der Lage, wenigstens als politische Partei zu handeln.

Hier sei angemerkt, daß die Mehrheit der Verschwörer Mitglieder des Zentralkomitees der Partei waren. Ebenfalls nicht zu leugnen ist die Verantwortung der Partei für das Entstehen einer politischen Situation, in der ein Putsch überhaupt möglich wurde. Allerdings muß gesagt werden, daß die Mehrheit der einfachen Parteimitglieder auf der Seite der Perestrojka stand, auch ein großer Teil, wenn nicht gar die Mehrheit der Mitglieder des Zentralkomitees. Aber die reale Politik der Partei wurde nicht von den einfachen Mitgliedern und auch nicht von den gewählten Organen bestimmt, sondern vom professionellen Apparat, in dem die Reaktion äußerst stark vertreten war. Genau dies war der Grund, warum die Partei in den letzten zwei Jahren äußerst zahlreiche Parteiaustritte hinnehmen mußte. Früher hatte die KPdSU bis zu 19 Millionen Mitglieder, auf dem letzten Plenum vor dem Putsch wurde lediglich noch eine Zahl von 15 Millionen genannt. Es ist anzunehmen, daß die reale Mitgliederzahl weitaus niedriger liegt, vor allem, wenn man bedenkt, daß viele ihren Austritt aus der Partei zwar nicht erklärt haben, aber einfach keine Beiträge mehr zahlen, was nach dem Statut der Partei einem Erlöschen der Mitgliedschaft gleichkommt.

Die Bestrafung demokratischer Führer der Partei rief in der gesamten Bevölkerung besondere Erbitterung hervor. Im Januar wurde ein

Parteiverfahren gegen das Mitglied des ZK der KPdSU, den bekannten Wirtschaftsfachmann Schatalin eingeleitet, der die Partei daraufhin aus Protest verließ. Das gleiche Mittel wurde gegen das ZK-Mitglied und früheren Außenminister Schewardnadse angewandt. Das Mitglied des ZK der Kommunistischen Partei Rußlands, der Vizepräsident von Rußland, Ruzkoi, wurde ebenfalls aus der Partei ausgeschlossen. Einige Tage vor dem Putsch wurde ein Parteiverfahren gegen das ehemalige Mitglied des Politbüros, den Hauptinitiator der Perestrojka und ehemaligen Freund Gorbatschows, Alexander Jakowlew, eingeleitet, der daraufhin ebenfalls aus der Partei austrat. Gorbatschow war zu dieser Zeit bereits auf der Krim und wußte offensichtlich nichts von dem geplanten Angriff gegen Jakowlew. Soweit bekannt ist, spielte bei dieser Kampagne der Sekretär des ZK, Schenin, eine aktive Rolle. Gorbatschow seinerseits hat nicht gegen die Parteiverfahren interveniert.

Viele Kommunisten sind gegen den Putsch aufgetreten, viele waren unter den Verteidigern des «Weißen Hauses», des Obersten Sowjets von Rußland, wo sich Jelzin befand und den Kampf gegen die Junta leitete. Um aber den Volkszorn gegen die Handlungen (bzw. Nichthandlungen) der KPdSU zu beruhigen, war es eindeutig zu spät. Am Tag nach der Niederlage der Putschisten versammelten sich vor dem Gebäude des ZK der KPdSU und des Moskauer Stadtparteikomitees im Zentrum mehrere hundert Menschen. Auf die Fassade des Gebäudes wurden antikommunistische Losungen gemalt, und das Schild des Stadtkomitees wurde zerschlagen. Erst der herbeieilende Vize-Bürgermeister von Moskau konnte die Ausschreitungen stoppen. Bereits am nächsten Tag hatten wiederum Zehntausende das Gebäude umringt. Die Mitarbeiter des Apparats waren genötigt, ihre Räume in größter Eile zu verlassen. Sie konnten kaum ihr persönliches Hab und Gut mitnehmen und bahnten sich nur mit Müh und Not einen Weg durch die aufgebrachte Menge. Es entstand die Gefahr einer antikommunistischen Massenhysterie, die immer auch Leute trifft, die völlig unschuldig sind.

Am Abend des 24. August übertrug das Fernsehen die Ansprache Gorbatschows. Er trat vom Posten des Generalsekretärs zurück, rief das Zentralkomitee auf, sich selbst aufzulösen, und die örtlichen Parteiorgane, ihr weiteres Schicksal selbst zu bestimmen. Das Eigentum der KPdSU sollte dem Volk übergeben werden. Am selben Abend veröffentlichte eine Gruppe von Mitgliedern des ZK einen Appell zur

Selbstauflösung der Partei und forderte dazu auf, sich zu der moralischen Verantwortung für das Entstehen des Putsches zu bekennen. Der Appell enthielt auch einen Aufruf zur Gründung einer neuen Partei der linken Kräfte. Im ganzen Land nahmen die örtlichen Sowjets das Parteieigentum unter ihre Kontrolle. Die Partei, die ihre Tätigkeit de facto bereits nach der Ansprache ihres Generalsekretärs eingestellt hatte, wurde durch den Ukas des Präsidenten von Rußland dann auch de jure verboten. Einige Parteiorganisationen anderer Republiken erklärten ihre Unabhängigkeit von der KPdSU. Die 88jährige Geschichte der Partei fand damit ein Ende.

Das hat zweifellos auch seine guten Seiten: Die Apparatstruktur der stalinschen Staatspartei ist nun endgültig zerstört. Dem politischen System des totalitären Staates fehlt nun jegliche Grundlage. Doch gibt es auch Grund zur Beunruhigung. Eine normale politische Strukturierung, die für jede zivilisierte Gesellschaft unumgänglich ist, gibt es bis heute nur in einigen kleineren Republiken, vor allem im Baltikum. Auf dem Gebiet von Rußland und der ganzen Sowjetunion wurde noch keine demokratische Mehrparteienstruktur geschaffen. Selbst die Bewegung «demokratisches Rußland», die Jelzin unterstützt, hat sich nicht als Partei konstituiert – sie ist ein Konglomerat schwach organisierter und ideologisch durchaus unterschiedlicher Gruppierungen, die sich vorerst nur durch die Autorität Jelzins und durch ihre gemeinsame Opposition gegen die KPdSU zusammengefunden haben. Der Verlust dieses gemeinsamen Gegners und der Übergang des «Demokratischen Rußlands» von einer Oppositionsbewegung zu einer parlamentarischen Kraft wird höchstwahrscheinlich keinen Zusammenschluß der Kräfte zeitigen; eher wird sich in diesem Konglomerat die Tendenz zur Spaltung noch weiter verstärken.

Der Prozeß der Gründung einer oder mehrerer Parteien auf der Grundlage dieser Bewegung wird noch einige Zeit in Anspruch nehmen. Andererseits werden die ehemaligen Mitglieder der KPdSU und die anderen Vertreter einer sozialistischen Orientierung noch viel Kraft aufwenden müssen, um eine neue Links-Partei (oder mehrere Parteien) zu gründen. Das Fehlen einer breiten demokratischen politischen Organisation verstärkt angesichts unvermeidlicher neuer Prüfungen – im Zusammenhang mit der politischen, ökonomischen und sozialen Situation im Lande – die gefährliche Labilität der Gesellschaft.

Allerdings ist der Keim einer neuen Parteistruktur durchaus schon angelegt: Hier ist nicht nur das «Demokratische Rußland» Jelzins zu nennen, sondern auch die Bewegung der demokratischen Reformen von Jakowlew und Schewardnadse sowie die Partei von Ruzkoi, die sich am Vorabend des Putsches von der KPdSU abgespalten hat und die gänzlich aus ehemaligen kommunistischen Reformern besteht. Die wichtigsten Zeitungen und Zeitschriften der ehemaligen KPdSU erscheinen heute wieder, nun bereits als unabhängige Publikationsorgane. Aber die Schaffung einer funktionstüchtigen Mehrparteienstruktur verlangt Zeit, obwohl sie schon heute dringend gebraucht wird.

Das Ende der alten Sowjetunion

Eines der Hauptziele der Verschwörer bestand ohne Zweifel darin, die Unterzeichnung des neuen Unionsvertrages zu verhindern. Dadurch wurde höchstwahrscheinlich auch das Datum des Putsches bestimmt: der 19. August – die Unterzeichnung des Vertrages war auf den 20. August anberaumt worden. Einer der Hauptinspiratoren der politischen Vorbereitung des Notstandes, der stellvertretende Vorsitzende der Parlamentsfraktion «Sojus» (Union), Oberst Alksnis, erklärte am Tag des Putsches in aller Öffentlichkeit, daß er befriedigt darüber sei, daß die Unterzeichnung des Vertrages verhindert wurde. Allerdings hat die Niederlage der Verschwörer diesem «Erfolg» einen spezifischen Charakter gegeben. Sie wollten die Unterzeichnung des neuen Vertrages verhindern, um den alten Unionsvertrag von 1922 zu erhalten. Dieser Vertrag hatte es Stalin erlaubt, trotz der verfassungsmäßigen Form einer Föderation einen faktischen Staatsmonolithen mit uneingeschränkter Macht des Zentrums über die Republiken zu schaffen. Gorbatschow, der den antidemokratischen Charakter dieses Stalinschen Modells in einem Vielvölkerstaat ebenso begriff wie die Unmöglichkeit, dieses Modell unter den Bedingungen der Perestrojka zu bewahren, bereitete einen neuen Vertrag mit Kompromißcharakter vor, der eine echte Föderation mit beschränkter, aber immerhin bedeutender Rolle des Zentrums ermöglicht hätte. Neun von fünfzehn Republiken stimmten diesem Vertrag zunächst zu. Doch schon in den ersten Tagen nach dem Putsch zeigte sich, daß der geplante Vertrag nun nicht mehr konsensfähig war.

Als erste Republik erklärte die Ukraine, die nach Rußland zweitstärkste Republik der alten Union, die ursprünglich den «9 + 1»-Vertrag unterzeichnen wollte, ihre Unabhängigkeit. Ohne die Ukraine aber dürfte, unabhängig von der Entscheidung der anderen Republiken, ein Erhalt der Union unmöglich sein. Nach der Ukraine erklärten auch weitere Republiken, die vorher den neuen Unionsvertrag unterzeichnen wollten, ihre Unabhängigkeit. Estland und Lettland, die eine Unterzeichnung verweigert hatten, planten weiterhin ihren allmählichen, mehr oder weniger langwierigen Übergang zur Unabhängigkeit. Nach dem Putsch erklärten sie ihren sofortigen Austritt aus der Sowjetunion. Litauen hatte solch eine Austrittserklärung schon früher abgegeben. Einer der wichtigsten Teilnehmer des «9 + 1»-Vertrages, der Präsident von Kasachstan, Nasarbajew, erklärte, der föderative Vertrag sei nun nicht mehr möglich, es müsse vielmehr eine Konföderation geschaffen werden.

Die Ablehnung des neuen Unionsvertrages durch die Republiken hat mehrere Gründe. In erster Linie spielt die rein emotionale Reaktion der jeweiligen Bevölkerung eine Rolle. Das Abenteurertum und die Gewalt, die von den Führern der Unionsmachtorgane, die am Putsch teilgenommen hatten, demonstriert worden war, nährten den Impuls, jeder wie auch immer gearteten Union den Rücken zu kehren. Aber es gab auch eine rein politische Berechnung: Man hatte begriffen, daß im Ergebnis des Putsches die Position des Präsidenten der UdSSR geschwächt war. Deshalb konnten die Republiken auf eine größere Rolle in einem neuen Vertrag pochen.

Mit der Ablehnung des Vertrages «9 + 1» scheiterte mithin der Versuch, wenigstens einige Elemente der alten Union zu bewahren. Die Hoffnung auf die Gründung eines neuen föderativen Staates wurde immer schwächer. Die Konföderation erscheint heute auf den ersten Blick als die wahrscheinlichste Variante, obwohl hier das letzte Wort noch längst nicht gesprochen ist – wie die neuerlichen «10 + 1»-Verhandlungen beweisen.

Die Ablehnung einer Föderation und der Übergang zu einer Konföderation haben an sich keine große Bedeutung für die Lösung der praktischen Lebensfragen des neuen Staates und seiner Bevölkerung. Es geht schließlich und endlich nicht um die juristische Form, sondern um die konkreten Aufgaben, die die Republiken aus rein objektiven Gründen, egal welche Politik vorherrscht, nur gemeinschaftlich erfüllen können. Es existiert ein strategisches Verteidigungspotential, das unter keinen Umständen aufgeteilt werden kann. Dies wäre eine tödliche Gefahr für das gesamte Land und für die gesamte Menschheit. Es existieren Pipeline-Systeme für Gas, Erdöl und Erdölprodukte sowie ein einheitliches Energiesystem der UdSSR. Ohne ein normales Funktionieren dieser Systeme kann keine einzige Republik auch nur einen einzigen Tag normal existieren. Es gibt ein einheitliches Eisenbahnnetz, dessen Zerstückelung für niemanden von Vorteil wäre. In vielen Republiken stehen Kernkraftwerke, deren Sicherheit und normaler Betrieb in einem einheitlichen zentralisierten System wesentlich leichter zu garantieren ist.

Alle fünfzehn Republiken, einschließlich derer, die sich an keinen Unionsvertrag binden wollen, erklärten ihr Interesse an einem ökonomischen Vertrag, der nicht nur einen gemeinsamen Markt garantiert, sondern auch andere Formen des gegenseitigen Einflusses. Und selbst wenn die Republiken die Absicht hätten, eine eigenständige Außenpolitik zu führen, so können sie doch nicht von einigen früher unterzeichneten außenpolitischen Verträgen und von der gemeinsamen Erfüllung dieser Verträge zurücktreten. Die Gesamtheit dieser wichtigen Probleme legt unvermeidlich das Interesse an einem neuen Vertrag nahe, egal in welcher Form.

Andererseits lassen sich auch durch dieses gemeinsame Interesse nicht alle Gefahren abwenden, die durch das Nichtzustandekommen des neuen Unionsvertrages entstanden sind. In den zwischennationalen Beziehungen gibt es mächtige, unkontrollierbare Komponenten, die mit dem alten, teilweise jahrhundertealten Mißtrauen gegenüber den ehemaligen Unterdrückern oder gegenüber den ehemaligen Gegnern im Kampf um dieses oder jenes Territorium verbunden sind. Außerdem widersetzt sich häufig ein wiedererstarkendes Nationalgefühl der nivellierenden Einwirkung der modernen Industrie auf die Nationalkultur und der damit verbundenen nationalen Zusammensetzung der Bevölkerung. Im Zusammenhang mit den ökonomischen Schwierigkeiten provozieren solche nationalen Strömungen das Bestreben aller Republiken, die bestehenden Grenzen, die man zwar auf der Karte der Sowjetunion sehen kann, die aber im alltäglichen Leben der Menschen nie als real empfunden wurden, zur Disposition zu stellen. Falls eine Verzögerung der Unterzeichnung eines Unionsvertrages von einseitigen Handlungen der Republiken begleitet wird, etwa indem sie die früher vereinbarten Grenzen in Frage stellen, können die Folgen tragisch sein.

Das Problem besteht darin, daß noch in jüngster Vergangenheit die Grenzen zwischen den einzelnen Republiken im alltäglichen und im ökonomischen und kulturellen Leben der Menschen ebensowenig spürbar waren wie die Meridiane, die auf der Landkarte eingezeichnet sind. Mit einer erneuerten Grenzziehung im Hinblick auf die nationale Zusammensetzung der Bevölkerung hat man sich niemals beschäftigt, da man sich immer des bedingten Charakters der verabredeten Grenzen bewußt war. Unterschiedliche Berechnungen besagen, daß 50 bis 60 Millionen Menschen außerhalb der Grenzen ihres nationalen Staatengebildes leben. Unter den Bedingungen des nationalen Nihilismus der Stalin-Ära hatte die Ignorierung nationaler Unterschiede und nationaler Interessen keinerlei Bedeutung. Doch sobald sich die Frage der nationalen Souveränität stellte – sei es auch nur im Rahmen einer einheitlichen Union, um so mehr im Rahmen der Möglichkeit einer nationalen Unabhängigkeit –, verlor die Frage nach den Grenzen ihren bloß formalen Charakter und bekam einen existentiellen Beiklang.

Der erste zwischennationale Zusammenstoß, bei dem Menschenopfer zu beklagen waren – in Transkaukasien –, resultierte aus dem Problem der Grenzen: Die Bevölkerung der armenischen Enklave auf dem Territorium Aserbaidschans – Nagorny Karabach (Bergkarabach) – erhob die Forderung, sich mit Armenien zu vereinigen, und Aserbaidschan stellte sich diesem Anschlag auf seine Grenzen entgegen. Dieser Konflikt löste faktisch einen Krieg zwischen zwei Republiken aus, der bereits mehrere Jahre andauert. Er machte Hunderttausende Armenier, die in Aserbaidschan leben, und Aserbaidschaner, die in Armenien leben, zu Flüchtlingen – alles in allem sind das mehr Menschen, als in Bergkarabach leben. Sollte dies nur der Anfang unionsweiter Grenzstreitigkeiten gewesen sein, dann werden viele Millionen Menschen in mehr oder weniger heiße Konflikte solcher Art hineingezogen werden. Deshalb birgt die Verzögerung der Unterzeichnung des Vertrages – obgleich es durchaus berechtigte Chancen für die Unterzeichnung eines neuen Vertrages zwischen den Republiken gibt –, die durch den Putsch und durch die Notwendigkeit einer Umformulierung von vordem schon abgestimmten Bedingungen ausgelöst wurde, ernsthafte Gefahren in sich.

Das Ende der Kommandowirtschaft

Genauso scharf wie der Streit um den Unionsvertrag, wenn nicht sogar schärfer, waren in den letzten Monaten vor dem Putsch die Diskussionen um ökonomische Probleme, um Wege der Wirtschaftsreform. Es war kein Zufall, daß in dem Appell der Putschisten an die Bevölkerung die demagogische Kritik an den ökonomischen Schwierigkeiten und die populistischen Versprechungen eines satten Lebens den Hauptplatz einnahmen. Das plumpe Abenteuer der Putschisten kann nur damit erklärt werden, daß sie damit rechneten, daß die Bevölkerung, die mit ihrer wirtschaftlichen Lage äußerst unzufrieden ist, den Sturz Gorbatschows unterstützen würde. Man muß eingestehen, daß sie sich in der Beurteilung der Unzufriedenheit der Bevölkerung nicht getäuscht haben. Die Abwertung des Rubels, der Zerfall des inneren Marktes und das Sinken der Produktion, all das schuf in der Tat riesige Probleme, mit denen die ständig wechselnden Regierungen vor dem Putsch nicht fertig geworden sind.

Der Hauptgrund der Wirtschaftskrise ist die Segmentarisierung des Wirtschaftssystems, durch welche die Überbleibsel der administrativen Kommandomethoden mit den schwachen Anfängen einer Marktwirtschaft vereint werden sollten. Dabei hatten weder die einen noch die anderen Elemente ein ganzheitliches handlungsfähiges System gebildet. Hierin äußerte sich zugleich ein fauler Kompromiß zwischen den Schichten der Bevölkerung, die am Übergang zur Marktwirtschaft interessiert, und denen, die daran nicht interessiert waren. Dieser Kompromiß hatte sich bereits längst überlebt und wurde nur künstlich in die Länge gezogen, solange das unfruchtbare Suchen nach einer Möglichkeit des Übergangs zum Markt andauerte, nach einer Möglichkeit, die es allen recht machen und für niemanden schmerzlich sein sollte, ein Unterfangen, das wohl kaum realisierbar ist. Nach dem Putsch stürzte auch dieser Kompromiß zusammen, was durch die Ernennung der überzeugtesten Vertreter der Marktwirtschaft, vor allem Jawlinskis, auf die höchsten Posten der wirtschaftlichen Leitung unterstrichen wurde. Das Ende dieses Kompromisses bringt uns den Voraussetzungen für eine Gesundung der Wirtschaft näher, stellt jedoch die politische Führung des Landes vor sehr schwierige sozialpolitische Probleme.

Der Übergang zum Markt ist vor allen Dingen deshalb schwer, weil er mindestens um zwanzig Jahre zu spät kommt, möglicherweise sogar um vierzig. Das Plan- und Verteilungssystem, das sich in der UdSSR in den dreißiger Jahren herausgebildet hatte, war völlig den Erfordernissen der Verteidigung angepaßt und hat in der Tat während des Zweiten Weltkrieges seine Aufgaben erfolgreich erfüllt. Bereits nach dem Zweiten Weltkrieg ermöglichte dieses System nur noch einen geringen, uneffektiven ökonomischen Zuwachs. Das führte in den fünfziger und sechziger Jahren zu einer Reihe von unterschiedlichen Versuchen, die Wirtschaft zu reformieren. Keine dieser Reformen wurde zu Ende geführt, und keine stellte sich das einzig richtige Ziel, nämlich die Wiederbelebung der Marktwirtschaft. Anfang der siebziger Jahre waren die reichen Vorräte der Landwirtschaft und die billigen, leicht zugänglichen Rohstoffquellen erschöpft. Es begann eine Phase der Stagnation, die für die Bevölkerung zwangsläufig unannehmbare Folgen haben mußte. Allerdings brachten die Entdeckung reicher Erdölvorkommen in Westsibirien und eine gleichzeitige zwölffache Erhöhung des Weltpreises für Erdöl dem Land Valutaeinnahmen, die es gestatteten, das Nichtfunktionieren des Wirtschaftsmechanismus zu kaschieren. Die zwanzig Jahre währende Breschnew-Herrschaft, die später als Periode der Stagnation bezeichnet wurde, erschütterte die Stabilität der Wirtschaft in jeder Hinsicht – vom physischen Verschleiß des Grundfonds bis zur Abwertung des Rubels infolge einer inflationären Finanzierung der Staatsausgaben.

Der Übergang zum Markt schließt zwei Hauptelemente in sich ein: die Liberalisierung der Preise und eine antimonopolistische Politik. Dazu gehört die Privatisierung eines bedeutenden Teils des gesellschaftlichen Kapitals. Beide Aufgaben, die immer und überall ihrer Natur nach sehr schmerzlich sind, erweisen sich unter den Bedingungen, die sich Ende der achtziger Jahre in der UdSSR herausgebildet haben, als besonders riskant. Die Liberalisierung der Preise verursacht zwangsläufig einen galoppierenden Preisauftrieb, da sich in den letzten Jahrzehnten der uneffektiven Wirtschaft eine im Vergleich zum Warenangebot relativ große inflationäre Menge Geld angehäuft hat. Die Privatisierung ist aus dem einfachen Grunde schwierig, weil der größte Teil der Bevölkerung über wenig Mittel verfügt.

Dies sind einige der Gründe, die Gorbatschow veranlaßten, auf seine Premierminister zu hören – zuerst auf Ryschkow, dann auf Pawlow –, die beide behaupteten, daß ein schneller Übergang zum Markt einen für das Volk unannehmbaren Schockeffekt hervorrufen würde;

vielmehr sei ein schrittweiser Übergang nötig, der eine gelenkte Erhöhung der Preise einschließen würde, nicht aber die einmalige Liberalisierung der Preise. Haben sich nun die Premierminister geirrt, oder hat Pawlow die Situation genutzt, um die Politik der Reformen bewußt zu sabotieren und zu diskreditieren? Es bleibt die Tatsache, daß die Pawlowsche Preiserhöhung vom 2. April 1991 in ihren Ausmaßen mehr als ein Schock war, daß aber gleichzeitig der Effekt der Liberalisierung ausblieb: die Stabilisierung des Marktes und die Schaffung von Marktstimuli für die Produzenten. Die Preise stiegen mehr als um das Doppelte, die Läden allerdings blieben leer. Nur sehr dumme Leute konnten nach dieser Erfahrung einen Mann wie Pawlow in jene Junta aufnehmen, die dem Volk ein besseres Leben versprach. Auch nach der Niederlage des Putsches steht die Regierung weiterhin vor der unpopulären Aufgabe, die Barrieren für eine Liberalisierung der Preise zu entfernen.

Es gibt allerdings ein Mittel, das helfen würde, den Schockeffekt wesentlich zu mildern. Die Anhebung der Preise könnte in Grenzen gehalten werden, wenn es gelingt, die Ausgaben des Staates zu beschränken und gleichzeitig das Warenangebot zu erhöhen. Dabei wären gleich zwei Aufgaben mit einem Schlag zu lösen: die Kürzung der Verteidigungsausgaben und die Konversion der Verteidigungsindustrie. Doch erstens stieß die Durchführung dieser Aufgabe, die bereits früher von Gorbatschow formuliert worden war, auf heftigen Widerstand der Führung des Militärindustriekomplexes; es ist daher kein Zufall, daß an der Verschwörung hohe Militärkader und die Führer der Verteidigungsindustrie, Baklanow, Tisjakow, Jasow, Warennikow und andere, teilgenommen haben. Und zweitens beschneidet die Konversion nicht nur die Pfründe des Militärindustriekomplexes, sondern sie berührt ebenso die Interessen vieler Arbeiter der Verteidigungsindustrie und die Existenzgrundlage der Militärkader. Auf dem 28. Parteitag der KPdSU und auf den darauffolgenden Pleni des ZK waren es vor allem die Vertreter der Parteiorganisationen der Verteidigungsbetriebe, die vehementen Einspruch gegen die Marktreformen geltend machten. Offensichtlich war auch Gorbatschows Ablehnung des Programms der «500 Tage» von Schatalin und Jawlinski, das eine starke Kürzung der Ausgaben der Militärproduktion vorsah, von dem Wunsch geleitet, die Politik des Kompromisses fortzusetzen, nicht nur mit den Generälen und Generaldirektoren, sondern auch mit den Ingenieuren, Arbeitern und Offizieren.

In der Periode dieser heftigen Diskussionen und inkonsequenten Schritte zum Markt versuchte die Führung des Landes, die Überreste der Regierbarkeit der Wirtschaft mit Hilfe administrativer Methoden zu bewahren, vor allem mit Hilfe des sogenannten staatlichen Auftrags (faktisch war das kein Auftrag, sondern die Durchführung obligatorischer Lieferungen) und mit Hilfe von Zwangsmaßnahmen zur Erhaltung früherer Wirtschaftsverbindungen. Die Betriebe ignorierten auch schon vor dem Putsch immer öfter diese Zwangsbefehle. Nach dem Putsch ist jegliche Hoffnung auf die Durchführbarkeit direkter Befehle seitens des Staates geschwunden. Unter den Bedingungen des immer rapideren Rückgangs der Produktion – im ersten Halbjahr 1991 um zehn Prozent im Vergleich zum Vorjahr – ist die Wiederbelebung von Marktstimuli die einzige Möglichkeit, die Volkswirtschaft zu stabilisieren. Aufgrund der bisherigen Verzögerungen wird es jedoch nötig sein, die Liberalisierung der Preise und die Privatisierung einzelner Sphären der Wirtschaft – vor allem des Handels und möglicherweise der Wohnungswirtschaft – in einer Art Schocktherapie durchzuführen. Das wird die politischen Aufgaben der Staatsmacht natürlich nicht erleichtern. Berechtigter Optimismus ergibt sich allerdings aus der Tatsache, daß der Apparat der Reformsabotage zerschlagen ist und die Führungspositionen der Wirtschaft nun von tatsächlichen Fachleuten bekleidet werden, die zugleich überzeugte Vertreter des Marktsystems sind.

Ende des Sozialismus?

Der Zerfall der kommunistischen Partei und die Niederlage der Gegner der Marktreformen haben erneut eine Behauptung aufleben lassen, die schon 1987 aufgestellt worden war, als die ersten Dokumente der ökonomischen Reform Gorbatschows erschienen: die Behauptung, daß die Perestrojka den Zusammenbruch des Sozialismus bedeute. Auch einige Abgeordnete des Obersten Sowjets Rußlands und der Sowjetunion forderten von Gorbatschow nach seiner Rückkehr von der Krim, diesen Fakt anzuerkennen. Andererseits attackierten die marxistischen Fundamentalisten der neostalinistischen Richtung noch einige Monate vor dem Putsch Gorbatschow mit dem Vorwurf, die Perestrojka bedeute den Übergang vom Sozialismus zum Kapitalismus. Die einen fordern solch einen Übergang, die anderen verfluchen ihn. Doch sowohl die einen als auch die anderen treffen sich in der Überzeugung, daß das Wesen der Perestrojka tatsächlich im Übergang vom Sozialismus zum Kapitalismus besteht. Eine objektive Analyse allerdings widerlegt die Behauptung vom Zusammenbruch des Sozialismus und von der Vorstellung, die Perestrojka Gorbatschows sei eine Entwicklung zum Kapitalismus hin.

Es ist in der Tat etwas zusammengebrochen im zwanzigsten Jahrhundert. Vor allem hat das stalinsche Modell des «Sozialismus» sein Leben ausgehaucht, das sich auf einen extremen Etatismus und einer völligen Ablehnung der Demokratie und der Menschenrechte gründete. Dieses in der Praxis realisierte Modell widersprach den ursprünglichen marxistischen Vorstellungen und war in Wahrheit niemals ein wirklicher Sozialismus, der sich vor allem an der freien Entwicklung der Persönlichkeit zu orientieren hätte und nicht an der Unterwerfung des Menschen unter den Staat. Andererseits hat das Leben viele der früheren theoretischen Vorstellungen des Marxismus widerlegt. Ein anderes Problem ist es, daß man diese Vorstellungen nicht zum Dogma hätte erheben und der Gesellschaft hundert Jahre nach der Begründung der marxistischen Theorie in unveränderter Form oktroyieren dürfen.

Gleichzeitig darf man vom zivilisatorischen Gesichtspunkt aus die Entwicklung des Landes nach 1917 nicht einseitig als Mißerfolg betrachten, als eine Sackgasse, die uns von der Weltzivilisation weggeführt hätte. Solch eine Behauptung ist heute sehr modern. Gerade die sowjetische Erfahrung in den ersten Jahren nach der Revolution – die Erfahrung der staatlichen Regulierung und der sozialen staatlichen Absicherungen – hatte einen großen Einfluß auf die Entwicklung der westlichen Zivilisation, die diese Erfahrung allerdings umwandelte und im Endeffekt erfolgreicher nutzte. Doch widerlegt das nicht die Tatsache, daß die Sowjetunion der erste Staat war, der diese Ideen angewandt hat. Außerdem hat es die Sowjetunion, die einen eigenen Weg einschlug, zweifellos vermocht, in kürzester Zeit ihre eigene Variante einer Industriegesellschaft zu entwickeln und sie vor dem Anschlag Hitlers zu verteidigen. Zudem hat sie einen großen Beitrag zum Kampf der gesamten Menschheit gegen den Faschismus geleistet. Das sowjetische Volk hat für die Schaffung einer Industriegesellschaft jedenfalls einen übermäßig hohen Preis gezahlt.

Natürlich bleibt jede Spekulation über die Möglichkeit eines anderen Weges in der Geschichte eben nur eine Spekulation. Es ist offensichtlich, daß unsere Variante der Industriegesellschaft nicht von der besten Qualität ist. Möglicherweise war das nicht zu umgehen. Man bedenke nur, daß wir beständig «aufholen» mußten. Doch so oder so wurde eine für die gesamte Menschheit allgemeingültige Aufgabe erfüllt. Allein dadurch wird die Behauptung, daß die nachrevolutionäre Entwicklung des Landes ein Mißerfolg war, ad absurdum geführt.

Diese Entwicklung war kein «Aufbau der Grundlagen des Sozialismus», wie unter Stalin behauptet wurde, auch kein «vollständiger Sieg des Sozialismus», wie man unter Chruschtschow meinte, und auch keine «weitere Entfaltung des entwickelten Sozialismus», wie es so schön unter Breschnew hieß. Die UdSSR war eine Industriegesellschaft mit einem repressiven totalitären Staat, der die sozialistischen Bestrebungen und Illusionen eines großen Teils der Bevölkerung ausnutzte und der einige Elemente der sozialistischen Organisation der Produktion und der sozialen Politik anwandte. Die Versuche, für diese Gesellschaft eine andere Bezeichnung als die herkömmliche offizielle zu finden, sind kaum fruchtbar. Es genügt die Feststellung: Wenn diese Gesellschaft keine sozialistische war, kann auch ihr Umbau kein Übergang «vom Sozialismus» zu was auch immer sein.

Doch wie steht es mit der zweiten Hälfte der vorgeschlagenen Formel? Wie steht es mit dem «Kapitalismus»? Ich will mich nicht in Einzelheiten verlieren, sondern nur feststellen, daß die westliche postindustrielle Gesellschaft bereits kein klassischer Kapitalismus mehr ist. Und sie kann es auch aus vielen Gründen nicht sein. Da uns ebenfalls der Übergang zu einer postindustriellen Gesellschaft bevorsteht, können wir nicht den «Kapitalismus aufbauen», obwohl wir zweifellos gezwungen sein werden, eine vollwertige Marktwirtschaft zu installieren. Vereinfacht kann man sagen, daß uns ein Übergang nicht vom Sozialismus zum Kapitalismus, sondern von der quasisozialistischen Variante der Industriegesellschaft zu einer bislang noch unbekannten Variante der postindustriellen Gesellschaft bevorsteht.

Für die Lösung unserer dringlichsten Aufgaben ist es sehr wichtig, daß die Regierung keine ideologisierten Gespräche über irgendwelche «Ismen» beginnt. Es muß eine gesunde Marktwirtschaft geschaffen werden, ein stabiler demokratischer Rechtsstaat und eine Gesellschaft von Staatsbürgern. Wenn das erreicht ist, wird man sehen, was für ein «Ismus» dabei herausgekommen ist. Das ist besonders wichtig für die ersten Monate nach dem Putsch, der die sowjetische Gesellschaft vor Aufgaben gestellt hat, die unsagbar schwieriger sind als es eine Lösung der bereits vor dem 19. August vorhandenen Probleme gewesen wäre. In der Presse wurden schon durchaus plausible Prognosen formuliert, die besagen, daß in einigen Monaten oder in ein, zwei Jahren ein neuer Staatsstreich nicht ausgeschlossen ist, aber diesmal ein viel ernsterer. Die ganze Welt steht vor einem kaum noch lösbaren Verteilungsproblem; überall gibt es verarmte Bevölkerungsteile, für die das Ideal einer gerechten Verteilung höher steht als das Ideal einer effektiven Produktionsweise. Dieser Teil der Bevölkerung zieht eine zwar nicht sehr hohe, dafür aber garantierte Bezahlung für eine nicht sehr intensive Arbeit der ökonomischen Freiheit und einem möglichen hohen Verdienst vor. Der sowjetische Quasisozialismus hat dieser Schicht der Bevölkerung eine besondere Macht verliehen. Diese große Schicht verschwindet nach der Niederlage der stalinistischen Bürokratie nicht einfach. Und im Falle, daß in einem mehr oder weniger kurzen Zeitraum keine Lösung der ökonomischen Probleme gefunden und die wirtschaftliche Lage der Bevölkerung nicht wesentlich verbessert werden kann, werden sich vor der Regierung des Landes politische Probleme auftürmen, die schwerwiegender sind als der August-Putsch. Man muß im Auge behalten, daß alle ökonomischen, sozialen und politischen Probleme der nächsten Zeit lösbar sind. Aber die Realisierung unserer Möglichkeiten erfordert einen nüchternen Blick, der frei ist von ideologischen Stereotypen.

Aus dem Russischen von Antje Leetz

Michaela Riese

Von der Allmacht zur Ohnmacht

Der Niedergang der KPdSU

7. November 1917. Im Smolnij-Institut in Petrograd verkündet Wladimir Iljitsch Lenin vor den Arbeiter- und Soldatendeputierten des Stadt-Sowjets, daß die Arbeiter- und Bauernrevolution vollbracht sei. «Von nun an», ruft er seinen Zuhörern zu, «tritt Rußland in eine neue Epoche seiner Geschichte ein, und diese dritte russische Revolution muß in ihrem Endergebnis zum Sieg des Sozialismus führen.»

Ein Staatsstreich, der gelang, brachte die Partei Lenins in der Nacht vom 7. auf den 8. November 1917 an die Macht. Ein Staatsstreich, der mißlang, dürfte Lenins Partei in der Nacht vom 18. auf den 19. August wohl um die Macht gebracht haben.

Das wohl endgültige «Aus» für die KPdSU kam nach knapp 74 Jahren der Alleinherrschaft am Abend des 24. August 1991. In zwei Erlassen, die in der abendlichen Hauptnachrichtensendung «Wremja» des zentralen Fernsehens verlesen werden, verfügte der sowjetische Präsident Michail Gorbatschow die unverzügliche Einstellung aller politischen Aktivitäten von Parteien und Bewegungen in der Armee, im KGB, im Innenministerium und im Staatsapparat. Das gesamte Eigentum und Vermögen der KPdSU – in bisher noch unbekannter Milliardenhöhe – erhalten die Sowjets der Volksdeputierten zur treuhänderischen Verwaltung, um es «nach Maßgabe der Gesetze der Sowjetunion und der Republiken» zu nutzen. Damit war nicht nur das enorme wirtschaftliche Potential der Partei, sondern auch ihr politisches Machtmonopol endgültig zerschlagen, denn schon Anfang August 1991 war ein Erlaß des russischen Präsidenten Jelzin in Kraft getreten, der Parteiorganisationen in Behörden und Betrieben der Russischen Förderation verbot. Am 23. August 1991 wurde der KPdSU bis zur strafrechtlichen Klärung ihrer Rolle bei dem verfassungswidrigen Umsturzversuch des «Staatskomitees für den Ausnahmezustand» darüber hinaus jede öffentliche politische Tätigkeit untersagt. Am selben Tag wurde das Gebäude des Zentralkomitees, jahrzehntelang Schaltstelle totalitärer Macht, geschlossen und versiegelt, die Telefonleitungen gesperrt. Die Partei, bis heute straff zentralistisch und hierarchisch gegliedert, war damit buchstäblich enthauptet. Vor 412 loyalen Mitgliedern des ZK erklärte Michail Gorbatschow am 24. August seinen Rücktritt als Generalsekretär der KPdSU. Das ZK forderte er auf, sich aufzulösen. Das weitere Schicksal der Partei sollte nach seinen Worten deren republikanische und örtliche Organisationen entscheiden. Gorbatschow sprach sich für die Gründung einer Partei auf neuer demokratischer Grundlage aus, ob er sie anführen wollte, sagte er allerdings nicht.

Dreizehn Tage später hatte auch der Sowjetstaat aufgehört zu existieren. Der Kongreß der Volksdeputierten der Sowjetunion verabschiedete am 5. September ein verfassungsänderndes Gesetz, das die alten zentralistischen Strukturen der Union durch neue ersetzt. Die Macht ist nun weitgehend an die zehn Republiken übergegangen, die eine neue Union bilden wollen. Die Putschisten, die mit Panzern das alte Imperium und die alte Ordnung wiederherstellen wollten, haben mithin das Gegenteil dessen erreicht.

In Moskau und Leningrad verfügten die Oberbürgermeister Gawriil Popow und Anatolij Sobtschak, beide Radikalreformer und Ex-Kommunisten, deren Stadtparlamente während des Staatsstreichs zu Zentren des demokratischen Widerstands wurden, die Schließung und Versiegelung der Gebäude der Stadt- und Gebietsparteikomitees, um auch dort die Vernichtung von Beweismaterial über die Hintermänner des Putsches zu verhindern. Und dann Bilder, wie sie aus den Revolutionen in den mitteleuropäischen Ländern Ende der achtziger Jahre bekannt sind: In Moskau wird der Parteichef der Stadt, Jurij Prokoffjew, zum Verhör abgeführt. Er, früher ein Gorbatschow-Anhänger, hatte sich seit geraumer Zeit dem konservativen Lager angeschlossen.

Prokoffjew, der auf dem 28. Parteitag im vergangenen Jahr in das Politbüro und zum ZK-Sekretär gewählt worden war, soll, wie der Stellvertreter des Generalsekretärs, Iwaschko, Gorbatschow nach seiner Befreiung auf der Krim berichtet hat, gemeinsam mit seinem Amtskollegen Schenin gedroht haben, das Politbüro zu verlassen, weil es das Notstandskomitee nicht unterstützen wolle. Auf seiner ersten Pressekonferenz nach seiner Rückkehr von der Krim hatte der sowjetische Präsident auf Fragen nach möglichen Hintermännern des

Staatsstreichs in der Partei diesen Bericht Iwaschkos erwähnt. Viele Menschen, die Prokoffjew auf seinem Weg zum Untersuchungsrichter umdrängten, hatten die Pressekonferenz im Fernsehen verfolgt. Der Stadtparteichef, seit 1989 im Amt und anfangs ganz beliebt, weil er auch den Dialog mit oppositionellen Gruppen suchte, mußte sich nun böse Worte anhören. Die meisten Moskauer sind ohnehin überzeugt, daß die Drahtzieher des Putsches, der drei junge Männer das Leben kostete, am «Alten Platz» zu suchen sind.

Tatsächlich scheinen alle Spuren in das ZK-Sekretariat zu führen, dem auf dem 28. Parteitag neue operative Aufgaben übertragen worden sind und in das das ZK-Plenum auffallend viele konservative Hardliner gewählt hatte. Prokoffjew wurde nach den Verhören wieder nach Hause entlassen, offenbar war ihm keine Beteiligung an der Verschwörung nachzuweisen. Während er seit diesem Zeitpunkt aus der Öffentlichkeit verschwunden bleibt, zeigt sich der Leningrader Stadt- und Gebietsparteichef Boris Gidaspow, ebenfalls ZK-Sekretär und einer der Hoffnungsträger der Orthodoxen, häufig im Fernsehen. Natürlich hatte er, wie alle anderen auch, erst am 19. August in den Morgenstunden von der Existenz des Notstandskomitees gehört. Viel lieber aber als über den Putsch führte er öffentlich Klage über die von Oberbürgermeister Sobtschak angeordnete «ungesetzliche» Schließung des Smolnyj-Instituts, wo gewöhnlich das Parteikomitee residierte.

Anatolij Sobtschak war erst in diesem Sommer mit einer überwältigenden Mehrheit der Leningrader Wählerstimmen in dem mit neuen Exekutivvollmachten ausgestatteten Amt des Oberbürgermeisters bestätigt worden. Während des Putsches war es seinem Verhandlungsgeschick zu verdanken gewesen, daß der Leningrader Wehrkreisbefehlshaber Samsonow den Befehl des Notstandskomitees, Panzer in die Stadt zu schicken, nicht befolgte. Weitaus mehr Menschen als in Moskau – über 100000 – hatten sich seit dem 19. August vor dem Marienschloß versammelt, um ihr Stadtparlament und ihren Oberbürgermeister zu schützen, der zu den prominentesten Politikern der Sowjetunion zählt und auf der Erschießungsliste der Putschisten sicherlich ganz oben stand. In der wohl kritischsten Zeit für die Verteidiger der jungen sowjetischen Demokratie, in der Nacht vom 20. auf den 21. August, in der das Notstandskomitee offenbar den Sturm auf die von Radikalreformern beherrschten Parlamente plante, hatte sich Sobtschak in die Kirow-Werke, einen Rüstungs-

und Schwermaschinenbetrieb, begeben und die Demonstranten nach Hause geschickt, weil er ihr Leben nicht gefährden wollte. Nichts wirft wohl ein bezeichnenderes Licht auf die Perversion des stalinistischen Sowjetsystems als dies: daß Arbeiter ihr demokratisch gewähltes Stadtoberhaupt gegen die Panzer eines selbsternannten Notstandskomitees verteidigen müssen, das angeblich den Sozialismus retten will. Die Arbeiter der Kirow-, früher Putilow-Werke gehörten zu den wenigen Belegschaften, die dem Aufruf des russischen Präsidenten Jelzin folgten, wegen des Putsches in den Streik zu treten. Doch damit zeigten sie sich traditionsbewußt: Im Putilow-Werk hatten auch die großen Streiks des Revolutionsjahres 1917 begonnen.

«Rußland hat das ganze Land gerettet, Rußland hat die Demokratie gerettet, es lebe Rußland!» hatte Boris Jelzin auf der «Siegesfeier» vor dem «Weißen Haus» in Moskau, einen Tag nachdem das Notstandskomitee aufgegeben hatte, den jubelnden Moskauern zugerufen. Nun tragen die Menschen den Kopf wieder höher und denken zuversichtlicher an die Zukunft. Hatten sie nicht immer wieder hören müssen, sie seien ein Volk der duldenden Sklaven, apathisch, viel zu geknechtet, um sich noch wehren zu können, die Verkörperung des «homo sovieticus» schlechthin?

Gorbatschow hat gewiß keinen größeren politischen Fehler in den letzten Jahren begangen als den, an dieser Siegesfeier nicht teilzunehmen, sondern statt dessen als erstes vor die sowjetische und internationale Presse zu treten. Sein zweiter Fehler war, von der Reformfähigkeit der Partei zu sprechen und sich erneut zum Sozialismus zu bekennen.

Während sein politischer Hauptrivale Boris Jelzin von Anfang an auf die Verfassungswidrigkeit des Notstandskomitees mit dem Vizepräsidenten Janajew an der Spitze hingewiesen und immer wieder die Rückkehr des «verfassungsmäßig gewählten Präsidenten» Gorbatschow gefordert hatte, hüllte sich das Zentralkomitee zweieinhalb Tage lang in Schweigen. Erst als feststand, daß der Staatsstreich gescheitert war, trat der Stellvertreter des Generalsekretärs, Wladimir Iwaschko, auf die Frage, wie das ZK die Ereignisse der vergangenen beiden Tage einschätze, mit der Erklärung an die Öffentlichkeit: Das ZK könne die Lage nicht einschätzen, bevor man nicht mit dem Generalsekretär gesprochen habe. Im Lande sei eine äußerst komplizierte Situation entstanden.

Und auf die Frage, ob sich die Partei denn bemüht habe, mit Gorbatschow in Kontakt zu kommen, um herauszufinden, wie es um seinen Gesundheitszustand bestellt sei, antwortete Iwaschko, der das Amt des ukrainischen Parlamentsvorsitzenden innegehabt hatte, bevor ihn der Generalsekretär auf dem 28. Parteitag für den Posten seines Stellvertreters vorschlug: Man habe die Bitte um ein Treffen dem Notstandskomitee vorgetragen, sie sei aber negativ beschieden worden.

In die hitzige Diskussion um die Frage, die sich unmittelbar nach der Rückkehr des sowjetischen Präsidenten nach Moskau stellte, inwieweit er selber in den Putsch verwickelt sei, Täter oder Opfer (Eduard Schewardnadse), oder doch zumindest eine Mitschuld trage, hat sich Gorbatschow mehrmals eingeschaltet. Die Mittäterschaft hat der Präsident entschieden verneint. Er räumte aber eine Mitschuld ein, da er von den acht Notstandskomitee-Mitgliedern sechs für hohe Staatsämter vorgeschlagen habe. Vier der Putschisten gehörten seinem Ministerkabinett an. Oleg Baklanow, langjähriger ZK-Sekretär für die Rüstungsindustrie, berief Gorbatschow im vergangenen Jahr zum stellvertretenden Vorsitzenden des Verteidigungsrates; nach den Worten des ehemaligen Außenministers Schewardnadse war er ein entschiedener Abrüstungsgegner. Gennadi Janajew war als Vizepräsident eher eine Verlegenheitslösung. Gorbatschows erste Wahl, Nursultan Nasarbajew, der Präsident Kasachstans, sagte wohl erst zu, winkte später dann aber wieder ab. Sieben der acht Mitglieder des Notstandskomitees gehören dem Zentralkomitee an. Auf die Frage eines sowjetischen Journalisten, weshalb er sich gerade für diese Männer entschieden habe, sagte der Präsident, er habe ihnen vertraut.

Zu den Verschwörern aus dem engsten Mitarbeiterkreis Gorbatschows, die aber nicht im Notstandskomitee in Erscheinung traten, gehören noch sein Berater und Kanzleichef Valerij Boldin und sein Studienfreund Anatolij Lukjanow, bis zur Aufhebung seiner Immunität Vorsitzender des Obersten Sowjets der UdSSR. Beide sind ZK-Mitglieder.

Daß es sich bei diesem relativ hohen Anteil an ZK-Mitgliedern unter den Putschisten um Zufall handeln könnte oder sie nur eine kleine konspirative Gruppe gebildet haben, erscheint unwahrscheinlich. Bekanntlich waren diese Männer zu allem entschlossen. In einer Passage der Botschaft des «Präsidenten» Janajew an die Vereinten Nationen und die Staaten der Welt heißt es, das Staatskomitee habe vor, «Gruppen zu liquidieren, die gegen die Verfassung stehen, unbeherrschbar und in ihrem Wesen kriminell-militärisch sind, die Moral zersetzen und physischen Terror in einigen Regionen der UdSSR ausüben und als Katalysator für einen Desintegrationsprozeß wirken». Auch Gorbatschow und Jelzin haben von Erschießungs- und Internierungslisten berichtet. Und der Reformer der ersten Stunde und engster Berater Gorbatschows, Alexander Jakowlew, warnte vier Wochen vor dem Staatsstreich in der Zeitung «Iswestija», «daß die Kräfte des Rechtsextremismus und der Reaktion versuchen, auf diese oder jene Weise mit den Ideen der Perestrojka und ihrer Initiatoren abzurechnen».

Fest steht, daß der Termin des Staatsstreichs nicht zufällig war. Erstens: Am 20. August hätte der Neue Unionsvertrag zunächst von den drei Republiken Rußland, Kasachstan und Usbekistan unterschrieben werden sollen. Ausnahmslos alle Mitglieder des Notstandskomitees gelten als Anhänger einer einheitlichen Union und wollten den Großmachtstatus der UdSSR erhalten. Zweitens: Der Erlaß des russischen Präsidenten Jelzin über das Verbot von Parteiorganisationen in den Behörden und Betrieben Rußlands war am 4. August in Kraft getreten. Mitte Juli erschien ein Aufruf, der praktisch die Kommunisten in Armee, Marine, KGB und Innenministerium aufforderte, mit der Waffe in der Hand den Erhalt der Partei zu sichern, unterzeichnet vom ultrakonservativen Ersten Stellvertretenden Innenminister Boris Gromow, dem chauvinistischen Schriftsteller Walentin Rasputin und dem stellvertretenden Verteidigungsminister Warennikow, der zu der Gruppe von Personen gehörte, die Gorbatschow und seine Familie am 18. August in seiner Villa auf der Krim arretierten. Er wird, wie die anderen Putschisten, wegen Hochverrats angeklagt werden. Drittens: Gorbatschow hatte dem Juli-Plenum des Zentralkomitees den Entwurf für ein neues Parteiprogramm vorgelegt, das eine klare Absage an den Marxismus-Leninismus enthielt und stark von sozialdemokratischen Ideen beeinflußt war. Die erwartete scharfe ideologische Auseinandersetzung und eine Spaltung der Partei fanden nicht statt. Ein außerordentlicher Parteitag im November 1991 oder im Januar 1992 sollte über das neue Programm beschließen. Viertens: Populäre Reformpolitiker wie Alexander Jakowlew, Eduard Schewardnadse, Anatolij Sobtschak und Gawriil Popow gründeten Anfang Juli in Moskau die «Bewegung für demokratische Reformen», die eine Massenpartei oder Massenbewegung als politische Gegenkraft zur KPdSU aufbauen will und allen demokratisch orientierten Gruppierungen, aber auch Reformkommunisten offensteht. Ebenfalls in Moskau gründete der russische Vizepräsident Alexander Ruzkoj Anfang August die «Demokratische Partei der Kommunisten Rußlands», die aus der Abgeordneten-Gruppe «Kommunisten für Demokratie» hervorgegangen ist und sich vom orthodoxen Flügel der russischen KP absetzen wollte.

Im Grunde sind alle diese Ansätze und Gründungen bereits ein Ausdruck des Verfalls der alten KPdSU, denn sie gehen längst selbst über das Verbot der Fraktionsbildung hinaus und beweisen, daß ihre Initiatoren die Reformierbarkeit der Partei für nicht mehr gegeben ansehen. Erst nach dem Putsch ist richtig registriert worden, welchen enormen Mitgliederschwund die Partei in den letzten Jahren hatte hinnehmen müssen, eben in jenen Jahren, in denen sich mindestens ihr Generalsekretär Gorbatschow intensiv bemühte, ihr echte Reform-Beschlüsse abzuringen.

Auf weniger als 16 Millionen Mitglieder, so war zu hören, sei die Partei geschrumpft; das bedeutet, daß ihr rund vier Millionen den Rücken gekehrt hatten – ohne daß diese Zahlen wirklich verifizierbar wären. Selbst für Parteimitglieder war aber nicht mehr zu erkennen, daß der Abstand zwischen den Beschlüssen von Parteitagen, Parteikonferenzen, ZK-Plenen und Politbürositzungen einerseits und der im Alltag erfahrbaren Realität andererseits unüberbrückbar geworden war. Nur einer schien dies nicht zu merken – Michail Gorbatschow, der jeden «Reformbeschluß» seiner Partei schon als Beweis für ihren Reformwillen nahm. Dies ist um so erstaunlicher, als seine engsten Mitstreiter aus der Anfangsphase der «Perestrojka», wie Alexander Jakowlew, Boris Jelzin oder Eduard Schewardnadse, diesen Glauben längst verloren hatten und einer nach dem anderen die Konsequenz des Parteiaustritts zogen. Gorbatschow hatte dies stets nicht nur als einen Verrat an seiner Reformpolitik, sondern auch an deren Träger, der Partei, interpretiert.

Dabei hatte es an grundlegenden Analysen der Reformunfähigkeit des Apparates nicht gefehlt. Auf dem 28. Parteitag, der unter dem Eindruck der vorausgegangenen Gründung der Russischen KP stand, hatte Boris Jelzin in seinem Referat aufgelistet, was als Bedingung für eine wirkliche Erneuerung der Partei geleistet werden muß.

«*Erstens:* Es ist notwendig, die in der KPdSU bestehenden Plattformen organisatorisch zu fixieren und jedem Kommunisten Zeit zu geben zu einer politischen Standortbestimmung. Ich bin überzeugt, daß die Mehrzahl der Kommunisten die Zukunft der Partei mit ihrem demokratischen Flügel verbindet.

Zweitens: Der Name der Partei muß geändert werden. Es muß eine Partei des demokratischen Sozialismus sein.

Drittens: Es ist zu früh, auf dem Parteitag die Plattform und die Satzung zu erörtern. Es darf nur eine allgemeine Deklaration über die Umgestaltung der KPdSU verabschiedet werden. Weiter muß eine neue Führung gewählt werden, die fähig ist, einen neuen Parteitag etwa in einem halben bis einem Jahr vorzubereiten.

Viertens: Die Partei muß sich von jeglichen staatlichen Funktionen befreien. Die Parteigrundorganisationen in der Armee, im System der Staatssicherheit und in den staatlichen Institutionen müssen aufgelöst werden. In der Produktion müssen die Arbeitskollektive und die Parteimitglieder selbst über das Schicksal der Parteigrundorganisationen entscheiden.»

Immerhin hatte Jelzin in dieser Rede – und sei es auch nur aus taktischen Gründen – noch impliziert, daß die KPdSU als eine Partei bolschewistischen Typs sich in eine «Partei parlamentarischen Typs» umwandeln ließe. Im Verlauf dieses Parteitages trat der Radikalreformer dann spektakulär aus ihr aus und desavouierte damit seine eigenen Forderungen. Im Grunde aber lag Jelzin hier noch auf einer Linie mit Gorbatschow, beide sprachen von einer Partei des «demokratischen Sozialismus» in der Tradition der kommunistischen Reformer der letzten Jahrzehnte, wie etwa Alexander Dubček mit seinem «Sozialismus mit menschlichem Antlitz». Der Unterschied der beiden Reformer Jelzin und Gorbatschow, der schließlich zum politischen und menschlichen Bruch geführt hatte, bestand wohl im wesentlichen darin, daß der eine, Jelzin, die Realitäten der sich wandelnden Gesellschaft der UdSSR wahrnahm und das hoffnungslose Zurückbleiben der Partei richtig, nämlich als gefährlich, deutete, während der andere, Gorbatschow, aus der eingeengten Perspektive der Partei selber die Beschlüsse, die er ihr mühsam abrang, bereits für wirkliche Zeichen der Reform nahm.

Für Gorbatschow blieb die Partei bis zum Putsch das eigentliche Zentrum der Reform. Als im Apparat geschulter Funktionär dachte er Partei und Staat in der klassischen kommunistischen Ideologie in eins. Eine Reform des Staates war für ihn infolgedessen undenkbar ohne eine vorangegangene Reform der Partei, deshalb setzte er seine ganze Kraft für diese Reform ein. Blickt man indessen auf die Parteiprogramme dieser KPdSU, so wird schnell deutlich, daß diese stets weit abgehoben von der Realität waren – schließlich kam es vor allem auf die in der Staatsstruktur verankerte Macht der Partei an, nicht darauf, welche programmatischen Aussagen sie machte. Man muß sich in diesem Zusammenhang nur in Erinnerung rufen, daß erst zu Beginn der achtziger Jahre, unter Leonid Breschnew, die Arbeiten an einem neuen Parteiprogramm begannen. Das vorhergehende hatte noch die kühne und jeder Realität abholde Prognose enthalten, daß die Sowjetunion bis 1971 die USA in allen wichtigen Produktionsergebnissen überholt haben würde. Solche Aussagen hätten auch von jedem Parteigenossen als völlig unrealistisch entlarvt werden können – aber offensichtlich las niemand diese Programme.

Vergleicht man heute, nach nur fünf Jahren, das «vierte» Parteiprogramm der KPdSU, das erste unter Gorbatschow entstandene «Reformprogramm», mit der gesellschaftlichen Realität in der Sowjetunion, so wird ganz deutlich, daß die Geschwindigkeit der Reform der Partei mit derjenigen der Gesellschaft in keiner Weise hat Schritt halten können. Ja, man kann sogar sagen, daß von vornherein der Ansatz der Parteireform verfehlt gewesen ist, weil er an der Fiktion der Partei als der «Avantgarde» der gesellschaftlichen Entwicklung festhielt, wo doch in Wahrheit längst die Partei hinter die Entwicklungsfähigkeit der Gesellschaft zurückgefallen war.

Die Parteiführung von 1985 lehnte insbesondere noch alle Vorschläge ab, welche auf eine, wie dies später genannt werden sollte, «Departiisierung» der Gesellschaft und des Staatsapparates hinausliefen. Immerhin bemühte sich Gorbatschow schon damals, die innerparteiliche Demokratie zu stärken. Gleichzeitig aber setzte er sich besonders dafür ein, daß die Grundorganisationen der Partei ihre Arbeit intensivieren sollten. Für ihn war noch unumstritten, daß nur die Kommunisten die Träger der Reform sein konnten.

Als die Führung sich bereits 1988 genötigt sah, den Kurs der Partei erneut zu korrigieren, und dazu eine «Gesamtsowjetische Parteikonferenz» – die erste nach 10 Jahren – einberief, war im Grunde schon ersichtlich, daß die Schere zwischen dem Entwicklungstempo der Gesellschaft und dem der Partei immer weiter auseinanderklaffte. Trotzdem deutete Gorbatschow die Zeichen offensichtlich falsch, als er in seinem Eröffnungsreferat sagte: «Es ist bezeichnend, daß sich die Öffentlichkeit in der letzten Zeit eben gerade für die Tätigkeit der Partei und deren führende Rolle besonders interessiert. Das ist der schlagende Beweis dafür, daß das Volk die Perestrojka und seine Zukunftshoffnungen mit der Partei verbindet.»

In zahlreichen Beiträgen von «Radikalreformern» wurde diese Analyse des Generalsekretärs auf der 19. Parteikonferenz widerlegt. Es war längst nicht mehr das Interesse der Öffentlichkeit an der Partei und ihren inneren Entwicklungen, sondern es war zunehmend die Angst, daß die Partei mit der Reformentwicklung nicht würde Schritt halten können und schließlich in der alten ideologischen Auslegung der These von der «Diktatur des Proletariats» ihre absolute Macht restaurieren würde.

Viele Beobachter haben sich in diesen Jahren immer wieder gefragt, ob die Auftritte Gorbatschows vor der Partei nur taktische Manöver waren und er in Wahrheit wesentlich radikaler gewesen ist, oder ob der Generalsekretär nicht vielmehr so tief von dieser Partei geprägt war, daß er sich tatsächlich eine Reform des sowjetischen Systems nicht ohne oder gar außerhalb der Partei vorstellen konnte. In der Tat sind viele Sätze seiner damaligen Parteireferate eher als notwendiges deklamatorisches Rankenwerk abgetan worden, das man zugunsten der Reformaussagen als weniger wichtig zu nehmen bereit war. Heute erscheinen offensichtliche Kernsätze dagegen in einem anderen Licht. Zum Abschluß seines Referates auf der Parteikonferenz 1988 sagte Gorbatschow programmatisch: «Wir sind von der Lebensfähigkeit der Lehre des Marxismus-Leninismus überzeugt, die die Möglichkeit des Aufbaus einer Gesellschaft der sozialen Gerechtigkeit und einer Zivilisation von freien und gleichberechtigten Menschen wissenschaftlich untermauert hat.»

Die widersprüchliche Taktik des Generalsekretärs lag aber nicht nur in seinem gesellschaftlichen Reformansatz und seinem ständigen innerparteilichen Lavieren. Sie äußerte sich auch darin, daß Gorbatschow immer die traditionellen Machtverhältnisse und Machtstrukturen in der Partei nutzte, um ihr Reformschritte abzuringen, die letztendlich ebendiese Strukturen in Frage stellten. Dabei neigte er dazu, die Widerstandskraft des Parteiapparates zu unterschätzen, der zwar weitgehende Reformbeschlüsse auf Parteitagen und ZK-Plenen nicht verhindern konnte – hier wirkte sich immer wieder die hierarchische Organisationsform der Partei positiv für Gorbatschow aus –, aber deren Implementierung konsequent verweigerte. Derselbe Prozeß, der sich zwischen Partei und Gesellschaft abspielte, war auch innerhalb der Partei zu beobachten. Während immer größer werdende Gruppen an der Parteibasis sich auf radikale Reformen hin orientierten und auch entsprechende Beschlüsse erzwangen, konzentrierte sich der Apparat immer stärker auf die Sicherung seiner Macht. Gorbatschows Versuche, diese Macht des Apparates zu stutzen, blieben teilweise halbherzig, teilweise in der Durchführung stekken. So favorisierte er einige Zeit lang eine Stärkung der Sowjets, also der parlamentarischen Ebene des Systems. Ausgangspunkt dabei war indessen nicht ein Parteienpluralismus im Sinne der bürgerlichen Parteiendemokratie, sondern eine neue Legitimation für die Kommunistische Partei der Sowjetunion. Nur so war auch die kurzlebige Idee zu interpretieren, nach den ersten Wahlen aufgrund eines reformierten Wahlgesetzes die Vorsitzenden der Sowjets auf allen Ebenen auch als die jeweiligen Parteisekretäre einzusetzen. Gorbatschow selber hielt sich daran und besetzte in Personalunion sowohl das Amt des Generalsekretärs des ZK der KPdSU als auch das des Präsidenten der UdSSR.

Während jedoch die Reformen in der Gesellschaft des Landes eine eigene Dynamik erlangten und sich beispielsweise in den Wahlen zum Kongreß der Volksdeputierten zahlreiche Kandidaten durchsetzten, die nicht für die Partei kandidiert hatten und auch nicht von ihr unterstützt wurden, blieb innerparteilich praktisch alles beim Alten. Die Partei schob einen enormen Überhang an Reformbeschlüssen vor sich her, blieb in ihren Machtstrukturen indessen praktisch unverändert.

Gorbatschow mußte diese Fehlentwicklung nicht zuletzt unter dem Eindruck der verheerenden Wahlniederlage der Partei erkennen, fand aber kein geeignetes Mittel, um die Reformen, die er der Sowjetgesellschaft verordnet hatte, auch der eigenen Partei nachhaltig zu vermitteln. Immerhin beschritt er seit der Parteikonferenz konsequent den Weg der Zerschlagung der Macht des konservativen Parteiapparates und begann, die Macht von der Partei auf staatliche und parlamentarische Organe zu verlegen. Aber gerade in diesen Maßnahmen zeigte sich, daß nicht die unmittelbare und offensichtliche Durchdringung von Staat und Partei das Problem war, sondern deren institutionelle Verquickung. Reformschritte, wie beispielsweise das neue Wahlgesetz, wurden immer noch so gestaltet, daß sie den Kern der Parteimacht nicht irreversibel antasteten. Unübersehbar stand der Generalsekretär selber immer wieder mit seiner Person für diese längst obsolet gewordene Einheit von Partei und Staat. Er wagte es beispielsweise nicht, sich in einem Wahlkreis zum Deputierten des

Kongresses wählen zu lassen, sondern erhielt sein Mandat über die für die Partei reservierte Quote. Boris Jelzin, sein Konkurrent und Gegner dagegen errang als unabhängiger Kandidat seinen ersten überwältigenden Wahlsieg und legte damit den Grundstein seines späteren spektakulären Aufstiegs an die Spitze der Russischen Föderation.

Die Partei dagegen gab ihre Machtstellung nur zögerlich, mit erheblichem hinhaltenden Widerstand auf. Dabei ließ sie sich sogar erstaunliche Zugeständnisse abringen – die Gorbatschow nicht selten mit Rücktrittsdrohungen erpressen mußte –, aber wohl in dem Wissen, daß die eigentliche Machtposition nicht gefährdet wurde. Selbst die Abschaffung des bisherigen obersten Machtorgans, des Politbüros, durch Gorbatschow auf dem 28. Parteitag ließ sich der Apparat gefallen. Er wehrte indessen jeden Angriff auf eine wirkliche Entflechtung von Staat und Partei, beispielsweise in Form einer Beschränkung der Grundorganisationen, konsequent ab.

Dennoch höhlten die ständigen Zugeständnisse an das von Gorbatschow vorgelegte Reformtempo die Stellung der Partei von innen her aus. Spätestens seit seiner Wahl zum Präsidenten der UdSSR häuften sich die Klagen des Parteiapparates am «Alten Platz», dem Sitz des Zentralkomitees, über die mangelnde Kommunikation mit dem Generalsekretär. Gorbatschow beschränkte sein Amt immer mehr darauf, der Partei «Reformbeschlüsse» abzuringen, kümmerte sich aber nicht mehr um deren Umsetzung. Er verlor so die Kontrolle über den Apparat, was sich schließlich als verhängnisvoll herausstellen sollte. Wie sehr dieser indessen auf seine traditionelle Verflechtung mit dem Staat auf allen Ebenen setzte, zeigte sich daran, daß die Partei sogar die Streichung des berüchtigten «Artikel 6» der sowjetischen Verfassung hinnahm, in dem die «führende Rolle» der Partei festgeschrieben war.

Aus dem Parteihauptquartier hatte man längst auch die Entwicklung der politischen Landschaft analysiert und herausgefunden, daß selbst auf der Basis des reformierten Parteiengesetzes ein wirklicher Parteienpluralismus nicht entstanden war; zumal wirkliche Massenparteien, welche der KPdSU in offener Wahlschlacht die Stirn hätten bieten können, nicht entstanden waren. So setzte der Apparat auf seinen Einfluß hinter den Kulissen, der freilich immer deutlicher mit den neuen Normen in Widerspruch geriet.

Es gelang dem Apparat in dieser Situation, den Präsidenten mit Politikern aus seinen eigenen Reihen zu umgeben. In der Auswahl seiner Mitarbeiter griff Gorbatschow – anders als Boris Jelzin – stets auf die Parteikader zurück. Unterstützt wurde diese Tendenz sicherlich durch die entsprechenden Mehrheiten, beispielsweise bei der Wahl Janajews zum Vizepräsidenten durch den Kongreß der Volksdeputierten, aber der Apparat konnte relativ sicher sein, daß er seinen Einfluß über die Personalpolitik auf den Präsidenten auch dann behalten würde, wenn dieser die Verbindung zur Partei selber immer mehr lockerte, indem er sein Amt als Generalsekretär nur noch in sehr reduziertem Umfang wahrnahm. Dies hatte zweierlei zur Folge: Einerseits wurde Gorbatschow in der gewohnten Art und Weise vom Apparat desinformiert und von der Realität im Lande ferngehalten. Zum anderen gelang es, ihn in einen offenen Konflikt mit seinen wichtigsten intellektuellen Mitarbeitern zu bringen. Schewardnadses Vorwurf, Gorbatschow habe letztendlich der Demokratie und den Demokraten mißtraut und sich immer wieder auf das Gewohnte, nämlich den Parteiapparat, verlassen, erhält im Rückblick auf die letzten Entwicklungen eine gewisse Berechtigung.

Aber auch der Apparat hat sich letztendlich verkalkuliert und die Macht des vermeintlich Faktischen weit überschätzt. Tatsächlich hat sich gerade in den Putschtagen erwiesen, daß Gorbatschow mit seiner Prognose, die Perestrojka sei längst «unumkehrbar» geworden, auf überraschende Weise recht behalten hat. So wie Gorbatschow in der Phase seiner innenpolitischen Koalition mit den konservativen Kräften offenbar davon ausgegangen war, daß die KPdSU nach wie vor eine der drei Machtsäulen im Lande darstellt, gegen die Politik nicht durchzusetzen sei, so hat auch der Apparat offensichtlich nicht gemerkt, daß diese Macht in Wahrheit längst so ausgehöhlt war, daß es nur noch eines konsequenten Angriffs bedurfte, um sie endgültig zum Einsturz zu bringen.

Nur so ist zu begreifen, daß die Putschisten geglaubt haben, sie könnten sich auf die drei traditionellen Machtsäulen Partei, KGB und Streitkräfte stützen, um die Macht im Staat wieder an sich zu reißen. Alle drei Institutionen erwiesen sich im Ernstfall als nicht mehr einsatzfähig, in erster Linie die Partei selber. Es ist ja nicht ohne Ironie, wenn das ZK selbst noch in der halbherzigen Rechtfertigung der eigenen Rolle während des Putsches auf die gewohnten autoritär-hierarchischen Argumente zurückgreift und geltend macht, man habe die Lage nicht richtig einschätzen können, weil kein Kontakt zum Generalsekretär bestanden habe. Tatsächlich hatte der Apparat nicht nur keine ausreichende Energie, um die Macht zu erkämpfen, ihm standen vor allem auch bereits keine Strukturen mehr zur Verfügung, die in einer solchen Situation problemlos aktiviert werden konnten. Die Macht der Partei war in Wirklichkeit längst nur noch ein Schatten und bestand mehr in den Vorstellungen der Funktionäre als in der gesellschaftlichen Realität.

Wer hätte sich vor dem Putsch wirklich vorstellen können, daß die für so mächtig gehaltene KPdSU praktisch ohne jeden Widerstand das Verbot ihrer politischen Betätigung hinnehmen würde. Tatsächlich ist außer dem Lamento der Betroffenen, nun vielleicht endgültig ihrer Privilegien beraubter Funktionäre, kaum Widerstand bekannt geworden. Im Gegenteil, man hört von massenweisen Absetzbewegungen und von einem Sieg des schlichten Opportunismus, der nachträglich das Bewußtsein dieser Avantgarde der Arbeiterklasse in einem noch düstereren Licht erscheinen läßt.

Insofern hat Gorbatschow doch einen späten, aus seiner Sicht aber zweifellos bitteren Sieg über die Partei errungen. Durch seine Reformpolitik hat er ihr Schritt für Schritt die Basis ihrer Macht entzogen. Man kann es nicht anders als Verblendung der Macht nennen, daß die Partei nicht bemerkt hat, daß ihre vermeintliche Position in der sowjetischen Gesellschaft und im Staat nur noch eine Fiktion war. Daß dieser Fiktion auch Gorbatschow bis zu der Erfahrung des Putsches aufgesessen war, liegt zweifellos an seiner Sozialisation innerhalb dieser Partei, die es ihm unmöglich machte, denselben Lern- und Ablösungsprozeß durchzumachen wie seine Kollegen Jakowlew, Jelzin und Schewardnadse.

Hinter der Sinnkrise der Partei, die Gorbatschow bereits in seinen ersten Referaten aufgedeckt und offen angesprochen hatte, verbarg sich längst auch eine Machtkrise. Hätte der große Reformer dies frühzeitig erkannt, hätte er seinem Land und sich selber eine letzte, bittere Erfahrung mit der KPdSU ersparen können. Daß er nun, zusammen mit Boris Jelzin, das «Experiment des Sozialismus» mindestens in seinem Land für «gescheitert» erklärt, entbehrt nicht der Tragik. Denn trotz allem bleibt ja richtig, daß eine Reform, die diesen Namen verdient, in der UdSSR nur von der Partei hat ausgehen können. Sie hätte aber, um erfolgreich zu sein, die Partei hinter sich lassen, ja, sie zerstören müssen. Dies bleibt die historische Leistung Gorbatschows – mag sie auch teilweise gegen seinen Willen vollbracht worden sein.

Friedhelm Wachs

Der entzauberte Mythos

Der Geheimapparat KGB

Der Geheimdienst KGB ist das Zünglein an der Waage sowjetischer Innenpolitik. Er durchzieht die sowjetische Gesellschaft, den Staat, die einzelnen Republiken, die Wirtschaft, die Armee und die absterbende KPdSU in all ihren Bereichen wie die Lymphbahnen den menschlichen Körper. Deshalb ist es nicht verwunderlich, daß sein mächtiger Apparat, der in der Ära Gorbatschow die weitreichendsten gesetzlich verankerten Vollmachten in seiner Geschichte erhalten hat, als der limitierende Faktor der Perestrojka aufgetreten ist und auch im Putsch eine entscheidende Rolle gespielt hat.

Drei Beispiele aus den Tagen des Staatsstreiches verdeutlichen das: Es begann am Sonntag, dem 18. August 1991, nachmittags: «Plötzlich standen zwei Männer vor mir. Ich fragte sie: ‹Wie sind Sie hier reingekommen?› Darauf antwortete mir der eine: ‹Nun, wir haben KGB-Major Plechanow bei uns.› Ich sagte Ihnen, das ist die einzige Möglichkeit gewesen, bis zum Präsidenten vorzudringen», erklärte ein sichtlich ermüdeter Gorbatschow der Weltöffentlichkeit bei seiner ersten Pressekonferenz im internationalen Pressezentrum Moskaus nach dem Putsch. Nur mit Hilfe des KGB konnte Gorbatschow von den Putschisten festgenommen werden.

Kein Geringerer als der Putschist Wladimir Krjutschkow, KGB-Chef und gewichtiges Mitglied im Notstandskomitee, rief in der Nacht zum Donnerstag, dem 21. August, Jelzins engsten Mitarbeiter Gennadij Burbulis an, um ihm mitzuteilen, Jelzin könne nun wieder ruhig schlafen. Am Donnerstag morgen dann lud Krjutschkow den russischen Präsidenten sogar ein, mit ihm gemeinsam auf die Krim zu fliegen, um mit Gorbatschow zu konferieren. Das russische Parlament verbot Jelzin diesen Flug – aus Sicherheitsgründen.

Alldem war in der Nacht von Montag zu Dienstag die wohl wendebringende Befehlsverweigerung dieser Tage vorangegangen. KGB-

Chef Krjutschkow hatte seiner Spezialeinheit «Alpha» den Befehl zum Sturm des «Weißen Hauses», Sitz des russischen Parlaments, gegeben. Diese Einheit, bestehend aus etwa 500 bewaffneten Elitemännern, war vom damaligen KGB-Chef Andropow 1974 zur Bekämpfung von Aufständen, Bürgerwehren, organisierten Verbrecherbanden und Terroristen gegründet worden. Unter anderem hatte die Einheit die Besetzung des Fernsehturms im litauischen Wilna im Januar 1991 organisiert, bei der 13 Menschen zu Tode kamen, und sich an dem Gemetzel von Tiflis im April 1989 beteiligt.

Zunächst hatte «Alpha» den Befehl, am 19. August um 20 Uhr abends das russische Parlamentsgebäude unter seine Kontrolle zu bringen. Ein Teil der Truppe sollte das Gebäude von außen stürmen, ein anderer durch die Kanalisation in das Weiße Haus eindringen. Dann hätten die beiden untersten Etagen des russischen Parlaments besetzt und alle, die sich auf diesen Stockwerken aufhielten, erschossen werden sollen. Danach hätte die Spezialeinheit in den vierten Stock in Jelzins Büro stürmen und ihn sowie 21 weitere Mitglieder der russischen Führung verhaften oder erschießen sollen. Das ganze hätte nach Ansicht der «Alpha»-Kommandeure höchstens 20 bis 30 Minuten gedauert.

Doch das «Alpha»-Kommando entschied sich anders. Wie der Vizekommandeur der Truppe, Michail Golowatow, später erklärte, sei man bei Eintreffen des Befehls zunächst sprachlos gewesen. «Die Führer der Gruppe berieten sich und entschieden dann, den Befehl nicht auszuführen. Wir wußten, daß im Gebäude 500 bewaffnete Männer wachten. Hätten wir das Gebäude gestürmt, wäre das der Anfang landesweiter Militäroperationen und eines riesigen Blutvergießens gewesen.» Zudem sei dem «Alpha»-Kommando klar gewesen, daß der Befehl Krjutschkows illegal und damit zu verweigern war, auch wenn diese erste Befehlsverweigerung seit Bestehen der Truppe zum Tod der Kommandeure geführt hätte, hätten die Putschisten sich durchgesetzt. Der Befehl wurde, einem Ultimatum gleich, noch dreimal von den Putschisten gegeben: für 22 Uhr, für Mitternacht und für Mittwoch morgen um 3 Uhr. Das «Alpha»-Kommando hielt stand.

Diese drei Beispiele machen deutlich, daß weder die Putschisten noch die legitime Macht eine Chance ohne das KGB gehabt hätten und daß sich KGB-Chef Krjutschkow tatsächlich auch als der alles entscheidende Mann fühlte: Zunächst einer der leitenden Putschisten, trat er im Verlauf der dramatischen Stunden dann als derjenige auf, der den Widerstehenden Zugeständnisse machte und mit ihnen zusammen handeln wollte.

Wer ist dieser Wladimir Krjutschkow? Warum konnte sich der Chef des führenden Apparats der Sowjetunion in seiner eigenen Struktur nicht durchsetzen, und warum mißachtete gerade er, der Chef des Geheimdienstes, die Grundregeln des Putschens?

Krjutschkow ist Russe und wurde am 29.2.1924 als Sohn eines Arbeiters im heutigen Wolgograd (Stalingrad) geboren. Mehr ist über seinen privaten Hintergrund bis heute nicht bekannt geworden, was für einen KGB-Chef nicht ungewöhnlich ist. Sein beruflicher Weg führte ihn nach dem Zweiten Weltkrieg zunächst in den Jugendverband. Als Erster Sekretär des Allunions-Komsomol im Kreiskomitee Stalingrad begann er 1944 seine Karriere, bis er 1946 vom Zweiten Sekretär des Allunions-Komsomol des Staatskomitees in Stalingrad in die Stadtverwaltung von Stalingrad wechselte. Hier arbeitete Krjutschkow bis 1954. In dieser Zeit studierte er im Fernstudium zunächst Rechtswissenschaften, schloß 1949 ab. Nach einer kurzen Zeit als Staatsanwalt begann er sein Studium an der Diplomatenhochschule des sowjetischen Außenministeriums und wechselte 1954 in den diplomatischen Dienst. Als er zunächst zum Dritten Sekretär der Botschaft in Ungarn ernannt wurde, begann sein Aufstieg im sowjetischen System: Krjutschkow traf auf Andropow, der im selben Jahr zum Botschafter in Ungarn ernannt worden war und der ihn fortan in seiner Machtpyramide innerhalb der Nomenklatura nachzog.

Der erste Putsch, in dem Krjutschkow aktiv handelte, war der Ungarn-Aufstand 1956. Damals wurde der ungarische Staatschef Imre Nagy zunächst verschleppt und zwei Jahre später in einem Geheimverfahren zum Tode verurteilt und anschließend hingerichtet.

Als Andropow 1957 nach dem Ungarn-Aufstand zum Leiter der neugeschaffenen ZK-Abteilung für die Beziehungen zu den kommunistischen und Arbeiterparteien Osteuropas ernannt wurde, machte er Krjutschkow 1959 zum Leiter der Sektion Ungarn. In dieser Zeit schrieb Krjutschkow als Ko-Autor mehrere Bücher über Ungarn und das sozialistische System.

Mit Andropow zusammen wechselte er 1967 in das KGB und wurde dort von seinem Chef zunächst zum Leiter des Sekretariats der Ersten Hauptverwaltung des KGB ernannt, später dann zum Ersten Stellvertretenden Leiter dieser zu jener Zeit über 10000 Mitarbeiter umfassenden Hauptverwaltung. 1974 avancierte Krjutschkow zum Chef der Ersten Hauptverwaltung des KGB und leitete damit die Auslandsspionage, einen Posten, den er bis zu seinem Wechsel in den KGB-Vorsitz am 1. Oktober 1988 behielt. Seit 1978 war er gleichzeitig einer der stellvertretenden KGB-Chefs unter Andropow, wenige Monate unter Witalij Fedortschuk und später unter Viktor Tschebrikow. 1982 zum Generaloberst des KGB ernannt, stieg er mit seinem Wechsel in den Vorsitz des KGB 1988 zum Armeegeneral des KGB auf. Seit 1984 war er Abgeordneter in der Nationalitätenkammer des Obersten Sowjets und wurde 1986 zum Vollmitglied des ZK der KPdSU ernannt. Politisch hat sich Krjutschkow nie öffentlich hervorgetan. Er beteiligte sich kraft seines Amtes an der vom Politbüro und Zentralkomitee der KPdSU eingesetzten Kommission zur Aufklärung der Repressionen in der Stalinära, war Mitglied der Kommission für Internationale Politik im ZK der KPdSU und Teilnehmer der Delegation, die 1987 unter Gorbatschow zum Gipfelgespräch nach Washington reiste.

Auf den Sitz des KGB-Vorsitzenden geriet Krjutschkow nach Gorbatschows Generalabrechnung vom 30. September 1988 vor dem ZK-Plenum. Gorbatschow hatte dieses Plenum früher als erwartet einberufen und in der nur eine Stunde dauernden Sitzung die Machtstrukturen der Partei coup-artig zu seinen Gunsten verändert. Krjutschkow galt unter Beobachtern zunächst als enger Gefolgsmann Gorbatschows. Entgegen der vorhergehenden Praxis wurde er jedoch nicht zum Kandidaten des Politbüros ernannt. Der starke Mann im Hintergrund blieb der zum neuen ZK-Sekretär und Vorsitzenden der ZK-Kommission für das Rechtswesen aufgestiegene Viktor Tschebrikow, der über sein neues Amt die Aufsicht über das KGB behielt und damit weiterhin die politischen Vorgaben machen konnte.

Die Wurzeln des KGB

Rolle und Macht des KGB sind historisch begründet. Tief reichen die Wurzeln des KGB in das Leben der Sowjetunion hinein. Der Rat der Volkskommissare schuf schon am 20. Dezember 1917 mit der Gründung der *Tscheka* einen eigenen Sicherheitsdienst zur Bekämpfung von Konterrevolution und Sabotage. Ihr erster Chef war Felix Dzierzinski, dessen vor dem KGB-Hauptgebäude aufgestellte Statue nach

Beendigung des Putsches gestürzt wurde. Als der Rat der Volkskommissare von Petrograd nach Moskau umzog, quartierte sich die *Tscheka* im konfiszierten Gebäude der allrussischen Versicherungsgesellschaft in Moskau ein, wo das KGB auch heute noch residiert. Zunächst nur mit Untersuchungsaufgaben betraut, entwickelte sich die *Tscheka* zu einem umfassenden «Säuberungs»-Instrument gegenüber innenpolitischen Gegnern. Mit der «Verordnung über den roten Terror» vom September 1918 erhielt die *Tscheka* das Recht, gegen alle Verdächtigen zu ermitteln und unabhängig von Gerichtsverhandlungen vorzugehen.

Sie wurde zur allwissenden Überwachungsinstitution. Schon zu Beginn der zwanziger Jahre waren über 35000 Mitarbeiter mit dieser Aufgabe betraut. Voneinander unabhängige Unterabteilungen wurden gegründet. Eine Sonderabteilung widmete sich der Kontrolle der Armee, die politische Geheimpolizei war für die Überwachung der Bevölkerung zuständig. Auch das Transport- und Verkehrswesen wurde von der *Tscheka* kontrolliert. Sie war es auch, die zunächst Zensurfunktion ausübte. Die Auslandsabteilung bildete einen starken Zweig und kümmerte sich neben der Auslandsspionage auch um die Diskreditierung der antikommunistischen Emigranten.

Nach dem Ende des Bürgerkriegs und der Festigung der kommunistischen Machthaber wurde am 6. Februar 1922 durch einen Erlaß der bisherige Staatssicherheitsapparat *Tscheka* aufgelöst und durch die GPU, die staatliche politische Verwaltung, ersetzt. Hatte die *Tscheka* zunächst im freien Raum agiert, so wurde die GPU nun dem Volkskommissariat für Inneres, dem NKWD, unterstellt, dem zugleich auch die Miliz unterstand. Mit der Gründung der UdSSR 1923 wurde die GPU wieder vom NKWD getrennt und fortan OGPU, Vereinigte Staatliche Politische Verwaltung, genannt. Inhaltlich wurden jedoch kaum Änderungen vorgenommen. So blieb Dzierzinski bis zu seinem Tode 1926 Chef des Geheimdienstes. Sein Nachfolger, Wjatscheslaw Menschinski, verstärkte in den zwanziger Jahren die Repressalien und organisierte für Stalin die ersten Schauprozesse.

Weil Stalin in der Bauernschaft die einzige Bevölkerungsgruppe sah, die noch zu organisierter Opposition gegen die Diktatur des Proletariats in der Lage war, setzte er die OGPU besonders auf die Bauern an. Etwa 3,5 Millionen Menschen sind bei der Enteignung und Kollektivierung der gut 10 Millionen Bauern in der Sowjetunion umgekommen. Weil die OGPU sich schnell einen ähnlichen Ruf wie die

Tscheka erwarb, wurde sie nach dem Tode Menschinskis von Stalin in GUGB, Hauptverwaltung für Staatssicherheit, umgetauft und erneut dem NKWD unterstellt. Menschinskis Stellvertreter bei der Verfolgung der Bauern, Genrich Jagoda, wurde zum neuen Chef des NKWD ernannt. Im Gegensatz zum Beginn der zwanziger Jahre kontrollierte das NKWD nun neben der GUGB die Miliz, die Grenztruppen, die Truppen im Innern, die Konzentrations- und Arbeitslager, eine ganze Reihe wirtschaftlicher Unternehmen und wesentliche Bereiche des Transportwesens. Bei den Säuberungen 1934 waren so gut wie alle dem NKWD unterstellten Unterabteilungen beteiligt. Jagoda allerdings fiel dem mörderischen Apparat, den er mit ausgebaut hatte, selbst zum Opfer: 1936 wurde er nach einem kurzen Schauprozeß, in dem er als Mörder und Spion im Sold des Auslandes angeklagt war, erschossen. Stalin waren die Säuberungen nicht schnell und umfassend genug durchgeführt worden.

Sein Nachfolger wurde Nikolai Jeschow, der «blutige Zwerg» genannt. Doch schon im Dezember 1938 entfernte ihn Stalin aus seinem Amt, später wurde er im Keller des KGB-Gefängnisses Lubjanka erschossen aufgefunden. Lawrentij Berija, der nach dem Tode Stalins zur Führungstroika mit Malenkow und Molotow gehörte, stieg zum Chef des NKWD auf. 1941 wurde die GUGB als geheime Staatspolizei wieder vom NKWD getrennt. Die Verwaltung der großen Zwangsarbeitslager, die Sibirien für die sowjetische Industrie erschließen sollten, hatte die Funktion des Geheimdienstes und seine Schlagkraft innerhalb des NKWD beeinträchtigt.

Unter dem neuen Namen Volkskommissariat für Staatssicherheit (NKGB) wurde die Arbeit des Geheimdienstes von Berijas Zögling Merkulow geleitet. Berija selbst blieb Chef des NKWD. Nach dem Ende des Zweiten Weltkrieges erhielten NKWD und NKGB 1946 den Status von Ministerien. Das NKGB wurde in das MGB, Ministerium für Staatssicherheit, umgewandelt, das NKWD in das MWD, Ministerium für Inneres. Gleichzeitig stieg Berija in das Politbüro auf und zog als Chef des MWD Generalleutnant Kruglow nach.

Durch die neue geopolitische Lage hatte sich Rußland zur zweiten Weltmacht nach den USA entwickelt, was zur Folge hatte, daß die Spionagearbeit im Ausland bedeutend verstärkt wurde. Molotow wollte alle, die damit befaßt waren, unter die Kontrolle eines einzigen Apparates stellen. Merkulow dagegen fürchtete, daß damit dem MGB der Bereich Auslandstätigkeit entzogen und mithin eine wesentliche Machtbasis Berijas zerstört werden sollte. Stalin jedoch folgte Molotow und ersetzte Merkulow durch Generalleutnant Viktor Abakumow, der im Krieg die Organisation der Gegenspionage Smersch geleitet hatte. Unter seiner Leitung wurde 1947 das unabhängige Informationskomitee KI gegründet. In ihm wurden alle Auslandsabteilungen des MGB, einige Sektionen des Außenministeriums und der militärische Sicherheitsdienst GRU zusammengefaßt. Zunächst stand das KI unter der Leitung Molotows, später leitete es Valerian Sorin und nach ihm Andrej Wischinski.

Der Beginn des Kalten Krieges zwang zur intensiven Spionage und Untergrundarbeit und bot dem KI damit eine ideale Gelegenheit zur Ausweitung des geheimdienstlichen Personalstamms. Zum großen Teil wurden auch die Inlandsstellen des MGB personell verringert und die Mitarbeiter in den Auslandsdienst kommandiert. Durch Intrigen gelang es Berija zusammen mit Malenko, Stalin davon zu überzeugen, daß der Chef des MGB, Abakumow, ein Komplott gegen Stalin geschmiedet, zumindest verschwiegen hatte. Abakumow wurde verhaftet, und Stalin löste das KI auf.

Ende 1951 wurde Semjon Ignatijew Leiter des MGB, dem auch die Auslandstätigkeit wieder unterstand. Nach Stalins Tod im März 1953 brach im Kreml der Machtkampf um die Vorherrschaft in Staat und Partei aus. Berija gelang es, Ignatijew und Kuglow zu entmachten und das MGB in das Ministerium für Inneres, MWD, einzubringen. Damit unterstanden Berija in direkter Kontrolle die geheime Staatspolizei, die Miliz, die Auslandsstellen der geheimen Staatspolizei, 300000 Mann Spezialtruppen des Innenministeriums, die Konzentrationslager, die Nuklear- und Raketenprogramme und ein großer Teil der sowjetischen Industrie. Dieser Machtkonzentration in den Händen Berijas setzte die Troika Chruschtschow, Malenkow und Molotow mit der Verhaftung Berijas und seiner Erschießung wegen Spionage 1953 ein Ende. Sie verfügten die Reorganisation des gesamten Polizei- und Staatssicherheitsapparates und gründeten am 13. März 1954 das KGB. Es wurde mit den üblichen Aufgaben einer politischen Geheimpolizei betraut und nach dem Vorbild der *Tscheka* neu aufgebaut. Es beaufsichtigte die Operationen im Ausland mit Ausnahme der GRU-Operationen und war für die Grenzüberwachung verantwortlich. Das MWD blieb mit der Führung der Miliz, der Feuerwehr, dem Schutz der Industrieanlagen und der Kontrolle des Transportwesens betraut. Alle übrigen Funktionen in der Industrie wurden auf andere Ministerien übertragen. Gleichzeitig lösten die neuen Machthaber Stalins Sonderkommissionen auf, die die Schauprozesse inszeniert und geleitet hatten, und unterstellten die Gerichte der Leitung des Justizministeriums. Als 1973 Jurij Andropow als KGB-Vorsitzender zum Mitglied des Politbüros ernannt wurde, galt das als eine machtpolitische Sensation und als Ausbau einer Machtposition, die kein Chef der Staatssicherheit zu Zeiten Stalins und Berijas je innehatte. Während Andropow noch sechs Jahre auf diese Ernennnung warten mußte, gelang es Tschebrikow, innerhalb von zwei Jahren nach seiner Ernennung zum KGB-Chef ins Politbüro aufzurücken.

Das KGB, seine innenpolitische Funktion und die Perestrojka

Macht und Einfluß des KGB und seiner Vorgängerorganisationen stützen sich im wesentlichen auf zwei Faktoren. Zum einen hat das KGB zur Sicherung der Macht polizeiliche und richterliche Hoheitsrechte, die es jeglicher Kontrolle von außen entziehen. Zum zweiten hat das KGB durch seine Überwachungsfunktion nicht nur ungeschönte Einblicke in die tatsächlichen Abläufe und Veränderungen in der Gesellschaft, sondern auch in alle bürokratisch abgeschirmten Bereiche, wie den hochgeheimen Rüstungssektor und das gesellschaftliche und politischen Führungspersonal. Allein schon durch diesen Informationsvorsprung ist die Stellung des KGB im Vergleich zu anderen großen Apparaten erheblich stärker.

Traditionell hat das KGB aber auch die Aufgabe, zu Sicherheitsfragen bei der Beförderung in allen sowjetischen Institutionen Stellung zu nehmen. Als für die Gegenspionage verantwortliche Behörde stellt das KGB sogenannte Unbedenklichkeitsbescheinigungen der zum Aufstieg vorgesehenen Kader aus. Damit bestimmt es im wesentlichen die Aufstiegschancen sowjetischer Politiker.

Darüber hinaus hat der Dienst neben den ihm unterstehenden Grenztruppen einen Apparat zur Verfügung, der zusammen mit den Truppen des Innenministeriums einschreitet, wenn die öffentliche Ordnung in Gefahr gerät. Neben dieser innenpolitischen Kontrolle hat das KGB auch entscheidenden Einfluß auf alle Auslandskader. Überläufer aus dem KGB gehen davon aus, daß 60 Prozent des sowjetischen Außenministeriums für das KGB arbeiten und maximal

20 Prozent der sowjetischen Diplomaten nicht direkt vom Geheimdienst bestellt worden sind. Die sowjetischen Konsulate seien sogar zu 100 Prozent von KGB-Mitarbeitern besetzt. Dem KGB kommt eine wesentliche Rolle auch bei der Informationsbeschaffung über neue Technologien im Ausland zu, womit es auch noch über eine Schlüsselfunktion zur wirtschaftlichen Entwicklung der Sowjetunion verfügt.

Die Mitarbeiter des KGB betonen in der Regel ihren Professionalismus, der sie mit einer gewissen Arroganz auf die lamentierenden Parteiapparatschiks herabsehen läßt. Lange vor der Partei haben sie ein Gespür für den Wandel entwickelt. Schon immer saßen die wahren Erneuerer zunächst im KGB. So wurde der erste Versuch einer Entstalinisierung von Berija gewagt, und auch Malenkow, der nach Stalins Tod einen neuen Kurs für die Sowjetunion einleiten wollte, entstammte der Geheimpolizei. Und es war Andropow, der seine Karriere noch unter Stalin begonnen hatte, der durch eine weit in die Zukunft reichende Personalpolitik die Weichen für die jetzige Entwicklung stellte.

Schon früh hatte Andropow als KGB-Vorsitzender erkannt, daß sich nach dem Tode Breschnews die Machtverhältnisse der drei den Staat stützenden Säulen Partei, Armee und KGB verschieben würden. Zu offensichtlich war schon zum Ende der siebziger Jahre, daß die Partei nicht in der Lage war, der Versorgungsmisere in der Sowjetunion Herr zu werden. Auch die Rolle der Armee mußte sich angesichts der geopolitisch stabilen Lage und der Versorgungsprobleme im Inland langfristig verändern. Statt der klassischen «Säuberungs»-Argumente, mit denen seine Vorgänger Konkurrenten ausgeschaltet hatten, bediente sich Andropow zur Bekämpfung seiner Gegner eines nahezu rechtsstaatlichen Instruments: der Bekämpfung der Korruption.

Schon 1969 hatte Andropow in Aserbaidschan und 1972/73 in Georgien damit experimentiert, ob man mit Hilfe einer Kampagne gegen die Korruption die jeweiligen Ersten Sekretäre des ZK zwingen könne, von ihren Posten zurückzutreten. In beiden Fällen verlief das Experiment erfolgreich. In Aserbaidschan kam mit Hilfe Andropows Alijew zur Macht, in Georgien Schewardnadse. Mit seiner 9. Abteilung, die der Überwachung der obersten Kader der Sowjetunion diente, verfügte Andropow über umfassende Informationen über jeden einzelnen seiner Gegner im Politbüro und im Zentralkomitee. Mit diesem Instrument konnte er entscheidende politische Weichen stellen, insbesondere in der Personalpolitik. Andropow setzte nicht nur auf die Kader seines eigenen Dienstes. Insbesondere auch junge Führungskader und ZK-Mitglieder erfreuten sich seiner Förderung. Dazu zählte auch Gorbatschow.

Andropow war der starke Mann des Politbüros, der die Weichen in Richtung Perestrojka stellte. Die Wahl des jüngsten Mitglieds des Politbüros und des ZK der KPdSU, Michail Gorbatschow, am 10. März 1985 zum Ersten Sekretär wurde im wesentlichen von den Seilschaften des KGB abgesichert. Während nach der Wahl Gorbatschows die alte Garde mit Jegor Ligatschow noch einen zweiten starken Mann etablieren konnte, galt Nikolai Ryschkow schon als Mann der neuen Ära, wenngleich er politisch doch eher schwach war. Der vierte starke und damit in dieser Konstellation entscheidende Mann im Führungsquartett war Viktor Tschebrikow, der KGB-Vorsitzende. Deutlich hatte Gorbatschow vom Plenum des Zentralkomitees die Machtstellung des KGB bestätigen lassen. Während Tschebrikow vom Kandidaten zum Vollmitglied des Politbüros aufrückte, wurde der Verteidigungsminister Sokolow vom einfachen ZK-Mitglied nur zum Kandidaten des Politbüros befördert.

Ein halbes Jahr später, am Vorabend des 68. Jahrestages der Oktoberrevolution und wenige Tage vor dem legendären Genfer Gipfel zwischen Reagan und Gorbatschow, signalisierte Tschebrikow, daß das KGB als Garant für die Reformen Gorbatschows eintreten würde. Während im ersten Amtsjahr Gorbatschows nur von «Umbau» oder «Umwandlung» die Rede war, sprach ausgerechnet der Geheimdienstchef von «Reformen», mehr noch, der Mann, den Andropow nach seiner Wahl zum Generalsekretär als seinen Nachfolger im KGB-Vorsitz bestimmt hatte, forderte eine Beschleunigung der sozial-ökonomischen Entwicklung, Transparenz, Kritik und mehr Raum für persönliche Rechte und Freiheiten.

Die Vision Gorbatschows von einer Stärkung der staatlichen Strukturen zu Lasten der Macht der Partei zwangen auch das KGB zum Handeln. Schon 1986 wurde das 1991 verwirklichte KGB-Gesetz angekündigt. Sollte das KGB nicht selbst vom Strudel der Umwälzungen erfaßt werden, so mußte es sich schleunigst vom «Schild und Schwert der Partei» zu einer legitimierten Organisation im Dienste des Staates weiterentwickeln. In damals ungewohnter Offenheit trat das KGB aus der Anonymität in das öffentliche Rampenlicht. Tschebrikow versuchte, mit einer völlig neuen Öffentlichkeitspolitik und der Hinwendung zum Problem des Drogenvertriebs und der Wirtschaftssabotage seinem Dienst eine neue Legitimationsbasis zu verschaffen. Weil die Schwächen der sowjetischen Wirtschaft nach der Philosophie von KGB-Chef Krjutschkow vornehmlich auf Intrigen ausländischer Investoren und fremder Geheimdienste zurückzuführen seien, erhielt Krjutschkow zu Beginn des Jahres 1991 die staatliche Vollmacht, alle Betriebe, selbst Unternehmen mit ausländischer Beteiligung, zu durchsuchen. Schon im Jahr davor hatte er seinen Personalstamm erheblich aufstocken dürfen: Ende 1990 arbeiteten direkt oder indirekt 1,5 Millionen Mitarbeiter für die verschiedensten Dienstzweige und Ordnungsorgane des KGB.

Damit hatte die KGB-Führung es geschafft, ihren Dienst als wesentliche Säule der Staatsmacht neu zu etablieren, wußte jedoch zugleich, daß mit der Einrichtung eines Mehrparteiensystems auch seine umfassende Machtbefugnis zur Disposition stehen würde. Dies war fraglos einer der Beweggründe für ihre Beteiligung an dem Putsch.

Diese immer ambivalenten Reaktionen auf notwendige Reformen waren schon seit langem charakteristisch für das KGB. Während Andropow einerseits den Reformprozeß vorantrieb, wurden zu Beginn der achtziger Jahre unter seiner KGB-Führung ebenso wesentliche Einschränkungen verfügt. Zahlreiche innenpolitische Restriktionen am Ende der Ära Breschnew waren auf den Einfluß des KGB zurückzuführen. Als in Polen die Solidarność 1980 den Sturz des kommunistischen Machtapparates einläutete, wurde ein großes Störsendersystem zur Vermeidung der Informationsverbreitung in Betrieb gesetzt. 1982 wurde der im Zuge der Moskauer Olympiade eingeführte Selbstwähldienst im Fernsprechverkehr mit dem Ausland und zwischen den großen russischen Städten abrupt wieder eingestellt. Und im Dezember 1982 stellte Innenminister Fedortschuk ein neues Grenzgesetz vor, das faktisch den Eisernen Vorhang wieder zementierte. Auch die 1982 verfügte Verschärfung des Strafgesetzes über antisowjetische Agitation und Propaganda, die besonders das Strafmaß bei materieller Hilfe aus dem Ausland auf bis zu zehn Jahre Gefängnis und fünf Jahre Verbannung erhöhte, läßt die Handschrift des KGB erkennen. In den Folgejahren wurde insbesondere die Weitergabe von wissenschaftlich-technischen Daten mit verschärften Strafen belegt.

Auf dem Verordnungswege sollte im Mai 1984 der Direktkontakt zwischen der Bevölkerung und den in der Sowjetunion lebenden Ausländern unterbunden werden. Die sowjetischen Bürger wurden wieder auf ihre Pflicht aufmerksam gemacht, Aufenthalt und Durchreise von Ausländern den zuständigen Stellen des MWD zu melden. Einen Monat zuvor war ausdrücklich dazu aufgefordert worden, wieder Nachbarn anonym zu bespitzeln und zu denunzieren. Und die unter Andropow in die Wege geleitete Antikorruptions- und Disziplinierungskampagne war auch der Versuch, die Macht des KGB auf weite Bereiche der Partei und Wirtschaft auszuweiten.

Mit dieser Antikorruptionskampagne gelang es Gorbatschow, unterstützt vom KGB, einen populären und effektiven Hebel zur Durchsetzung einer radikalen Erneuerung der Führungsstrukturen in die Hand zu bekommen. Er verschärfte rechtliche Vorschriften und erweiterte polizeiliche Kontrollfunktionen. Plötzlich sollten jene, die Schmiergelder annahmen, mit bis zu zwanzig Jahren Haft belegt werden können, bei gravierenden Wiederholungsfällen sogar mit der Todesstrafe.

In seinem Kampf gegen den Bürokratismus setzte Gorbatschow auf die Öffnung der Medien und des KGB. Der Kampf gegen den Bürokratismus mag die letzte Großtat des KGB gewesen sein. Weil die Regierbarkeit des Landes durch eine erstarrte Bürokratie fast völlig blockiert war, blieb Gorbatschow nur der Appell an die Mobilisierung der Gesellschaft einerseits und die Nutzung des KGB als Planierraupe bei der Beseitigung überholter Strukturen andererseits. Im kulturell-literarischen Sektor wurde die Veröffentlichung von Werken angekündigt, die jahrelang verboten waren. Pasternaks «Doktor Schiwago», Bulgakows «Hundeherz» und selbst «Der Archipel Gulag» sollten publiziert werden. Gorbatschow selbst ermutigte die Schriftsteller zur Vergangenheitsbewältigung mit dem Regime.

Nachdem Gorbatschow auf dem 27. Parteitag Ende Februar 1986 die neue Politik mit dem Ziel der Perestrojka eingeleitet hatte, nahm er am 28. Mai an einer der periodischen Allunionskonferenzen der leitenden Kader des KGB und seiner Einheiten teil. Zwar wurde über den Inhalt dieser Konferenz nichts bekannt, aber die in der Folgezeit immer wieder betonte sozialistische Legalität im Zusammenhang mit einer Neustrukturierung der Arbeit der Polizei, der Staatsanwaltschaft und der Gerichte verwies das KGB öffentlich in seine Schranken. Jeder Versuch, sich in Untersuchungen und Verhandlungen der Gerichte einzumischen, sei unzulässig.

Während das KGB die Reform des Apparates von oben einleitete, mußte der Druck von unten erst langsam wachsen und sich entwikkeln. Mit dem Putsch und dem Scheitern des Staatsstreiches dürfte das KGB seine fortschrittsfördernde Funktion verloren und den Stab für die Reformen an die Gesellschaft übergeben haben. Damit steht zu erwarten, daß das KGB zur Verteidigung seiner Existenz nicht nur auf seine neue Rolle im Staat setzen wird, sondern bremsende Positionen einbringen wird, schon um seines Selbsterhaltes im politischen Machtkampf willen. Zumindest wird die Allmacht des KGB in Zukunft durch die demokratische Entwicklung drastisch beschränkt werden.

Und doch wird kein, auch kein demokratisch legitimierter Herrscher in der UdSSR oder ihrer Nachfolgeinstitution, noch werden die Regierungschefs Rußlands und der anderen Republiken auf das Wissen dieses Geheimapparates verzichten können, wenn sie die Macht der Drogenmafia in den asiatischen Republiken der Sowjetunion brechen, die Sabotage bei der Lebensmittelverteilung unterbinden und nicht gegen 1,5 Millionen Menschen kämpfen wollen, die etwas zu verlieren haben. Das Herrschaftswissen des KGB muß sich ein neuer demokratischer Staat zunutze machen. Sonst wird er von innen zerfressen.

Hans-Henning Schröder

Die Verlierer der Perestrojka

Das Militär und die Rüstungsindustrie

Als am 19. August 1991 die Bürger der Sowjetunion aus den Medien erfuhren, daß der Präsident der Union plötzlich «erkrankt» sei und der Vizepräsident seine Funktion übernommen und ein «Notstandskomitee» eingesetzt habe, da stellten sie fest, daß sich unter den acht Mitgliedern der «Junta» auch der Verteidigungsminister, Marschall D. T. Jasow, und der stellvertretende Vorsitzende des Verteidigungsrats, O. D. Baklanow, befanden. Militärische Führung und Rüstungsmanagement waren im Notstandskomitee also mit ihren Spitzenleuten vertreten. Das war kein Zufall – gerade diese beiden Gruppen, Militärs und Rüstungsbürokratie, gehörten zu den Verlierern der Perestrojka. Abrüstung und Reform der Unionsverfassung bedrohten die Fortexistenz einer politisch einflußreichen, zentral geführten Armee, und der Übergang zur Marktwirtschaft hätte die privilegierte Stellung des Rüstungskomplexes relativiert.

Die sowjetischen Streitkräfte

Die Sowjetunion verfügte im Jahre 1990 nach westlichen Aussagen über Streitkräfte in einer Stärke von 3,988 Millionen Mann, davon etwa 2,5 Millionen Wehrpflichtige. Diese Angabe umfaßt die Truppen, die dem Verteidigungsministerium unterstehen, einschließlich Ministerialapparat, Stäben, Rückwärtigen Diensten und Zivilverteidigung. Eisenbahn- und Bautruppen (490000 Mann) waren ebenso wie die Truppen des KGB (230000) und die Inneren Truppen des Unions-Innenministeriums (250000 Mann) 1989 ausgegliedert worden und sind daher in dieser Zahl nicht enthalten. Die Bautruppen werden in den nächsten Jahren aufgelöst.

Im Rahmen von Kürzungen aufgrund von Abrüstungsabkommen

und von Umschichtungen – u. a. wurden Luftlandedivisionen dem KGB unterstellt und die Inneren Truppen durch reguläre Soldaten verstärkt – ist der Umfang der dem Verteidigungsministerium unterstellten Streitkräfte seitdem gesunken. Offizielle sowjetische Angaben sprechen gegenwärtig von 3,4 Millionen Mann. Reguläre Truppen bestehen bisher ebenso wie KGB- und Innere Truppen zu etwa zwei Dritteln aus Wehrpflichtigen. Die Dienstzeit beträgt zwei Jahre. In der Wehrpflichtarmee spiegelt sich die ethnische Zusammensetzung der sowjetischen Bevölkerung wider: Etwa ein Viertel der Rekruten stammte bisher aus Mittelasien, 3 Prozent aus dem Baltikum und 7 Prozent aus den Republiken des Transkaukasus. Infolge der hohen Geburtenraten in Mittelasien nimmt der Anteil der Wehrpflichtigen aus diesem Raum zu. Dagegen rekrutiert sich das Offizierskorps in seiner überwiegenden Mehrheit aus Russen.

Der Rüstungskomplex

Die Waffenproduktion fand in der Sowjetunion unter der Aufsicht von neun – nach der Reorganisation von 1989 von sieben – Branchenministerien statt, die unter Leitung einer «Militärisch-Industriellen Kommission» (VPK) straff zusammengefaßt sind. Die Ministerialreform im Jahre 1989 führte lediglich zu einer Umgruppierung sowie zur Unterstellung von Zivilluftfahrt und Post unter die Leitung der VPK. Die Kabinettsreform vom Februar 1991, die fast alle Branchenministerien auflöste, tastete den Rüstungskomplex nicht an, lediglich das «Staatskomitee für Rechentechnik und Informatik» wurde aufgelöst. Allen Angriffen der Reformer zum Trotz war es den Rüstungsbürokraten also gelungen, ihren Kompetenzbereich im wesentlichen zu sichern.

Über den Umfang des Rüstungssektors liegen keine offiziellen Angaben vor. Nach westlichen Schätzungen machte die Waffenproduktion Mitte der achtziger Jahre sieben bis acht Prozent des Bruttosozialprodukts und etwa ein Drittel der Produktion des sowjetischen Maschinenbaus aus. Einzelne Äußerungen sowjetischer Politiker und die Analyse der sowjetischen Industriestatistik scheinen diese Größenordnung zu bestätigen. Sowjetische Ökonomen schätzen den Anteil von Investitionsgütern an der Produktion des Maschinenbaus, ausge-

	Der Rüstungskomplex der UdSSR (nach der Reorganisation von 1989)
VPK	«Kommission des Ministerrats der UdSSR für militärisch-industrielle Fragen» (Komissija Soveta Ministrov SSSR po voenno-promyšlennym voprosam; leitet den Komplex)
Minaviaprom	Ministerium für Flugzeugindustrie (*Rüstungserzeugnisse:* Militärflugzeuge, Hubschrauber, Luft-Luft-Raketen, Luft-Boden-Raketen; *zivile Erzeugnisse:* Flugzeuge und Hubschrauber für die zivile Luftfahrt; *Exportfirma:* Aviaéksport)
Minsudprom	Ministerium für Schiffbauindustrie (*Rüstungserzeugnisse:* Kriegsschiffe und die dazugehörigen Waffensysteme, einschließlich Radaranlagen und Horchgeräte; *zivile Erzeugnisse:* ziviler Schiff- und Bootsbau; *Exportfirma:* Sudoéksport)
Minėlektronprom	Ministerium für elektronische Industrie (*Rüstungserzeugnisse:* elektronische Bauteile und Computer für den militärischen Gebrauch; die *zivile Produktion* entspricht in etwa diesem Produktionsprofil; *Exportfirma:* Elektronintorg)
Minradioprom	Ministerium für Radioindustrie (*Rüstungserzeugnisse:* Radaranlagen, Fernmeldegerät, Spezialcomputer, Feuerleitsysteme und Laser; *zivile Erzeugnisse:* Rechentechnik von Flugleitanlagen, Unterhaltungselektronik und Anlagen zur computergestützten Projektierung in der Industrie; *Exportfirma:* Radioéksport)
Minoboronprom	Ministerium für Verteidigungsindustrie (*Rüstungserzeugnisse:* Geräte und Waffensysteme für die Landstreitkräfte: Kampfpanzer, Schützenpanzer, Artilleriegerät, Handwaffen, Feststoffraketen, optisches Gerät, Laser, Panzerabwehrlenkwaffen; *zivile Erzeugnisse:* Traktoren, Dieselmotoren, Bohranlagen, Pkw, Fotoapparate u. a. m.)
Minobščemaš	Ministerium für allgemeinen Maschinenbau (*Rüstungserzeugnisse:* Feststoff- und Flüssigkeitsraketen, Marschflugkörper und die zugehörigen Feuerleitsysteme; *zivile Produkte:* Fernseher, Kühlschränke, Waschmaschinen u. a. m.; *Exportfirma:* Obščemašéksport)

Der Rüstungskomplex der UdSSR (nach der Reorganisation von 1989)	
MGA	Ministerium für Zivilluftfahrt (Ziviler Luftverkehr, u. a. Luftverkehrsgesellschaft Aeroflot)
Minsvjazi	Ministerium für Post und Fernmeldewesen (hier eingegliedert ist das frühere Minpromsvjazi – Ministerium für Fernmeldemittelindustrie) *(Rüstungserzeugnisse:* Herstellung von Fernmeldegerät, Bauteile für Radaranlagen, Computer und Anlagen für elektronische Kriegsführung; *zivile Erzeugnisse:* Fernseher, Tonbandgeräte und Radioempfänger)
GKVTI	Staatskomitee für Rechentechnik und Informatik (Koordinierung von Forschung und Erzeugung in den Bereichen Rechentechnik und Informatik; Bereitstellung von Serviceleistungen, Beratung) [1991 aufgelöst]

Quelle: *Pravitel' stvennyj Vestnik 1989*, Nr. 18, S. 2.

hend von geltenden sowjetischen Preisen, auf 50 Prozent, den Anteil von Konsumgütern auf 20 Prozent und den von Rüstungsgütern auf 30 Prozent. Umgerechnet auf Weltmarktpreise aber macht die Rüstung derselben Quelle zufolge sogar 62 bis 63 Prozent der Maschinenbauproduktion aus, Investitionsgüter 32 Prozent und Konsumgüter 5 bis 6 Prozent.

Abrüstung und politischer Wandel

Der Wandel der Sicherheitspolitik und die innenpolitischen Veränderungen in der UdSSR seit 1985 hatten einschneidende Folgen für die Streitkräfte. Die Durchsetzung einer neuen Militärdoktrin im Jahre 1987 machte ein Umdenken hinsichtlich sowohl der Verteidigungskonzepte als auch der Streitkräfteplanung notwendig. Im Gefolge des Abkommens über die Beseitigung der Mittelstreckenraketen in Europa vom Dezember 1987 wurden erstmals Verbände aufgelöst und Offiziere freigesetzt. Die einseitige Truppenreduzierung, die Anfang 1989 begann, und die zum Ziel hatte, die Streitkräfte um 500000 Mann zu verringern, führte zu weiteren Entlassungen von Berufssoldaten. Im Kontext der Reduzierung fiel zudem die politische Entscheidung, Studenten aus dem Wehrdienst zu entlassen. Folge war, daß sich die Truppe plötzlich ihrer wehrpflichtigen Unterführer beraubt sah und damit zeitweilig ihre Einsatzfähigkeit einbüßte.

Der Abschluß des Vertrages über konventionelle Streitkräfte in Europa (KSE) im Herbst 1990 und des Abkommens über die Reduzierung strategischer Waffen (START) im Sommer 1991 hatte perspektivisch weitere Personalkürzungen zur Folge. Zudem machten die Abrüstungsvereinbarungen, der Verlust des strategischen Vorfeldes durch die «sanften Revolutionen» in Osteuropa und die Auflösung der Warschauer Vertragsorganisation die Streitkräfteplanung der Jahre 1987/88 hinfällig und zwangen zu weiteren Änderungen der Verteidigungsplanung. Der überstürzte Rückzug aus den Ländern des ehemaligen «sozialistischen Lagers» traf die Streitkräfte unvorbereitet und brachte insbesondere für die Berufssoldaten große soziale Härten mit sich.

All das wurde von der Mehrzahl der Offiziere, die sich in ihrer beruflichen Existenz zunehmend bedroht sahen und zugleich damit konfrontiert wurden, daß man militärische Planungen und Konzepte über ihren Kopf hinweg immer wieder durch politische Entscheidungen umwarf, mit Unwillen aufgenommen. Vor allem unter jüngeren Offizieren nahm die Unzufriedenheit zu.

Probleme gab es für die Militärs aber nicht nur im außen- und sicherheitspolitischen Bereich, sondern auch innerhalb der Sowjetunion. Die Öffnung der Gesellschaft führte seit 1987 nicht zuletzt dazu, daß sich die Streitkräfte – bisher gewissermaßen eine «heilige Kuh» – zunehmend öffentlicher Kritik ausgesetzt sahen. Aufmerksamkeit erregte hierbei insbesondere das Phänomen der «dedowschtschina», die Quälerei jüngerer Soldaten durch ältere, kurz vor der Entlassung stehende, die im Jargon als «dedy» (Großväter) bezeichnet wurden. Das hierarchische Verhältnis zwischen den Wehrpflichtigengenerationen, das mit physischem Zwang durchgesetzt wurde und in einer Reihe von Fällen zu Selbstmord oder Desertion der Opfer geführt hatte, war von den Einheitsführern anscheinend seit Jahren stillschweigend geduldet worden. Die schwachen Versuche des Verteidigungsministeriums, die Berichterstattung darüber zu unterdrükken, gingen im Chor der Leserbriefe ehemaliger Soldaten unter. Und der «makellose Ehrenschild der ruhmreichen Sowjetarmee» erhielt in der folgenden Presseauseinandersetzung eine tiefe Schramme.

Solche Vorfälle schwächten die Position der militärischen Führung in den Auseinandersetzungen um sicherheitspolitische Entscheidungen und um den Rüstungshaushalt. Die Kritik an den Streitkräften nahm stetig zu, und 1989 war es kaum einem Sowjetbürger noch plausibel zu machen, warum die Sowjetunion eine so extrem hohe Rüstungslast zu tragen hatte. Die Kürzungen der Militärausgaben, die die Gorbatschow-Administration seit 1989 durchsetzte, stießen auf breiten gesellschaftlichen Konsens. Allerdings versuchten militärische Führung und Rüstungsbürokratie bis zuletzt die wirkliche Höhe der Verteidigungsausgaben zu verheimlichen. Doch die offiziellen Angaben – deren Entwicklung zudem 1991 durch Preismanipulationen vernebelt wurde – stießen auf offene Kritik, und Abgeordnete wie auch Gorbatschow selbst nannten abweichende Zahlen:

Sowjetische Militärausgaben 1985–1991					
Jahr	Offiziell, vor Preisreform 1991	Offiziell, nach Preisreform 1991	18 Prozent des Nationaleinkommens (Gorbatschow)	Deputiertengruppe des Obersten Sowjets	NATO-Schätzung
1985	–	–	104,13	–	–
1986	–	–	105,73	–	–
1987	–	–	107,93	–	ca. 130,00
1988	82,50	–	113,54	–	–
1989	77,30	–	–	–	ca. 145,00
1990	70,10	(ca. 105,60)	–	ca. 200,00	–
1991	(ca. 64,50)	96,56	–	–	–

Mrd. Rbl, lfd. Preise; «—,–» keine Angabe. Quellen: *Narodnoe Chozjajstvo SSSR v. 1987*, Moskau 1988, S. 5; Becker, A. S.: *Sitting on Bayonets. The Soviet Defense Burden and the Slowdown of Soviet Defense Spending*, Rand/UCLA, CSSIB JRS-01, S. Monica 1985, S. 4f.; *FAZ*, 2.8.89; *Izvestija*, 31.5.89; *Berichte des BIOst*, 29. 1986, S. 8; *Pravda*, 29.4.1990, S. 1–2; *FR*, 24.4.1990, S. 5; *Moskovskie Novosti*, 20.5.1990, Nr. 20, S. 6; *Meždunarodnaja Zizn'*, 9/1990, S. 231 *Komsomol'skaja Pravda*, 11.12.1990, S. 1; *Izvestija*, 12.1.1991; *Krasnaja Zvezda*, 13.12.1990, S. 1.

Gleichgültig, welche der Angaben letztlich zutrifft, bezogen auf das Bruttosozialprodukt (BSP) ist die Rüstungslast in jedem Fall beträchtlich: Nach offiziellen Angaben macht sie etwa 9,4 Prozent des BSP aus. Greift man auf die westlichen Schätzungen zurück, macht sie sogar 15 bis 16 Prozent und nach denen der Deputiertengruppe über 20 Prozent aus. Vergleicht man diese Zahlen mit denen westlicher Länder – in den USA beträgt die Rüstungslast etwa 6 bis 7 Prozent des

BSP, in der Bundesrepublik ca. 3 Prozent –, dann wird deutlich, in welchem Maße Streitkräfte und Rüstungskomplex das Land ausgesaugt haben. Angesichts der sich verschärfenden Wirtschaftskrise wurde dies in den Augen der sowjetischen Öffentlichkeit immer untragbarer.

Die Kritik an der Armee nahm in den nach Unabhängigkeit oder größerer Selbständigkeit strebenden Republiken noch sehr viel schärfere Formen an als in Rußland. Die sowjetischen Streitkräfte wurden als «Okkupanten» beschimpft und ihr Abzug gefordert. Die örtlichen Behörden stellten sich teilweise gegen das Verteidigungsministerium und behinderten die Einberufungskampagnen des Jahres 1990.

Anteil der Wehrpflichtigen, die 1990 zum Dienst antraten (in Prozent)		
	Frühjahrseinberufung	Herbsteinberufung
UdSSR	?	78,8
Armenien	7,5	28,1
Georgien	28,0	10,0
Moldawien	?	58,9
Litauen	40,7	12,5
Estland	42,1	24,5
Lettland	55,3	25,3

Quelle: *Vysokaja otvetstvennost' oficera. Vystuplenie Člena Prezidentskogo soveta,* ministra oborony SSSR, Maršal Sovetskogo Sojuza D. T. Jazova pered oficerskim sostavom v rajone učenija 17 avgusta 1990 goda, in: *Krasnaja Zvezda,* 19. 8. 1990, S. 2; Erklärung des Verteidigungsministeriums der UdSSR über zusätzliche Maßnahmen zur Verstärkung der Verteidigungsfähigkeit, in: Fernseh-/Hörfunkspiegel Ausland (= TASS/russ./7. 1. 91/18.39/MH), 8. 1. 1991. S. 8.

Zugleich kam es – auch im Kontext nationaler Konflikte – vielerorts zur Bildung nationaler Verbände und irregulärer Milizen. Nach Aussagen des KGB-Vorsitzenden Krjutschkow vom Dezember 1990 gab es zu diesem Zeitpunkt auf dem Territorium der Sowjetunion 400 illegale bewaffnete Formationen mit 26000 Mitgliedern. Nun mag Krjutschkow, der im Winter 1990/91 offensichtlich autoritären Lösungen zuneigte, die Situation dramatisiert haben. Doch auch der als «liberal» eingeschätzte Innenminister Bakatin, der im Herbst 1990 abgelöst wurde, erklärte im August seines letzten Amtsjahres, daß sich in den Händen der Bevölkerung 3,6 Millionen Schußwaffen, vorwiegend Jagdgewehre, befänden. Hinzu kämen 1,1 Millionen Waffen in Schulen, auf Schießständen und bei der DOSAAF, die für die vormilitärische Ausbildung zuständig war. 1989 wurden seinen Angaben zufolge in Krisenregionen 164313 Schußwaffen beschlagnahmt oder von den Besitzern freiwillig abgegeben.

Angesichts dieser Situation hatte der Präsident am 25. Juli 1990 die Entwaffnung «ungesetzlicher Formationen» innerhalb von vierzehn Tagen angeordnet. Dieser Befehl wurde jedoch nicht befolgt, seine Durchsetzung stieß auf Widerstand in den Republiken. Nationalgarden, Parteimilizen oder paramilitärische Verbände existierten 1990 in Armenien, Aserbaidschan und Georgien. In Moldawien wurden die aufgestellten Carabinieri-Einheiten durch Erlaß des Präsidenten aufgelöst. In den baltischen Republiken kam es neben der Bildung von Zollwachen und Polizeiverbänden auch zur Wiederaufstellung paramilitärischer Organisationen aus der Zwischenkriegszeit.

Im Verteidigungsministerium wurde diese Entwicklung mit zunehmender Unruhe beobachtet. Die militärische Führung trat entschieden gegen die Schaffung nationaler oder territorialer Verbände auf. Offensichtlich waren Teile der Generalität auch bereit, mit Gewalt gegen solche Gruppierungen wie gegen die Unabhängigkeitsbestrebungen überhaupt vorzugehen.

Diese Erscheinungen waren ohne Zweifel Symptome einer tiefen Krise, in die sowohl das politische System wie das Militär geraten war. Vor allem jüngere Offiziere forderten seit Ende 1989 eine durchgreifende Militärreform, die die Streitkräfte den Entwicklungen in der Gesellschaft anpassen sollte. Unter dem Stichwort Militärreform wurde eine ganze Reihe von Einzelproblemen diskutiert:

- Dies betraf zunächst die Strukturreform der Streitkräfte selbst, die Vereinfachung der Führungsorganisation und die Umstrukturierung der Verbände, die angesichts der Truppenreduzierungen und der Umstellung der Militärdoktrin notwendig geworden war. Das Verteidigungsministerium stellte diesen Aspekt in den Vordergrund.
- Die Vertreter einer radikalen Militärreform dagegen setzten auf eine Umwandlung der Wehrpflichtarmee in eine Berufsarmee. Dies würde, so hieß es, alle inneren Probleme der Streitkräfte schlagartig beseitigen.
- Im Laufe des Jahres 1990 trat die Frage in den Vordergrund, wie das Verhältnis von Union und Republiken in Verteidigungsfragen geregelt werden könnte. Die Reformer dachten an nationale oder territorial rekrutierte Verbände und an eine Arbeitsteilung zwischen Streitkräften der Zentrale mit strategischer Aufgabenstellung (nu-

klear bewaffnete Verbände, mobile Eingreiftruppe) einerseits und Republiktruppen mit dem Auftrag «Territorialverteidigung» andererseits.

- Angesichts der sich verschärfenden Wirtschaftskrise nahm die Frage der sozialen Sicherung einen immer größeren Raum in den Diskussionen ein. Dies war naturgemäß vor allem das Interesse der Offiziere und der längerdienenden Unteroffiziere, die auch beim Übergang zum Markt bereits ihre Felle davonschwimmen sahen.
- Der Übergang zur Marktwirtschaft stellte die gesamte Finanzierung von Rüstungsindustrie und Streitkräften auf eine neue Basis. Eine grundlegende Reform der Beschaffung und der Truppenwirtschaft mußte durchgeführt werden.
- Von großer Bedeutung war die Frage, wie man die Streitkräfte in die neue Verfassung einbinden könnte, wem sie unterstellt werden sollten und welche rechtsstaatlichen Kontrollorgane notwendig waren. Dies war ein Punkt, den das Verteidigungsministerium in seinen Überlegungen weitgehend ausklammerte, während ihn die Reformer stark betonten.
- Schließlich standen bis August 1991 auch die Frage der Parteiorgane in der Armee und die Rolle der Politverwaltungen zur Disposition. Bei Aufgabe des politischen Monopols der KPdSU (Streichung des Artikels 6 der alten Verfassung) mußten im Grunde beide Institutionen – Parteiorgane und Politverwaltung – beseitigt werden. Eine Reihe jüngerer Offiziere forderte ebendies, doch die militärische Führung setzte sich dagegen zur Wehr.

Bis zum Putschversuch vom 19. August war die Diskussion um die Militärreform offen. Es waren verschiedene Projekte erarbeitet und dem Parlament vorgelegt worden. Doch vor der Verabschiedung des Unionsvertrags konnte eine neue Wehrverfassung nicht beschlossen werden.

Die Demontage der Rüstungsindustrie

Die einseitigen Truppenreduzierungen, die Kürzungen der Militärausgaben und die Verringerung der Rüstungsproduktion um 19,5 Prozent, die Gorbatschow Ende 1988 und Anfang 1989 verkündet hatte, führten in der Rüstungsindustrie umgehend zur Streichung von Beschaffungsaufträgen. Dies geschah aus der Sicht der Betriebe ganz abrupt, durch willkürliche Planänderungen – gewissermaßen in Form einer «Kavallerie-Attacke». Von diesen Einschränkungen waren vor allem die Produzenten jener Waffensysteme betroffen, die im Kontext der Abrüstungsverhandlungen beseitigt oder verringert werden sollten. Der Leiter der Gosplan-Querschnittsabteilung für den Verteidigungskomplex Glybin skizzierte den Charakter der Kürzungen in einem Interview: «(...) Kürzung der Waffenproduktion ist vor allem Folge der Änderung der militärpolitischen Doktrin, nicht umgekehrt.

In Entsprechung zu dieser Doktrin unterlagen die offensiven Waffen der stärksten Reduzierung: Luftwaffe, Kurz- und Mittelstreckenraketen, Panzerfahrzeuge (...) Die konkreten Ziffern wurden in der Presse publiziert. Die Konversion berührt nicht die ‹delikaten› Industriezweige: Aufklärung, Luftverteidigung, Raketenabwehr, automatisierte Truppenführung, Überwachungssysteme. Wir müssen die staatlichen Interessen durch Qualität des technologischen Niveaus bei Verminderung der Quantität sichern. Das ist unsere Philosophie in der Sphäre der Waffensysteme. (...)

Daß wir von diesen Entscheidungen überrascht worden sind, kann ich nicht behaupten. (...) Doch in einzelnen Betrieben gelang es nicht, rechtzeitig auf die Änderung der Produktion zu reagieren, deshalb ist die Lage schwierig. Das betrifft vor allem die Produzenten von Angriffswaffen.» (*Ekonomika i organizacija promyšlennogo proizvodstva [EKO]*, 1990, Nr. 5, S. 154f)

Die Kürzungen bei der Waffenbeschaffung trafen also vor allem die Produzenten traditioneller Waffensysteme:

Geplante Kürzung der Produktion von Waffensystemen 1990 (Beschaffung in Prozent zu 1989)	
Kampfpanzer	48
Munition	80
Flugzeuge	88
Hubschrauber	40

Quelle: *Prawda*, 26. 9. 1989, S. 2

Starke Einschnitte im Flugzeugbau, in der Panzer- und Raketenproduktion bei gleichzeitiger Fortentwicklung der Hochtechnologiebereiche wie Militärelektronik – das war die Strategie, die die VPK proklamierte: ein sowjetisches Gegenstück zu der Politik des «leaner but meaner» – «kleiner, aber gemeiner» – der westlichen Rüstungsentwicklung. Für die sowjetischen Rüstungsbetriebe, die auf traditionelle Produkte ausgerichtet waren, bedeutete dies in vielen Fällen das «Aus» – oder wenigstens starke Einbußen. Nimmt man die Angaben der Staatlichen Plankommission zum Nennwert, so waren es etwa 200 Betriebe des Rüstungskomplexes, die ihre militärisch relevante Produktion um mehr als 20 Prozent einschränkten. Sechs stellten sie völlig ein. Die auf Hochtechnologie orientierten Unternehmen wurden indessen von den Kürzungen und damit auch von Konversion kaum berührt. Hierdurch wurden der Volkswirtschaft gerade jene Bereiche vorenthalten, die für sie von besonderem Interesse waren.

Auf der anderen Seite gerieten die von der Auftragskürzung betroffenen Rüstungsbetriebe in erhebliche Schwierigkeiten. *Uraltransmaš* beispielsweise, ein Werk, das vor allem Selbstfahrlafetten und Werfer erzeugt hatte, büßte zwischen 1988 und 1990 in Stückzahlen gemessen 40 Prozent der Rüstungsaufträge ein. Im Durchschnitt verloren im Ural, einem der Zentren der sowjetischen Waffenproduktion, die Betriebe des Rüstungskomplexes in nur einem Jahr (1990) etwa 8 Prozent ihrer militärisch ausgerichteten Produktion. Der Aufbau einer zivilen Ersatzproduktion stieß hingegen auf erhebliche Schwierigkeiten. Für die Entwicklung neuer Produkte und der zugehörigen Fertigungstechnologien fehlte Zeit und Geld; auch Zulieferer für neue Produktionen waren nicht ohne weiteres zu finden, da ein Großmarkt für Produktionsmittel noch kaum existierte. Viele der betroffenen Betriebe gerieten in akute Schwierigkeiten. Management und Belegschaften empfanden die Konversionspolitik der Gorbatschow-Administration denn auch als planlos und irrational.

Aus diesen Erfahrungen heraus wuchs der Widerstand der Rüstungsmanager gegen weitergehende Wirtschaftsreformen. Im Herbst 1990 stellte sich eine große Gruppe von Rüstungsmanagern gegen Reformschritte, die auch den Rüstungssektor betrafen. In einem offenen Brief beklagten sich sechsundvierzig Generalkonstrukteure und Generaldirektoren von Rüstungsbetrieben über Angriffe auf den Rüstungskomplex und über «unqualifizierte Einmischungsversuche». Sie verlangten Beibehaltung der zentralisierten Leitung des Komplexes, der staatlichen Rüstungsfinanzierung und der zentral gesteuerten Versorgung. Eine Demonopolisierung – notwendiger Teil der sowjetischen Wirtschaftsreformen – lehnten sie für ihren Sektor kategorisch ab. Darüber hinaus forderten sie klare Zusagen für Rüstungsaufträge im Jahr 1991.

Allerdings belehrte sie das Versagen der zentralen Versorgung im Winter 1990/91 eines besseren, und im Frühjahr 1991 fanden sich viele der Rüstungsmanager auf Betriebsebene auf seiten der Vertreter einer Privatisierung oder Teilprivatisierung der Industrie. Der Generaldirektor der Leningrader Produktionsvereinigung «Signal» etwa konnte nun nichts Schlimmes mehr an der Privatisierung seines Unternehmens finden: «Ich sehe nichts Schreckliches in der Situation, wenn, sagen wir, unser Kollektiv Aktienbesitzer eines Teils unseres Werkes wird. Der Bestand unserer Mitarbeiter hat sich eingerichtet und ist sehr beständig, ungeachtet des sehr mittelmäßigen Lohnes.» (*Iswestija*, 1.4.1991, S. 5)

Den Direktor des Nachbarunternehmens, das bereits privatisiert worden war, beneidete er offenbar um seine Handlungsfreiheit: «Ich war mit dem Direktor dieses Werkes befreundet. Aber was ist er mir jetzt für ein Freund? Er ist freier Unternehmer, fährt jetzt nach Amerika, sammelt Aufträge. Und ich? Ich fahre diese Woche nach Moskau und schließe mit dem Konzern einen Knebelungsvertrag.» (*Iswestija*, 1.4.1991, S. 5)

Im Frühjahr 1991 bewegten offenbar viele Rüstungsmanager solche oder ähnliche Gedanken. Das *Minoboronprom* beispielsweise gründete gemeinsam mit der Wissenschaftlichen Produktionsvereinigung «Sojus», der Bank für industriellen Aufbau und einer Reihe anderer Unternehmen eine Warenbörse in Form einer Aktiengesellschaft. Die Aktien dieses Handelsunternehmens namens «Konversija» wurden ausgeschrieben, die Höhe des Startkapitals sollte 10 Millionen Rubel betragen, gestückelt in 100 Anteile zu 100000 Rubel oder 25000 Dollar. Die Raketenbauer des *Minobščemaš* dachten in ähnlichen Bahnen: Sie strebten die Schaffung eines Raumfahrtkonzerns an, der Betriebe in Form von Assoziationen und Aktiengesellschaften zusammenfassen und auf dem internationalen Markt tätig werden sollte. Besonders kleinere Unternehmen sollten entstaatlicht werden, Großbetriebe dagegen in staatlicher Hand bleiben. Als Koordinierungsgremium schwebte den Vertretern des Ministeriums eine Organisation wie die NASA vor.

Diese Entwicklungen, die im Frühjahr und Sommer 1991 an Intensität gewannen, stellten eine akute Bedrohung für die Rüstungsbürokratie oberhalb der Betriebe dar. Sofern es ihr nicht gelang, sich in die Bildung von Konzernen und Aktiengesellschaften einzuschalten, verlor sie weitgehend ihre Funktion. Die Ansätze zur Wirtschaftsreform entzogen der Militärisch-Industriellen Kommission und der um sie herum angesiedelten Bürokratie ihre Existenzgrundlage.

Militär und Partei

Die Reduzierung von Rüstung und Streitkräften, der Verlust strategischer Positionen in Europa, der Verzicht auf militärische Stärke als Druckmittel der Außenpolitik, all diese Entwicklungsschritte verringerten den politischen Einfluß der militärischen Führung und des Rüstungsmanagements und bedrohten ihren Status.

Anfang Juni 1989 beschloß der Oberste Sowjet darüber hinaus die Bildung von 14 Komitees, darunter die eines Komitees des Obersten Sowjets der UdSSR für Fragen der Verteidigung und der Staatssicherheit, das sich – parlamentarisch legitimiert – mit der Kontrolle der Streitkräfte befassen sollte. Dieser Verteidigungsausschuß bestand aus 43 Mitgliedern. Der Oberste Sowjet entsandte in ihn zunächst u. a. sieben Militärs, 19 Vertreter von Rüstungsbetrieben und zwei Angehörige des KGB. Wenigstens 28 von 43 Komiteemitgliedern waren also unmittelbar mit Militär- und Rüstungsbürokratie verbunden.

Von den profilierten Reformern hatte sich keiner in den Verteidigungsausschuß wählen lassen. Offensichtlich hatte man die Bedeutung dieser Institution unterschätzt.

Die Aufgaben des Komitees waren weitgespannt. Es war sowohl für äußere wie für innere Sicherheit zuständig; in seinen Arbeitsbereich fielen also sowohl KGB wie Streitkräfte und Rüstungsbereich. Grundsätzlich sollte das Komitee ähnliche Aufgaben wahrnehmen wie entsprechende Ausschüsse in westlichen Parlamenten. Es sollte Gesetzesvorlagen konzipieren, Personalentscheidungen bestätigen, Entwicklungsplanung der Streitkräfte und das Wehrbudget erörtern, Armee und KGB kontrollieren sowie militär- und sicherheitspolitische Entscheidungen des Obersten Sowjets vorbereiten. Das Komitee verfügte über das Recht, Gesetze zu initiieren.

Während die parlamentarische Kontrolle von Militär- und Sicherheitspolitik nur mühsam in Gang kam, schuf die Einführung eines Präsidialregimes neue Möglichkeiten, das Militär politisch einzubinden. Im Gesetz über die Schaffung des Präsidentenamtes, das am 14. März 1990 vom Volkskongreß verabschiedet wurde, erhielt der Präsident weitgehende Verfügung über die Streitkräfte.

Es räumte ihm nicht nur die Stellung des Oberbefehlshabers der Streitkräfte, das Recht zur Erklärung der Mobilmachung ein, sondern «im Interesse der Gewährleistung der Sicherheit der Bürger der UdSSR» auch das Recht zur Verhängung des Ausnahmezustandes. Die militärische Führung begrüßte diese Entscheidung – es scheint, daß sie diese Regelungen selbst vorbereitet hat. Mit diesem Gesetz – und dem Gesetz über den Ausnahmezustand – wurde die Rechtsgrundlage für den Einsatz von Truppen im Innern geschaffen.

Die traditionell starke Bindung der sowjetischen Streitkräfte an die KPdSU wurde damit ausgehöhlt, allerdings wehrten sich Partei und militärische Führung entschieden gegen eine Auflösung der politischen Strukturen innerhalb des Militärs. Bisher hatte es eine Politverwaltung in den Streitkräften gegeben, die sich durch die ganze militärische Hierarchie hindurchgezogen hatte und deren Führungsspitze – die Politische Hauptverwaltung von Armee und Flotte – zugleich Abteilung des Verteidigungsministeriums und Departement des ZK-Apparats gewesen war. Die Politverwaltung war eng verflochten mit den Parteiorganisationen in den Einheiten. Vor allem jüngere Offiziere hatten seit 1989 eine «Depolitisierung» und «Departeiisierung» und damit die Abschaffung der Politverwaltung und ein Verbot politischer Betätigung im Dienst gefordert. Das Verteidigungsministerium dagegen hatte versucht, die Politoffiziere in eine neue Rolle als militärpolitische und militärpsychologische Berater zu überführen und die Parteiorganisationen in den Streitkräften zu wahren – das Eindringen anderer Parteien, die Gleichbehandlung forderten, aber zu verhindern. Das Verbot der Tätigkeit der KPdSU nach dem gescheiterten Staatsstreich hat diesen Konflikt gegenstandslos gemacht.

Allerdings war die feste Anbindung an die KPdSU bisher ein Faktor gewesen, der die Rolle des Militärs als Instrument der politischen Führung gesichert hatte. Die schrittweise Aufweichung dieser Strukturen und die Einbindung in neue, rechtsstaatliche Strukturen durch Schaffung eines parlamentarisch legitimierten Kontrollorgans sowie die Unterstellung unter einen zivilen Oberbefehlshaber schuf wenigstens für die ältere Generation des Offizierskorps Unsicherheiten.

Eine der Reaktionen war eine zunehmende Politisierung der Armee, die etwa seit Ende 1989 erkennbar wurde. Zunächst waren es die «Jungtürken», eine beträchtliche Gruppe von Offizieren unterer und mittlerer Ränge, teils Deputierte der verschiedenen Sowjets, teils Mitarbeiter militärischer Forschungsinstitute, die politisch initiativ wurden, um eine Militärreform gegen die eigene Führung durchzusetzen. Im Frühjahr formierte sich aber auch die «Rechte» – «schwarze Obristen» wie Alksnis und Petruschenko, die im Obersten Sowjet einen harten außen- und innenpolitischen Kurs forderten und Außenminister Schewardnadse massiv angriffen, sowie zornige alte Generäle, die gegen Inkompetenz der Gorbatschowschen Führung und Aufweichungserscheinungen in der Gesellschaft wetterten. Durch das Offizierskorps zog sich ein Riß. Während Personen wie Alksnis und Petruschenko, aber auch General Makaschow oder der Generalstabschef Moiseev und sein Vorgänger Achromeew – in Nuancen unterschiedlich –, an alten Vorstellungen von militärischer Stärke, Weltmachtstatus und Geschlossenheit der Union festhielten, orientierten sich andere Offiziere – wie etwa der Militärreformer Lopatin, Generaloberst Kobec, Leiter der Hauptverwaltung Elektronik und Fernmeldewesen im Generalstab, und später russischer Verteidigungsminister, der Stalinbiograph Generaloberst Wolkogonow oder der Afghanistanheld Oberst Rutschko – auf reformorientierte Kräfte, die sich um Jelzin scharten.

Militärische Vorbereitungen für einen Umsturz

Den Rahmen für die legale Vorbereitung von militärischen Einsätzen gegen die eigene Bevölkerung schuf das Gesetz über die rechtliche Regelung des Ausnahmezustands, das im April 1990 rechtskräftig wurde. Dieses Gesetz gab dem Präsidenten der UdSSR u. a. das Recht, in besonderen Situationen ohne weitere Konsultation in Teilen des Landes den Ausnahmezustand auszurufen, ein Schritt, der erst nachträglich vom Obersten Sowjet bestätigt werden mußte (Artikel 2). Zur Koordinierung der Notstandsmaßnahmen konnten zeitlich begrenzt besondere Gremien geschaffen werden (Artikel 5). Im Falle der Erklärung des Ausnahmezustands konnten die Bürgerrechte stark eingeschränkt werden, in Extremsituationen konnten neben den dafür vorgesehenen Truppen des Innenministeriums auch KGB-Truppen und reguläre Streitkräfte eingesetzt werden.

Nach Informationen in der Reformpresse begannen Stäbe in den Streitkräften im Sommer und Herbst 1990 Einsatzpläne für den Ausnahmezustand auszuarbeiten. Dies muß nicht auf konkrete Umsturzabsichten hindeuten; die Arbeit fand in ganz legalem Rahmen statt und konnte durch die Verschärfung interethnischer Konflikte gerechtfertigt werden, die 1989 und 1990 mehrmals den Einsatz von Inneren Truppen, teilweise auch von regulären Streitkräften notwendig gemacht hatte. Daß solche Planungen tatsächlich erarbeitet wurden, dafür sprechen personelle Umbesetzungen im Innen- und Verteidigungsministerium. Im Dezember 1990 wurde der letzte sowjetische Oberbefehlshaber in Afghanistan, Boris Gromow, bis zu diesem Zeitpunkt Chef des Kiewer Wehrkreises, zum Stellvertretenden Innenminister gekürt, mit dem besonderen Aufgabenbereich: Tätigkeit des Ministeriums im Ausnahmezustand. Gleichzeitig wurde der Oberbefehlshaber der Luftlandetruppen, Wladislaw Atschalow, zum Stellvertretenden Verteidigungsminister ernannt und mit den entsprechenden Aufgaben im Bereich der regulären Streitkräfte betraut. Das deutet darauf hin, daß sich die Militärs auf den Einsatz von Truppen im Ausnahmezustand ernsthaft vorbereiteten. Die im Herbst 1990 umlaufenden Gerüchte über einen bevorstehenden Militärputsch wurden von der militärischen Führung allerdings immer wieder energisch dementiert.

19. August 1991: Die Armee als «Retter der Nation»

Am 19. August 1991 versuchte eine «Junta», zu der u. a. Vizepräsident, Premierminister, KGB-Chef, Innenminister und Verteidigungsminister gehörten, unter Rückgriff auf das Gesetz über das Präsidentenamt und das Gesetz über den Ausnahmezustand die Macht zu übernehmen. Sie setzten dabei das einzige Machtmittel ein, über das sie verfügten: die Inneren Truppen, die Verbände des KGB und die regulären Streitkräfte. Die Einsatzpläne für den Notstand – soweit sie existierten – traten in Kraft, die Soldaten rückten aus und besetzten Schlüsselpositionen in einer Reihe von Städten.

In der «Junta» selbst waren militärische Führung und Leitung des Rüstungskomplexes prominent vertreten. Hier schlug sich zweifellos die Unzufriedenheit der Rüstungsbürokratie mit Kürzungen und Konversion, mit dem Verlust ihrer Sonderstellung ebenso nieder, wie die Verärgerung eines Teils der Generäle über die «weichliche» Haltung der Gorbatschow-Regierung und die ständigen «Zugeständnisse» an den Westen. Die «Verlierer» der Abrüstungspolitik suchten die Revanche.

Aber das Instrument, dessen sie sich notwendigerweise bedienen mußten, die Armee, verweigerte sich. Der Oberbefehlshaber der Luftstreitkräfte, Schaposchnikow, lehnte die Beteiligung am Staatsstreich ab und unterband damit die Verlegung von Truppen auf dem Luftweg. Der Oberbefehlshaber der strategischen Raketentruppen, Maksimow, wandte sich gegen den Umsturz. Der Oberbefehlshaber des Wehrkreises Leningrad, Generalleutnant Samsonow, hielt nach einem Gespräch mit dem Leningrader Bürgermeister Sobtschak die Militärkolonnen an, die auf die Stadt vorrückten. Generaloberst Kobec und Oberst Ruzkoi, der russische Vizepräsident, organisierten im «Belyj Dom» – im Moskauer «Weißen Haus» – den Widerstand. Zu ihnen stießen Offiziere und Soldaten – Generalmajor Platonow kam zu Fuß aus dem Generalstab, Panzer der Tamaner Mot-Schützen-Gardedivision, eines ausgesprochenen Eliteverbands, verstärkten die Blockaden vor dem russischen Parlament. Das Kommando der Luftlandetruppen ließ bekanntgeben, daß die ihm unterstellten Verbände nicht auf das Volk schießen würden.

Wenngleich also Verteidigungsminister und Generalstabschef die Junta unterstützten, versagten sich Teile der Führung und der Truppe den Putschisten. Diese Weigerung trug entscheidend zum Scheitern des Staatsstreichs bei.

Die Frage, warum die Streitkräfte keine Gewalt eingesetzt haben, um der Junta zum Sieg zu verhelfen, ist derzeit nicht eindeutig zu beantworten. Eine Reihe von Motiven ist denkbar. Zum einen bestanden die Truppen zu zwei Dritteln aus Wehrpflichtigen, die sich aus verschiedenen Nationalitäten rekrutierten und zum Teil vor ihrer Einberufung selbst Mitglieder sogenannter «informeller Vereinigungen» – also politisch oder ökologisch orientierter Gruppierungen – waren. Mag sein, daß die Führung ihrer Truppe in einer solchen Extremsituation nicht traute. Auch die Annahme, daß Befehlshaber sich streng legalistisch verhielten und die Notstandskonstruktion der Junta nicht akzeptierten, ist nicht von der Hand zu weisen. Denkbar wäre auch, daß durch Inkompetenz oder infolge von Sabotage Befehle nicht oder nur mit Verzögerung weitergegeben wurden, so daß die Einsatzpläne nicht umgesetzt werden konnten. Der russische Verteidigungsminister Kobec berichtet davon, daß Offiziere aus Loyalität Rußland oder der demokratischen Bewegung gegenüber – Nationalismus und demokratisches Bewußtsein sind hier kaum auseinanderzuhalten – auf diese Weise Befehle der Putschisten unterliefen. Auch die Erfahrung aus früheren Einsätzen im Innern mögen eine Rolle gespielt haben. Im April 1989 hatte die militärische Führung den Einsatz von «desantniki» – Fallschirmjägern – gegen eine unbewaffnete Menschenmenge in Tbilisi befohlen, der den Tod von über zwanzig Menschen zur Folge hatte. Das hatte heftige Reaktionen in der sowjetischen Öffentlichkeit ausgelöst und einen erheblichen Prestigeverlust des Militärs nach sich gezogen. Die Militärs beriefen sich in der Folge auf das «Tbilisi-Syndrom», wenn es darum ging, ihre Untätigkeit während der Armenier-Pogrome in Sumgait und der Mescheten-Pogrome in Mittelasien zu rechtfertigen. Möglicherweise hat die negative Erfahrung von Tbilisi dazu beigetragen, daß die Armee nach dem 19. August nicht offensiv gegen die Demonstranten vorging.

Ausblick

Der gescheiterte Staatsstreich hat auch im sicherheits- und militärpolitischen Bereich eine neue Situation geschaffen. Das weitere Schicksal der sowjetischen Streitkräfte hängt jetzt davon ab, in welcher Form der neue Unionsvertrag abgeschlossen wird. Jene Varianten der Militärreform, die vor dem 19.8. eine Minderheitenmeinung zu bleiben schienen – die der «Jungtürken», die eine kleine Berufsarmee für das Zentrum und Territorialschutztruppen für die einzelnen Republiken forderten –, haben jetzt große Realisierungschancen. Allerdings besteht die Gefahr einer Aufrüstung der Republiken, die regional in einer Militarisierung interethnischer Konflikte münden könnte. Der Umfang der verbleibenden Unionsarmee, die vor allem die nuklearen Streitkräfte und eine mobile Einsatztruppe umfassen würde, hängt von der Bereitschaft der Republiken ab, in einen zentralen Verteidigungshaushalt einzuzahlen. Angesichts der wirtschaftlichen Misere wird der Wunsch, hier beizutragen, nicht sehr groß sein. Die neue Unionsstruktur könnte also zu einer weiteren Demilitarisierung der Beziehungen zwischen Westeuropa und der Rest-Union führen. Allerdings wächst die Gefahr, daß regionale Konflikte mit militärischen Mitteln ausgetragen werden – sowohl solche zwischen ethnischen Gruppen innerhalb einer Republik, wie die zwischen Republiken.

Für viele westliche Beobachter stellte sich dabei vor allem die Frage, wo sich die sowjetischen Atomwaffen befinden und wer über sie in Zukunft verfügen wird. Bei Unterzeichnung des START-Vertrags Ende Juli 1991 verfügte die UdSSR über ca. 2500 nukleare Trägersysteme strategischer Bedeutung. Davon sind 940 Raketen, die 2804 Sprengköpfe tragen können, auf Atom-U-Booten stationiert. Weitere 1398 Raketen, die 6612 Sprengköpfe tragen können, werden in Silos oder auf mobilen Werfern (321 Raketen) bereitgehalten. Dazu kommen 175 strategische Bomber, von denen ein Teil mit luftgestützten und nuklear bestückten Marschflugkörpern ausgerüstet ist. Im Rahmen des START-Abkommens soll die Zahl der strategischen Systeme auf 1600 Träger mit 6000 Sprengköpfen reduziert werden.

Im Mittelstreckenbereich sind die Raketen aufgrund des INF-Abkommens vernichtet worden, während 390 Mittelstreckenbomber, die z. T. auch in einer nuklearen Rolle eingesetzt werden können, noch vorhanden sind. Im Kurzstreckenbereich, für den es bisher keine Vereinbarungen gibt, verfügt die Sowjetunion über 1723 nuklearfähige Werfersysteme und 480 Kampfflugzeuge, die in einer konventionellen oder nuklearen Rolle eingesetzt werden können.

Während die Kurzstreckenwaffen den «Kommandos der strategischen Richtungen» (etwa vergleichbar mit NATO-Kommandostrukturen wie NORTHAG oder CENTAG) zugeordnet sind, befinden sich die strategischen Systeme in der Verfügung der Zentrale. Über das Freigabeverfahren für den Einsatz der sowjetischen Atomwaffen war bisher nur wenig bekannt. Grundsätzlich liegt die Entscheidung für den Einsatz in der Hand der politischen Führung, seit Einrichtung des Präsidentenamts bei dessen Träger, der zugleich Oberbefehlshaber der Streitkräfte ist. Ein ausgefeiltes System technischer Blockaden soll einen nicht von dieser Stelle befohlenen Start verhindern.

Die im Westen hochgespielte Tatsache, daß die «Junta» über den «Koffer» mit den Codierungen für den Einsatzbefehl verfügte, stellte tatsächlich keine reale Bedrohung dar. Die «Junta» hatte ganz andere – nämlich wirtschafts- und gesellschaftspolitische – Probleme zu lösen, eine nukleare Erpressung stand nie zur Debatte. Zudem wäre das Kommando der Strategischen Raketentruppen, deren Oberbefehlshaber Maksimow der «Junta» die Unterstützung verweigerte, in der Lage gewesen, den Abschuß von Raketen technisch zu blockieren.

Wie Stationierung und Verfügung über die nuklearen Systeme in Zukunft gehandhabt werden, hängt von den Vereinbarungen zwischen den Republiken ab. Es ist sowohl denkbar, daß alle Systeme auf den Boden der russischen Föderation zurückgezogen werden –; in diesem Fall würde der russische Präsident gemeinsam mit dem Oberhaupt der Konföderation Einfluß auf die Einsatzentscheidung haben –, als auch ein Modell, in dem die vier Stationierungsrepubliken Rußland, Ukraine, Weißrußland und Kasachstan an der Entscheidung beteiligt werden. Insgesamt wird eine Verfügung über den Einsatz von Atomwaffen in Zukunft eine breitere politische Entscheidung voraussetzen. Zudem wird nach Aussage sowjetischer Außenpolitiker das System der Kontrollen und Blockaden in Zukunft noch weiter perfektioniert. Schließlich ist auch zu bezweifeln, ob die Republiken auch zukünftig noch bereit sein werden, eine Modernisierung des Nuklearpotentials mitzufinanzieren. Es ist eher damit zu rechnen, daß sie nukleare Potentiale weiter abbauen wollen, was hoffentlich korrespondierend vom Westen honoriert wird.

Während die strategische Bedrohung durch die sowjetischen Atomwaffen tendenziell zurückgeht, könnten sich aus der Militarisierung interethnischer Konflikte innerhalb der Sowjetunion Situationen ergeben, in denen nukleare Sprengköpfe, chemische Waffen, die zum größten Teil noch auf die Vernichtung warten, oder biologische Kampfstoffe von extremistischen Gruppen regional zu politischer Erpressung genutzt werden. Während der nächstliegende Schritt zur Verhinderung eines solchen Szenarios – die militärische Sicherung der entsprechenden Vorräte bzw. ihre Verlagerung aus Krisengebieten, soweit bekannt –, bereits realisiert wird, stehen die notwendigen flankierenden Maßnahmen aus: eine innersowjetische und europäische Politik der regionalen Krisenprävention, die einerseits durch Wirtschaftshilfe und andererseits durch Einbindung der Republiken in ein europäisches Sicherheitssystem Konflikte zu regulieren sucht.

Uwe Halbach

Der Zerfall der Union

Vom nationalen Aufbegehren zur Souveränität

Selten hat ein gescheiterter politischer Umsturzversuch in einem Land so definitiv das Gegenteil von dem herbeigeführt, was er beabsichtigt hatte, wie der Putsch vom 19. August 1991. Waren die Putschisten des «Komitees für den Ausnahmezustand» für den autoritären Erhalt der Einheit und der territorialen Integrität des innerlich längst zerfallenen sowjetischen Gesamtstaates aufgetreten, so haben sie den Quantensprung in den äußeren «Zerfall» ausgelöst; mühsam ausgehandelte, allerdings noch keineswegs abgesicherte Kompromißstrukturen für eine «erneuerte Union» wurden vielleicht endgültig zerschlagen. Der ukrainische Ökologe Schtscherbak nennt den Putsch ein «politisches Tschernobyl», der Präsident Kasachstans, ein Hauptakteur im sogenannten «9 + 1»-Prozeß zur Konstituierung einer «erneuerten Union», bescheinigt den «endgültigen Bankrott des politischen Systems UdSSR», und der armenische Präsident ließ verlauten, das Zentrum habe sich durch den Putsch überlebt: «Es ist tot; es hat Selbstmord begangen.» Die Putschisten haben den «9 + 1»-Prozeß, d. h. den Versuch von neun Unionsrepubliken, dezentralisierte Beziehungen im Rahmen eines neuen Unionsvertrags auszuhandeln, in ein «x + 0» verwandelt, in eine noch unklare Interaktion zwischen einer noch unbekannten Zahl ehemaliger sowjetischer Gliedstaaten, die künftig auf ein Zentrum verzichten oder dessen Funktionen auf ein Mindestmaß reduzieren wollen.

Der Putschversuch und der Unionsvertrag

Offensichtlich setzte die Unterzeichnung des neuen Unionsvertrags – am 20. August sollten Rußland, Kasachstan und Usbekistan die bis zum 10. Oktober abzuschließenden Unterzeichnungsverfahren einleiten – dem Umsturzversuch seinen «Terminus ad quem», ein Datum, in dessen Vorfeld die Putschisten ihr «Jetzt oder nie» erblickten. Danach wäre aus ihrer Sicht jeder Umsturzversuch auf veränderte, ungünstigere Bedingungen gestoßen. Der Vertrag in seiner «endgültigen», am 15. August veröffentlichten Fassung war ihnen in mehrfacher Hinsicht verhaßt: Obwohl die zentralen Machtorgane noch in letzter Minute einige Punkte – zum Beispiel über das Verhältnis zwischen zentralem und Republik-KGB – in ihrem Sinne modifizieren konnten, dokumentiert der Inhalt des Vertrages im großen und ganzen einen Wechsel vom alten zentralistischen, pseudoföderativen Unionsstaat zu einem realföderativen oder gar konföderativen System. Mit den alten Machtstrukturen waren die Kräfte des Umsturzes jedoch inniglich verbunden, wie der Personalbestand des achtköpfigen Putschkomitees deutlich zeigte. Da traten noch einmal die «Säulen» der hinfälligen vertikalen Machtstruktur und des Unionsdiktats zusammen, die Spitzen der über bewaffnete Formationen gebietenden Ministerien – Innenminister und Verteidigungsminister –, der Ministerpräsident der Union, der Chef des Unions-KGB und Leute, die – wie Oleg Baklanow – gleich mit mehreren Apparaten verbandelt waren. Wenn auch der Putschverlauf zeigte, daß sie über diese Apparate nicht mehr wirksam verfügten, weist doch die Akkumulation von Funktionen aus dem Bereich der alten Reichsministerialen den Umsturzversuch als eine mehr unionistisch-etatistische denn kommunistische Reaktion auf die Entwicklung der letzten Jahre aus. Die Kommunistische Partei hielt sich im Hintergrund, bot aber mit ihrem konservativen Potential dem Putsch Rückhalt.

Gorbatschow hatte den größten Teil der Junta persönlich promoviert und an die Spitze der jeweiligen Apparate gestellt, als er sich gegen Ende 1990 jenen Kräften annäherte, die um *jeden* Preis die Einheit des sowjetischen Gesamtstaates bewahren wollten – eine Intention, die er sich selber zueigen machte und mehrmals deutlich aussprach. Damals schien der Reformer Gorbatschow ganz hinter den Reichsverweser, den Präsidenten Gorbatschow, zurückzutreten und den Erhalt der Union in gegebener territorialer Gestalt zur Grundlage einer restaurativen Wende zu machen.

Zu diesem Zeitpunkt war der Unionsvertrag als Instrument zur Eindämmung rapide voranschreitender Desintegration vorgesehen. Vom Unionszentrum konzipiert, sollte mit dem Vertrag gegen die Souveränitätswelle unter den sowjetischen Gliedstaaten eine «legale

Föderalisierung» gestaltet werden, die dem Zentrum gestattete, ein bestimmtes Maß an Unionsgewalt gegenüber der Verselbständigung der Gliedstaaten zu bewahren. Deshalb wurde er damals auch von den Konservativen unterstützt, die bei der notwendigen Machtumverteilung zwischen dem Zentrum und den Republiken «Schadensbegrenzung» bei der Reduktion der eigenen Machtpositionen betreiben wollten.

Ein erster Entwurf des Vertrags war im November 1990 praktisch von allen Republiken kritisiert oder abgelehnt worden: Die im Vertragstext enthaltenen zahlreichen Widersprüche zwischen der Souveränität des Gesamtstaates und der Souveränität der Gliedstaaten wären, wie gehabt, zugunsten der Zentralgewalt entschieden worden, Souveränitätszugeständnisse an die Republiken durch Bestimmungen zur Unionsgewalt wieder aufgehoben oder ausgehöhlt. Zu den schärfsten Kritikern gehörten ausgerechnet die Führer der zentralasiatischen Republiken, die als besonders unionstreu galten.

Konservative Parteistimmen in Moskau verbanden dagegen im Dezember 1990 die Parole «Einheit des Staates» mit der Unterstützung des Unionsvertrags als «wichtigste Aufgabe der Kommunisten».[1] KGB-Chef Krjutschkow kommentierte diese Haltung in einem Fernsehauftritt, bei dem er sich ausdrücklich auf Gorbatschow berief: Seine Organisation werde alles tun, um den Zusammenbruch der Sowjetunion zu verhindern. Abtrünnige Republiken, die bereits jeglicher Unionsvereinbarung eine Absage erteilt hatten, wurden unter – teilweise militärischen – Druck gesetzt.

Die Republiken setzten dem ein Netz horizontaler Beziehungen entgegen: Sie schlossen untereinander Verträge, in denen sie sich ihrer Souveränität gegenseitig versicherten sowie politische und wirtschaftliche Kooperation vereinbarten. Dabei wurden die beiden Republiken mit dem größten Bevölkerungs- und Wirtschaftspotential, Rußland und die Ukraine, zu den tragenden Kräften dieser Neuintegration «von unten». Ein bilateraler Vertrag zwischen Moskau und Kiew vom November 1990 bildete den Mittelpunkt der horizontalen Beziehungen. Die nächstgrößten Republiken, Kasachstan, Weißrußland und Usbekistan, unterstützten diesen Prozeß. Allerdings warnte der Präsident Kasachstans, Nasarbajew, davor, die bestehenden staatlichen Machtstrukturen zu ignorieren und ein «paralleles Zentrum» um den politischen Führer Rußlands, Boris Jelzin, zu errichten. Nasarbajew kritisierte den «Krieg der Gesetze» zwischen der Unions-

und der Republikenlegislative sowie den Machtkampf zwischen Gorbatschow und Jelzin und schlug die Bildung einer «Kernunion» zwischen jenen Republiken vor, die noch föderationswillig waren.

Nicht zuletzt durch seine Vermittlung kam das Treffen zwischen Gorbatschow und den Vertretern von neun föderationswilligen Republiken am 23. April 1991 auf dem Landsitz des Präsidenten in Nowo Ogarjowo zustande, aus dem der sogenannte «Neun plus eins»-Prozeß hervorgehen sollte, eine Kompromißstruktur, in der sich sogar scheinbar hoffnungslos zerstrittene politische Gegner wie Gorbatschow und Jelzin begegneten. Er markierte für die konservativen Unionsbewahrer einen verräterischen Wechsel der Allianzen und eine Neubewertung des Unionsvertrags; denn dieser wurde nun an Unionsregierung und -parlament vorbei in einer Reihe von Zusammenkünften und zähen Verhandlungen zwischen dem sowjetischen Präsidenten und den Republikführern direkt verhandelt, was mit kardinalen Zugeständnissen Gorbatschows an die politische Rolle der Republiken in einer künftigen Union verbunden war. Vertreter der Unionsregierung meldeten Protest an, und im Unionsparlament wetterte die konservative Fraktion «Sojus», politische Heimat für die «Burschen mit den Epauletten» wie die Obristen Alksnis und Petruschenko, gegen die «undemokratische» und «verfassungswidrige» Entwicklung um die erneuerte Union.

Der Unionsvertrag und der Prozeß von Nowo Ogarjowo stießen allerdings auch im Lager radikaler Reformer auf Kritik: Die erarbeiteten Kompromisse vereinigten allenfalls leicht modernisierte kommunistische Eliten in dem Versuch, radikalere Reformvarianten abzublocken und die zentralistische Unionsstruktur aufrechtzuerhalten. Eine tragende Säule in dem Prozeß seien die zentralasiatischen Republiken mit ihrem autoritären kommunistischen Establishment, das ein erhebliches konservatives Potential in die Waagschalen einer neuen Unionsbalance werfen würde. Letztlich untergrabe Nowo Ogarjowo die demokratische Entwicklung und diene den Interessen der imperial-kommunistischen Kräfte. Jelzin wurde wegen seiner Mitwirkung bei diesem Prozeß kritisiert.

So unausgereift das angeblich «unterschriftsreife» Projekt eines neuen Unionsvertrages gewesen sein mag, es wird durch den Putsch der «imperial-kommunistischen Kräfte» in ein bezeichnendes Licht gerückt. Denn diese Kräfte sahen in ihm offenbar etwas grundlegend Neues, etwas, das mit ihren Machtinteressen absolut nicht vereinbar war. Ihr Versuch, sich dem putschend in den Weg zu stellen, ließ nun allerdings auch das «Neue» veralten. Von dem Unionsvertrag in gegebener Form ist nun keine Rede mehr. Inzwischen geht es vielmehr darum, ein völlig unkontrolliertes Auseinanderbrechen des alten Unionsstaates zu verhindern, lebenswichtige überregionale Einrichtungen aufrechtzuerhalten und zwischenstaatliche Strukturen für eine Übergangszeit zu bilden.

Die Beziehung des Putschversuchs zum Unionsvertrag und damit zum weiteren und komplexen Problemfeld der Nationalitätenfrage geht deutlich aus der «Notstandserklärung» der Putschisten hervor: Man habe die durch ein Referendum[2] legitimierte Einheit des Vaterlandes mit Füßen getreten; wer sein Vaterland liebe und Nationalismus nicht dulde, müsse die richtige Wahl treffen; auch der wirtschaftliche Niedergang des Landes hatte nach dieser Erklärung primär mit der «Ermutigung zentrifugaler Strömungen» zu tun.

Der Putsch scheitert in Rußland

Zu den Faktoren, welche die völlige Haltlosigkeit des Umsturzversuches ausmachten, gehören vor allem gravierende Fehleinschätzungen in bezug auf nationale Bewußtseinsentwicklungen, die in den letzten Jahren nicht nur bei den nichtrussischen Völkern der Sowjetunion, sondern insbesondere bei den Russen stattgefunden haben. Der Putsch scheiterte nicht zuletzt an einer Parole: «Ich bin für Rußland», oder an seiner personalisierten Variante: «Ich bin für Jelzin». In ihr verbindet sich der Appell an nationale Identität mit dem an Rechtsstaatlichkeit und demokratischen Systemwechsel.

Wie stark die patriotische Komponente wirkte, zeigte auch die Tatsache, daß selbst reaktionäre Jelzin-Gegner wie der Befehlshaber des Militärbezirks Wolga-Ural, Generaloberst Makaschow, sich gegen den Putsch stellten; andererseits zeigte das Verhalten vieler Russen in Estland und Lettland, die ebenfalls nicht auf die Seite der Putschisten traten, obgleich einige von ihnen den Unionserhalt gegen die Souveränität der Republiken unterstützt hatten, daß ein autoritärer, restaurativer Unionserhalt auf Kosten bereits erlangter Freiheiten nicht mehr geduldet werden würde.

Ethnosoziologische Untersuchungen haben in der Vergangenheit nachgewiesen, daß sich die Russen sowohl in Rußland als auch und erst recht in den nichtrussischen Regionen weitaus häufiger mit der Sowjetunion als Gesamtstaat als mit dem eigentlichen Rußland identifizierten, während die übrigen Nationalgruppen als «Heimat» ihre Unionsrepublik oder ihr jeweiliges nationales Territorium angaben. Aus der Sicht der Nichtrussen waren die Russen «Reichsvolk» und die Russische Föderation (RSFSR) das mit den Unionsorganen verwachsene Rückgrat des Imperiums.

Von allen Entwicklungen der nationalen Frage in der UdSSR unter Gorbatschow war die Erschütterung dieses Stereotyps vom «imperialen Russen» vielleicht die wichtigste. Viktor Zaslavsky überschreibt ein Kapitel über Rußland in der Ära der Perestrojka in einem 1991 erschienenen Buch über die sowjetische Nationalitätenfrage «Vom Imperialismus zum Separatismus».[3] Er weist darin nach, daß sich bei der vom ethnischen Aktivismus der Nichtrussen irritierten russischen Bevölkerung im Zentrum der Sowjetunion eine Tendenz zum Isolationismus und zu einem separaten russischen Bewußtsein abzeichnete. Als der Schriftsteller Rasputin, einer der Führer des russischen Nationalismus in der Literatur, 1989 im Volksdeputiertenkongreß ausrief, Rußland könne ja aus der Union austreten, wenn es auf so wenig Gegenliebe bei den anderen Völkern stoße, galt diese Äußerung noch als Satire. Doch wenig später behandelten russische Autoren aus grundverschiedenen ideologischen und politischen Lagern die Trennung Rußlands vom Imperium, den Verzicht der Russen auf ihren multinationalen Superstaat unter dem Aspekt der Entlastung und der nationalen Selbstfindung. Die Selbstfindung ging dabei in verschiedene Richtungen: in die des «heiligen», vom Westen grundverschiedenen Rußland und in die einer modernen russischen Nation. Führende Sprecher des imperialen Lagers konvertierten zu einem selbstgenügsamen Nationalismus. Alexander Prochanow, der sich mit seinem Getrommel für ein starkes Sowjetreich im Westen den Spitznamen «russischer Kipling» erworben hatte, meinte nun plötzlich: «Die Zukunft Rußlands ist Rußland».[4] Der slawische Separatismus, den Solschenizyn in seinem Pamphlet über Rußlands Zukunft empfahl, fand weiten Anklang.[5]

Selbstverständlich gibt es kein monolithisches russisches Massenbewußtsein, sondern unterschiedliche Varianten eines solchen Bewußtseins: kommunistische und antikommunistische, imperiale und anti-imperiale, westliche und slawophile, autoritäre und anti-autoritäre. Doch die Putschisten hatten die Dominanz der imperialen Variante kraß überschätzt und sich Rückhalt in einer russischen Bevölkerung erwartet, in der auf den autoritären Reichserhalt keine starke Option bestand, und dies auch bei den über 25 Millionen Russen, die in anderen Unionsrepubliken leben und dem Zerfall gesamtstaatlicher Machtstrukturen mit gemischten Gefühlen gegenüberstehen.

Langfristig wären die Putschisten am Widerstand der Republiken gescheitert, selbst dort, wo kommunistische Machtstrukturen noch intakt sind wie in Zentralasien. Die Reaktionen auf den Staatsstreich waren bei einzelnen Republikführungen verschieden, oft sehr verhalten und ambivalent. Aus Tatarstan und Aserbaidschan erklang sogar Beifall. Von den baltischen Republiken abgesehen, regte sich der heftigste Widerstand in Moldawien, wo sich die Bevölkerung in der Hauptstadt Kischinew um den Präsidenten Mircea Snegur und das Parlament scharte und sich ähnliche Szenen abspielten wie vor dem «Weißen Haus» in Moskau.

Auch die kommunistische Welt war in den letzten Jahren in der Sowjetunion in Souveränitätsbefürworter und Reichserhalter zerfallen. Aus dem Parteiapparat aufgestiegene Republikpotentaten wie der kasachstanische Präsident Nasarbajew traten zuletzt mit äußerstem Nachdruck für vermehrte, präzisierte und gesicherte Souveränitätsrechte ihrer Republik ein. Einigen von ihnen, wie dem usbekischen Präsidenten Karimow, mochte zwar die «Law-and-Order»-Botschaft der Putschisten in Moskau wie Musik in den Ohren klingen, da sie das Kernstück des eigenen politischen Credos bildet, aber dem anderen Teil der Putschbotschaft, der Wiederherstellung des Unionsdiktats, hätten auch sie sich nicht mehr ohne weiteres gebeugt. Die Putschisten hatten in ihrer Realitätsfremdheit unterschätzt, wie weit die Sowjetunion bereits in souveräne Einzelteile zerfallen und wie weit vor allem Rußland unter der Führung Jelzins in diesen Prozeß einbezogen war. Ein kurzer Rückblick mag die Triebkräfte und Probleme dieses «Zerfalls» verdeutlichen.

Los von Moskau: Das Reich in der Krise

Die Nationalitätenfrage ist nicht erst unter Gorbatschow ausgebrochen, wie die Status-quo-Verteidiger ihm anlasteten; sie hat unter den Reformbedingungen nur erheblich an Stoßkraft gewonnen. Administrativ verdrängt und von einer verlogenen Völkerfreundschaft-Rhetorik übertönt, war sie stets gegenwärtig und hat sich in den Jahrzehnten nach Stalin in ethnischem Aktivismus und nationalem Dissens durchaus geäußert.[5a] Allerdings waren die Ausmaße ethnischer Friktionen und nationaler Interessenbehauptung ungleich geringer als in der Reformperiode unter Gorbatschow, in der die Instrumente der autoritären Einheitsbewahrung – kommunistischer Herrschaftsanspruch, Zwangsapparat und die Ideologie des «proletarischen Internationalismus» – nach und nach zerbrachen.

Ende 1986 stieß der damals vom Unionszentrum geleitete Reformprozeß erstmals unübersehbar auf ein Problemfeld, das seinen weiteren Verlauf machtvoll mitbestimmte. Am 17. und 18. Dezember protestierten kasachische Studenten in Alma-Ata gegen eine von Perestrojka-Logik getragene und von Moskau verordnete kaderpolitische Entscheidung: die Absetzung des langjährigen Parteichefs in Kasachstan, Kunajew (1964–1986), eines typischen Republikpotentaten der Breschnew-Ära, und seine Ersetzung durch einen von Moskau bestellten landesfremden russischen Parteifunktionär. Die anfangs gewaltlose Demonstration weitere sich aus, sie war von antirussischen und nationalen Parolen begleitet – «Es lebe Kasachstan!», «Jeder Republik ihr eigener Führer» u. a. – und wurde unter erheblichem Aufwand an Sicherheitskräften niedergeworfen, woran sich eine Welle von Verhaftungen, Parteiausschlüssen und Prozessen anschloß.

Wochenlang beschäftigten sich die sowjetischen Medien mit dem Vorfall und verschafften einer nationalen Demonstration zum erstenmal in der sowjetischen Geschichte Publizität. Dabei überwog zunächst noch eine traditionelle Stellungnahme: Die «Provokation von Alma-Ata» wurde als Manifestation eines «spießbürgerlichen Nationalismus» angeprangert, Erziehungskader beschuldigt, bei der Unterweisung der kasachischen Jugend in Sachen «Internationalismus» versagt zu haben; Kasachstan mit seiner ethnisch hochgradig gemischten Bevölkerung wurde verstärkt als «Laboratorium der Völkerfreundschaft» und der «Nationalismus» der Titularnation als «Blasphemie» apostrophiert.

In Kasachstan bildeten die derart angeklagten «Dekabristen» später eine eigene «national-demokratische Partei» unter dem Namen «Zhelteqsan» (Dezember). Einer ihrer Programmpunkte war die Richtigstellung ihrer Motive. Dabei legten sie Nachdruck auf die politischen Aspekte der «Provokation von Alma-Ata». Es sei hierbei nicht um fremdenfeindlichen Nationalismus gegangen, sondern um politische Emanzipation vom Moskauer Diktat, um eine Rebellion gegen das vertikale Machtschema: «Moskau befiehlt, Alma-Ata gehorcht». Auch das Präsidium des Obersten Sowjets Kasachstans legte später Wert auf diese Feststellung: Es veröffentlichte 1991 eine «abschließende Einschätzung der Dezemberereignisse von 1986», welche die einseitige Darstellung in der sowjetischen Presse nach dem Vorfall zurechtrücken sollte. «Das war nicht gegen andere Völker gerichtet (...) Das war dem Wesen nach die erste Kollision zweier Kräfte: der gestärkten Demokratie und des kommando-administrativen Systems».[6] Es sei nicht um die Person Kunajews gegangen, sondern um die kommando-administrative Art des Personalwechsels an der republikanischen Parteispitze. Daran anschließend stellt der Bericht das Ereignis dann aber in einen weiten geschichtlichen Zusammenhang mit der «Unterdrückung des kasachischen Volkes durch die russische Oberherrschaft», mit der dramatischen Veränderung der Bevölkerungsstruktur Kasachstans durch russische Kolonisation und sowjetische Migrations- und Deportationsaktionen, durch die das kasachische Volk zur Minderheit im eigenen Land geworden war.

Nach dieser Interpretation war der Vorfall in Alma-Ata der Auftakt zu einer national artikulierten antizentralistischen Rebellion, die in den folgenden Jahren die meisten der national-territorialen Komponenten der Sowjetunion erfassen sollte.

1987 demonstrierten Krimtataren an ihren Wohnorten in Mittelasien, wohin sie 1944 deportiert worden waren, und im Zentrum der Sowjetunion, auf dem Roten Platz, für ihre nationalen Rechte auf Rückkehr in ihre Heimat, die Halbinsel Krim. Generell machte nun die nichtrussische Intelligenzija Druck.

In der Ukraine und in Weißrußland liefen die Intellektuellen Sturm gegen die *sprachpolitische* Entwicklung in ihren Republiken, gegen die Verdrängung der Nationalsprachen aus dem Unterrichtswesen, ihre Diskriminierung und Marginalisierung im öffentlichen Leben, ihre Zurückstellung hinter das Russische. In beiden Republiken mit ihren ostslawischen, mit den Großrussen sprachlich verwandten Titularnationen war die sprachenpolitische Russifizierung am weitesten gegangen. Aber auch in anderen Regionen und Republiken der Sowjetunion wurde die Sprachenfrage 1987 erneut als ein Kernproblem der Nationalitätenfrage und ein hochgradiges Politikum aufgegriffen und die «einseitige und asymmetrische Sprachenpolitik» attackiert, die auch den Nichtrussen auferlegte, Russisch zu lernen, während sie der russischsprachigen Bevölkerung in den nichtrussischen Republiken nicht das gleiche in bezug auf die Nationalsprache der jeweiligen Region abverlangte. Überall kam nun die Forderung nach verfassungsmäßigem Schutz der Nationalsprachen auf dem Territorium der Republiken auf und fand seit 1989 juristische Ausformung in entsprechenden, allerdings stark variierenden republikanischen Sprachengesetzen.

Anfangs traten die lokalen kommunistischen Machtapparate dem noch entgegen: So bezog etwa die usbekische Parteizeitung 1987 mit einer Bemerkung zur Suprematie der russischen Sprache Stellung und enthüllte damit die Instinktlosigkeit des politischen Establishments gegenüber dem nationalen Aufbruch: «Kann man die einprägsamen Worte Puschkins, die vitale Kraft der Worte Gorkis, die Schärfe und Gewalt der Rede Lenins etwa mit dem unverständlichen Gemurmel und den abstrusen Predigten des Koran vergleichen?»[7]

Bald war aber für die sprachenpolitische Revision ein breiter Konsens in den jeweiligen Titularnationen hergestellt, der nationale Dissidenten mit Reformkommunisten vereinigte. Russischsprachige nationale Minderheiten in den Republiken sahen durch die Einführung nichtrussischer Staatssprachen ihre eigene sprachenpolitische Situation allerdings zusätzlich verunsichert.

Einen anderen Anknüpfungspunkt für nationale Wiedergeburt bildeten *historische Themen*, die bislang von parteiamtlicher Kontrolle unter Verschluß gehalten wurden. In der Nationalitätenfrage bildete die von Gorbatschow verkündete historiographische «Glasnost», die Ausfüllung der «weißen Flecken», ein Aktionsfeld, auf dem sich die Desintegration des Vielvölkerreichs besonders deutlich ankündigte. Im Baltikum bündelten noch vor der Gründung von Volksfronten sogenannte «Kalenderdemonstrationen» zu historischen Gedenkdaten wie dem Zwangsanschluß der baltischen Staaten an die Sowjetunion und seine stalinistischen Begleitumstände die nationalen Energien. Hierdurch vollzog sich der Übergang von einem begrenzten ethnischen Aktivismus zur nationalen politischen Massenmobilisierung. In Kasachstan und in der Ukraine fordern die Titularnationen Aufklärung über die Zwangskollektivierung unter Stalin, die in beiden Republiken und Nationen genozide Auswirkungen hatte. In Weißrußland aktivierte die Entdeckung von Massengräbern aus der Stalinzeit eine zuvor weitgehend unbekannte nationale Bewegung. Überall erklang der Imperativ der historischen Rückbesinnung, wurde an Aitmatows «Mankurt-Parabel» erinnert, wonach die Versklavung eines Volkes mit der Betäubung seines Erinnerungsvermögens beginnt.

Aus den Mißständen der Gegenwart ragten insbesondere *Wirtschafts- und Umweltprobleme* der einzelnen Regionen heraus. Ökologische Regionalbewegungen bildeten einen wesentlichen Faktor in der nationalen Mobilisierung. In einigen Republiken standen grüne Bewegungen Pate bei der Geburt gesellschaftlich erweiterter offener Unabhängigkeitsbewegungen. Themen wie Tschernobyl, die dramatische Umweltzerstörung an der Ostsee, die Verwüstung Mittelasiens durch die Auswüchse der Baumwoll-Monokultur u. v. a. regten die akute Sorge ganzer Völker um ihr ethnisches und physisches Überleben an. Auf dem Schriftstellerkongreß im April 1987 hielt der karakalpakische Dichter Kaipbergenow eine aufrüttelnde Rede über das ökologische Schicksal seines Volkes, das sich mit der Zerstörung seines Lebensraumes am Aralsee erstmals als Nation wahrzunehmen begann. 1926 hatte ein russischer Schriftsteller noch die ökologische Gewalt der Industrialisierung verherrlicht: «Mag doch die Taiga eingeäschert, ausgeholzt, mag die Steppe zerstampft werden (...) Nur auf Zement und Eisen kann der Bruderbund aller Menschen errichtet werden».[8]

Heute provoziert diese Gewalt ein partikulares Regional- und Nationalbewußtsein gegen die ignoranten Entwicklungsplaner im Unionszentrum und ihren ökologischen Analphabetismus. Gleichzeitig verdeutlichen regionale Umweltkatastrophen aber auch die ökologische Unmöglichkeit nationalstaatlicher Absonderung. Es wäre naiv anzunehmen, daß nationale Regierungen in jedem Fall ökologisch verträglicher wirtschaften werden, zumal wenn sie in einer ökonomisch schwierigen Phase der Verselbständigung und des Anschlusses an den Weltmarkt verstärkt auf ihre Naturressourcen zurückgreifen müssen.

In enger Verbindung zu diesem ökologischen Impetus entstanden 1987 erste Projekte zur regionalen oder Republik-Wirtschaftsautonomie. Sie richteten sich gegen ein Sowjetimperium, das sich besonders im Bereich der Wirtschaftsführung als «Union der sowjetischen Zentralministerien» etabliert hatte und die Republiken nur einen winzigen Teil der Produktionstätigkeit auf ihren Territorien verwalten ließ (4 Prozent in der RSFSR, 7 Prozent in Weißrußland, 5 Prozent in der Ukraine, 7–9 Prozent im Baltikum, 5–10 Prozent in Transkaukasien, 7–10 Prozent in Mittelasien).

Von 1987 bis 1988 vollzog sich der Übergang von ethnischem Aktivismus auf verschiedenen Problemfeldern zu nationaler Massenmobilisierung. Ging in der Vergangenheit nationaler Protest nur selten über begrenzte Dissidentenkreise hinaus, so vollzog sich nun eine Entwicklung, die große Teile nationaler Bevölkerungen in entsprechende Aktivitäten einbezog. In Armenien demonstrierte 1988 praktisch die ganze Nation; im Baltikum visualisierte die Menschenkette, die sich am 23. August 1989 zur Erinnerung an den Hitler-Stalin-Pakt über 900 Kilometer von Tallinn nach Vilnius spannte, nationale Massenmobilisierung.

Seit 1988 trat dieser nationale Aktivismus in eine neue Dimension: Er verwandelte sich in *formierte Nationalbewegungen* mit politischen Programmen und Parteien, die Systemwechsel und Demokratisierung in der Sowjetunion mit dem Thema «Wiedergeburt der Nation» verbanden. Gleichzeitig brachen in diesem Jahr aber auch horizontale Nationalitätenkonflikte aus, die zwar in die Vergangenheit zurückreichten, aber über bisherige ethnische Friktionen weit hinaus gingen: der blutige Karabach-Konflikt wurde eine Zeitlang zum Pars pro toto bei der Darstellung der sowjetischen Nationalitätenfrage.

Ebenfalls 1988 entstanden erste *Volksfronten* – zuerst in den baltischen Republiken und in Moldawien –, die nationale Einzelzielbewegungen (Sprachenfrage, Denkmalschutz, Ökologie u. a.) als Dachorganisationen zusammenfaßten und zum Ausgangspunkt für die Entstehung von Mehrparteiensystemen in den Republiken wurden. Sie verknüpften in der Auseinandersetzung mit lokalen kommunistischen Machtapparaten politische mit nationaler Emanzipation. Das nationale Moment trat dabei so stark in den Vordergrund, daß die Wiedergeburt der Nation und ihre Herauslösung aus der zentralistischen Machtstruktur der Sowjetunion als kardinale Voraussetzung für jegliche Reform begriffen wurde. Nach und nach sank das Vertrauen in die Reformpotenz des Zentrums auf einen Nullpunkt, verlagerte sich das Reformpotential auf die Republiken. Die Voraussetzung dafür waren erste relativ freie Regionalwahlen 1990, bei denen die Volksfronten oder ihnen verwandte Gruppierungen als neue nichtkommunistische Eliten in die Regionalparlamente einzogen und wachsenden Einfluß auf die Republikführungen erlangten. In einigen Republiken – in den baltischen, in Georgien und Armenien – wurde die kommunistische Partei abgewählt oder politisch marginalisiert. Wo die Kommunisten ihre Machtposition wahren konnten, paßten sie sich den Souveränitätsbestrebungen an und übernahmen Forderungen der nationalen Opposition. Reformkommunistische Flügel gingen in die Volksfronten ein. Im Dezember 1989 spaltete sich die litauische KP in einen größeren national- und reformorientierten und einen kleineren sowjetkommunistischen Flügel; zu ähnlichen Spaltungen kam es kurz darauf in Estland und Lettland.

Auf der Basis derart veränderter politischer Kraftfelder entstanden in den meisten Republiken Programme nationaler Souveränitätsgewinnung, die von Partei- und Sowjetorganen größtenteils mitgetragen wurden. Ihre Reichweite variierte von der vermehrten und präzisierten Republiksouveränität im Rahmen einer dezentralisierten Sowjetunion bis zur Beanspruchung voller staatlicher Unabhängigkeit. Bis Ende 1990 gaben nahezu alle Republiken Souveränitätserklärungen ab, die als wichtigste Souveränitätsattribute den Vorrang der Republiklegislation vor den Unionsgesetzen und das Eigentum der Republik an den Naturressourcen auf ihrem Territorium postulierten. Estland machte damit im November 1988 den Anfang und forderte eine Neuregelung des Verhältnisses zwischen Republik und Union durch einen neuen Unionsvertrag. Daß Gorbatschow und die Unionsführung diesen Vorstoß damals brüsk zurückwiesen, gehört zu den entscheidenden Versäumnissen der sowjetischen Reformpolitik. Gorbatschow behauptete zwar später, daß eine grundlegende Reform des Sowjetföderalismus und der Nationalitätenpolitik von Anfang an ein Anliegen seiner Reformpolitik gewesen sei, aber in Wirklichkeit war alles, was an Änderung auf diesem Feld im Unionszentrum konzipiert wurde, verspätete und zögerliche Reaktion auf veränderte politische Tatsachen in der nationalen Peripherie.

Entscheidend dabei war, daß auch Rußland, d. h. die RSFSR als größter Gliedstaat, seit 1990 unter der Führung seines neuen Parlamentspräsidenten Boris Jelzin in diese Entwicklung eintrat. Die Souveränitätserklärungen leiteten eine autonome Rechtsentwicklung in den Republiken ein, die mit ihrer Gesetzgebung oft weit über den Innovationsrahmen analoger Unionsgesetze in bezug auf Wirtschafts-, Eigentums- und politische Reform hinausgingen. Ein sogenannter «Krieg der Gesetze» zwischen der Zentralgewalt und der Republikebene verdeutlichte im Herbst 1990, wie weit der Zerfall zentralistischer Machtstrukturen fortgeschritten war.

Autoritäre Gegenmaßnahmen der Unionsgewalt verstärkten das Souveränitätsbeharren noch und ließen es zur offenen Unabhängigkeitsbestrebung, zur separatistischen Option hinüberwachsen. Der brutale Einsatz sowjetischer Sicherheitskräfte gegen eine gewaltlose Demonstration für die Unabhängigkeit Georgiens am 9. April 1989 setzte der dortigen Nationalbewegung einen festen Bezugspunkt, der 1991 zum Datum für die Deklaration staatlicher Unabhängigkeit gewählt wurde. Wirtschaftsblockade und Kanonenbootpolitik gegenüber den baltischen Republiken verfehlten ihre Wirkung ebenso wie der Druck auf Armenien. Sowjetische Militärformationen beteiligten sich seit April 1991 unter dem Vorwand der Entwaffnung paramilitärischer Gruppen gemeinsam mit aserbaidschanischer Miliz an Vertreibungsaktionen in armenischen Siedlungen in Aserbaidschan, die Erinnerungen an stalinistische Deportationspolitik wachriefen. Lediglich in Aserbaidschan brachte ein Einsatz sowjetischer Streitkräfte im Januar 1990 die dortige Volksfront zum Verstummen und verhalf der bedrohten Partokratie zur Absicherung ihrer Herrschaft.

Horizontale Konflikt- und Kooperationsbeziehungen

Wer über das Auseinanderbrechen der Sowjetunion spricht, muß sich die *national-territoriale Struktur* dieses Hybriden vergegenwärtigen, der ethnisch, kulturell und geographisch so weit auseinanderliegende Komponenten wie Norwegen und Pakistan umfaßte. Er wurde auf der Basis «nationaler Staatlichkeit» gegründet, bei der nationale Selbstbestimmung an Territorien gebunden und Nationen als Territorial- und nicht als Personalverbände eingerichtet wurden.

Grundverschiedene Ethnien auf unterschiedlichen Stufen nationaler Konsolidierung – solche, die nach dem Zerfall des Zarenreiches einen eigenen Staat erlangt, und solche, die sich noch gar nicht als Nation begriffen hatten – wurden mit dem wirksamsten Potential für emotionale Bindung und nationale Identifikation ausgestattet: mit autonomen nationalen Territorien. Maßgeblich zwischen 1922 (Begründung der sowjetischen Föderation) und 1936 (Stalinsche Verfassung) wurden nationale Gebietskörperschaften auf vier Stufen – von Unionsrepubliken mit «Sezessionsrecht» und eigener Verfassung bis zu autonomen Kreisen – eingerichtet. Ihr Status und ihre Abgrenzung unterlagen manigfachen, vom Zentrum diktierten Änderungen.

Dieser ethno-territorial definierte Sowjetföderalismus wurde zwar von der zentralisierten Parteiherrschaft in allen wesentlichen politischen und ökonomischen Belangen zum Pseudoföderalismus degradiert, aber die Territorialisierung der Nationalitätenbeziehungen bestimmte dennoch das Zusammenleben von über hundert Völkern und wird ebenso die Frage mitbestimmen, was beim Auseinanderbrechen des sowjetischen Gesamtstaates geschieht. Sie wurde seinerzeit unter der Erwartung vollzogen, die sozialistische Zukunftsentwicklung würde ethnische Grenzlinien ausradieren und für Völkerverschmelzung sorgen, und das Parteiprogramm von 1961 sah diesen Zeitpunkt bereits gekommen. Heute wird die Brisanz dieser Struktur nicht zuletzt durch eine große Zahl interethnischer Gebietskonflikte verdeutlicht. Von den interrepublikanischen Grenzen sind die meisten umstritten, über 60 Anträge auf territoriale Korrekturen lagen zuletzt vor.[9] Die national-territoriale Gliederung der Sowjetunion war von Anfang an von einem Bündel struktureller Probleme belastet:

1. Ein enormes Größengefälle zwischen den national-territorialen Einheiten in bezug auf Fläche, Bevölkerung und Wirtschaftspotential beeinträchtigt die Funktionsfähigkeit einer ethnischen Föderation, in der idealerweise kein Element in der Lage sein sollte, ein anderes zu dominieren. Das gleiche Problem wird interstaatliche Beziehungen und mögliche Integrationsformen zwischen den ehemaligen Sowjetrepubliken in Zukunft beeinflussen. Da wird die riesige Ausdehnung Rußlands von den anderen Republiken ebenso skeptisch zur Kenntnis genommen wie die Dominanz Usbekistans innerhalb der zentralasiatischen Region.

2. Viele kleine Völker mit uneinheitlichem Siedlungsraum und solche, die von Stalin aus ihrer Heimat vertrieben und nicht wieder repatriiert wurden, waren in der nationalen Staatlichkeit und Autonomie nicht angesiedelt, verfügten über kein autonomisiertes Territorium. Sie mußten erhebliche Energie aufbieten, um einer völligen Entnationalisierung zu entgehen. Davon sind Juden, Deutsche, Krimtataren, Koreaner u. v. a. betroffen. Völker ohne Autonomiestatus und Angehörige von Völkern mit autonomen Territorien, die außerhalb ihrer Heimat leben, wie etwa sechs Millionen Ukrainer, sind echte Minderheiten. Unter ihnen waren die etwa 25 Millionen Russen außerhalb der RSFSR bis vor kurzem die privilegierteste Minderheit, weil sie überall auf russisches Sprachmilieu stießen. Ihre Situation hat sich radikal verändert.

Die *Relation von Ethnos und Territorium* ist manchmal absurd.

70 Prozent der 6,6 Millionen Tataren leben außerhalb der Republik Tatarstan, 50 Prozent der Mari außerhalb ihres nationalen Territoriums. Umgekehrt bilden die namengebenden Nationen der autonomen Territorien oft weniger als die Hälfte ihrer Bevölkerungen. Von den Unionsrepubliken trifft dies nur auf Kasachstan zu, wo die Kasachen nur 39,7 Prozent der Bevölkerung ausmachen und sich deshalb um so mehr als Opfer russischer und sowjetischer Siedlungspolitik fühlen; bei den bislang 20 Autonomen Republiken[10] gilt diese Relation schon für die Mehrheit, und bei den unteren Autonomien für alle außer für das Autonome Gebiet der Südosseten und den Autonomen Kreis der Komi-Permjaken.

Wenn angesichts dieser ethno-demographischen Verhältnisse in Zukunft nicht ein gewaltiger Bevölkerungsaustausch zwischen souveränen Einzelteilen der ehemaligen Sowjetunion stattfinden soll, hängt alles davon ab, wie in ihnen Nationalitätenpolitik praktiziert und Minderheitenschutz gewährleistet wird. Der Westen sollte in seiner längst fälligen Annäherung an die ehemaligen Sowjetrepubliken sorgfältig zwischen Entwicklungen unterscheiden, in denen die Souveränität der eigenen Nation mit Respekt vor anderen Nationalitäten einhergeht, und solchen, in denen der Ethnozentrismus der Titularnation repressive Formen für nationale Minderheiten annimmt. Lettland und Estland mit ihrer nationalitätenpolitischen Erfahrung in der Zwischenkriegszeit und daran angelehnten Minderheitenschutzgesetzen in letzterer Zeit bieten ein anderes Bild als beispielsweise Georgien, wo die vaterländische Phrase bereits wieder neuen Formen autoritärer Herrschaft Rückendeckung gibt.

3. Die Abgrenzung ethnisch gemischter Bevölkerung in separate Gebietskörperschaften war in Regionen wie Zentralasien und Kaukasien mit brisanten Ungenauigkeiten und Unklarheiten behaftet, die heute erneut ihre Auswirkung zeigen, so im Karabach-Konflikt, in mannigfachen gegenseitigen Gebiets- und Autonomieansprüchen zwischen zentralasiatischen Völkern oder in Georgien, wo sich die Republikregierung im Konflikt mit autonomisierten Ethnien – Abchasen, Osseten, Adscharen – befindet. In Hinsicht auf die Zukunft zwischenstaatlicher und innerstaatlicher Beziehungen auf dem Territorium der UdSSR drängt sich hier der Vergleich mit dem kolonialen Grenzerbe der Dritten Welt auf, durch das immer noch Regionalkonflikte erzeugt werden.

4. Ein Hauptproblem dieser Struktur ist ihre Verschachtelung, das «Matroschka-Modell» der nationalen Staatlichkeit, in dem nationale Gebietskörperschaften auf verschiedenen Stufen angeordnet sind. Zwischen diesen Stufen sind in letzter Zeit Konflikte ausgebrochen, denn die Welle der Souveränitätsbekundung hat nicht nur die Ebene der 15 Unionsrepubliken durchlaufen, sondern auch alle nachgeordneten Autonomiegebilde, insbesondere die Autonomen Republiken, die sich in ihren Souveränitätserklärungen oft gleich zur Republik aufgestockt und sich den sie umfassenden Unionsrepubliken gleichgestellt haben. Dabei kollidieren zwei Verfassungsprinzipien: das Selbstbestimmungsrecht der Nationen, das nicht nur für die Titularnationen der Unionsrepubliken gilt, mit dem Recht der Unionsrepubliken auf territoriale Integrität. Von dem Konflikt ist insbesondere Rußland betroffen, da es allein 16 Autonome Republiken umfaßt, von denen besonders Tatarstan Moskau und Jelzin äußerst souveränitätsbewußt gegenübertritt. Der Unionsgewalt standen hier Interventionsmöglichkeiten offen, die sie durch Ausspielen der Kleinen gegen die Großen im Souveränitätswettkampf auszuschöpfen versuchte.

Von den Souveränitätserklärungen der Unions- und Autonomen Republiken – auch bisher nicht autonomisierte nationale Siedlungsgebiete wie das der Gagausen in Moldawien haben sich souverän erklärt – verhielten sich einige offen antagonistisch: die der Osseten und Abchasen gegenüber der georgischen, die gagausische gegenüber der moldawischen, die armenische unter Einbeziehung Berg-Karabachs gegenüber der aserbaidschanischen u. a. m.

Allerdings haben die Souveränitätsbewegungen und zentrifugalen Kräfte gewiß nicht nur horizontale Konflikte wiederbelebt oder neu geschaffen, sondern auch neuartige Kommunikations- und Kooperationsstrukturen ins Leben gerufen, horizontale Beziehungen als Ordnungsalternative zum imperialen Machtgefüge aufgebaut. Von der Funktionsfähigkeit solcher Strukturen wird nach dem Kollaps der Unionsgewalt infolge des gescheiterten Putsches sehr viel abhängen. Zu ihnen gehören regionale Bündnisse wie der Baltische Rat oder ein kürzlich geschaffener Block zentralasiatischer Staaten, bilaterale Beziehungen und supraregionale Kompromißprozesse wie der von Nowo Ogarjowo, der sich nun unter den grundlegend veränderten Verhältnissen nach dem Putschversuch offenbar in dem Bemühen Rußlands, der Ukraine und Kasachstans fortsetzt, ein ungeordnetes

Auseinanderbrechen des Unionsstaates zu verhindern und einstweilige zwischenstaatliche Strukturen unter Beteiligung aller interessierten Gliedstaaten der UdSSR auf der Grundlage repräsentativer Parität sicherzustellen.[11]

Solche Kompromißstrukturen sind äußerst störanfällig, da der Souveränitätswille der ehemaligen Gliedstaaten ungemein gestärkt ist und mit der nachdrücklichen Betonung territorialer Integrität auf der Grundlage höchst problematischer Gebietseinteilungen einhergeht. Anspielungen auf offene Grenzfragen, wie vorübergehend von der Führung Rußlands unternommen, sind die denkbar wirksamsten Störversuche.

Im Mittelpunkt gegenseitiger Verständigung hat zunächst eine *Wirtschaftsunion* zu stehen, um eine wilde Partikularisierung ökonomischer Beziehungen in der ehemaligen Sowjetunion zu verhindern. Ein gemeinsamer Markt der «UdSSR-Nachfolgestaaten» – wie viele werden es sein? – wird für die nächste Zukunft weiterhin die Handelsgeographie jedes einzelnen Staates bilden, denn für den Sprung auf den Weltmarkt ist keiner von ihnen objektiv vorbereitet.

Ein weiteres dringliches Problem betrifft den militärischen Bereich, auf dem es die Entstehung partikularer Gewaltpotentiale auf brisanter interethnischer Grundlage zu verhindern gilt.

Nationalitäten mit mehr als 500000 Angehörigen im Jahre 1989 (in 1000)

Republiken: / Nationalitäten:	Rußland	Ukraine	Weißrußland	Usbekistan	Kasachstan	Georgien	Aserbaidschan	Litauen	Moldawien	Lettland	Kirgisien	Tadschikistan	Armenien	Turkmenien	Estland	Nicht nachgew.	Zusammen
Russen	119866	11356	1342	1653	6228	341	392	344	562	906	917	388	52	334	475	– 1	145155
Ukrainer	4363	37419	291	153	896	52	32	45	600	92	108	41	8	36	48	2	44186
Weißrussen	1206	440	7905	29	183	9	8	63	20	120	9	7	1	9	28	– 1	10036
Usbeken	127	20	4	14142	332	1	1	1	1	1	550	1198		317	1	2	16698
Kasachen	636	11	2	808	6535	3	2	1	1	1	37	11		88		0	8136
Georgier	131	23	7	5	9	3787	14	1	1	1	1	1	1	1	1	1	3981
Aserbaidschaner	336	37	5	44	90	308	5805	1	3	3	16	4	85	33	1	– 1	6770
Litauer	70	11	1	2	11	1	1	2924	1	35					3	1	3067
Moldawier	173	325	5	6	33	3	2	2	2795	3	2	1	1	3	1	– 3	3352
Letten	47	7	3	1	3	1		4		1388				1	3	37	1495
Kirgisen	42	2	1	175	14						2230	64				1	2529
Tadschiken	38	4	1	934	26	1	1	1	1		34	3172		3		35	4251
Armenier	532	54	5	51	19	437	391	2	3	3	4	6	3084	32		0	4623
Turkmenen	40	3	1	122	4						1	20		2537		1	2729
Esten	46	4	1	1	3	2		1		3					963	3	1027
Tataren	5522	87		468	328	4	28	5		5	70	72		39	4	17	6649
Deutsche	842	38		40	958				7	4	101	33		4	4	8	2039
Tschuwaschen	1774	20			22											26	1842
Baschkiren	1345			35	42							7		5		15	1449
Juden	537	486	112	65	18	10	25	12	66	23	6	10			5	3	1378
Mordwinen	1073	19		12	30							6				14	1154
Polen	95	219	418		60			258	5	60						11	1126
Tschetschenen	899				50											8	975
Udmurten	715	9			16											7	747
Mari	644	7			12											8	671
Awaren	544					4	44									9	601
Osseten	402	6		6	4	164	1					8		2		5	598
Andere	4977	845	46	1058	538	273	274	10	269	19	172	44	73	79	28		8497
Darunter:																	
Karakalpaken	6			412												6	424
Krimtataren		47		189								7				29	272
Gagausen		32							153							13	198
Abchasen	7					96										2	105
Zusammen	147022	51452	10152	19810	16464	5401	7021	3675	4335	2667	4258	5093	3305	3523	1565		285743

Quelle: Goskomstat SSSR, Nacional'nyj sostav naselenjia SSSR, Moskau 1991

Anmerkungen

1 *FAZ*, 13.12.1990.
2 Gemeint ist das Allunionsreferendum über den Erhalt der Sowjetunion als «erneuerte Föderation gleichberechtigter souveräner Republiken» vom 17. März 1991, bei dem auf der Grundlage einer sehr unklaren und suggestiven Fragestellung 80 Prozent von 184 Mio. Stimmberechtigten teilnahmen und davon 76,4 Prozent mit «Ja» antworteten. Die baltischen Republiken, Georgien, Moldawien und Armenien hatten sich an dem Referendum nicht beteiligt.
3 V. Zaslavsk, *Das russische Imperium unter Gorbatschow. Seine ethnische Struktur und ihre Zukunft*, Berlin 1991, S. 57–69.
4 Zapiski konservatora, in: *Nas sovremennik*, 5/1990, S. 90f.
5 Kak nam ohnstroit' Rossiju?, in: *Literaturnaja gazeta*, 18.9.1990, S. 3–6.
5a G. Simon, *Nationalismus und Nationalitätenpolitik in der Sowjetunion. Von der totalitären Diktatur zur nachstalinschen Gesellschaft*, Baden-Baden 1986, S. 299–419.
6 Zakljucenie Komissii Prezidiuma Verchovnogo Soveta Kazchskoj SSR po okoncatel'noj ocenke dekabr'skich sobytij 1986 goda, Alma-Ata 1990, S. 1.
7 *Prawda Vostoka*, 19.2.1987.
8 Zit. in S. Rosenbladt, *Der Osten ist grün?*, München 1988, S. 143.
9 P. Goble, *Can Republican Borders be changed?*, in: Report on USSR 39/1990, S. 20f.
10 Bislang bestanden 20 Autonome Republiken (ASSR). Ende Januar 1991 wurde die Halbinsel Krim zur 21. Autonomen Republik.
11 Siehe die russisch-ukrainische Vereinbarung vom 28./29. August 1991: Text in *FAZ*, 30.8.1991.

Iwan Dsjuba

Der lange Weg in die Unabhängigkeit

Die nationale Wiedergeburt der Ukraine

Die Ereignisse der letzten Augustwochen haben die politische Situation in der Ukraine grundlegend verändert. Durch das Scheitern des Putsches entstand ein großer Riß in der parteibürokratischen Mauer, die den Prozeß der Demokratisierung und der nationalstaatlichen Wiedergeburt bislang so nachhaltig behindert hatte. In nur wenigen Tagen wurde vieles von dem erreicht, wofür sich die national-demokratischen Kräfte ohne große Hoffnung auf schnellen Erfolg schon lange eingesetzt hatten: Die völlige staatliche Unabhängigkeit der Ukraine wurde erklärt; die Kommunistische Partei der Ukraine entmachtet; Hindernisse auf dem Weg zur weiteren Demokratisierung wurden beseitigt; alle Betriebe auf dem Territorium der Ukraine, die der Union unterstanden – das sind über 80 Prozent ihres Industriepotentials –, zum Eigentum der Ukraine erklärt; alle in der Ukraine stationierten Streitkräfte unter Republikhoheit gestellt und andere Maßnahmen mehr.

Inwieweit war diese rasche Entwicklung vorbereitet und gesetzmäßig, inwieweit war sie zufällig oder künstlich forciert? Von der Antwort darauf hängen in hohem Maße die Vorstellungen von der möglichen weiteren Entwicklung der Situation in der Ukraine ab. Ohne erschöpfend Auskunft geben zu können, will ich versuchen, auf einige m. E. wichtige Aspekte hinzuweisen.

Zunehmender Widerstand gegen die Zentralmacht

Für das Verständnis der Ereignisse ist es vor allem wichtig zu wissen, daß nichts von dem, was nach dem Scheitern des Putsches geschehen ist, die ukrainische Gesellschaft überrascht oder gar überfordert hätte. Im Gegenteil, es wurde lediglich mit der Umsetzung des von den demokratischen Kräften der Ukraine vorgelegten Programms begonnen, für das sie sich bereits seit einigen Jahren eingesetzt hatten, das aber von der moskautreuen ukrainischen Parteibürokratie stets blockiert worden war. Selbst unter den Bedingungen der allerdings zur Routine gewordenen Perestrojka gelang es der alten Nomenklatura, die Machtposition der Partei bis in die jüngste Vergangenheit zu sichern.

Erst 1990 kam es zu einem mächtigen Aufschwung der demokratischen Kräfte. Tiefgreifende Veränderungen in der Stimmung der Bevölkerung, gewachsenes nationales Selbstbewußtsein und der Druck von Massenkundgebungen und spontanen Willensbekundungen breiter Bevölkerungsgruppen veranlaßten die kommunistische Mehrheit im Obersten Sowjet der Ukraine (der 1989 noch unter den Bedingungen des Monopols der KP gewählt worden war und keineswegs den realen politischen Kräfteverhältnissen in der Gesellschaft entsprach), die Deklaration über die Souveränität der Ukraine anzunehmen. Dieselbe Mehrheit verhinderte aber zugleich, daß die Deklaration den Rang eines Verfassungsgesetzes bekam. Dies nahmen die demokratischen und oppositionellen Kreise zum Anlaß, den Rücktritt des Obersten Sowjets, der nicht den Willen des Volkes repräsentierte, sowie Neuwahlen unter Beteilung aller Parteien zu fordern.

Im Herbst 1990 verstärkte ein studentischer Hungerstreik im Zentrum Kiews, auf dem heutigen Platz der Unabhängigkeit, den politischen Druck gegen die Vertreter der Zentralgewalt. Der Oberste Sowjet sah sich gezwungen, die Forderungen der Studenten entgegenzunehmen, die von vielen Arbeitskollektiven und der breiten Öffentlichkeit unterstützt wurden. Sie verlangten u. a. den Rücktritt der unpopulären Regierung und vorgezogene Wahlen zum Obersten Sowjet.

Eine neue Erschütterung waren die Bergarbeiterstreiks im Donbass, in Pawlograd und in Tscherwonograd. Die Donezker Bergarbeiter, die zum erstenmal in ihrer Geschichte mit Souveränitätsforderungen für die Unabhängigkeit der Ukraine eintraten, widerlegten damit das Dogma von der angeblichen Gleichgültigkeit der Arbeiterklasse gegenüber der nationalen Frage, vom angeblichen Gegensatz zwischen Arbeiterbewegung und nationaler Bewegung.

Das alles blieb nicht ohne Einfluß auf das politische Kräfteverhältnis in der Gesellschaft, es führte zu einer Spaltung im Obersten Sowjet, in der Regierung der Republik und wohl sogar im ZK der KP der

Ukraine. Im Obersten Sowjet und in anderen Parteikreisen beispielsweise entstand die Strömung der «Souverän-Kommunisten», die sich den veränderten Verhältnissen und dem Willen der Bevölkerung anpassen und die Unabhängigkeitsidee im national-kommunistischen Sinn auslegen wollten. Zu dieser Gruppe gehörte auch der Vorsitzende des Obersten Sowjets, Leonid Krawtschuk. Auf der anderen Seite entfalteten die Hardliner unter Führung des Ersten Sekretärs des ZK der KPU, Stanislaw Gurenko, eine fieberhafte Aktivität; sie bereiteten eine großangelegte Gegenoffensive vor und verkündeten ihre Entschlossenheit, «die Gefahr abzuwenden», den unionszersetzenden Kräften «eine Abfuhr zu erteilen» und «Ordnung zu schaffen».

Selbstverständlich verliefen die Gegenmaßnahmen der ukrainischen KP synchron mit analogen Entwicklungen in der Führung der KPdSU, wie überhaupt alles, was in der Ukraine passierte, eng mit den politischen Prozessen in anderen Republiken, vor allem in Rußland und in Moskau, zusammenhing. Hierfür ist durchaus bezeichnend, daß Marschall Jasow kurz vor dem Putschversuch eine umrätselte Reise in die Westukraine unternahm, wo in letzter Zeit mit Hilfe gewisser Dienste versucht worden war, «Konfliktherde» zu schaffen, um einen Vorwand zur Unterdrückung der demokratisch gewählten Machtorgane zu haben.

Der ferne Putsch

Obwohl die Bevölkerung bereits seit mehr als einem Jahr in der Angst vor einem Umsturz gelebt hatte, den die einen befürchtet, die anderen versprochen hatten, kam der Putsch für alle unerwartet. Wie in einem derartig zentralistischen Staat nicht anders zu erwarten, spielte sich das Drama selbst vor allem auf der Bühne der Hauptstadt ab, die «Druckwelle» erreichte die Ukraine erst mit einiger Verspätung und in abgeschwächter Form. Dies hatte bei der raschen Entwicklung der Ereignisse im Zentrum zur Folge, daß der Umsturz in der Ukraine faktisch nicht zustande kam; er blieb unheilvolle Absicht und stellte allenfalls eine zunächst noch ferne Bedrohung dar.

Die Besonderheit der Lage der Ukraine in diesen Tagen bestand darin, daß die Junta, mit dem Kampf in Moskau beschäftigt, schlicht keine Zeit hatte, sich um die Ukraine zu kümmern, und sich wohl auch nicht mit dem ukrainischen Problem belasten wollte, aus Angst, darin zu versinken. Unterdessen erschwerte die in den ersten Stunden noch vorsichtige, dann jedoch deutlichere Ablehnung des Putschs durch den Vorsitzenden des Obersten Sowjets der Ukraine, Leonid Krawtschuk, die Aktionen der Junta vor Ort. Während sich die reaktionären Kräfte in der Ukraine überhaupt erst orientieren mußten, hatten sich die demokratischen Kräfte bereits zum Widerstand gegen die Putschisten mobilisiert.

Ich halte die zahlreichen Vorwürfe, die Leonid Krawtschuk nach dem gescheiterten Putsch wegen seiner angeblichen Unentschiedenheit gemacht wurden, für übertrieben. Ja, er hat abgewartet, war vorsichtig. Und dennoch hat er am 19. August in seiner Rundfunkansprache über Radio Kiew zwei in dieser Situation sehr wichtige Dinge gesagt: Erstens, daß die Vorgänge mit den Verfassungsnormen unvereinbar seien, und zweitens, daß in der Ukraine nur die Anordnungen der rechtmäßig gewählten Machtorgane zu befolgen seien. Bei der absoluten Schutzlosigkeit der Ukraine gegen die in Kampfbereitschaft versetzten Truppen, die um Kiew zusammengezogen wurden, war das schon viel.

Natürlich ist Krawtschuks Verhalten nicht mit dem Jelzins zu vergleichen, aber er war auch in einer völlig anderen Lage: Er war nicht der vom ganzen Volk gewählte Präsident, sondern nur das Oberhaupt eines kollektiven Organs, des Präsidiums des Obersten Sowjets der Ukraine; er hatte nicht das Volk hinter sich und konnte nicht in seinem Namen sprechen; er hatte kein «Weißes Haus» und nicht einmal die wenigen Schutztruppen, über die Jelzin verfügte. Wenn die Panzer in Kiew eingedrungen und auf das Gebäude des Obersten Sowjets zugerollt wären, hätten sie auch kaum vor einer zu Opfern bereiten Menge haltgemacht wie in Moskau. Dort war den Soldaten bewußt, daß sie ihr eigenes Volk vor sich hatten; in Kiew hätte man den Soldaten vermutlich erfolgreich eingeredet, daß sie es mit «Nationalisten», «Bandera-Anhängern», «Faschisten» zu tun haben, und es ist durchaus wahrscheinlich, daß sie die Menschen mit ihren Panzerketten zermalmt hätten – wie schon in Tbilissi, Baku und Vilnius.

Die Ereignisse in der Ukraine hätten sich auf einem anderen national-psychologischen Hintergrund abgespielt. Es ist ein Unterschied, ob das «große russische Volk» sich auflehnt oder die undankbaren «kleinen Brüder». Vielleicht hat also gerade Krawtschuks «vorsichtige» Haltung die Hauptstadt der Ukraine vor grausamer Gewalt bewahrt. Zugleich ermöglichte sie den demokratischen Kräften, in erster Linie der Volksbewegung RUCH, aber auch der *Narodnaja Rada* im Obersten Sowjet, eine entschiedene Kampagne zur Entlarvung der Putschisten zu entfalten und unverzüglich in die politische Offensive zu gehen, sowohl im Rahmen der parlamentarischen Strukturen als auch durch eine Mobilisierung der Öffentlichkeit.

Es muß allerdings eingeräumt werden, daß es am ersten Tag des Umsturzes in der Ukraine noch keine massenhafte Protestbewegung gab – mit Ausnahme der Westukraine, wo demokratische Machtorgane und Bevölkerung einhellig die Junta verurteilten und zum Widerstand bereit waren. Diese verzögerte und vorsichtige Reaktion ist durchaus erklärlich. Die Ukraine war faktisch während der gesamten 70 Jahre der «Sowjet»-Herrschaft ständigem ideologischem und physischem Terror ausgesetzt, der als «Kampf gegen bürgerlichen Nationalismus» ausgegeben wurde und der bisweilen sogar Formen eines gezielten staatlichen Völkermords annahm (1918 bis 1920, 1932 bis 1933, 1935 bis 1938 und 1939 bis 1940; 1944 bis 1950 in der Westukraine). Die Angst vor dem strafenden Jähzorn der imperialen Macht ist in der Ukraine also sehr viel tiefer verwurzelt als in Rußland, das wenigstens keine Verfolgung aus nationalsprachlichen Gründen kannte.

Trotzdem gab es eine recht beachtliche Protestwelle. Sie führte letztendlich dazu, daß sofort nach dem gescheiterten Putsch der gemeinsame Sieg genutzt und viele Hindernisse auf dem Weg zur Demokratisierung beseitigt werden konnten.

Ich spreche nicht zufällig vom «gemeinsamen Sieg». Bei manchen Russen mag das auf Widerspruch, ja, auf Empörung stoßen. Denn vor dem «Weißen Haus» war es die russische Demokratie, die den Putschisten Widerstand leistete. Aber erstens fand ja das Ereignis auch in Rußland statt, in Moskau, zweitens waren unter den Verteidigern des «Weißen Hauses» auch Menschen anderer Nationalität, darunter auch Ukrainer. Es ist sogar bekannt, daß die Besatzungen einiger Panzer, die auf die Seite des russischen Parlaments übergegangen waren, die gelb-blaue ukrainische Nationalflagge gehißt hatten. Und schließlich, und das ist die Hauptsache, wurde das totalitäre System durch sämtliche national-demokratischen Bewegungen erschüttert, hat also auch die ukrainische Bewegung ihren Beitrag zur Ausarbeitung einer gemeinsamen Strategie der Erneuerung und gemeinsamer demokratischer Werte geleistet. War nicht die Position der ukrainischen demokratischen Parteien, des RUCH, des Präsidenten des Obersten Sowjets, vieler Gebietssowjets eine Stütze für die Demokraten Rußlands, für Jelzin, wenn auch eine ungenügende? Wir leben leider nicht nur in einem einheitlichen Wirtschaftsraum, sondern auch in einem einheitlichen politischen Raum, auch wenn beide schrecklich entstellt sind. Wir verdanken einander Erfolge und Niederlagen; wir können einander helfen, unsere gemeinsamen wie unsere voneinander abweichenden Ziele zu erreichen. Wir können einander aber auch Probleme und Schwierigkeiten bereiten und sie vertiefen.

Lernprozeß «Demokratie»

Der Staatsstreich der Putschisten, der zur Rettung des Imperiums und des Regimes gedacht war, erreichte das Gegenteil: Er führte zu einer enormen Beschleunigung seines endgültigen Zerfalls. Aber dieses Tempo hat auch seine «negative» Seite, weil es den natürlichen Prozeß forciert und die demokratischen Kräfte in den Republiken, auch in der Ukraine, auf eine ziemlich riskante Probe stellt. Die Ereignisse kamen zu früh, als daß man bereits adäquat auf sie hätte reagieren können. Genauer gesagt, das bestehende Gefälle zwischen dem politischen Bewußtsein und der politischen Aktivität der demokratischen Avantgarde einerseits und der demokratischen (und erst recht der «nichtdemokratischen») Masse der Bevölkerung andererseits wurde während der Putschtage erstmals augenfällig.

Durch die Auflösung der Stereotypen der kommunistischen Parteiideologie entstand ein gewisses Vakuum im Massenbewußtsein – obwohl es sicher verfrüht wäre, von einer völligen Läuterung zu reden; die alten Stereotypen werden sich als bedingte Reflexe noch lange bemerkbar machen. Dieses Vakuum nun mit den Wunschvorstellungen einer demokratischen ukrainischen Staatlichkeit auszufüllen, ist noch keine Garantie für eine pluralistische und humanistische Gesellschaft. Dafür bedarf es einer fundierten theoretischen Konzeption dieser national-demokratischen Staatlichkeit, der Ausarbeitung ihrer konkreten Formen, der wirksamen Stimulierung einer prinzipiell neuen politischen Kultur der Gesellschaft, der geistigen Emanzipation der zahlreichen, sich gerade erst formierenden politischen Parteien und Gruppen.

Die wichtigste Aufgabe jedoch besteht vorerst darin, die alten

Macht- und Verwaltungsstrukturen durch neue zu ersetzen, um den Wirtschaftskollaps und das gesellschaftliche Chaos zu vermeiden. Gegenwärtig liegt die ganze Last der Regierungsverantwortung und der Verwaltung auf dem Obersten Sowjet und dem Regierungskabinett. Beide Gremien können sich dabei nicht auf vorhandene Traditionen stützen, ihnen fehlt jegliche Erfahrung. Früher war der Oberste Sowjet ein ausschließlich dekoratives Organ. Der im Verlauf der Perestrojka umgestaltete Oberste Sowjet sollte ursprünglich zwar Demokratie und Glasnost demonstrieren, übte aber real keine Macht mehr aus. Die Regierung der Republik leitete traditionell lediglich den Willen des Zentrums an die örtlichen Strukturen weiter.

Erst jetzt werden die örtlichen Regierungsstellen zu wirklichen Macht- und Verwaltungsorganen des Landes, ohne daß sie auf ihre neuen Funktionen vorbereitet worden wären. Im Gegenteil, verantwortlich sind bis heute zum größten Teil Leute, die die grundlegenden Veränderungen nur zögernd akzeptiert oder sich sogar dagegen gesperrt hatten, inzwischen aber gezwungen sind, sie umzusetzen. Das erschwert die Lösung der ohnehin schwierigen Probleme in höchstem Maße.

Der ukrainische Frühling

Unter dem Einfluß der politischen Erschütterungen verändert sich das politische Kräfteverhältnis in der Ukraine, vor allem in ihrem Obersten Sowjet. Faktisch dominieren hier jetzt die Ideen der ehemaligen parlamentarischen Opposition, der *Narodnaja Rada*. Es ist kein Zufall, daß die Unabhängigkeitserklärung der Ukraine und andere wichtige Beschlüsse, die auf der Sitzung des Obersten Sowjets am 24. August 1991 angenommen wurden, im wesentlichen Vorschläge realisieren, die das Akademiemitglied Igor Juchnowski, Führer der *Narodnaja Rada*, vorgelegt hatte.

Die Unabhängigkeitserklärung verdient hier im Wortlaut zitiert zu werden: «Ausgehend von der tödlichen Gefahr, die vom Staatsstreich in der UdSSR am 19. August 1991 für die Ukraine ausging, in Anlehnung an die tausendjährige Tradition der Staatsgründung in der Ukraine, ausgehend von dem im Statut der UNO und dem in anderen völkerrechtlichen Dokumenten verankerten Recht auf Selbstbestimmung und in Verwirklichung der Deklaration über die staatliche

Souveränität der Ukraine, erklärt der Oberste Sowjet der Ukrainischen Sozialistischen Sowjetrepublik feierlich die Unabhängigkeit der Ukraine und die Bildung eines selbständigen ukrainischen Staates – der Ukraine. Das Territorium der Ukraine ist unteilbar und unantastbar. Fortan gelten auf dem Territorium der Ukraine ausschließlich die Verfassung und die Gesetze der Ukraine. Dieses Gesetz tritt mit seiner Annahme in Kraft. Der Oberste Sowjet der Ukraine. 24. August 1991.»

Die ehemalige kommunistische Mehrheit im Obersten Sowjet der Ukraine, die berüchtigte «Gruppe der 239», die im Volksmund «Plutonium 239» genannt wurde, ist zerfallen, sie existiert nicht mehr. Ein Teil ihrer Mitglieder, all jene, die völlig kompromittiert sind, beteiligt sich nicht mehr an der Arbeit des Obersten Sowjets; ein anderer Teil hat damit begonnen, eine kommunistische Opposition aufzubauen; und viele weitere ehemalige Mitglieder suchen, aufrichtig oder notgedrungen, die Verständigung und Einigung mit den demokratischen Strömungen. Viel hängt jetzt davon ab, ob die *Narodnaja Rada* genügend politischen Verstand an den Tag legen wird, um die Konfrontation zu beenden, die Vergangenheit ruhen zu lassen und den einstigen politischen Gegnern die Möglichkeit zu geben, eine neue Position einzunehmen, ohne dabei das Gesicht zu verlieren.

Niemand sollte an der Beteiligung einstiger kommunistischer Funktionäre am Aufbau einer nichtkommunistischen, demokratischen Ukraine Anstoß nehmen. Waren denn nicht auch an den demokratischen Umwandlungen in Rußland, in den baltischen Republiken und davor in ganz Osteuropa aktive und durchaus nicht drittrangige kommunistische Funktionäre beteiligt?

Die Veränderungen gehen so schnell vor sich, daß selbst der morgige Tag schwer vorherzusagen ist. Bereits in den ersten Tagen nach dem Scheitern des Putsches wurde die Fähigkeit des Obersten Sowjets und seines Präsidiums deutlich, nicht nur entschlossen, sondern auch durchdacht und konstruktiv zu handeln. Es wurde ein ganzes Paket von Entscheidungen zu konkreten Fragen des Staatsaufbaus, der nationalen Verteidigung und der Organisation der Volkswirtschaft getroffen. Zur Zeit wird die Einführung einer nationalen Währung vorbereitet – für die meisten Wirtschaftsexperten die einzige Möglichkeit, die nationalen Reichtümer zu schützen und einen Abfluß lebenswichtiger Güter gegen wertlose inflationäre Rubel zu verhindern.

Die gemeinsame Erklärung Michail Gorbatschows und der Führer mehrerer bereits unabhängiger Republiken an den Kongreß der Volksdeputierten am 2. September 1991 schafft die Voraussetzungen für prinzipiell neue zwischenstaatliche Beziehungen zwischen den einstigen Republiken der ehemaligen Union und fördert damit deren nationalstaatlichen Aufbau. Ebenso wichtig war das positive Ergebnis der Verhandlungen zwischen den Delegationen der RSFSR und der Ukraine vom 28. August, an denen auch eine Delegation des Obersten Sowjets der UdSSR teilnahm. In diesen Gesprächen konnte der kurzzeitige Konflikt beigelegt werden, der aufgrund voreiliger und unkorrekter Äußerungen einiger russischer Führer zu territorialen Fragen entstanden war. Die Ukraine hat mehrfach erklärt, daß sie keinerlei territoriale Forderungen an irgend jemanden hat, und alle Republiken aufgerufen, die bestehenden Grenzen anzuerkennen. Dieses unter den gegebenen Bedingungen einzig vernünftige Prinzip ist auf parlamentarischer Ebene inzwischen von beiden Staaten, der RSFSR und der Ukraine, bestätigt worden.

Ich möchte daran glauben, daß das demokratische Rußland stark genug sein wird, dem traditionell imperialen, chauvinistischen Anspruch auf die Ukraine zu widerstehen und die kategorische These des denkwürdigen Generals Denikin zu widerlegen, die da lautete: «Niemals wird Rußland, sei es nun autoritär oder demokratisch, republikanisch oder monarchistisch, die Loslösung der Ukraine zulassen.»

Nicht auszuschließen ist jedoch, daß die «zentralen» Massenmedien ihre immer noch dominierende Vorherrschaft ausnutzen und versuchen werden, den Ausgang des Volksentscheids am 1. Dezember 1991 zu beeinflussen, bei dem über die Annahme oder die Ablehnung der Unabhängigkeitserklärung abgestimmt werden soll. Denn die Ukraine ist immer noch Opfer des nach wie vor intakten Informationsimperialismus. Dennoch wird das Ergebnis des Volksentscheids nicht in erster Linie von der Propaganda abhängen, sondern von den praktischen Schritten des Obersten Sowjets der Ukraine und ihrer Regierung beim Staatsaufbau. Wenn es bis zum 1. Dezember gelingt, die Handlungsfähigkeit der reformierten staatlichen Strukturen der unabhängigen Ukraine unter Beweis zu stellen und wenigstens eine relative politische und wirtschaftliche Stabilisierung zu erreichen, ist das positive Votum für die Unabhängigkeit mehr als sicher.

Welches sind die wichtigsten Aufgaben für die unabhängige Ukraine, und was können die nächsten Schritte des Obersten Sowjets und der Regierung in der bis zur Volksabstimmung verbleibenden Zeit sein? Das Wichtigste ist wohl, die eigene Bevölkerung und die anderen Republiken, die anderen Staaten davon zu überzeugen, daß die unabhängige Ukraine ein Höchstmaß an freundschaftlicher Zusammenarbeit mit den einstigen «Bruderrepubliken» gewährleisten kann. Die Angst vor dem «Abbruch der Beziehungen», vor einem Ende der politischen, wirtschaftlichen und kulturellen Zusammenarbeit ist ein mächtiger Bündnispartner der Gegner der Unabhängigkeit, die nicht nur mit dieser Angst spekulieren, sondern sie auch gekonnt anheizen. Dabei handelt es sich hierbei im Grunde um ein künstliches Problem. Nicht um den Abbruch der Beziehungen geht es, sondern um ihre Gesundung, ihre Normalisierung; um die Bewahrung und Vertiefung *wirklicher* Beziehungen, notwendiger, natürlicher Beziehungen zum gegenseitigen Nutzen und um die Abschaffung widernatürlicher, aus imperialen politischen Erwägungen heraus aufgezwungener Beziehungen zu beiderseitigem Nachteil, die ohnehin von selbst absterben werden. Viele der sogenannten «Beziehungen» waren nur teure Ketten, die unvereinbare Konstruktionen eines willkürlich errichteten Gebäudes zusammenhalten sollten. Nicht von wirtschaftlichen, sondern von politischen Überlegungen waren viele Elemente der sogenannten «Republikskooperation» diktiert, die so aufgebaut war, daß keine Republik irgend etwas aus eigener Kraft produzieren konnte, sondern immer vom Zentrum abhängig blieb.

Wirkliche und vernünftige Wirtschaftsbeziehungen werden sich erst jetzt herausbilden und entwickeln, zwischen unabhängigen Staaten, die sorgsame Eigentümer ihrer nationalen Reichtümer sind.

Der Weg nach Europa?

Das Phänomen der Unabhängigkeit der Ukraine ist vor dem Hintergrund der üblichen (erst recht der voreingenommenen) politischen und geopolitischen Vorstellungen so ungewohnt und unbeliebt, daß unermüdlich nach ausgeklügelten Gegenargumenten gesucht wird, um den Sinn und die Möglichkeit einer ukrainischen Eigenstaatlichkeit in Zweifel zu ziehen. In letzter Zeit hat ein Standpunkt Verbreitung gefunden, der von der Sorge um das Schicksal der Demokratie in der nun schon ehemaligen Sowjetunion getragen ist: Die Kader der

Partei, die ihre Macht in Moskau verliert, würden demnach versuchen, in der Ukraine ein «kommunistisches Schutzgebiet» zu errichten. Der Ukraine wird die Rolle der letzten Bastion des Kommunismus in Europa prophezeit. Diese Behauptung beruht auf einer verzerrten Logik. Dabei wird der einfache Umstand außer acht gelassen, daß es gerade das Moskauer Zentrum des Imperiums war, das in der Ukraine politischen und nationalen Terror ausübte, daß die KP der Ukraine ebenso entstanden ist und gestützt wurde wie die anderen von Moskau kontrollierten kolonialen Subzentren. Mit dem Verlust ihrer Stütze im imperialen Zentrum werden sie ihre Kraft schnell einbüßen. Dennoch bleibt natürlich auf allen Ebenen, auch auf der untersten, eine reaktionäre Masse von Parteibeamten, die sich nach den alten Zeiten zurücksehnt, die aber, auf provinziellen Gehorsam gedrillt, zu politischem Handeln unfähig ist. Sie ist allenfalls in der Lage, den Aufbau einer unabhängigen Ukraine zu sabotieren. Aber eine neue Bastion des Kommunismus oder Totalitarismus zu schaffen – nein. Wir dürfen nicht vergessen, daß der kommunistische Totalitarismus eine Schöpfung des imperialen Ganzen war, das jetzt zerfällt. Und wer wird ernsthaft den Versuch unternehmen wollen, den Kommunismus in einer einzelnen Republik des postkommunistischen Osteuropa aufzubauen?

Ebenso unbegründet ist die Furcht vor nationalem Totalitarismus. Natürlich gibt es auch bei uns solche Stimmungen, aber ihr Einfluß ist gering. Diese Kräfte können den Aufbau der demokratischen Ukraine erschweren, aber sie können keine Wende zu einer nationalistischen Gesellschaft herbeiführen. Die demokratischen und humanistischen Traditionen der ukrainischen nationalen Befreiungsbewegung waren immer stärker und tiefer als militante nationalistische Tendenzen. Wir haben allen Grund zu hoffen, daß die unabhängige Ukraine ihren Platz unter den Demokratien Europas einnehmen wird, auch wenn bis dahin noch ein langer und schwerer Weg vor ihr liegt.

Aus dem Russischen von Ganna-Maria Braungardt

Hans-Hermann Höhmann

Der ökonomische Systemwechsel

Die russische «August-Revolution», aus dem gescheiterten Putsch reaktionärer Kräfte hervorgegangen, bringt auch für die Wirtschaftspolitik die Möglichkeit einer Zeitenwende. Viele Hindernisse für marktwirtschaftliche Reformen scheinen überwunden, doch die Union selbst zerbricht, und die schwere Erbschaft des alten Systems: Wirtschaftskrise, deformierte Wirtschaftsstruktur und schwach entwikkelte gesellschaftliche Basis für die Marktwirtschaft machen den Systemwechsel zu einem Jahrhundertprojekt.

Dimensionen der Wirtschaftskrise

Bereits 1990 hatte sich die Krise der sowjetischen Wirtschaft deutlich verschärft. 1991 zeigten sich immer mehr Symptome eines regelrechten Zusammenbruchs. Die seit Anfang der siebziger Jahre zu beobachtende Verlangsamung des ökonomischen Wachstums ist in Stagnation, Leistungsrückgang, ja partielle Wirtschaftskatastrophen übergegangen. Zu vielen chronischen, aus der Breschnew-Zeit ererbten, entgegen den Beschleunigungszielen des 12. Fünfjahresplans (1986–1990)[1] nicht überwundenen, sondern weiter verschärften Fehlentwicklungen kamen zahlreiche neue Probleme, die im Zuge der Perestrojka selbst entstanden waren und zu denen die Maßnahmen der Gorbatschow-Führung bzw. deren Halbheiten, Widersprüche und soziopolitische Auswirkungen entscheidend beigetragen haben. Die wichtigsten Stichwörter zu den chronischen Problemen sind der starke Abfall des Wirtschaftswachstums, die hartnäckige Stagnation der Produktivität, die unzureichende Produktqualität und der langsame technische Fortschritt. Zu den aktuellen Schwierigkeiten, die in Ansätzen zwar auch vor 1985 vorhanden waren, damals jedoch eine geringere Rolle spielten und erst in der Perestrojka-Periode voll zur Geltung kamen, gehören vor allem die zunehmende Versorgungskrise, die anwachsenden Sozialprobleme, die Kriminalisierung der Wirtschaft sowie nicht zuletzt die tiefgehende Zerrüttung von Geldwesen und Finanzwirtschaft.

Obwohl die offizielle Statistik trotz Glasnost nicht zuverlässiger geworden ist, dokumentiert sie doch den Leistungsabfall der sowjetischen Wirtschaft auf anschauliche Weise. Betrug der Rückgang des sowjetischen Bruttosozialprodukts 1990 noch 2 Prozent, so belief er sich im 1. Halbjahr 1991 auf 10 Prozent. Bei voller Berücksichtigung der Inflation könnte die Minderung der Wirtschaftsleistung gar 15 Prozent erreicht haben. Der Rückgang des Sozialprodukts wäre weniger schwerwiegend, wenn es gelungen wäre, der Verwirklichung zentraler qualitativer Ziele wie Produktivitätssteigerung, Qualitätsverbesserung und struktureller Modernisierung spürbar näherzukommen.

Die Überwindung qualitativer Wirtschaftsmängel durch die Förderung von Effizienz, Innovation, Modernisierung und Qualität – kurz: durch umfassende «Intensivierung» der Produktionsprozesse – hatte innerhalb der Wirtschaftsprogrammatik Gorbatschows von Anfang an einen hohen Stellenwert.[2] Geplante Fortschritte konnten jedoch bislang nicht annähernd erreicht werden. Im Gegenteil: Arbeits- und die Kapitalproduktivität verschlechterten sich zuletzt dramatisch, die technologische Lücke zwischen der UdSSR und den führenden westlichen Ländern nahm weiter zu, und der Stand der industriellen Modernisierung ist unbefriedigend.

Alle Wirtschaftsbereiche betroffen

Der Rückgang der Wirtschaftsleistung erfaßt inzwischen alle wichtigen Bereiche der sowjetischen Wirtschaft. Die *Industrieproduktion* fiel 1990 um 1,2 Prozent und im 1. Halbjahr 1991 um 6,2 Prozent, wovon im Gegensatz zu früher in besonderem Maße auch die schwerindustriellen Sektoren betroffen waren. Immer manifester wird eine *Energiekrise*, die voll auf Binnenwirtschaft und Außenhandel (Erwirtschaftung von Devisen) durchschlägt. An verschiedenen Orten der UdSSR trat bereits im Winter 1990/91 Energiemangel auf, der Betriebsstillegungen erzwang[3], und für den Winter 1991/92 ist mit gravierenden Versorgungsstörungen zu rechnen.

Die *Produktion von Konsumgütern* nahm im 1. Halbjahr 1991 um 4,5 Prozent ab, darunter die Erzeugung von Lebensmitteln um 8,5 Prozent, bedingt vor allem durch den deutlichen Produktionsrückgang in der *Landwirtschaft* (Tierprodukte −10 Prozent, Getreideernte vermutlich −20 Prozent[4]). Die schwere Krise der Versorgung mit Konsumgütern ist jedoch mit Produktionsrückgängen nur teilweise zu erklären. Dazu kommen der große inflationäre Geldüberhang und die tiefgreifenden, teilweise kriminellen Störungen des Verteilungssystems.

Die tiefe Krise der sowjetischen Wirtschaft wirkte sich 1990 und 1991 in zunehmendem Maße auch auf die sowjetische *Außenwirtschaft* aus. Vor allem aufgrund abnehmender Ausfuhren von Brenn- und Rohstoffen waren zunächst die Exporte stark rückläufig, wovon vor allem der RGW-Raum betroffen war. 1991 wurden aus Zahlungsbilanzgründen die Importe scharf gedrosselt, der positive Handelsbilanzsaldo zur Schuldentilgung verwendet. Die Perspektiven für die Entwicklung der sowjetischen Außenwirtschaftsbeziehungen sind auf kurze und mittlere Frist ungünstig. Die Exporte in den OECD-Raum dürften aufgrund des kombinierten Effekts von Preis- und Mengenreduzierungen bei den Hauptausfuhrgütern weiter zurückgehen. Die Verschuldung der UdSSR in konvertibler Währung hat sich stark erhöht (auf ca. 60 Mrd. US-Dollar) und erzwingt – um weitere umfangreiche Zahlungsverzögerungen im OECD-Handel zu vermeiden – auf absehbare Zeit eine Konsolidierung durch Importdrosselung. Die sowjetischen Währungsreserven im Westen (im Sommer 1989 noch ca. 15 Mrd. US-Dollar) wurden weitgehend abgebaut. Es mußte in größerem Umfang Gold verkauft und ein Teil der Diamentenproduktion verpfändet werden. Die seit Ende der achtziger Jahre eingeleitete Reform der sowjetischen Außenwirtschaft[5] verbesserte die Lage bisher nicht. Im Gegenteil: Die eingetretene Dezentralisierung außenwirtschaftlicher Entscheidungsbefugnisse ohne Verbindung mit einer gelungenen marktwirtschaftlichen Reform vergrößert die Probleme und hat deutlich gemacht, daß ohne tiefgreifenden Systemwechsel in der Binnenwirtschaft eine Leistungsverbesserung der Außenwirtschaft nicht erreichbar ist.

Versorgungskrise trotz gedrosselter Kapitalbildung

Die Verwendungsseite des Sozialprodukts steht im Zeichen einer starken Drosselung der *Investitionstätigkeit*. Die Bruttoanlageinvestitionen nahmen 1990 und 1991 deutlich ab. Die Drosselung der Kapitalbildung entsprach zwar der an der Wende zu den neunziger Jahren eingeleiteten wirtschaftspolitischen Kursänderung, deren Absicht es war, Konsum und Sozialleistungen stärker zu fördern, führte aber zu einem Dilemma: Die zu Lasten von Rüstungs- und Investitionsgütern vorgenommene Mehrproduktion dauerhafter Konsumgüter wirkte sich in Anbetracht des Marktungleichgewichts und anderer Verteilungsstörungen kaum positiv auf die Situation des Konsumenten aus; die Drosselung von Produktionsmittelerzeugung und Investitionen verschlechterte aber langfristig sehr nachhaltig die Voraussetzungen für die dringend erforderliche Erneuerung und Modernisierung von Produktionsanlagen und Infrastruktur.

Trotz der Verlagerung von der Kapitalbildung auf den Konsum hat die *Krise der Versorgung* weiter zugenommen. Sie findet ihren Ausdruck in leeren Regalen, Schlangen vor den Läden, Hamsterkäufen und verbreiteter Rationierung von Lebensmitteln (Einführung von «Talons»). Der Grad der Belieferung mit Konsumgütern bestimmt allerdings das Wohlergehen der Bevölkerung nur zum Teil, und es darf nicht übersehen werden, daß die Versorgung mit «öffentlichen Gütern» – vor allem mit Leistungen des Gesundheitswesens – noch miserabler ist. Besonders betroffen von der Versorgungskrise sind die Ärmsten der Armen (Alte, Invaliden, Kranke, Heiminsassen), die nicht von Betrieben versorgt werden und in Anbetracht geringer Geldeinkünfte und hoher Güterpreise auch nicht auf Kolchos- bzw. Genossenschaftsmärkte ausweichen können.

Zur Kennzeichnung der anwachsenden sozialen Probleme müssen neben der Versorgungskrise weitere Stichwörter genannt werden: Tendenzen zur *Verarmung* der Bevölkerung, zunehmende *Arbeitslosigkeit* aufgrund beginnender reformbedingter Freisetzungen und struktureller Beschäftigungslosigkeit vor allem in Sowjetmittelasien und im Transkaukasus sowie gravierende Umweltschäden, ja *ökologische Katastrophen*, die die Lebensbedingungen in vielen Gegenden der UdSSR stark beeinträchtigen. Verbunden sind die Prozesse des ökonomischen Niedergangs mit einem hohen Maß an Korruption und *Wirtschaftskriminalität*.

Zerrüttete Geldwirtschaft

Im Zustand tiefer Zerrüttung befindet sich das Geld- und Finanzsystem der UdSSR. Der Geldüberhang ist 1990 und – trotz starker Preiserhöhungen – auch 1991 in starkem Maße angestiegen. Die Geldemission erhöhte sich stark, der Bargeldumlauf nahm beträchtlich zu, die Geldeinkünfte der Bevölkerung wuchsen bei stagnierender Produktion stark an (Stagflation). Das zunehmende Auseinanderscheren der Angebots- und Nachfrageentwicklung auf den Konsumgüter-, aber auch auf den Produktionsmittelmärkten gab der Inflation starken Auftrieb, sei es in offener, sei es in zurückgestauter Form. Soweit das gestiegene Geldvolumen nicht von Ausgaben für den Gütererwerb zu erhöhten Preisen absorbiert wurde, führte es teils zu verstärkter Bargeldhortung, teils zu starker Zunahme der Spareinlagen. Die Inflation speist sich aus verschiedenen Quellen. Hierzu gehört zum einen die Lohnexpansion in den Unternehmen, die bei der Lohnfestsetzung jetzt große Spielräume haben, zum anderen der wachsende Geldumlauf nach der Umwandlung von Buchgeld in Bargeld durch von Staatsbetrieben gegründete Kooperative. Schließlich steht das große Defizit des sowjetischen Staatshaushalts in engem Zusammenhang mit den inflationären Prozessen. Abgesehen von seinem inflationsfördernden Effekt, wirkt sich das Haushaltsdefizit (wie die Inflation) auch äußerst negativ auf jede radikale Reform aus. Denn beim Übergang zur Marktwirtschaft und bei einem entsprechenden Abbau planwirtschaftlicher Eingriffsmöglichkeiten wäre die Erfüllung öffentlicher Aufgaben ja in starkem Maße von soliden Staatsfinanzen abhängig – von solchen ist die UdSSR gegenwärtig aber weit entfernt. Sollten sie sich in absehbarer Zeit nicht herstellen lassen, so bleibt die Gefahr permanenter direkter Staatseingriffe in die Wirtschaft, und die Marktwirtschaft hätte wenig Entfaltungsmöglichkeit.

System und Politik als Krisenursachen

Wie die Erscheinungsformen der Krise, so haben auch ihre Ursachen unterschiedlichen Charakter. Die chronischen Schwierigkeiten – aber auch ein Teil der neuen Probleme – sind in erster Linie auf das traditionelle Wirtschaftssystem der UdSSR und die dort betriebene Wirtschaftspolitik zurückzuführen. Was das *Wirtschaftssystem* der zentralen Planwirtschaft betrifft, so versagte es desto mehr, je weiter der sowjetische Industrialisierungsprozeß fortschritt, je komplexer folglich die Wirtschaftstruktur wurde, je komplizierter sich hierdurch wiederum die Planungsaufgaben gestalteten, je mehr die Knappheit der ökonomischen Ressourcen (Rohstoffe, Arbeitskräfte und Kapital) zunahm und je stärker sich das politische System im Sinne eines Verfalls von Autorität und Kompetenz veränderte. Die Leistungsfähigkeit der Planwirtschaft nahm folglich immer stärker ab. Zuletzt war das «administrative Kommandosystem» kaum noch in der Lage, den Wirtschaftsprozeß im Sinne der Zielvorgaben der sowjetischen Führung zu steuern und die für jede Wirtschaftsordnung zentralen Aufgaben der Motivation, Koordinierung und Effizienzsteigerung auch nur mit annäherndem Erfolg zu lösen.

Was die krisenverursachenden Effekte der *Wirtschaftspolitik* betrifft, so liegen sie in dem dreifachen Charakter der sowjetischen Wirtschaft als «Prioritätswirtschaft», als «Plandruckwirtschaft» und als «Ausbeutungswirtschaft» begründet. Die Vorgabe ehrgeiziger Wachstumsziele («Einholen und Überholen») und die Konzentration der Wirtschaftsressourcen auf Kernbereiche wie Schwer- und Rüstungsindustrie[6] führten nicht nur zu einer im Maßstab der Gesamtwirtschaft zu geringen Orientierung auf Qualität und Innovation sowie zu einer kaum mehr tragbaren Vernachlässigung des sowjetischen Konsumenten, sondern auch zu einer sich jetzt als hartnäckige Aufschwungsbarriere erweisenden Auszehrung der ökonomischen Substanz. So wurden wesentliche Sektoren der Infrastruktur der sowjetischen Wirtschaft (vor allem das Transportsystem) bis an den Rand des Zusammenbruchs belastet, die industriellen Produktionskapazitäten ohne rechtzeitigen Ersatz immer mehr verschlissen, Rohstoffe durch Raubbau und Unwirtschaftlichkeit verschwendet und die Umwelt massiv beeinträchtigt.

Perestrojka-Fehlschläge

Für die aktuellen, in der Periode der Perestrojka entstandenen bzw. in Dimension und Effekten stark angewachsenen Krisenerscheinungen gibt es zunächst eine Reihe *exogener Ursachen*: rückläufige Deviseneinnahmen aus der Außenwirtschaft durch Verschlechterung der Terms of Trade aufgrund fallender Erdölpreise und Dollarkurse sowie folgenreiche Unfälle (Tschernobyl) und Naturkatastrophen (Erdbeben in Armenien).

Von größerer Bedeutung sind jedoch *wirtschaftspolitische Fehlentscheidungen und Fehlentwicklungen* aus der Periode der wirtschaftspolitischen Neuorientierung unmittelbar nach 1985. Hierzu gehört zunächst und vor allem das als Kern des 12. Fünfjahresplans konzipierte Modernisierungsprogramm. Zwar wurde die Investitionstätigkeit wie vorgesehen angekurbelt, doch entzog die forcierte Kapitalbildung dem Konsum dringend notwendige Mittel und trug so zur relativen Verknappung des Konsumgüterangebots bei, während dem beschleunigten Investitionswachstum kein entsprechender Ausbau der Produktionskapazitäten folgte, so daß es im Ergebnis zu verstärkten strukturellen Disproportionen und spürbaren Inflationsimpulsen kam. 1989 mußte diese Politik abgebrochen werden. Gleichfalls ungünstig wirkte sich die Antialkoholkampagne aus: auf die Motivation der Bevölkerung, das Konsumgüterangebot, auch auf das Steueraufkommen.

Eine weitere Krisenursache sind die wirtschaftlichen Auswirkungen sich verschärfender *sozialer und ökonomischer Desintegrationsprozesse*: zunehmend negative Konsequenzen der sich zuspitzenden Nationalitätenkonflikte, Streikfolgen, Wirtschaftskriminalität, Auswirkungen abnehmender Vertragsdisziplin der Betriebe, negative Effekte von Maßnahmen der Bürokratie mit Sabotagecharakter zum Beispiel im Transportbereich. Spätestens seit 1990 gehen Städte und Regionen dazu über, Konsumgüter nur noch an die eigenen Bürger abzugeben, und ganze Republiken verbieten die Lieferung defizitärer Waren an andere Teile der UdSSR.[7]

Nicht zuletzt aber ist die bisherige *ökonomische Reformpolitik* mit ihren konzeptionellen Defiziten, Halbheiten und dem unbefriedigenden Stand ihrer Umsetzung in die Praxis zu einer wesentlichen Ursache für die gegenwärtigen Wirtschaftsprobleme der UdSSR geworden.[8] Durch die im Sommer 1987 beschlossene «radikale Umgestaltung der Wirtschaftsleitung» sollten viele der bisherigen Maßnahmen zusammengefaßt und zugleich im Sinne einer Planwirtschaft mit eingebauten Marktmechanismen («Plan-Markt-Wirtschaft») weitergeführt werden. Das Konzept ging zwar über die bisherigen Reformen hinaus, doch es litt von vornherein unter seiner Widersprüchlichkeit. Es war auf die Ebene der Betriebe konzentriert, beschränkte sich auf Dezentralisierung und schloß Eigentumsreformen weitgehend aus.

Als man 1988 mit der Verwirklichung der Reform begann, zeigten sich nur allzu bald die Konstruktionsmängel der Reform. Einerseits schwächte sich die zentrale administrative Kontrolle ab, wozu die Auflösungstendenzen der Union und die abnehmende Rolle der Parteiorgane wesentlich beitrugen. Anderseits kam es aber nicht zum Aufbau funktionsfähiger Marktstrukturen, und die sowjetische Wirtschaft wurde immer mehr zu einer «zentralen Planwirtschaft mit k. o. geschlagenem Zentrum» *(Wallstreet Journal)*.

Marktwirtschaftlicher Silberstreif am Horizont

Die sich seit 1988/89 drastisch verschlechternde Wirtschaftslage veranlaßte eine intensive Suche nach einem neuen Konzept für die Wirtschaftspolitik, dem nunmehr dritten Ansatz zur wirtschaftspolitischen Neuorientierung nach 1985, diesmal unter dem Vorzeichen eines Übergangs zur Marktwirtschaft. Dies dokumentiert die Bereitschaft, über die bisherigen, immer noch stark planwirtschaftlich orientierten Reformvorstellungen hinauszugehen, stand jedoch von vornherein im Zeichen erheblicher wirtschaftlicher und politischer Begrenzungen. In wirtschaftlicher Hinsicht mußten Krisenlage und Inflationsdruck jede Marktorientierung stark behindern, politisch wirkten sich Autoritätsverfall, Machtkämpfe und das Erstarken konservativer Kräfte reformparalysierend aus. Dazu kam die Zersetzung der einheitlichen politischen Willensbildung im Maßstab der Union, was jede Reform zu einem Prozeß heikler Machtverlagerung zwischen Zentrum und Republiken machte. Schließlich erforderten Krisenlage wie Perzeption der Krisenursachen, jedes Programm ökonomischen Systemwandels von der Planwirtschaft in Richtung Marktwirtschaft mit einem Stabilisierungsprogramm und mit anderen Ansätzen zur strukturellen Umgestaltung der sowjetischen Wirtschaft zu verbinden. Hieraus ergaben sich oft Konflikte über Reichweite, Richtung und Zeithorizont wirtschaftspolitischer Maßnahmen. Umstritten war insbesondere, wie frühzeitig zu Marktbeziehungen als dem Kernelement einer Systemreform übergegangen werden könnte und wie lange eine weitgehende administrative Steuerung für Zwecke der Wirtschaftsstabilisierung und der Umgestaltung der Wirtschaftsstruktur beibehalten werden müsse.

Der erste umfassende Entwurf eines marktwirtschaftlichen Programms wurde im Oktober 1989 durch die von L. Abalkin geleitete *Reformkommission des Ministerrats* vorgelegt[9] und bestimmte seitdem mit unterschiedlicher Intensität das reformpolitische Vorgehen der sowjetischen Zentralregierung unter dem bis Ende 1990 amtierenden Ministerpräsidenten Ryschkow. Die verschiedenen Programme Ryschkows, kombiniert mit dem Bestreben, die Produktion zu stabilisieren und die Inflation in den Griff zu bekommen, gerieten vor allem wegen ihres weiten Zeithorizonts und ihres aufschiebend zögerlichen Charakters in die Kritik.

Die paralysierenden Effekte einer langfristig und schrittweise angelegten Reformpolitik wollte das *Schatalin-Programm*[10] vermeiden. Die Grundzüge des Programms wurden ursprünglich von Mitarbeitern der Abalkin-Kommission erarbeitet. Hauptautor war G. Jawlinski, seit Sommer 1990 – als das Programm zur Grundlage der Reformpolitik in der RSFSR unter Jelzin wurde («Programm der 500 Tage») – stellvertretender russischer Ministerpräsident und inzwischen zum Mitglied der provisorischen Unionsregierung ernannt. Das Konzept behält folglich seine Bedeutung.

Das Schatalin-Programm unterschied sich zunächst durch einen anderen *politischen Ansatz* vom geplanten Vorgehen der Regierung. Während diese von einer weitreichenden wirtschafts- und ordnungspolitischen Zuständigkeit der zentralen Unionsregierung ausging, liefen die Vorstellungen der Schatalin-Gruppe darauf hinaus, wirklich selbständig gewordene Republiken zu den wesentlichen Trägern der Reformpolitik zu machen (UdSSR als «Wirtschaftsunion souveräner Republiken»). Was *Zeitbedarf und Rhythmus* des Transformationsverlaufs betreffen, so wurde dem auf mehr als fünf Jahre angelegten Gradualismus des Regierungsprogramms ein geraffter, schockartiger Prozeß institutionellen Wandels gegenübergestellt, mit dem die zu erwartenden negativen Effekte eines längerfristigen Systemumbaus vermieden werden sollen. *Inhaltlich* schließlich gingen die Vorstellungen der Schatalin-Gruppe über die des Regierungsprogramms insbesondere dadurch hinaus, daß Markt und Unternehmensautonomie (Gewerbefreiheit) gegenüber staatlicher Regulierung eindeutig im Vordergrund standen, daß entschiedenere Reformen der bisherigen Eigentumsverfassung in Richtung Privatisierung von Produktionsmitteln einschließlich Grund und Boden gefordert wurden und daß die notwendige Verbindung des Übergangs zur Marktwirtschaft mit einem tiefgreifenden Strukturwandel (Abbau bisheriger schwer- und rüstungswirtschaftlicher Prioritäten) ebenso deutlich hervorgehoben wurde wie die Notwendigkeit einer «konsequenten Integration in das System der Weltwirtschaftsbeziehungen». Schließlich lief das Schatalin-Programm nicht nur auf ein deutliches Bekenntnis zu Privateigentum, Unternehmensautonomie und Marktwirtschaft hinaus, es war auch eindeutig am *Leitbild einer «Bürgergesellschaft»* orientiert, die die Rechte der einzelnen Bürger als Konsumenten und Unternehmer vor die Erfüllung von Staatszwecken rückt. Eine Bezugnahme auf traditionsgeprägte ideologische Leitbilder, etwa Sozialismusmodelle – in welch revidierter Form auch immer –, fand nicht mehr statt.

Pawlow: Die Rückwärtswende

Das Schatalin-Programm schien zunächst die prinzipielle Billigung Gorbatschows zu finden. Er konnte – oder wollte – es aber auf der Herbstsitzung 1990 des Obersten Sowjets nicht durchsetzen. Statt dessen ließ er unter seinem Namen einen Kompromiß ausarbeiten, der vom Parlament angenommen wurde.[11] Kaum publiziert, geriet der Gorbatschow-Plan schnell in das Kreuzfeuer innersowjetischer Kritik. Gorbatschow näherte sich den Auffassungen der politischen Reaktion, und die marktwirtschaftliche Wende war noch unwahrscheinlicher geworden, als dies in Anbetracht der großen ökonomischen Schwierigkeiten ohnehin der Fall gewesen wäre.

Der Anfang 1991 berufene sowjetische Ministerpräsident Pawlow[12] erklärte zwar, daß am Programm einer staatlich regulierten Marktwirtschaft festgehalten werden solle, daß aber die Aufgaben einer krisenüberwindenden Stabilisierung und einer strukturellen Erneuerung der Wirtschaft, insbesondere der Industrie, Vorrang haben müßten. In der wirtschaftspolitischen Praxis kam es zu konzeptionell wenig überzeugenden Ad-hoc-Maßnahmen. Ein Beispiel dafür war der im Januar 1991 angeordnete Umtausch der alten 50- und 100-Rubel-Noten, der zu keiner umfangreichen Stillegung von Kaufkraft führte, die sowjetische «Mafia» vermutlich weniger traf, als dies möglicherweise beabsichtigt war, der aber das Vertrauen der Bevölkerung in eine bevorstehende Wende zum Besseren weiter erschütterte. Die Aktion bewies zwar ebenso wie die am 2. April 1991 erfolgte Erhöhung der Einzelhandelspreise um durchschnittlich 60 Prozent (teils jedoch wesentlich stärker, mit weitgehender Kompensation auf der

Einkommensseite, doch gleichzeitiger impliziter Abwertung der Sparguthaben) den Mut zu unpopulären Maßnahmen und die Fähigkeit, überhaupt zu handeln. Solche Maßnahmen waren aber nur dosiert anwendbar und kaum wiederholbar. Man hätte sie daher besser als Bestandteil eines aussichtsreichen Gesamtkonzepts aufgespart und nicht in unkoordiniertem Aktionismus «verschwendet». Ein schlüssiges Gesamtkonzept war unter Pawlow jedoch nicht vorhanden.

Neuer Auftrieb für die Reformbewegung

Die Verschärfung der Wirtschaftskrise führte zu wachsender Unzufriedenheit in der Bevölkerung. Gleichzeitig intensivierte sich die Diskussion über mögliche Auswege aus der drohenden Katastrophe. Dabei kam es zu einer starken politischen Polarisierung. Auf der einen Seite standen Warnungen, ja Mobilmachungen konservativer Kräfte bis hin zu Putschdrohungen. Ministerpräsident Pawlow verlangte im Juni erweiterte Vollmachten für die Durchführung wirtschaftlicher Stabilisierungsmaßnahmen, die ihm aber verwehrt wurden.[13] Auf der anderen Seite faßte aber auch die Reformbewegung neuen Tritt. Gorbatschow näherte sich wieder den Vorstellungen der radikaleren Reformer, die den Wechsel des politischen und ökonomischen Systems der UdSSR in Richtung Demokratie und Marktwirtschaft vorantreiben wollten und zu deren demokratisch-populistischer Speerspitze immer mehr Boris Jelzin wurde, vor allem, seit er am 12. Juni 1991 mit eindrucksvoller Mehrheit zum Präsidenten der Russischen Föderation gewählt worden war.

Ein wichtiger Schritt war das «9+1-Abkommen» von Nowo-Ogarjowo, das am 23. April 1991 zwischen den Präsidenten bzw. Parlamentspräsidenten der neun damals am Erhalt der Union interessierten Republiken und Gorbatschow geschlossen wurde. Es führte in der Folgezeit zu Vereinbarungen über eine gemeinsame Stabilitäts- und Wirtschaftsreformpolitik[14], zu einer Überarbeitung des Entwurfs des neuen Unionsvertrags[15], der neben veränderten Kompetenzabgrenzungen zwischen Zentrum und Republiken auch eine neue Unionsverfassung mit Neuwahlen von Präsident und Parlament vorsah sowie schließlich zu einem Kompromiß zwischen Gorbatschow, Jelzin und dem kasachischen Präsidenten Nasarbajew über die zukünftige Steuerpolitik. Auf dieser Grundlage festigte sich die prinzipielle Bereitschaft der neun beteiligten Republiken, den Unionsvertrag im August zu unterschreiben und die UdSSR als «Union der souveränen Sowjetrepubliken» aufrechtzuerhalten. Dabei ging es wohl mehr darum, dem Moskauer Unionszentrum soviel Zugeständnisse wie möglich abzuringen, als darum, die möglichen Wohlstandseffekte weiterer wirtschaftlicher Arbeitsteilung im Unionsmaßstab zu bewahren. Allerdings kam es auch zu wachsendem Widerstand gegen die vereinbarte Fassung des Unionsvertrags, und zwar sowohl von seiten konservativer Zentristen wie Ministerpräsident Pawlow und Parlamentspräsident Lukjanow (später führend beim Putschversuch), als auch von seiten der prinzipiell unterzeichnungswilligen Republiken, insbesondere der Ukraine. Während der Vertragsentwurf für die Konservativen in Moskau bereits ein Zuviel an Zerfall bedeutete, verhieß er den national orientierten Kräften in Kiew ein Zuwenig an Unabhängigkeit. Künftiger Konflikt war somit vorprogrammiert.

Von Bedeutung für die innenpolitische Entwicklung in der UdSSR war auch die Vorstellung des Entwurfs eines neuen Parteiprogramms der KPdSU auf einer Plenartagung des Zentralkomitees am 25. Juli 1991. Der Text des Entwurfs[16] und die Ausführungen Gorbatschows in seiner einleitenden Begründungsrede[17] entfernten sich deutlich vom Konzept einer marxistisch-leninistischen Kaderpartei, bekannten sich prinzipiell zu Grundrechten, «Bürgergesellschaft», Mehrparteiensystem und Marktwirtschaft und schienen abermals eine persönliche Perestrojka des sowjetischen Präsidenten zu signalisieren, diesmal vom Reformkommunisten zum Moderator des Systemwechsels.[18]

Schließlich zeichnete sich eine erneute Öffnung der Sowjetunion zur Weltwirtschaft ab und auch eine stärkere Offenheit der Gorbatschow-Führung für Beurteilungen und Beratung aus dem westlichen Ausland. Internationaler Währungsfonds und Europäische Gemeinschaft legten Gutachten über die Wirtschaftslage und die einzuschlagende Reformpolitik vor[19], und sie stießen damit in der UdSSR auf großes Interesse. Von besonderer Bedeutung für neue Kooperationsimpulse war die Zusammenarbeit zwischen dem Mitverfasser des Schatalin-Programms, G. Jawlinski, und einer Gruppe von Harward-Ökonomen.[20] Sie erbrachte ein Programm für die Transformation des sowjetischen Wirtschaftssystems zur Marktwirtschaft und die Flankierung dieses Systemwechsels durch ein umfangreiches Paket westlicher Hilfsmaßnahmen. Schließlich waren auch Gorbatschows Einladung zum Londoner Weltwirtschaftsgipfel und die sich danach intensivierende Diskussion über westliche Hilfsmaßnahmen für die sowjetische Wirtschaft eine Folge der erwähnten erneuten Öffnung. Diese trug allerdings auch zur Verschärfung der inneren Konflikte bei, wurde von konservativen Zentristen als nationaler Ausverkauf denunziert und steigerte ihre Bereitschaft, einem inneren Systemwechsel und der Öffnung nach außen durch Blockaden aller Art entgegenzuwirken und die sich abzeichnende Konsolidierung der Position Gorbatschows im Lager der Reformer zu verhindern. Der versuchte und gescheiterte Staatsstreich war dann der Höhepunkt dieser Entwicklung.

Wie geht es weiter?

Der Zusammenbruch des Putsches hat tiefgreifende Konsequenzen für die sowjetische Wirtschaft. Die Wirtschaftspolitik muß sich neu formieren, die Frage nach dem Übergang zur Marktwirtschaft ist neu und endgültig gestellt. Die Bedingungen, unter denen ein solcher Systemwechsel stattfinden muß, sind jedoch extrem schwierig. Zunächst ist mit einer weiteren Verschärfung der Wirtschaftskrise zu rechnen. Leistungsabfall und Inflation werden vom raschen Zerfall alter zentraler Leitungsinstitutionen und vom Auseinanderbrechen der Sowjetunion in selbständige Republiken beschleunigt, zumindest in den nächsten Monaten. Für den Winter 1991/92 droht insbesondere eine Verschärfung der Versorgungs- und Energiekrise. Längerfristig dürften sich die Chancen auf eine wirtschaftliche Konsolidierung allerdings verbessern. Denn bisherige ideologische Vorbehalte dürften jetzt vollends zusammenbrechen, und die mit dem alten System verbundenen politischen Kräfte sind entscheidend geschwächt. Die Wirtschaftswissenschaft hat sich weiterentwickelt. Der Zerfall der Planwirtschaft hat bereits zu vielen Formen unternehmerischer Tätigkeit geführt. Schließlich ist parallel zur Programmdiskussion ein breiter Prozeß der Reformgesetzgebung in Gang gekommen, an den jetzt trotz vieler Unvollständigkeiten und Widersprüche angeknüpft werden kann.

Die Hauptprobleme, die sich einer wirtschaftlichen Gesundung und dem Systemwechsel zur Marktwirtschaft entgegenstellen, sind jedoch politischer Natur. Drei Voraussetzungen vor allem müssen zumindest annähernd erfüllt sein, damit der Übergang zur Marktwirtschaft mit Aussicht auf Erfolg in Angriff genommen werden kann: Es muß gelingen, einen breiten gesellschaftlichen Konsens zu schaffen, der ein neues Wirtschaftsmodell sozial akzeptabel und die Schmerzen der Systemtransformation erträglich macht; es müssen sich Führungen etablieren, die über Autorität und wirtschaftspolitische Kompetenz verfügen; schließlich muß das gegenseitige Verhältnis der sowjetischen Republiken neu geregelt werden. Die alte Sowjetunion gibt es nicht mehr, und die Bewegung hin zur Unabhängigkeit ihrer früheren Mitglieder ist nicht zu stoppen. Die drei genannten Voraussetzungen hängen zusammen: Nur auf der Grundlage nationaler Unabhängigkeit ist politischer Konsens erreichbar, und nur ein politischer Konsens kann eine neue Autorität begründen, ohne die wiederum der ökonomische Systemwechsel nicht gelingen kann.

Selbständige Republiken – ein ökonomisches Problem?

Das Auseinanderbrechen der Union wird vor allem von Rußland bedauert und blockiert. Angeführt werden dabei vor allem ökonomische Argumente, die auch von vielen westlichen Beobachtern geteilt werden: Die Wirtschaft der UdSSR ist stark verflochten. Viele Republiken sind in starkem Maße von Wirtschaftsbeziehungen mit anderen Teilen des Landes abhängig. Auch profitieren viele Teilstaaten von den günstigen Terms of Trade im Handel mit Rußland, das ihnen bisher Rohstoffe und Energie gegen Binnenrubel zu billigen Preisen liefert. Insgesamt legen solche Argumente den Schluß nahe, daß der Übergang zu wirtschaftspolitischer Autonomie mit Wohlstandseinbußen verbunden ist. Nun ist jeder Wechsel des Wirtschaftsraums – egal, ob Trennung oder Vereinigung – unbestreitbar mit Kosten verbunden. Dies gilt auch für die Herauslösung der Republiken aus der bisherigen UdSSR. Dennoch veranlaßt eine Reihe von Überlegungen, die Akzente anders zu setzen.[21]

Zunächst denkt keine Republik daran, im Verfolg politischer Unabhängigkeit alle bisherigen Wirtschaftsverbindungen aufzugeben. Die Struktur dieser Beziehungen war allerdings bisher oft politisch-administrativ erzwungen und beruhte nicht auf ökonomischen Interessen und komparativen Vorteilen. Folglich sind hier auf alle Fälle

Korrekturen nötig. Weiter: Die sowjetische Wirtschaft ist stark monopolisiert. So gab es – unter anderem zum Erleichtern der administrativen Planung – für manche Produkte nur eine Produktionsstätte in der ganzen UdSSR, was selbstverständlich Lieferungen über Republiksgrenzen hinweg erforderlich machte. Diese starke Monopolisierung würde beim Übergang zur Marktwirtschaft, die Wettbewerb braucht, ohnehin verschwinden müssen. Genauso würden sich auch die Terms of Trade beim Übergang zu Marktpreisen in jedem Falle ändern. Schließlich lassen sich folgende Argumente für die ökonomische Selbständigkeit der Republiken bis hin zu eigenen Währungen anführen: a) Richtung und Tempo der Reformpolitik können nach nationalen Gegebenheiten festgelegt werden; b) inflationäre Geldüberhänge könnten leichter abgebaut und die Wechselkurspolitik als Instrument der Wirtschaftspolitik eingesetzt werden; c) schließlich könnte wirtschaftspolitische Autonomie die Integration der einzelnen Republiken in die Weltwirtschaft erleichtern. Die Staaten der ehemaligen UdSSR sollten sich jedoch um so viel Einheitlichkeit in der Wirtschaftspolitik bemühen, daß die schwierigen Überleitungsprozesse politisch abgesichert, so viele Ansätze zur Zusammenarbeit wie möglich aufrechterhalten und künftig neue supranationale Gemeinschaftsformen für die einzelnen Volkswirtschaften gefunden werden können.

Die Aufgabe des Westens

Gefordert ist schließlich auch der Westen. Seine Haltung nach dem Londoner Weltwirtschaftsgipfel war zwiespältig.[22] Auf der einen Seite gab es Teilschritte der G-7-Staaten in Richtung auf eine substantielle West-Ost-Partnerschaft bei der Sanierung und Umstrukturierung der sowjetischen Wirtschaft. Auf der anderen Seite fehlte es nach wie vor an einem geschlossenen gemeinsamen Konzept, dessen Ausarbeitung nicht zuletzt auch durch die Unberechenbarkeit des Umbruchprozesses in der UdSSR erschwert wird. Dennoch bleibt die Aufgabe, ein Gesamtkonzept der führenden westlichen Industrieländer auszuarbeiten, ein dringendes Erfordernis.[23] Folgende Grundeinschätzungen und Handlungsmaximen sollten dabei in Betracht gezogen werden:

Erstens: Die strategische Umsetzung eines solchen Konzepts trägt zu einem möglichst stabilen Wandel in der UdSSR bei. Ein solcher liegt angesichts der bei entgegengesetzten Entwicklungen drohenden Gefahren (Bürgerkrieg, Emigrationswelle, ökologische Katastrophen) und Einbußen an möglichem Nutzen (Ausschluß der UdSSR als Rohstoffreservoir und Markt aus der Weltwirtschaft) im politischen und ökonomischen Interesse des Westens, wobei die Betonung gleichermaßen auf «Wandel» wie auf «stabil» zu setzen ist.

Zweitens: Die Sowjetunion ist in Bewegung geraten, wobei verschiedene, miteinander verbundene, vielfach behinderte und bekämpfte, langfristig jedoch nicht zu stoppende Prozesse ablaufen: der Zerfall der alten Union, das Sich-Entwickeln einer politischen Demokratie, das Aufkommen von gesellschaftlichem Pluralismus, der Übergang zur Marktwirtschaft, die kooperative Integration der (vormals sowjetischen) Republiken der UdSSR in die Welt. Alle diese Transformationsprozesse hin zu postkommunistischen Strukturen sind mit großen politischen, wirtschaftsstrukturellen und kulturellen Erschütterungen verbunden. Alten Eliten droht Machtverlust, Marktwirtschaft macht obsolete Wirtschaftsstrukturen evident, Systemveränderungen stehen im Konflikt mit alten Motivations- und Verhaltensmustern. So drohen kurz- und mittelfristig politische Turbulenzen sowie weiterer ökonomischer Niedergang.

Drittens: Das strategische Konzept des Westens darf nicht auf die Union (in welcher Form auch immer) konzentriert sein. Es muß die Unabhängigkeitsbestrebungen der Unionsrepubliken berücksichtigen. Weiter dürfen auch die Länder Ostmittel- und Südosteuropas nicht außer Betracht gelassen werden. Anzustreben ist vielmehr, daß alle postkommunistischen Staaten sich zu demokratisch strukturierten, stabilen und sozial abgefederten Marktwirtschaften entwikkeln, weil nur so die Gefahr nationalistischer Übersteigerungen vermieden und das Potential eines großen Marktes für die Aufgabe der wirtschaftlichen Sanierung des gesamten Wirtschaftsraums genutzt werden kann.

Viertens: Verstärktes materiell-wirtschaftliches wie auch konzeptionelles Engagement des Westens bedeutet, daß Konzentration und solide Vorbereitung erforderlich sind. Man darf sich nicht am Endzustand einer volletablierten, funktionsfähigen Marktwirtschaft orientieren und auf naive Weise die Übernahme westlicher Institutionen propagieren. In Anbetracht der Tatsache, daß gut funktionierende Marktwirtschaften rare und schwer zu realisierende, weil auf günstige

Voraussetzungen angewiesene Wirtschaftssysteme sind, sollten alle Anstrengungen auf die Schaffung marktwirtschaftsadäquater Umfelder und die Absicherung erfolgversprechender Transformationsprozesse gerichtet werden. Die Interdepedenzen wirtschaftlicher, politischer und kultureller Faktoren sind dabei zu berücksichtigen. Regionalspezialisten aus Ost und West, Wirtschaftspolitiker, Unternehmer sowie interdiziplinär orientierte Wissenschaftler müssen im Verbund mit internationalen Institutionen permanent zusammenwirken.

Daten zur Entwicklung der sowjetischen Wirtschaft 1986–1991
(jährl. Veränderung in Prozent)

	1986	1987	1988	1989	1990	1991*
Bevölkerung	1,0	0,9	0,8	0,7	0,3	n.a.
Beschäftigte (1) (Arbeiter und Angestellte)	0,6	0,1	−1,1	−1,5	−0,7	− 1,3
Bruttosozialprodukt	3,3	2,9	5,5	3,0	−2,0	−10,0
Nationaleinkommen, prod.	2,3	1,6	4,4	2,4	−4,0	−12,0
produzierendes Anlagevermögen	5,2	4,8	4,5	4,2	3,5	n.a.
Inbetriebnahme von Anlagevermögen	5,9	6,8	−1,4	2,5	−4,0	−20,0 (2)
Industrieproduktion	4,4	3,8	3,9	1,7	−1,2	− 6,2
Gruppe A (Produktionsmittel)	5,0	3,7	3,4	0,6	−3,2	n.a.
Gruppe B (Konsumgüter)	2,6	4,1	5,4	4,9	4,4	n.a.
Agrarproduktion	5,3	−0,6	1,7	1,3	−2,3	−11,0
Bruttoanlageinvestitionen	8,4	5,6	6,2	4,7	−6,7	− 6,0 (2)
Arbeitsproduktivität der Gesamtwirtschaft	2,1	1,6	4,8	2,3	−1,0	−11,0
Geldeinkünfte der Bevölkerung	3,6	3,9	9,2	13,1	11,0	43,5
Außenhandelsumsatz	2,3	0,6	2,6	4,5	−6,9	−37,1

* 1. Halbjahr, (1) staatl. und genoss. Sektor, (2) staatl. Sektor

Quellen: Stat. Jahrbücher der UdSSR, Mitteilungen des Staatskomitees für Statistik, Moskau.

Anmerkungen

1 Vgl. H.-H. Höhmann, Berichte des Bundesinstituts für ostwissenschaftliche und internationale Studien, Köln, 22, 1986.
2 Vgl. H.-H. Höhman, Ursachen, Konzepte und Perspektiven sowjetischer Wirtschaftsformen in der Perestrojka. in: M. Breitschwerdt (Hg.), Eine Chance für Gorbatschow. Ergebnisse und Perspektiven der sowjetischen Reformpolitik, Augsburg 1989, S. 41 ff.
3 Handelsblatt, 14.2.1991.
4 R. Götz, Aktuelle Analysen des Bundesinstituts für ostwissenschaftliche und internationale Studien, Köln, 44, 1991.
5 Vgl. H. Machowski, Die neue sowjetische Außenwirtschaftspolitik, in: H. Adomeit/H.-H. Höhmann/G. Wagenlehner (Hg.), Die Sowjetunion unter Gorbatschow, Stuttgart/Berlin/Köln 1990, S. 238–260.
6 Vgl. zur Problematik von Umfang und Messung des Rüstungssektors H.-H. Schröder, Informationen aus der Forschung des Bundesinstituts für ostwissenschaftliche und internationale Studien, Köln, 2, 1990.
7 Vgl. Sowjetunion: Wirtschaftskrise verstärkt Desintegration, Wochenbericht des DIW, 34, 1990.
8 Vgl. R. Götz-Coenenberg, Berichte des Bundesinstituts für ostwissenschaftliche und internationale Studien, Köln, 22, 1988; H.-H. Höhmann, Ursachen, Konzepte und Perspektiven sowjetischer Wirtschaftsreformen in der Perestrojka, in: M. Breitschwerdt (Hg.), a. a. O.
9 Vgl. E. A. Hewett, Perestrojka-«Plus»: The Abalkin Reforms, PlanEcon Report, 48, 49, 1989, sowie B. Rumor, in: Problems of Communism, Jan./Feb. 1990, S. 74 ff, und M. Sieburger, SWP-AP 2661, Fo.Pl. 2, 90, Juli 1990.
10 Perechod k rynku, Moskau 1990.
11 Prawda, 18.10.1990.
12 Trud, 12.2.1991.
13 Vgl. SWB, SU/1102, C1/1, 19.6.1991; SWB, SU/1105, C3/1, 22.6.1991.
14 Veröffentlicht in Iswestija, 11.7.1991.
15 Sowetskaja Rossija, 15.8.1991.
16 Prawda, 8.8.1991.
17 Text in SWB, SU/1135, C1/1 ff, 27.7.1991.
18 Vgl. zu den anderen «Perestrojkas» des sowjetischen Präsidenten H.-H. Höhmann, in: Ursachen, Konzepte und Perspektiven sowjetischer Wirtschaftsreformen in der Perestrojka, in: M. Breitschwerdt (Hg.), a. a. O., S. 46 ff.
19 IMF, IBRD, OECD, EBRD, The Economy of the USSR, Summary and Recommandations, December 1990.
20 Kurzfassung in Iswestija, 25.6.1991.
21 Vgl. J. Brada/H.-H. Höhmann (Red.), Aktuelle Analysen des Bundesinstituts für ostwissenschaftliche und internationale Studien, Köln, 1991.
22 Vgl. hierzu ausführlich H.-H. Höhmann/C. Meier, Berichte des Bundesinstituts für ostwissenschaftliche und internationale Studien, Köln, 44, 1991.
23 Vgl. H. Vogel, Der Londoner Gipfel und die Sowjetunion, in: Außenpolitik, 4, 1991.

Barbara Dietz/Werner Sörgel

Mehr Sorgen als Hoffnungen

Meinungsumfragen in der Sowjetunion

Der Putsch in der Sowjetunion ist unter anderem auch deswegen gescheitert, weil es dem Notstandskomitee in den entscheidenden Stunden nicht gelungen ist, die Bevölkerung für sich zu gewinnen. Gewiß ist nur ein sehr geringer Teil der Sowjetbürger, noch dazu nur in den großen Städten, gegen die Putschisten auf die Straße gegangen. Aber dies hat bereits gezeigt, daß sich die Menschen in der Sowjetunion nicht mehr ohne weiteres durch die Partei mobilisieren und durch die Armee und den KGB einschüchtern lassen.

Die Erkenntnis, daß es für wirtschaftliche und politische Entscheidungen bedeutsam sein kann, die «Stimmung» in der Bevölkerung zu kennen, setzt sich in der Sowjetunion nur sehr langsam durch. Dabei ist die Einstellung der Sowjetbürger zu zahlreichen politischen und ökonomischen Fragen gerade für die bislang letzte Phase der Perestrojka durch Meinungsumfragen (zwischen Dezember 1989 und Dezember 1990) gut dokumentiert. Die Reaktion der Bevölkerung auf ein Putschvorhaben ließ sich aus der Analyse dieser Daten natürlich nicht vorhersagen. Was diese Umfragen jedoch deutlich aufzeigen, ist die desolate materielle Lage der Sowjetbürger, ihre Einsicht in das Versagen der bisherigen wirtschaftlichen Lenkungsmechanismen gepaart mit einer abwartenden bis mißtrauischen Haltung gegenüber der Einführung marktwirtschaftlicher Mechanismen. Ebenso deutlich wird, daß staatstragende Institutionen wie die Armee, das KGB, aber allen voran die KPdSU schon lange vor dem Putsch ihre ehemals unantastbare Rolle eingebüßt haben und massive Imageverluste hinnehmen mußten.

Meinungsforschung in der UdSSR

Eine systematische, sich mit dem ganzen breiten Spektrum gesellschaftlicher und politischer Fragen und Probleme befassende Meinungsforschung entwickelte sich in der Sowjetunion erst mit der schrittweisen Durchsetzung der Perestrojka. Was bis dahin von den Machthabern im Sowjetimperium an soziologischer Forschung zugelassen war und veröffentlicht wurde, nannte Gorbatschow bald nach seiner Wahl zum Generalsekretär der KPdSU verächtlich einmal «Traktate nach der Art von Trinksprüchen». Von Ausnahmen abgesehen – vor allem in politisch weniger sensiblen Bereichen wie der Forschung über die Gründe niedriger oder hoher Geburtenraten in einzelnen Sowjetrepubliken, über abweichendes soziales Verhalten von Jugendlichen, Alkoholismus etc. – fehlte es in der Sowjetunion bis dahin an Entscheidungshilfen für die Politik auf der Basis von Befunden sozialwissenschaftlicher Erhebungen.

Eigentlich erst mit dem Tätigwerden des «Allunionsinstituts für die Erforschung der öffentlichen Meinung in der UdSSR (VCIOM)», 1988 unter der Leitung der damals Gorbatschow noch eng verbundenen Ökonomin und Mitglied der Sowjetischen Akademie der Wissenschaften, Tatjana Zaslawskaja, gegründet, gibt es in der Sowjetunion eine Forschungseinrichtung, die auf breiter regionaler Basis sozialwissenschaftliche Befragungen durchführt und analysiert. Parallel dazu entstanden ähnliche Forschungseinrichtungen bei der Akademie der Wissenschaften der UdSSR und auf Republikebene.

«Die kontinuierliche Untersuchung von Einstellungen und Erwartungshaltungen der Sowjetbürger zum weiten Spektrum politischer, wirtschaftlicher, ethnischer, moralischer und umweltbezogener Probleme des Landes» bezeichnet VCIOM als seine zentrale Aufgabe. Das Centrum stellt die Ergebnisse seiner Studien nicht nur staatlichen und gesellschaftlichen Auftraggebern oder akademischen Einrichtungen exklusiv zur Verfügung, sie werden vielmehr in zunehmendem Maße auch in den Massenmedien publiziert. VCIOM rechtfertigt die von ihm eigenverantwortlich wahrgenommene Veröffentlichungspolitik mit seiner Absicht, «den öffentlichen Diskurs zwischen Bevölkerung einerseits und staatlich-gesellschaftlichen Institutionen andererseits zu fördern und zu versachlichen». Es begreift «empirische Sozialforschung als ein Instrument zur Demokratisierung der sowjetischen Gesellschaft».

Vermutlich konnte es nicht ausbleiben, daß weniger die Forschung von VCIOM an sich als vielmehr seine Veröffentlichung von Forschungsergebnissen das Institut schon bald nach seiner Gründung mit seinen Geburtshelfern und Finanziers, vor allem Regierungsstellen und dem Allunionsrat der Gewerkschaften, in Konflikt brachte. Studien von VCIOM, die sich immer häufiger auch mit dem Thema Glaubwürdigkeit von politischen und gesellschaftlichen Institutionen wie Partei, Gewerkschaften, Justiz, Miliz oder KGB befaßten und vom Zentrum in der Presse und über Fernsehkanäle in der UdSSR veröffentlicht wurden, belegten in aller Regel einen erheblichen Vertrauensschwund dieser Institutionen bei der Bevölkerung. Seit 1991 hat der Allunionsrat der Gewerkschaften – nicht zuletzt wegen der Veröffentlichungspolitik von VCIOM – dessen Basisfinanzierung (bis dahin jährlich eine Million Rubel) eingestellt. VCIOM ist seither darauf angewiesen, zahlende Auftraggeber auf dem «Markt» der Sowjetunion, aber auch im westlichen Ausland zu finden. Als unionsweit operierende Forschungseinrichtung mit inzwischen 35 Außenstellen in den verschiedenen Republiken der UdSSR und rund 3000 Interviewern ist das Institut nach dem Urteil von Fachleuten auf seine Bewährung auf dem «Markt» relativ gut vorbereitet.

Die folgenden Daten aus Meinungsforschungsstudien in der UdSSR stammen durchweg von VCIOM. Sie befassen sich mit der Einschätzung und der Beurteilung der wirtschaftlichen Lage und wirtschaftlicher Reformen in der Sowjetunion durch die Bevölkerung sowie mit dem Image gesellschaftlicher Institutionen, die bis vor dem Putschversuch vom August 1991 wesentliche Bastionen der Sowjetmacht darstellten.

Die wirtschaftliche Krise im Blick der Öffentlichkeit

Die Einschätzung der Wirtschaftspolitik eines Landes als erfolgreich oder nicht erfolgreich – und das gilt auch für die Sowjetunion – ist keineswegs nur von den ökonomischen Daten abhängig, sondern auch davon, wie die Wirtschaftslage und die Wirtschaftspolitik der Regierung von der Bevölkerung subjektiv wahrgenommen werden. Je nach der historischen und der politischen Ausgangslage können Preissteigerungen als unannehmbar oder mit Blick auf die Zukunft als noch akzeptabel gelten, Versorgungsengpässe erduldet werden oder zu sozialen Unruhen führen bzw. Lohnerhöhungen mit aller Macht eingeklagt werden. Auch die Maßnahmen, die zur Behebung von wirtschaftlichen Problemen eingesetzt werden, unterliegen verschiedenen Beurteilungen. Die Rationierung von Konsumgütern kann als Katastrophe oder aber als gangbarer Weg aus der Katastrophe interpretiert werden.

Die Wahrnehmung von Krisen in der Sowjetunion

In welcher Form hat nun die sowjetische Öffentlichkeit die wirtschaftliche Krise, die selbst nach offiziellen Zahlen von 1989 an katastrophale Ausmaße annahm, wahrgenommen? Nach den Ergebnissen einer Meinungsumfrage vom Dezember 1989 machten sich die Sowjetbürger schon damals keinerlei Illusionen über den Zustand der wirtschaftlichen Situation ihres Landes. Fast alle waren der Ansicht, die ökonomische Lage im Lande habe sich, verglichen mit dem Vorjahr, verschlimmert. An erster Stelle standen die Klagen über die Verschlechterung der Lebensmittel- (83 Prozent) und der Industriegüterversorgung (78 Prozent), gefolgt von Sorgen über die inflationäre Entwicklung, die Umweltverschmutzung, die steigende Kriminalität und die schlechte medizinische Versorgung. Jeweils mehr als die Hälfte der Befragten sagt, diese Entwicklungen belasten ihr Leben und das ihrer Familien schwer. Mit dem in marktwirtschaftlichen Gesellschaften so gefürchteten Krisenphänomen, der Arbeitslosigkeit breiter Bevölkerungsschichten, waren die Sowjetbürger bislang noch nicht konfrontiert, jedenfalls wurde der Verlust des Arbeitsplatzes nicht von einer nennenswerten Zahl zu den Sorgen gerechnet, die sie aktuell beschäftigen. Die für die Wirtschaftsmisere der UdSSR aufgeführten Gründe variieren, konzentrieren sich aber in der genannten VCIOM-Studie hauptsächlich auf vier Hauptargumente: die technische Rückständigkeit des Landes (43 Prozent), die Herrschaft der Bürokratie (39 Prozent), die Machenschaften der Mafia (36 Prozent) und die geringe Qualifikation bzw. Unfähigkeit der Arbeiter (27 Prozent). Interessant ist, daß dem «organisierten Verbrechen» ein nicht unbeträchtlicher Anteil am wirtschaftlichen Zusammenbruch zugeschrieben wird, eine Schuldzuweisung, die sich wie ein roter Faden durch die gesamte öffentliche Debatte von Krise und Reformbestrebungen in der Sowjetunion zieht.

Was aber könnte, nach der Vorstellung der Befragten, eine Wende zum Besseren einleiten? Mehr als die Hälfte (55 Prozent) riefen nach «Recht und Ordnung», womit sich offensichtlich viele nach stabilen, wenn auch stagnierenden Zeiten zurücksehnen. Die weiter angeführten Maßnahmen polarisieren sich in dirigistische und privatwirtschaftliche. Dem Votum für echte Wirtschaftsreformen (27 Prozent) und dafür, Land an die Bauern zu geben (31 Prozent), standen Vorstellungen entgegen, die in einer «Verbesserung der Planung» (22 Prozent) das Heil sahen. Insgesamt gesehen überwogen aber die Argumente für marktwirtschaftlich orientierte Reformbestrebungen. Viele Sowjetbürger befinden sich hier allem Anschein nach in einer zwiespältigen Bewußtseinslage: Während sie die Vorzüge der Marktwirtschaft durchaus sehen, scheuen sie den dornigen Weg dorthin, der zunächst mit Unsicherheiten und zahlreichen unbekannten Problemen gepflastert sein würde. Das zeigt sich auch deutlich daran, wer als Gewinner und wer als Verlierer bei den bis 1989/90 in Angriff genommenen Umwälzungen in der Sowjetunion festgemacht wird. Auf der «Siegerseite» stehen die Kooperativen (42 Prozent) an erster Stelle, dicht gefolgt von den «Buhmännern» der Perestrojka, den Schwindlern und Gaunern (39 Prozent). Aber auch Händler (23 Prozent), gewissenhafte Arbeiter (20 Prozent) und Privatunternehmer (17 Prozent) gehören in den Augen der Interviewten zu den Nutznießern der bisher eingeleiteten Wirtschaftsreformen. Die Vorstellung, daß eine freiere Wirtschaftsordnung unweigerlich Raum für zwielichtige Geschäfte schaffen würde, ist allerdings stark verbreitet. Die Verlierer werden unter den Armen ausgemacht: unter den minderbemittelten Familien (46 Prozent), den einfachen Arbeitern (38 Prozent), den Alten und Alleinstehenden (37 Prozent). Hier schlagen sich allem Anschein nach auch bereits die harten Erfahrungen nieder, die die früheren «sozialistischen Bruderländer» auf dem Weg in die Marktwirtschaft gerade durchmachen.

Diskussionen zur Einführung der Marktwirtschaft

Vieles deutet darauf hin, daß die Einführung marktwirtschaftlicher Elemente in den Augen der meisten Sowjetbürger hauptsächlich dazu dienen soll, die immer leerer gewordenen Regale in den «normalen», d. h. Staatshandelsläden zu füllen. Die «Kosten» der Marktwirtschaft: die Freigabe der Preise auch für Güter des täglichen Bedarfs und eine Entlohnung, die mit der Arbeitsproduktivität in Einklang stünde, werden im allgemeinen weder gesehen noch akzeptiert. So gab es für zwei Drittel aller Befragten im Dezember 1989 noch gar keine Zweifel daran, daß etwa notwendig werdende Preiserhöhungen auf der einen Seite mit höheren Einkommen, Renten und Unterstützungsleistungen auf der anderen Seite kompensiert werden müßten. Auch bei der rechtlichen Ausgestaltung der Berufsarbeit überwog der Wunsch nach Sicherheit. Ein festes, wenn auch geringes Einkommen erschien vielen (45 Prozent) weitaus attraktiver als ein höherer Lohn bei mehr Arbeit und ohne Sicherheiten für den Erhalt des Arbeitsplatzes auch in der Zukunft (27 Prozent). Eine selbständige Arbeit auf eigenes Risiko wurde nur von wenigen (10 Prozent) überhaupt in Erwägung gezogen. Ganz damit im Einklang steht die Aussage von über der Hälfte der Interviewten, daß Arbeitslosigkeit in der Sowjetunion auch in Zukunft unzulässig sein müßte. Die Ansprüche an das wirtschaftliche System sind also bezüglich der Arbeits-, Lohn- und Preispolitik im großen und ganzen sicherheitsbetont, mit starken Rückgriffen auf das Bestehende. Für die Bereitstellung eines halbwegs ausreichenden Warenangebots hat aber das bisherige Lenkungssystem auch in den Augen der allermeisten Sowjetbürger vollständig versagt. Veränderungen stehen unaufschiebbar an, wobei eine «Verbesserung der Planungsmechanismen», wie bereits angeführt, nicht einmal von einem Viertel der Befragten befürwortet wird.

Die Kooperativen

Trotz der Misere der Planwirtschaft trifft eine seit einigen Jahren neu zugelassene «marktwirtschaftlich» akzentuierte Eigentumsform, die Kooperative, auf große Vorbehalte bei den Sowjetbürgern. Unter zahlreichen in den Interviews zur Diskussion gestellten neuen Betriebsformen, wie z. B. von Arbeitskollektiven gepachtete Unternehmen, Aktiengesellschaften oder sogar Unternehmen in ausländischer Hand, schnitten die Kooperativen im Urteil der Sowjetbürger am schlechtesten ab. Es waren auch weit mehr Personen (ein Drittel) der Ansicht, die Kooperativen würden eher zur Verschlechterung der Wirtschaft beitragen als zu ihrer Verbesserung (ein Viertel). Fast die Hälfte (45 Prozent) setzte sich für Gesetze oder Erlasse ein, die die erst kürzlich gewährten Handlungsfreiheiten der Kooperativen wieder einschränken sollten. Auf die Frage, ob Kooperativen stärker gefördert oder abgeschafft werden sollten, sprachen sich nur 41 Prozent für ihre Unterstützung aus. Diejenigen, die für eine Abschaffung der Kooperativen votierten (32 Prozent), begründeten dies damit, sie würden sich negativ auf die soziale Gerechtigkeit auswirken und/oder die Wirtschaft des Landes weiter destabilisieren.

Anhänger der Kooperativen in der Sowjetunion werben häufig mit dem Argument, daß die Produktqualität und das Dienstleistungsangebot dort besser seien als in staatlichen Versorgungseinrichtungen. Die Mehrheit der befragten Sowjetbürger ist hier allerdings anderer Ansicht: Nur 13 Prozent meinten, die Waren aus den Kooperativen wären qualitativ besser als diejenigen aus den staatlichen Betrieben, während es die relative Mehrheit (44 Prozent) gerade umgekehrt sah, und die restlichen Interviewten entweder keinen Unterschied ausmachen konnten (33 Prozent) oder darauf keine Antwort wußten (10 Prozent). Bemerkenswert in diesem Zusammenhang ist, daß die Hälfte der Befragten im letzten Jahr überhaupt nicht in einer Kooperative eingekauft hatte. Offensichtlich werden die Kooperativen in vielen Fällen gar nicht aus eigener Anschauung bewertet, sondern nach ihrem – häufig schlechten – Image. Es sind offensichtlich neben den hohen Preisen in den Kooperativläden, die die meisten Sowjetbürger nicht tragen können, auch die vermuteten hohen Verdienstspannen, die Mißtrauen erwecken. Die verbreitet negative Beurteilung der Kooperativen ist daher allem Anschein nach hauptsächlich auf ihre Preisgestaltung für Güter und Dienstleistungen des täglichen Bedarfs zurückzuführen. Auf der anderen Seite wird die Bezahlung der in den Kooperativen Beschäftigten gerechter empfunden als die Entlohnung in den staatlichen Betrieben. Man glaubt auch, daß die Kooperativen wirtschaftlicher als Staatsbetriebe arbeiten, und viele halten die dort Beschäftigten für besonders arbeitswillige, fleißige Leute (42 Prozent) oder für Leute mit Unternehmergeist (35 Prozent). Allerdings vermutet auch eine nicht unerhebliche Anzahl (35 Prozent) der Befragten unter den Mitarbeitern der Kooperativen Schwarzmarkthändler, Spekulanten und Leute mit unklarer Vergangenheit. Insgesamt gesehen stellen sich also die kooperativen Unternehmen in den Augen der Sowjetbürger als durchaus problematisch dar und nur in Ausnahmen als ein akzeptabler Schritt aus den Zwängen und Nachteilen der diskreditierten Planwirtschaft.

Privatbesitz

Ohne Zweifel erfordert der Übergang zur Marktwirtschaft eine Neudefinition und Klärung der Eigentumsfrage in der UdSSR. Dieses Problem wird seit längerer Zeit auf Unions- und Republikebene heftig diskutiert. Neue Gesetze zum Eigentum, wobei es vor allem um Privatbesitz in verschiedenen wirtschaftlichen Bereichen geht, sind in Vorbereitung. Die Sowjetbürger haben jedoch, so zeigt es sich, ein sehr zwiespältiges Verhältnis zum Privateigentum generell und vor allem dazu, in welchen Bereichen es gestattet sein sollte, private Wirtschaftsbetriebe zu gründen. So sind zum Beispiel zwar 28 Prozent der Ansicht, Verkaufsläden, kleinere Werkstätten und Ateliers in privatem Besitz seien notwendig oder zumindest zulässig (45 Prozent). Im Gegensatz dazu möchte aber über die Hälfte (58 Prozent) der Interviewten Großbetriebe und Fabriken Privateigentümern nicht überlassen. Nur mit Blick auf die Landwirtschaft ist die Akzeptanz des Privatbesitzes groß: 53 Prozent hielten ihn für zulässig und 34 Prozent für notwendig. Hinter der positiven Beurteilung privater Landwirtschaftsbetriebe dürfte hauptsächlich die Hoffnung stehen, daß sich dadurch die Lebensmittelversorgung verbessern würde. Auf die Frage, ob auch ausländische Bürger oder Firmen in der Sowjetunion privaten Besitz erwerben dürften, reagierte die Mehrzahl in bezug auf Großbetriebe (60 Prozent) und Ländereien (57 Prozent) ablehnend. Kleinere Werkstätten in ausländischer Hand erscheinen dagegen weniger bedrohlich: 21 Prozent halten sie für notwendig und 42 Prozent für zulässig. Obwohl die meisten der Befragten in der VCIOM-Untersuchung der Ansicht waren, private Unternehmen würden die wirtschaftliche Situation des Landes verbessern (17 Prozent) oder zumindest «eher verbessern als verschlechtern» (30 Prozent), war doch fast die Hälfte (41 Prozent) strikt gegen die Beschäftigung von mehr als zehn Lohnarbeitern in solchen Betrieben. Als mögliche Folgen der Einführung des Privateigentums nennen die Befragten an erster Stelle ein «Wiederaufleben des Besitzgefühls» (51 Prozent), eine Spaltung der Gesellschaft in «Arme und Reiche» befürchten 36 Prozent. Während jeweils ein Viertel in der Privatisierung von Produktion und Dienstleistungen einen möglichen Ausweg aus der wirtschaftlichen Krise sieht bzw. die Beseitigung des Konsumgütermangels, befürchtet eine relativ kleine Anzahl die «Ausbeutung der Menschen» (17 Prozent) und einen Verrat der Errungenschaften des Sozialismus

(10 Prozent). Die Akzeptanz von wirtschaftlichem Privateigentum vollzieht sich mithin zögerlich und offensichtlich nach dem Motto: Im kleinen ja, im großen nein. Es wird daher noch eine längere Zeit des Umdenkens nötig sein, bis privates Unternehmertum mit allen seinen ökonomischen und gesellschaftlichen Konsequenzen von einer Mehrheit der Sowjetbürger akzeptiert sein wird.

Arbeitsemigration

Die von vielen als «katastrophal» charakterisierte Situation ihres Landes führte dazu, daß bei mehr und mehr Sowjetbürgern der Wunsch besteht, zumindest zeitweilig im westlichen Ausland zu arbeiten, um dort «richtiges Geld» zu verdienen. Die sowjetische Binnenwährung, verächtlich auch «Holzrubel» genannt, sichert kaum mehr die Versorgung mit vielen Gütern, die sich die Menschen wünschen. Bevorzugtes Ziel ist das wiedervereinigte Deutschland. Eine vom Presse- und Informationsamt der Bundesregierung im Spätherbst 1990 in Auftrag gegebene und von VCIOM in der Sowjetunion durchgeführte Repräsentativbefragung bei rund 4000 Sowjetbürgern belegt diese Tendenzen in beängstigendem Maße: Jeder vierte der befragten Wahlberechtigten erklärte damals ohne jeden Vorbehalt, man würde, so man die Möglichkeit dazu hätte, «gerne für längere Zeit im wiedervereinigten Deutschland leben, um dort zu arbeiten und Geld zu verdienen». Auf die erwachsene Bevölkerung der UdSSR hochgerechnet bedeutet dies, daß rund 45 Millionen Sowjetbürger diesen Wunsch äußern und etwa ebenso viele solch einen Schritt vorübergehender Arbeitsemigration zumindest nicht ausschließen möchten – ihre Antwort: «Vielleicht – kommt darauf an.» Bemerkenswert ist, daß rund 40 Prozent der unter 30jährigen Sowjetbürger solche Wanderungsabsichten ausdrückten. In welchem Maße diese dann tatsächlich realisiert würden, wenn eine derartige Migration einmal möglich sein sollte, ist hier von untergeordneter Bedeutung. Diese Zahlen weisen in der gegenwärtigen Situation vor allem auf die fehlenden Zukunftsperspektiven der Sowjetbürger hin.

Zukunftsperspektiven

Als Zeichen für positive Veränderungen im Lande, die von den Leuten auch tatsächlich als solche wahrgenommen würden, nennen die Sowjetbürger beinahe ausschließlich wirtschaftliche Kriterien: Volle Regale (65 Prozent), stabile Preise (43 Prozent) und die Möglichkeit, «soviel wie nötig zu verdienen» (34 Prozent), stehen an erster Stelle. Die materielle Sicherung sei es, die den Menschen in der UdSSR heute vor allem fehle, meinten die Interviewten, während moralische Prinzipien und politische Rechte in der Liste der Mangelerscheinungen hinten lagen. Kaum jemand (4 Prozent) glaubt allerdings daran, daß in naher Zukunft eine Verbesserung der Lage eintreten könnte. Zukunftsprognosen bleiben vage – «ich hoffe sehr auf Verbesserung» (40 Prozent), resignativ (35 Prozent) oder pessimistisch (14 Prozent). Symptomatisch für die Beurteilung der Sowjetunion am Ende der achtziger Jahre dürfte die Beantwortung der Frage sein, wem das eigene Land heute noch ein «Vorbild» sein könnte. Genannt wurden in diesem Zusammenhang nur gerade noch von 8 Prozent «Entwicklungsländer» und von 4 Prozent «andere sozialistische Länder». Ein Drittel aber meinte, niemand könnte von der Sowjetunion heute etwas lernen, und beinahe die Hälfte (44 Prozent) wußte darauf überhaupt keine Antwort.

Die Stellung politischer und gesellschaftlicher Institutionen

Die wirtschaftliche Situation in der Sowjetunion hat sich in den letzten Jahren rapide verschlechtert, und dies wurde von den Sowjetbürgern auch ohne Illusionen wahrgenommen. Die bisher angewandten wirtschaftlichen Mechanismen, die Instrumente der Planwirtschaft, haben zwar in den Augen der meisten Bürger versagt, dennoch stehen sie neuen Wirtschaftsformen vielfach noch mißtrauisch und abwartend gegenüber. Unübersehbar ist, daß die großen politischen und gesellschaftlichen Institutionen, wie etwa die KPdSU und die Gewerkschaften, den Sowjetbürgern in den Jahren der Perestrojka bislang keine echten Reformkonzepte angeboten haben, sondern daß sie letztlich nur dazu beitrugen, das überkommene «System» zu konservieren. Das hat mit zu dem massiven Gesichtsverlust dieser Institutionen in der Öffentlichkeit beigetragen, der sich in den letzten Monaten immer deutlicher abzeichnete und schließlich, nach dem mißglückten Putsch, sogar zu einem Verbot der Aktivität der KPdSU in Rußland führte.

Die wichtigsten Institutionen zur Sicherung der inneren und äußeren Stabilität des sowjetischen Staates, die Armee und das KGB, hatten auch zur Zeit der Perestrojka noch einige Reputation in den Augen der Bevölkerung. Massive Kritik an der Armee wurde vornehmlich an ihren inneren Strukturen, nicht so sehr an ihrem Auftreten nach außen geübt. Das KGB erschien jedoch vielen als ein notwendiges, wenn nicht gar nützliches Übel. Dies dürfte sich jedoch durch seine undurchsichtige Rolle während des Putsches grundlegend verändert haben.

KPdSU

Die KPdSU, von Lenin einstmals emphatisch als «Geist, Ehre und Gewissen unserer Epoche» gefeiert, hat in den Augen der Sowjetbürger an politischer Überzeugungskraft, an Führungsstärke, vor allem aber als moralisch glaubwürdige Institution schon in den letzten eineinhalb Jahren vor dem Putsch beträchtliche Vertrauenseinbußen hinnehmen müssen. Das läßt sich auch durch Umfragen belegen. Die Partei wurde zwar immer noch als eine Macht, aber zunehmend als eine undurchschaubare Macht wahrgenommen. Nach den Ergebnissen repräsentativer Umfragen waren über 80 Prozent der Sowjetbürger Mitte 1990 der Ansicht, die «Autorität» der KPdSU habe in den letzten Jahren abgenommen. Nur noch für jeden zehnten Sowjetbürger war die Partei eine «ideelle und organisatorische Einheit», viel mehr sahen in ihr «Spaltungstendenzen, Erschöpfung und Zerfall» (74 Prozent) wirksam werden. Durchaus folgerichtig forderte über die Hälfte (60 Prozent), den Artikel 6 der sowjetischen Verfassung über die «führende Rolle» der KPdSU abzuschaffen, was inzwischen geschehen ist. Andererseits: Nur ein Fünftel der wahlberechtigten Sowjetbürger plädierte damals für eine Auflösung der KPdSU, während etwas mehr als die Hälfte dieser Auffassung explizit widersprach. Parteimitglieder, die zu Volksdeputierten gewählt worden waren, wollten aber die meisten Sowjetbürger schon zu dieser Zeit nicht mehr der KPdSU, ihrem Programm und den Entscheidungen ihrer Führungsorgane verpflichtet sehen (dafür traten nur weniger als 10 Prozent der Wähler ein). Kommunistische Volksdeputierte sollten vielmehr nach ihren Vorstellungen in erster Linie den Willen ihrer Wähler ausführen (59 Prozent) oder ausschließlich nach ihrem Gewissen entscheiden (35 Prozent).

Urteile über die historische Rolle der KPdSU fallen bei den Sowjetbürgern zwiespältig aus: Einerseits vertritt jeder vierte uneingeschränkt und 38 Prozent mit gewissen Vorbehalten die Auffassung, «daß unser Land ohne die KPdSU seine jetzige Bedeutung als Großmacht nicht erreicht hätte». Andererseits machen fast 60 Prozent (voll und ganz) und 32 Prozent (mit gewissen Einschränkungen) die «Fehler» der gleichen Partei dafür verantwortlich, daß der «gesellschaftliche Fortschritt unseres Landes gebremst» wurde. Daß die Partei schon seit ihrem Bestehen «das ganze Land auf einen falschen Weg geführt» habe, glauben zwar nur 18 Prozent uneingeschränkt, aber immerhin 44 Prozent halten dies für einigermaßen wahrscheinlich. Entscheidend zum Vertrauensverlust der KPdSU trug ihre offensichtliche Unfähigkeit bei, auf die großen Probleme der UdSSR adäquat zu reagieren. Jeder zweite Sowjetbürger sieht die Partei heute «ohne Initiativen», sie lasse eine «unkontrollierte Entwicklung der Ereignisse» zu. Ein Jahr bevor Boris Jelzin, der gewählte Präsident der Russischen Föderation, für seine Republik die Aktivitäten der offiziellen Parteikomitees in Betrieben, Behörden und gesellschaftlichen Organisationen verbieten ließ, waren noch 39 Prozent der Wähler in der Sowjetunion der Meinung, solche betrieblichen Parteiorganisationen seien «nötig», 43 Prozent waren der gegenteiligen Auffassung, und 18 Prozent ließen diese Frage offen. Daß die betrieblichen Parteikomitees freilich die «Interessen der einfachen Mitglieder vertreten» würden, glaubten schon damals nur noch 6 Prozent, für jeweils rund 40 Prozent war es ausgemacht, daß sie primär die «Interessen der Behörden und/oder Betriebe» vertreten bzw. nur die «Entscheidungen höherer Parteiorgane ausführten». Parteimitglieder gelten an ihrem Arbeitsplatz als «privilegiert» gegenüber Parteilosen, sie bekommen «mehr Vergünstigungen» (26 Prozent), und sie haben «bessere Aussichten auf Beförderung» (33 Prozent). Daß von ihnen im Arbeitsleben auch «mehr gefordert werde» meinen nur wenige (12 Prozent), und daß Kommunisten im Betrieb «besser arbeiteten» glaubt so gut wie niemand (3 Prozent).

Die Gewerkschaften

Die offiziellen Gewerkschaften in der UdSSR sind eine von jenen einst so einflußreichen Institutionen, die in den zurückliegenden Jahren beträchtlich an Ansehen verloren haben. Dennoch wußten sie 1990 noch jeden vierten Sowjetbürger voll und ganz hinter sich. Obwohl nach offiziellen Angaben 1990 noch rund 140 Millionen Männer und Frauen, das sind 99,5 Prozent der sowjetischen Werktätigen, Gewerkschaftsmitglieder waren, ist die Überzeugung weit verbreitet, daß die offiziellen Gewerkschaften sich nur ungenügend für die Rechte und Interessen der Arbeitskollektive einsetzen,

- weil die Gewerkschaften zu sehr abhängig seien von der staatlichen Verwaltung und/oder höheren Gewerkschaftskadern (51 Prozent);
- wegen der wirtschaftlichen und juristischen Inkompetenz der Gewerkschaftsführer (20 Prozent);
- wegen «Gewissenlosigkeit und Eigeninteressen der Gewerkschaftsführer» (20 Prozent);
- wegen mangelnder Möglichkeiten der Arbeitskollektive, auf ihre Gewerkschaftsführer real einwirken zu können (16 Prozent).

Fragt man Arbeiter und Angestellte, wessen Interessen die Mitglieder ihres Gewerkschaftskomitees in erster Linie vertreten, dann vermag jeder fünfte Befragte darauf keine klare Antwort zu geben. Nur wenige (13 Prozent) glauben, daß die Gewerkschaften ihren eigentlichen Aufgaben nachgehen, nämlich «die Interessen der Arbeitermehrheit» durchzusetzen. Die am häufigsten geäußerten Meinungen sind, daß die Gewerkschaftskomitees «die Interessen der Administration» vertreten (34 Prozent) oder ihren eigenen Vorteil suchen (16 Prozent). Die offiziellen Gewerkschaften stemmten sich seit Beginn der Perestrojka gegen alle Versuche, eingefrorene Strukturen in den Betrieben aufzubrechen. Dies blieb keineswegs verborgen: Im Jahre 1990 konnte ein Drittel der befragten Werktätigen nicht feststellen, daß die Gewerkschaftsfunktionäre an ihrer Arbeitsstelle «in den letzten ein bis zwei Jahren aktiver (im Sinne der Arbeitskollektive) geworden seien», während dies von 42 Prozent der Befragten sogar explizit verneint wurde.

Die Armee

Zumindest bis zum Staatsstreich vom August 1991 besaß die Armee in den Augen vieler Sowjetbürger ein relativ hohes Ansehen. Von rund 3000 Befragten in europäischen und nichteuropäischen Regionen der UdSSR bezeugten im April 1990 knapp die Hälfte der Sowjetarmee ihr volles und jeder fünfte ein eingeschränktes Vertrauen. Nur 13 Prozent erklärten damals, sie vertrauten der Armee überhaupt nicht, und etwa jeder vierte sah sich außerstande, in dieser Frage ein Urteil abzugeben. Aber dieses insgesamt positive Image der Armee ist offensichtlich historisch bedingt: Die Sowjetarmee ist für die Bürger Rußlands und der meisten anderen Republiken die ruhmreiche Siegerin im Großen Vaterländischen Krieg. Trotzdem ist diese Armee schon seit einigen Jahren nicht mehr gegen Kritik gefeit: Für mehr als drei von fünf erscheint es «nicht gerechtfertigt», Bürger als «unpatriotisch» zu diffamieren, die «scharfe Kritik an der Armee üben», deren «zahlenmäßige Verringerung» sowie eine «verringerte Einflußnahme der Armee in der Gesellschaft» fordern. Rund 30 Prozent der Befragten glauben, es gehe den höheren Militärs einzig darum, «ihren eigenen politischen Einfluß im Lande zu erhalten», wenn sie sich gegen jede Kritik an der Armee wenden, und etwa jeder zehnte erklärt, diese Haltung der Militärs sei Ausdruck ihrer «politischen Kurzsichtigkeit».

Die Kritik an der Armee konzentriert sich auf Erscheinungen, die seit einigen Jahren im Zeichen von Glasnost in den Massenmedien der UdSSR vor allem unter zwei Stichwörtern diskutiert werden: Kameradenschinderei und die allgemeinen Lebensbedingungen der Soldaten in der Armee. Die Schuld an den in der Armee weit verbreiteten Schikanen gegenüber jungen Rekruten gibt man hauptsächlich «der Armee selbst und den Kommandeuren, die Gewalt unter ihren Untergebenen zulassen, ja sogar fördern» (60 Prozent). Zu den negativen Imagekomponenten der Armee rechnet etwa jeder fünfte Befragte, daß die jungen Leute dort lernen, «alle Fragen mit Gewalt zu lösen», daß sie in der Armee immer wieder erfahren, «was Beleidigung und Arroganz sind» (26 Prozent), und daß sie in der Zeit ihres Soldatseins häufig «kriecherisch und anpaßlerisch» werden (22 Prozent).

Die Lebensbedingungen in der sowjetischen Armee (Ernährung, Kleidung, Unterbringung, medizinische Versorgung) werden nur von einer Minderheit der Bürger als «gut» angesehen. (In bezug auf die Offiziere meint das ein Drittel, in bezug auf die einfachen Soldaten nur jeder fünfte.) Daß die Lebensverhältnisse für die Soldaten «schlecht» oder sogar «sehr schlecht» seien, finden 60 Prozent, in bezug auf die Offiziere meinen das 40 Prozent. Zwei Drittel der Sowjetbürger glauben, die höheren Offiziere und Generale genießen «ungerechtfertigte Privilegien und Bevorzugungen», während fast 80 Prozent annehmen, es seien vor allem die einfachen Soldaten, die «unter Entbehrungen zu leiden» hätten.

Wer vom Militär die Perestrojka am meisten unterstützt oder, umgekehrt, sich am meisten gegen sie sperrt, die Soldaten, die unteren Offiziersränge oder die hohen Offiziere und Generale, war eine Frage, der die Forscher von VCIOM Mitte 1990 in einer unionsweiten Umfrage nachgingen: Rund die Hälfte der Befragten konnte damals darauf keine Antwort geben. Jeweils ein Fünftel meinte, die entschiedensten Befürworter der Perestrojka seien die einfachen Soldaten oder die unteren Offiziersränge, und fast jeder zweite glaubte, die höheren Offiziere und Generale sperrten sich gegen diese Reformen in der Sowjetunion, die zugleich auch Reformen in der Armee bedingten. In der gleichen Umfrage wurde auch die Frage gestellt: «Wenn die Armee in einen Streit zwischen Gegnern und Befürwortern der Perestrojka hineingezogen werden sollte, wie würde sie sich in diesem Falle verhalten?» Hier erklärten sich 35 Prozent als überfragt bzw. uninformiert («weiß nicht», «schwer zu sagen»); ebenso viele vermuteten, «die Armee würde dabei gespalten sein». Daß die Armee in einem solchen Falle die Gegner der Perestrojka unterstüzten würde, meinten nur 6 Prozent, und jeweils etwas über 10 Prozent spekulierten auf eine «Neutralität der Armee» oder sahen bzw. hofften, die Armee würde in diesem Falle auf der Seite der Perestrojka-Anhänger stehen.

Die Hälfte der sowjetischen Bevölkerung teilt nicht die Auffassung, daß die Perestrojka die Verteidigungsbereitschaft der Sowjetunion schwäche. Unterstützt wird dieses Argument von rund jedem fünften Befragten, und rund 30 Prozent verraten Unsicherheit in dieser Frage.

Für eine klare Mehrheit der Sowjetbürger erscheint es wünschenswert, daß nach einem Abzug der sowjetischen Truppen aus den westeuropäischen Staaten die Sowjetarmee zahlenmäßig verringert werde (58 Prozent). Jeder fünfte meint, sie solle auch weiter so groß bleiben wie bisher.

Differenziert bis zwiespältig ist die Haltung zum Einsatz der Armee bei «antisowjetischen Demonstrationen der Bevölkerung» einerseits und bei «pogromartigen Auseinandersetzungen zwischen Angehörigen verschiedener Nationalitäten in den Staaten der UdSSR» andererseits. Daß die Armee in solchen Auseinandersetzungen gefordert sein könnte, wurde noch im vergangenen Jahr von sehr vielen Sowjetbürgern prinzipiell bejaht. Die Hälfte der Befragten lehnte es allerdings schon damals ab, daß Soldaten zur Auflösung antisowjetischer Demonstrationen oder Meetings verpflichtet werden. Etwa 30 Prozent befürworteten ein solches Vorgehen der Armee – freilich ohne jegliche Anwendung von Waffengewalt. Anders definiert man die Rolle der Armee bei blutigen Konflikten zwischen verschiedenen sowjetischen Nationalitätengruppen: Hier hält fast die Hälfte der Befragten auch den Einsatz der Armee mit Waffengewalt für gerechtfertigt, je 20 Prozent sind entweder dafür – «aber ohne Anwendung von Waffengewalt» – oder strikt gegen den Einsatz der Armee zur Lösung solcher Konflikte – diese Aufgabe wollte man damals lieber den Truppen des Innenministeriums Omon (50 Prozent) oder bewaffneten Einheiten des KGB überantworten (17 Prozent).

KGB

Es mag verwundern, daß dieser mächtige Geheimdienst – «Schild und Schwert der Partei» – mit exekutiven staatlichen Aufgaben noch Anfang 1990 von fast 40 Prozent der Sowjetbürger als eine Institution gesehen wurde, der sie voll und ganz vertrauen. Verständlicher wird dieser Befund freilich, wenn man berücksichtigt, daß – wohl mit einigem Recht – zu dieser Zeit das KGB noch eine Organisation gewesen ist, die in einer Gesellschaft mit verfallenden staatlichen und gesellschaftlichen Machtstrukturen über ein reales Machtpotential verfügte, mit dem gegen jene Übel im sowjetischen Alltag vorgegangen werden konnte, die das Leben der Menschen so sehr beschweren: Korruption, Verbrechen, Drogenhandel, Diebstahl, Unterschlagung. Für die Mehrheit der Sowjetbürger ist – wie schon gezeigt – «Ordnung» mindestens so wichtig wie wirtschaftliche Reformen und Liberalität. Für Ordnung können aber nach den Erfahrungen der Bürger immer weniger die Polizei («Miliz»), die Justiz oder gar die Partei sorgen. Die Bestechlichkeit der Polizei in den Sowjetrepubliken ist sprichwörtlich, die Justiz erweist sich ständig als überfordert, das Verbrechen wirksam und nachhaltig zu bekämpfen, und der moralische Verfall der Partei wird überall registriert. Gewiß ist in den Augen der Sowjetbürger das KGB alles andere als eine «demokratische Institution», und es ist mit großer Wahrscheinlichkeit anzunehmen, daß nach den jüngsten Ereignissen vom August 1991 auch diese Machtstütze des Sowjetsystems unheilbar diskreditiert ist.

Der Putsch vom 19. August 1991 im Urteil sowjetischer Bürger

Der gescheiterte Staatsstreich von Teilen der Sowjetarmee, des KGB und der KPdSU gegen Michail Gorbatschow und seine Politik der Perestrojka traf bei der Bevölkerung großer Städte in Rußland, in der Ukraine, in Armenien und in Kasachstan – wie zwei Blitzumfragen von VCIOM klar zeigen – auf breite Ablehnung. Am zweiten Tag des von der Junta verordneten Ausnahmezustandes, also am Dienstag, 20. August, sahen 62 Prozent von rund 4600 befragten Bürgern den Putsch als illegal an. Der Blick auf die einzelnen Städte enthüllt allerdings Unterschiede. Besonders eindeutig wurden die Putschisten in Moskau (74 Prozent), in Krasnojarsk (76 Prozent), Lwow (71 Prozent) und Jerewan (94 Prozent) abgelehnt. Die überdurchschnittlich politisierte und zunehmend weniger autoritätshörige Bevölkerung von Moskau und Krasnojarsk sowie die Bürger nichtrussischer, europäischer Städte wußten sich einig in der Stellungnahme gegen eine Restauration der alten Ordnung. Jerewan sticht hier besonders heraus, was bei den schlechten Erfahrungen, die Armenien mit der Unionsregierung beim Konflikt mit Aserbaidschan gemacht hat, nicht verwundert. Aber nicht überall in Rußland war die Haltung gegenüber den Putschisten so negativ wie in Moskau. So hielten im von konservativen Kräften dominierten Woronesch nur 49 Prozent der Bürger das Vorgehen des «Notstandskomitees» für illegal. In Kasachstan, wo auch die Stellungnahme der Regierung zum Putsch länger auf sich warten ließ, waren 57 Prozent, das heißt ebensoviele wie im russischen Durchschnitt (ohne Moskau), von der Illegalität des Umsturzes überzeugt.

Die Putschisten hatten sich bekanntlich alle Mühe gegeben, in ihrer ersten Verlautbarung die wirtschaftlichen Sorgen der Sowjetbürger aufzugreifen. Aber die populistischen Versprechungen stießen beim größten Teil der Bevölkerung auf taube Ohren. Am Dienstag waren jedenfalls unionsweit nur 18 Prozent davon überzeugt, daß sich die wirtschaftliche Lage des Landes durch die angekündigten Maßnahmen des «Notstandskomitees» verbessern würde. In Moskau (16 Prozent), Lwow (12 Prozent), Krasnojarsk (9 Prozent) und Jerewan (4 Prozent) glaubten noch weniger Bürger an einen wirtschaftlichen Aufschwung durch Notstandsdekrete. Schon lange vor dem Putsch zeichnete sich ab, daß neben anderen Republiken auch die Ukraine und Armenien eine von der Zentralmacht unabhängige wirtschaftliche Entwicklung anstreben.

Versprechungen der Junta, welcher Art auch immer, konnten gegen solche Tendenzen kaum etwas ausrichten. Moderater schätzten die Befragten in Kasachstan und im russischen Durchschnitt (ohne Moskau) die Lage ein: immerhin ein Fünftel von ihnen hielt eine wirtschaftliche Stabilisierung unter der drohenden politischen Wende für möglich.

Elementarer Widerstand erwuchs den Putschisten offensichtlich aus der Angst der Bürger vor einem Wiederaufleben politischer Repressionen: Für die große Mehrheit der Moskauer (71 Prozent), der Leningrader (71 Prozent) und der Bürger von Jerewan (92 Prozent) war es am zweiten Tag des Putsches erwiesen bzw. wahrscheinlich, daß in der Sowjetunion nunmehr wieder eine «Unterdrückung der breiten Massen» beginnen werde. Die Einwohner dieser Städte sahen sich offenbar im Zentrum der Ereignisse und daher am stärksten möglichem Druck ausgesetzt, oder aber, im Falle Jerewans, aus nationalen Gründen angreifbar. Die Furcht vor Repressalien war in ganz Rußland (59 Prozent, ohne Moskau), in Kasachstan (41 Prozent) und in der Ukraine (63 Prozent) etwas weniger groß, aber immer noch beachtlich.

Am Dienstag, also zu einem Zeitpunkt, als der Sieg von Jelzin und seinen Anhängern über die Junta noch keineswegs klar vorhersehbar war, erklärte sich im Unionsdurchschnitt ungefähr ein Drittel der Interviewten damit einverstanden, daß der russische Präsident zu einem zeitlich unbegrenzten Generalstreik aufgerufen hatte. In Kasachstan wurde die mögliche Arbeitsniederlegung am schwächsten unterstützt (18 Prozent), während sich die Bürger in Lwow (42 Prozent), Moskau (52 Prozent), Jerewan (51 Prozent) und Krasnojarsk (57 Prozent) mehrheitlich für den Streik einsetzten. Wenn aus dem Putsch eine Schlußfolgerung zu ziehen ist, dann diese, daß es das relativ leicht einzuschüchternde, schlecht informierte und politisch passive «sowjetische Volk», zumindest in vielen größeren Städten, nicht mehr gibt.

Am Donnerstag, dem 22. August, also nach dem Scheitern des Putsches, wurde 2128 Moskauern nochmals die Frage zur Rechtmäßigkeit des Umsturzversuches gestellt. Diesmal hielten 89 Prozent der Interviewpartner den Putsch ohne Einschränkungen für illegal.

Daß hinter dem Coup d'etat nur die Mitglieder des Notstandskomitees standen, war nach dessen Scheitern an diesem Donnerstag die Überzeugung von jedem fünften Moskauer Bürger. Beinahe doppelt so viele (36 Prozent) vermuteten als Drahtzieher die Kommunistische Partei bzw. den Parteiapparat, jeweils jeder vierte den KGB und/oder den militärisch-industriellen Komplex bzw. die Armee. Namentlich genannt wurden in diesem Zusammenhang Lukjanow (21 Prozent), Gorbatschow (7 Prozent) oder andere Personen (6 Prozent). Ob mit dem Ende der Junta auch das Ende des Kommunismus besiegelt sei, darüber war die Meinung geteilt: Jeweils etwas über 40 Prozent der Moskauer bejahten oder verneinten diese Frage.

Insgesamt scheint gerade das Scheitern des Putsches bei vielen Moskauer Bürgern wieder die Hoffnung verstärkt zu haben, daß sich nun auch die materiellen Lebensbedingungen des Volkes in näherer Zukunft verbessern werden. Diese Ansicht vertraten jedenfalls 41 Prozent der Moskauer Interviewten in der zweiten Blitzumfrage am Donnerstag. Zugleich erklärten an diesem Tag rund 70 Prozent von ihnen, sie würden eine «Marktwirtschaft westlichen Stils für die Sowjetunion» begrüßen. Daß diese positive Einstellung gegenüber der Marktwirtschaft allerdings langfristig Bestand hat, darf bezweifelt werden. Sie muß wohl eher als spontaner Ausdruck der Freude über einen Sieg gewertet werden, den die Moskauer Bürger über die versuchte Restauration des alten Lenkungssystems gerade errungen hatten. Zumindest in der ersten Euphorie über den gescheiterten Putsch blickten die Moskauer mit mehr Hoffnungen als Sorgen in die Zukunft.

Andrej Gurkow

Von Glasnost zur Vierten Gewalt

Der Putsch und die Medien

Glasnost ist nur noch Geschichte. Der Staatsstreich und die darauffolgende Revolution haben diesem wohlklingenden Wort, an dem die ganze Welt soviel Gefallen fand, seine letzte Aktualität genommen. Spätestens seit dem 21. August 1991, dem Tag der Niederschlagung des Putsches, gibt es in der ehemaligen Sowjetunion die Pressefreiheit. Sie ist zwar erblich belastet und steht noch auf schwachen Beinen, doch sie hat alle Voraussetzungen, um recht bald zu einem gesunden Kind der jungen postsowjetischen Demokratie zu werden.

Eigentlich war der Begriff Glasnost schon am 1. August 1990 überholt gewesen, als in der UdSSR das neue Presse- bzw. Mediengesetz in Kraft trat. Dieses Gesetz, eine der wichtigsten und, wie sich ein Jahr später herausstellte, schicksalsträchtigsten Errungenschaften der Perestrojka, hob die Zensur auf und räumte allen staatlichen Institutionen, gesellschaftlichen Organisationen, Unternehmen und Privatpersonen das Recht ein, Massenmedien zu gründen und zu betreiben.

Mit Glasnost hatte das nur noch wenig gemein: Als Michail Gorbatschow und seine damaligen Mitstreiter 1985 die Perestrojka begannen, hatten sie ganz andere Vorstellungen von der Rolle und den Aufgaben der Medien. Diese sollten eine propagandistische Absicherung der Reformen gewährleisten, durch gezielte Kritik die konservativen Parteiapparatschiks in die Defensive drängen und dem blutbeschmierten Sowjetsozialismus mit Hilfe der breitangelegten Anti-Stalin-Kampagne ein menschliches Gesicht aufsetzen. Glasnost, die neue Offenheit und Transparenz, war somit nicht ein Ziel, sondern ein Mittel zum Zweck, ein Instrument zur Umsetzung von Gorbatschows Innen- und auch Außenpolitik. Nicht zufällig gab es zwischen 1986 und 1989 mehrere aufsehenerregende Treffen Gorbatschows mit den wichtigsten Chefredakteuren und mit den Leitern der Künstlerverbände, auf denen der Generalsekretär der KPdSU seine Vorstellungen kundtat, worüber und in welcher Form die Medien zu berichten hätten.

Doch die von oben eingeleitete Demokratisierung gewann immer mehr an Eigendynamik. Die Medien, die sich anfangs gern als Sprachrohre Gorbatschows und des «progressiven Flügels» in der KP verstanden, fanden mehr und mehr Geschmack an einer kritischen und unvoreingenommenen Berichterstattung. Es ist dem Mut und der Risikobereitschaft einiger Chefredakteure und zahlreicher Journalisten zu verdanken, daß der Rahmen der erlaubten Glasnost immer wieder gesprengt wurde. Jegor Jakowlew, damals Chefredakteur der Wochenzeitung *Moskowskije Nowosti* (Moskauer Nachrichten, erscheint in Deutschland unter dem Titel *Moskau News*), oder Vitali Korotitsch, damals Chefredakteur der Illustrierten *Ogonjok* (Feuerchen), haben viele unangenehme Stunden im wuchtigen Gebäude des Zentralkomitees (ZK) der KPdSU am Alten Platz in Moskau verbringen müssen, wo ihnen immer wieder die Leviten wegen «unangebrachter» oder «unausgewogener» Veröffentlichungen gelesen wurden. Alexander Ljubimow oder Alexander Politkowskij, die Moderatoren der beliebten Fernsehsendung *Wsgljad* (Blick, Ansicht), waren ständig damit beschäftigt, auf Anweisung der Fernsehchefs ihre «zu kühnen» Texte neu zu schreiben und ihre «zu brisante» Sendung neu zu schneiden. Letztendlich jedoch führte dieses zähe Ringen dazu, daß ein Teil der Medien immer unabhängiger wurde und Glasnost sich immer mehr in den in aller Welt üblichen Begriff «Pressefreiheit» aufzulösen begann.

Im Sog der Freiheit

Das Mediengesetz war in dieser – hier schematisch dargestellten – Entwicklung ein Meilenstein, wenn nicht sogar ein Wendepunkt. Es ermöglichte das Entstehen mehrerer unabhängiger Zeitungen, Zeitschriften, Rundfunkstationen und Nachrichtenagenturen, die dann im August 1991 den Kampf gegen die Putschisten aufnahmen.

So gründete der Mossowjet (Moskauer Stadtparlament), in dem schon damals die Radikalreformer um Bürgermeister Gawriil Popow die Mehrheit hatten, eine landesweite Zeitung mit dem prägnanten und zu jener Zeit noch provozierenden Namen *Nesawissimaja Gaseta* (Unabhängige Zeitung) sowie das Moskauer Lokalblatt *Kuranty*

(Turmuhr mit Glockenspiel, gemeint ist die Turmuhr des Kreml) und die Zeitschrift *Stoliza* (Hauptstadt). Diesem Beispiel folgten dann demokratisch gesinnte Stadtparlamente auch in anderen Teilen des Landes. Die mit 24 Millionen Exemplaren auflagenstärkste sowjetische Wochenzeitung *Argumenty i Fakty* (Argumente und Fakten) änderte dank des Pressegesetzes ihren Status und befreite sich dadurch von der Bevormundung durch die Partei und ihren früheren parteitreuen Herausgeber – die Allunionsgesellschaft Snanije (Wissen). Das Wochenblatt *Moskowskije Nowosti* (Auflage vor dem Putsch: 1,74 Millionen) entledigte sich der Schirmherrschaft der Nachrichtenagentur *Nowosti*, die hauptsächlich Auslandspropaganda betrieb, und erklärte sich für unabhängig; zum Garanten dieser Unabhängigkeit wurde ein Gremium aus namhaften liberalen Intellektuellen. *Ogonjok* (Auflage vor dem Putsch: 1,79 Millionen), die sich ebenfalls als unabhängige Zeitschrift neu konstituierte, rief zusammen mit der Fakultät für Journalistik der Moskauer Universität, dem Mossowjet und einem weiteren Gesellschafter den in der Sowjetunion ersten nichtstaatlichen Rundfunksender *Echo von Moskau*, auch *Radio M* genannt, ins Leben. Im Herbst 1990 zog dann das von Boris Jelzin angeführte Parlament Rußlands nach und legte sich die Tageszeitung *Rossijskaja Gaseta* (Rußländische Zeitung) und das Wochenblatt *Rossija* (Rußland) zu. Ende 1990 nahm *Radio Rußland* seine Sendungen auf, im Mai 1991 folgte das Staatliche Fernsehen Rußlands.

Die hier summarisch angeführten Zeitungen, Zeitschriften und Sender (ihre Liste könnte noch erweitert werden) setzten sich konsequent für Reformen in Richtung Demokratie und Marktwirtschaft ein. Es gab aber auch Publikationsorgane, die sich dieser Entwicklung vehement widersetzten. Sie alle hatten jedoch eines gemeinsam: Die Mitarbeiter dieser Medien ließen sich in ihrer Redaktionspolitik von ihren eigenen Überzeugungen (oder denen ihrer Herausgeber) und nicht von den Weisungen der KP-Zentrale leiten. Dies erlaubt die Behauptung, daß zwischen dem August 1990 und dem August 1991 in der Sowjetunion die Pressefreiheit bereits existierte. Allerdings als eine Art Randerscheinung, denn die wichtigsten Massenmedien und die größten Druckkapazitäten im Land blieben nach wie vor fest in der Hand des Staates bzw. der Partei.

In erster Linie handelte es sich hierbei um das landesweite staatliche (das sogenannte Zentrale) Fernsehen. Das Fernsehen ist überall auf der Welt das mit Abstand einflußreichste Medium. In der Sowjetunion hat es einen noch größeren Stellenwert, da wegen der riesigen Entfernungen und der schwachen Infrastruktur die Zeitungen vielerorts mit erheblicher Verspätung ankommen und da für den großen nichtrussischen Teil der Bevölkerung darüber hinaus das gesprochene Wort oftmals verständlicher ist als das gedruckte. Daher die große Aufmerksamkeit, die alle Kremlherrn dem Fernsehen und auch dem Hörfunk schenkten. Sie kam vor allem in der Existenz des Staatlichen Komitees für Fernsehen und Rundfunk der UdSSR (Gostelradio) zum Ausdruck, einer Super-Behörde, der praktisch alle elektronischen Medien des Landes unterstellt waren und die ihre Gleichschaltung gewährleisten sollte.

Verspätete Kontrollversuche

In den ersten Jahren der Perestrojka wurde das Fernsehen zum bedeutendsten Werbeträger für Gorbatschows Politik. Eine notwendige Vorbedingung dafür war ein Lockern der ideologischen Zügel. Als Gorbatschow jedoch merkte, daß ein Teil der Fernsehjournalisten sich dieser Zügel gänzlich zu entledigen begann, zog er sie wieder an.

Nach dem mißglückten Staatsstreich wurde Gorbatschow der schwerwiegende Vorwurf gemacht, er persönlich habe sämtliche künftigen Putschisten in ihre hohen Ämter gebracht. Man sollte dabei nicht übersehen, daß Gorbatschow seit dem Herbst 1990 auch ein Abwürgen der Meinungsfreiheit förderte. Dies hat er am 16. Januar 1991 selber verdeutlicht, als er, aufgebracht durch die äußerst scharfe Verurteilung des blutigen Vorgehens der Sowjetarmee in der litauischen Hauptstadt Wilna in allen demokratischen Zeitungen und im Obersten Sowjet der UdSSR, den – vom Parlament allerdings abgelehnten – Vorschlag machte, das Pressegesetz auszusetzen.

Von Gorbatschows Zorn verschont blieb damals das Fernsehen, denn dort hatte er zwei Monate zuvor die entscheidende personelle Weichenstellung vorgenommen. Im November 1990 hatte Gorbatschow plötzlich Leonid Krawtschenko zum neuen Vorsitzenden von Gostelradio gemacht. Einen plausiblen Grund dafür gab es nicht – dessen Vorgänger leistete gute Arbeit, war aber wohl zu liberal für die Aufgaben, die auf seine Anstalt zukamen. Denn die konservative Wende, die sich im Kreml seit Oktober 1990 vollzog, als sich Gorbatschow von dem mit Boris Jelzin vereinbarten 500-Tage-Programm des Übergangs zur Marktwirtschaft lossagte und den Obersten Sowjet für ein der Nomenklatura ungefährliches Stabilisierungsprogramm stimmen ließ, brauchte propagandistische Unterstützung.

Krawtschenko, der bereits in leitender Funktion bei Gostelradio tätig war, bevor er zum Chef der amtlichen Nachrichtenagentur *TASS* aufstieg, erklärte, er sei gekommen, um den Willen des Präsidenten zu verwirklichen; er ging auch gleich mit Elan an die Sache. Die Hauptnachrichtensendung des sowjetischen Fernsehens *Wremja* (Zeit), die immer ein Indikator der politischen Großwetterlage gewesen war, schlug sofort neue Töne an. War sie noch vor kurzem um objektive Berichterstattung bemüht, schien sie von nun an hauptsächlich damit beschäftigt zu sein, Illustrationen zur verordneten Lesart der Ereignisse zu liefern. Besonders während und nach dem Blutvergießen im Baltikum im Januar 1991 verblüffte *Wremja* durch Einseitigkeit und eindeutige Desinformation.

Mehrere gewissenhaft arbeitende Reporter und Kommentatoren, die dies nicht mitmachen wollten, verschwanden vom Bildschirm. Die bereits erwähnte Fernsehsendung *Wsgljad*, eine von fortschrittlichen jungen Journalisten gemachte Mischung aus Unterhaltung, Talkshow und Magazin mit brisanten Reportagen, die drei Jahre lang ein Musterbeispiel der Glasnost-Politik war und jeden Freitag bis zu 90 Millionen Sowjetbürger an die Bildschirme lockte, wurde von Krawtschenko skrupellos aus dem Programm gestrichen. Er war es auch, der das neugegründete und sehr kritische *Radio Rußland* auf einen leistungsschwächeren Sender verlegen ließ, womit er es über Nacht eines Drittels seiner potentiellen Hörerschaft beraubte.

Auf all diese Restriktionen reagierte die reformorientierte Öffentlichkeit mit Empörung und in Moskau sogar mit Protestdemonstrationen. Dies legte die Möglichkeit nahe, daß der Oberste Sowjet die Ernennung Krawtschenkos zum Vorsitzenden von Gostelradio (dieses Amt kommt einem Ministerposten gleich) nicht bestätigen würde. Deshalb startete Gorbatschow Anfang Februar einen Coup, um seinen Protegé aus der Schußlinie zu holen: Per Ukas wurde das Staatskomitee für Fernsehen und Rundfunk in eine Staatliche Allunionsgesellschaft für Fernsehen und Rundfunk verwandelt. Von nun an war ihr Chef nur noch dem Präsidenten und nicht mehr dem Parlament rechenschaftspflichtig. Außerdem mußten alle Mitarbeiter von Gostelradio gleichsam neu eingestellt werden, was für die Aufmüpfigen mit einem Arbeitsplatzverlust enden konnte.

Diese Vorgeschichte ist wichtig für das Verständnis der Rolle des Zentralen Fernsehens während des Putsches und den Charakter der Veränderungen nach dessen Niederschlagung. Das sowjetische Fernsehen war immer schon ein höriger Befehlsempfänger gewesen. Die Keime der Meinungsfreiheit, die dort in den Glasnost-Jahren zu sprießen begannen, haben daran nichts ändern können, zumal Krawtschenko seine Gleichschaltungspolitik zum August 1991 fast schon erfolgreich abgeschlossen hatte: Ein beachtlicher Teil der demokratisch gesinnten Journalisten war entweder zum Fernsehen Rußlands übergegangen oder hatte einfach seine Kündigung eingereicht; der Rest hatte klein beigegeben. Die Putschisten konnten also darauf bauen, daß die Belegschaft des Fernsehens keinen – oder einen nur geringen – Widerstand leisten und daß Krawtschenko sich als eifriger Vollstrecker zeigen würde.

Auch der Unterstützung der Parteipresse, die ja zum Gehorchen prädestiniert war, waren sich die Verschwörer, die allesamt aus der Staats- und KP-Führung kamen, sicher. Und sie hatten einen weiteren Trumpf: Schätzungsweise 80 Prozent der Druckkapazitäten in der Sowjetunion gehörten der Kommunistischen Partei. Die unabhängigen Redaktionen, die einfach keine andere Wahl hatten, als ihre Blätter in diesen Druckereien produzieren zu lassen, schlossen schon lange vor dem Staatsstreich die Möglichkeit nicht aus, in den KP-eigenen Verlagshäusern eines Tages fest verschlossene Türen vorzufinden.

Nur eine kurze Dunkelheit

Am 19. August war es dann soweit. Die Putschisten waren sich der Bedeutung der Massenmedien in einer derartigen Situation durchaus bewußt und verfügten bereits in ihrer ersten Verordnung die Einführung der Zensur (wörtlich: «Kontrolle über die Massenmedien»), die ein Sonderorgan beim Notstandskomitee ausüben sollte. Die Verordnung Nr. 2 war dann ausschließlich der Presse gewidmet. Darin hieß es, daß die Zahl der in Moskau erscheinenden landesweiten und lokalen Zeitungen «vorübergehend eingeschränkt» werde. Danach folgte eine Liste der erlaubten Tageszeitungen: das Blatt der ehemaligen offiziellen Gewerkschaften *Trud* (Arbeit), die vom ZK der KPdSU herausgegebene *Rabotschaja Tribuna* (Arbeitertribüne), die vom Obersten Sowjet der UdSSR herausgegebene *Iswestija* (Nachrichten), das Zentralorgan der KPdSU *Prawda* (Wahrheit), die Armeezeitung *Krasnaja Swesda* (Roter Stern), die Zeitung der Kommunistischen Partei Rußlands *Sowjetskaja Rossija* (Sowjetrußland), das Blatt des Moskauer Stadtkomitees der KP *Moskowskaja Prawda* (Moskauer Wahrheit), die Zeitung des Moskauer Gebietskomitees der KP *Leninskoje Snamja* (Lenins Banner) und die vom ZK der KPdSU herausgegebene *Selskaja Schisn* (Landleben).

Diese neun Blätter, die alle entweder direkt der KPdSU unterstanden oder von KP-treuen Journalisten geleitet wurden, hatten eine Gesamtauflage von über 35 Millionen Exemplaren. Wenn man zudem bedenkt, daß gleich am frühen Morgen des 19. August alle Moskauer Fernseh- und Rundfunkstationen entweder gleich- oder abgeschaltet wurden, so kann man durchaus die Illusion der Putschisten nachvollziehen, sie hätten die Medien und den Informationsfluß voll im Griff.

Es ist müßig, sämtliche Fehler der Junta aufzuzählen, die zu ihrem baldigen Ende führten. Doch selbst eine oberflächliche Analyse ihres Handelns – oder auch Nichthandelns – zeigt: Zu ihrem Verhängnis wurde ihre Ignoranz der öffentlichen Meinung. Die Mitglieder des Notstandskomitees, mehrheitlich alte Apparatschiks, haben in ihren Dienstzimmern, ihren Dienstwagen und ihren Dienstdatschen die grundlegenden Veränderungen in den Stimmungen der Bevölkerung nicht bemerkt oder nicht zur Kenntnis nehmen wollen. Sie hatten vor, Gorbatschow etwa so zu entmachten, wie ihre älteren Parteigenossen dies mit Chruschtschow im Oktober 1964 taten; doch das Land lebte bereits im August 1991.

Die Barrikaden um das Weiße Haus in Moskau waren im Grunde genommen die Sternstunde der zugunsten der Pressefreiheit abdankenden Glasnost. Denn ohne die vorangegangenen sechs Jahre, in denen die Medien durch immer neue Vorstöße in ehemalige Tabu-Zonen das politische Umdenken und die geistige Emanzipation in der sowjetischen Gesellschaft vorantrieben, hätten die Menschen nicht das Selbstbewußtsein und den Mut gehabt, dem Amok laufenden totalitären Regime die Stirn zu bieten.

Im Vorfeld des Putsches konnte man von skeptischen Beobachtern der sowjetischen Ereignisse im In- und Ausland oft die Behauptung hören, das Volk sei der Perestrojka müde, die Reformen hätten ihm nur gänzlich leere Regale, blutige nationale Konflikte, wachsende Kriminalität und soziale Ungleichheit gebracht, während die offensichtlichen Erfolge der Glasnost lediglich eine kleine Gruppe von Intellektuellen erfreuen würden. So, oder ähnlich, haben anscheinend auch die Putschisten gedacht. Ihr mißglücktes Unterfangen zeigt, daß man in dieser Umbruchzeit in Rußland wie überhaupt in der ehemaligen Sowjetunion vom Volk schlechthin nicht sprechen darf.

Natürlich war nicht «das ganze Volk» zum Weißen Haus gekommen. Seine Verteidiger waren in der Mehrzahl Jugendliche, Intellektuelle, Facharbeiter, Unternehmer (oder solche, die es werden wollen) – kurzum: Vertreter jener zahlenmäßig vorerst nicht besonders starken, dafür aber sozial und politisch sehr aktiven Schichten, von denen heute auch der Erfolg der Reformen abhängt. Für diese in der Regel gebildeten und belesenen Menschen war nach sechs Jahren Glasnost die Demokratie unabdingbar geworden. Darum waren sie auf die Barrikaden gegangen. Und die demokratische Presse, die in ihnen diesen Freiheitsdrang entfacht hatte, kämpfte mit ihnen.

Die Verschwörer hatten zwar das Erscheinen der demokratischen Zeitungen untersagt, ihre Räumlichkeiten aber nicht beschlagnahmen lassen – die Militärs hatten nur in den Druckereien und beim Fernsehen Stellung bezogen. Das mag daran liegen, daß die Junta sich der Welt als verfassungsmäßiges Organ präsentieren wollte, ein Image, dem sofortige Massenverhaftungen hätten schaden können. So waren die unabhängigen Redaktionen im Prinzip funktionsfähig. Was sie auch gleich in den ersten Stunden des Putsches unter Beweis stellten, indem sie begannen, Informationen zu sammeln und zu verbreiten. Damit hatten die Putschisten nicht gerechnet: Sie waren es gewohnt, in den Journalisten Konformisten zu sehen, die auf Anweisungen von oben warten, um sie dann umzusetzen – was in den offiziellen Medien auch fast ausnahmslos der Fall war. Doch in den Jahren der Glasnost und besonders in dem einen Jahr bedingter Pressefreiheit hatte sich in den sowjetischen Medien eine neue Berufsmentalität etabliert: Für viele Journalisten war es mittlerweile zur Selbstverständlichkeit geworden, daß sie schneller und gründlicher – als die Konkurrenten – recherchieren müssen, um dann die gewonnenen Informationen an den Verbraucher weiterzuleiten. So taten die Mitarbeiter unabhängiger Medien, die am Morgen des 19. August an ihre Arbeitsplätze kamen – es soll praktisch keine Ausfälle gegeben haben –, eigentlich nur das, was ihr Beruf von ihnen verlangt. Mit dem Unterschied, daß diesmal ihre Zukunft und eventuell auch ihr Leben auf dem Spiel standen. Daß sie dieses Risiko in Kauf nahmen, zeigt: Sie sind nicht nur Profis, sondern auch überzeugte und standfeste Befürworter der Demokratie. Ein gutes Zeichen für die Zukunft.

Die Formierung des Widerstands

Das Naheliegendste für die Zeitungsredaktionen war die Herausgabe von Flugblättern. *Moskowskije Nowosti* beispielsweise stellte während des Putsches sieben Flugblattausgaben zusammen, die auf Kopiergeräten vervielfältigt und dann von Mitarbeitern und freiwilligen Helfern in der Stadt verteilt oder in Betriebe, Hochschulen oder gesellschaftliche Organisationen gebracht wurden, wo man sie wiederum kopierte. Die Flugblätter, vom juntatreuen Fernsehen als «provokativ» bezeichnet, enthielten Jelzins Aufrufe und Erlasse, Stellungnahmen prominenter Persönlichkeiten, darunter des Patriarchen von Moskau und ganz Rußland, Alexij II., sowie aktuelle Informationen über den landesweiten Widerstand. Diese gingen per Telefon von den eigenen Korrespondenten der Zeitung und auch von Lesern ein.

Am 20. August richtete *Moskowskije Nowosti* ein eigenes «Radio» ein: In einem der Redaktionsfenster zum Puschkinplatz wurde ein Lautsprecher aufgestellt, über den die Mitarbeiter der Zeitung Nachrichten und Appelle verlasen. Die Menschenmenge, die sich vor dem Gebäude versammelte, um auf Flugblätter zu warten und den Sendungen zuzuhören, wurde für die Redaktion im gewissen Sinne zum Schutzwall. Die Mitarbeiter der kessen lokalen Moskauer Jugendzeitung *Moskowskij Komsomolez*, die zu diesem Zeitpunkt zwar noch formell dem kommunistischen Jugendverband Komsomol angehörte, aber schon lange in Opposition zur KP stand und mit 1,48 Millionen Exemplaren bei weitem nicht nur die Teenager ansprach, hatten es schwerer. Sie befanden sich mitten in der Höhle des Löwen: Im selben Verlagshaus, in dem die erlaubte *Moskowskaja Prawda* unter dem Schutz der Militärs hergestellt und gedruckt wurde. Trotzdem fertigten auch sie Flugblätter an und versuchten durch eine Barrikade im Flur des Gebäudes sich wenigstens psychologisch abzusichern. Als in der *Rossijskaja Gaseta* das Papier für die Kopiergeräte zu Ende ging, sorgte ein Privatunternehmen für unentgeltlichen Nachschub.

Gleichzeitig suchten die Redaktionen nach Möglichkeiten, ihre Zeitungen im Druckverfahren herauszugeben. Die *Rossijskaja Ga-*

seta entsandten eine Gruppe von Mitarbeitern nach Wolgograd, wo die örtlichen Behörden das Notstandskomitee nicht anerkannt und ihre Unterstützung der legitimen Regierung Rußlands bekräftigt hatten, mit dem Auftrag, die Zeitung dort zu produzieren. Der *Moskowskije Nowosti* boten estnische Drucker ihre Hilfe an.

Am Morgen des 20. August, des zweiten Putschtages, fand im Gebäude der *Moskowskije Nowosti* eine Beratung der Chefredakteure von elf verbotenen Zeitungen statt, an der auch der Presseminister Rußlands, Michail Poltoranin, teilnahm. Es wurde vereinbart, mit vereinten Kräften von elf Redaktionen illegal eine gemeinsame Zeitung herauszugeben. Von symbolischem Wert war dabei die Tatsache, daß Jegor Jakowlew zu den Initiatoren dieser Krisensitzung gehörte und daß die Realisierung des Projektes seinem Sohn, dem Chefredakteur der Unternehmerzeitung *Commersant* (Geschäftsmann), Wladimir Jakowlew, übertragen wurde. Von diesen beiden Männern wird hier noch die Rede sein: In der neuen russischen Medienlandschaft spielen sie eine maßgebliche Rolle.

Binnen zwei Stunden wurde die ins Leben gerufene *Obschtschaja Gaseta* (Gemeinsame Zeitung) in voller Übereinstimmung mit dem Pressegesetz vom Presse- und Informationsministerium Rußlands offiziell registriert, was in einer Situation, wo die rechtmäßige russische Regierung dem verfassungswidrigen Notstandskomitee trotzte, bei weitem keine reine Formalität war. Im Laufe des Tages wurde das neugeborene Blatt in der *Commersant*-Redaktion, die von zehn Privatdetektiven bewacht wurde, hergestellt, am späten Abend ging sie dann in einer kleinen Druckerei im Stadtkern, aus deren Fenstern die Panzer der Putschisten gut zu sehen waren, kostenlos in Produktion.

Am nächsten Tag war die Notwendigkeit einer gemeinsamen Zeitung bereits entfallen, doch der Nachklang dieser in der Pressegeschichte wohl einzigartigen Aktion wird noch lange anhalten. In schwerer Stunde haben elf Redaktionen, die alle praktisch ein und dieselbe Leserschicht ansprechen und daher in schärfster Konkurrenz zueinander stehen, beweisen können, daß die Grundwerte der Demokratie ihnen weitaus wichtiger sind als der eigene Nutzen. Das schafft Vertrauen beim Leser. Man kann also davon ausgehen, daß die Teilnehmerliste mit der der künftigen Spitzenreiter in der Gunst des reformorientierten Großstadtpublikums weitestgehend identisch sein dürfte. Mit dabei waren: *Argumenty i Fakty, Commersant, Kom-*

somolskaja Prawda, Kuranty, Megapolis Express, Moskowskij Komsomolez, Moskowskije Nowosti, Nesawissimaja Gaseta, Rossijskaja Gaseta, Rossijskije Westi, Stoliza.

Im Kampf der Printmedien gegen den Putsch spielten auch die Zeitungen in Leningrad (St. Petersburg), der zweitgrößten Stadt des Landes, eine beachtenswerte Rolle. Dort behielt die legitime Macht unter Bürgermeister Anatolij Sobtschak die Kontrolle über die Lage. Die nichtzensierten Zeitungen erschienen unter dem Schutz der Polizeisondertruppen Omon. Auch Flugblätter und aktuelle Informationsbulletins wurden herausgegeben. Den Kollegen in Moskau wurde angeboten, die Druckkapazitäten der Stadt zu nutzen. Doch die entscheidende Schlacht lief in diesen 72 Stunden eben nicht in Leningrad, sondern in Moskau, und da sich dort die Situation stündlich änderte, taten Informationsquellen besonders not, die die neuesten Meldungen augenblicklich an die breite Öffentlichkeit weiterleiten konnten. Eine solche Quelle hieß *Radio M*.

Dieser hauptsächlich auf das Moskauer Gebiet ausgerichtete Mittel- und Kurzwellensender, der sich *Echo von Moskau* und gleichzeitig *Radio M* nennt, hatte sich bereits am 13. Januar 1991 einen Namen gemacht: Damals war er das erste sowjetische Massenmedium, das wenige Stunden nach dem von der Sowjetarmee angerichteten Blutbad in Wilna objektiv über diese Tragödie berichtete. Statt auf die üblichen abendlichen vier Programmstunden zu warten, ging *Radio M* gleich morgens auf Sendung und blieb 13 Stunden ununterbrochen live im Äther. Seine Reporter eilten nach Wilna und berichteten darüber, wie Zehntausende Litauer sich vor ihr Parlament stellten, um es zu schützen; in den kleinen Raum mit der vorsintflutlichen Ausrüstung, der dem neuen Sender notdürftig als Studio dient, kamen Abgeordnete und prominente Persönlichkeiten, um ihre Unterstützung den Litauern und ihre Empörung über die Gewaltanwendung zu bekunden; ständig gingen Anrufe von Hörern ein, die sich mit dem Freiheitsdrang der Balten solidarisierten. Diese massive engagierte Berichterstattung vor dem Hintergrund der schweigenden offiziellen Medien hatte damals im großen Maße dazu beigetragen, die Öffentlichkeit in Moskau und auch landesweit zu Protesten zu mobilisieren und den konservativen Umsturz im Baltikum, der aus heutiger Sicht als eindeutige Generalprobe des Augustputsches zu bewerten ist, zu vereiteln. Und wer weiß, vielleicht hatten jene Moskauer, die ein halbes Jahr später das russische Parlament schützten, noch die Reportagen von *Radio M* in Erinnerung, die über die mutigen und siegesbewußten Verteidiger des litauischen Parlaments berichteten.

Am Morgen des 19. August erschien im Studio von *Radio M* ein KGB-Offizier mit der Forderung, die Sendungen einzustellen. Der Chefredakteur Sergej Korsun, der das Wort Militärputsch vor dem Mikrofon bereits ausgesprochen hatte, weigerte sich. Kurz darauf wurden die technischen Anlagen abgeschaltet. Die Redakteure blieben jedoch an ihren Arbeitsplätzen und suchten nach Möglichkeiten, den Sendebetrieb wiederaufzunehmen. Mit Hilfe von Abgeordneten und des stellvertretenden Postministers der UdSSR gelang dies am frühen Nachmittag des 20. August. In den darauffolgenden 24 Stunden wurde der Sender noch dreimal abgeschaltet, meldete sich aber immer wieder – dafür sorgten auf Anweisung von Jelzin und aus eigener Initiative zahllose Helfer. Die Sendungen von *Radio M* waren in diesen Stunden für viele Moskauer die wichtigste Informationsquelle, ohne seine Aufrufe hätten am Vorabend der entscheidenden Nacht auf den 21. August bestimmt weniger Menschen verstanden, wie sehr sie jetzt am Weißen Haus gebraucht wurden; ohne die Standhaftigkeit seiner Mitarbeiter hätten sicherlich weitaus mehr Menschen vor der Panzerlawine der Putschisten resigniert. Eine Zeitung nannte *Radio M* den «tadellosen Helden dieser drei Tage». Die Blumen und Torten, die sich damals in dem engen Redaktionsraum häuften, in dem etwa ein Dutzend Redakteure mittlerweile acht Sendestunden täglich produzierten, zeugten davon, daß dies auch die Meinung vieler Moskauer war. Anfang September wurde dem *Echo von Moskau* ein Sonderpreis der Konföderation der Journalistenverbände der UdSSR für die Berichterstattung während des Putsches verliehen.

Einen weiteren Preis erhielt der junge Moskauer Journalist Michail Sokolow für seine telefonischen Live-Reportagen aus dem Weißen Haus für den in München ansässigen US-Sender *Radio Liberty*. Die in russischer Sprache sendenden westlichen Rundfunkstationen haben in den Tagen des Staatsstreichs eine für den Widerstand kaum zu überschätzende Rolle gespielt. Auf seiner Pressekonferenz nach der Rückkehr von der Krim berichtete Michail Gorbatschow, er habe sich während seiner Isolation dank *BBC* und *Radio Liberty* auf dem laufenden gehalten. Boris Jelzin würdigte den Beitrag von *Radio Liberty* zur Niederschlagung des Putsches mit der Erlaubnis für diesen in der UdSSR jahrzehntelang als Ausgeburt der CIA verpönten Sender, in Moskau offiziell ein Korrespondentenbüro zu eröffnen.

Die Mitarbeiter dieses Radios sind einer Prämie ebenso würdig wie die junge Tatjana Malkina von der *Nesawissimaja Gaseta*, die auf der Pressekonferenz der Putschisten nicht davor zurückschreckte, dem Machtusurpator Janajew eine Frage zu stellen, die mit den Worten begann: «Heute nacht haben Sie einen Staatsstreich verübt.» Oder wie der Kommentator des Zentralen Fernsehens, Sergej Medwedjew. Er hatte in den letzten Jahren eine steile Karriere gemacht und galt beim Fernsehen als kompromißbereiter Streber. Die Fernsehchefs waren von seiner Loyalität derart überzeugt, daß sie sich seine am 19. August entstandene Reportage vor der Ausstrahlung nicht vorführen ließen. Medwedjew, wider jeglichen Selbsterhaltungstriebs, zeigte in seinem Vier-Minuten-Beitrag die Massendemonstrationen in Moskau, den Bau der Barrikaden um das Weiße Haus, den vom Panzer sprechenden Jelzin. Dies war die einzige objektive Reportage, die in den 72 Stunden des Putsches über den Bildschirm lief. Dank Sergej Medwedjew, einem Mann um die 30, bekamen am ersten Abend des Putsches viele Millionen Sowjetbürger die Möglichkeit, mit eigenen Augen zu sehen, wie sich in Moskau der Widerstand formierte. Medwedjews Beispiel machte Schule: Am nächsten Tag unterzeichneten 150 Fernsehjournalisten eine Erklärung, in der sie sich weigerten, mit Krawtschenko und den Putschisten zusammenzuarbeiten. Einige von ihnen zogen dann mit privaten Videokameras aus, um die historischen Ereignisse festzuhalten.

Die Helden der Barrikaden waren Jugendliche. Und auch die Helden des freien Informationsflusses waren, wie aus den hier angeführten Beispielen ersichtlich wird, hauptsächlich junge Menschen. Der Putsch hat dem sich seit einiger Zeit in den sowjetischen Medien vollziehenden Generationswechsel enormen Auftrieb verliehen.

Aber eigentlich kann von «sowjetischen Medien» heute keine Rede mehr sein. Die Verselbständigung der Sowjetrepubliken hat dazu geführt, daß auf dem Territorium der ehemaligen UdSSR zumindest 15 eigentümliche Medienlandschaften entstehen. Das, was früher meistens unter diesem Begriff verstanden wurde, also die in Moskau ansässigen landesweiten Zeitungen und Fernsehstationen, wird sich immer mehr in die Medien Rußlands verwandeln. Mit der zu erwartenden Dezentralisierung und Regionalisierung Rußlands wird auch ihre Vorherrschaft abnehmen: Die nächsten Jahre werden ein Aufblühen der regionalen und lokalen Zeitungen, Rundfunk- und Fernsehanstalten mit sich bringen. Trotzdem werden die zentralen, also auf landesweite Verbreitung ausgerichteten Medien ihre Bedeutung, besonders für die Übergangszeit, beibehalten.

Das gilt in erster Linie für das Zentrale Fernsehen. Sein ehemaliger Chef, Krawtschenko, wurde von Jelzin gleich nach der Flucht der Putschisten am 21. August seines Amtes enthoben. Eine Woche später ernannte Michail Gorbatschow, sicherlich in Absprache mit Jelzin, den Chefredakteur der *Moskowskije Nowosti*, Jegor Jakowlew, zum neuen Vorsitzenden von Gostelradio. Kurz darauf wurde Jakowlew von einem Zeitungsreporter gefragt: «Ihr Vorgänger hatte erklärt, er sei gekommen, den Willen des Präsidenten zu verwirklichen. Von wessen Willen werden Sie sich leiten lassen?» «Von meinem Gewissen», war die Antwort, und sie war bei weitem keine leere Phrase.

Jegor Jakowlew, der schon Ende der sechziger Jahre von der Partei wegen Ungehorsams als Chefredakteur einer Zeitschrift gefeuert wurde, hatte in den letzten Jahren mehrmals, oft unter dramatischen Umständen, seine demokratischen Überzeugungen und seinen persönlichen Mut unter Beweis stellen können. Er war eines der Symbole der Glasnost-Politik; heute ist er in der streng zentralisierten Struktur des Fernsehens der Garant der Meinungsfreiheit. Eine seiner Hauptaufgaben sieht er im Aufbrechen dieser Struktur: Er will das Entstehen unabhängig agierender Redaktionen und Fernsehgesellschaften und somit die Konkurrenz auf dem Bildschirm fördern. Das erste, was er im neuen Amt tat: Er holte die von Krawtschenko verbannten Journalisten zurück. Das zweite war ein Telefonat mit dem neuen KGB-Chef Bakatin. Der versprach, die Mitarbeiter seiner Behörde aus dem Fernsehen abzurufen. Das dritte war die Beendigung der ruhmlosen Geschichte der Hauptnachrichtensendung *Wremja*. Zur gewohnten Zeit, um 21 Uhr, erschienen auf dem Bildschirm die wieder eingestellten Journalisten, erklärten, die Informationspolitik werde sich von nun an grundlegend ändern, und baten um Verständnis für ihre Aufregung. Seitdem vermittelt diese Sendung, deren Name und endgültiges Konzept aus einem Wettbewerb zweier Journalistenteams, die jeweils eine Woche im Studio sind, hervorgehen sollen, tatsächlich objektive Nachrichten.

Sie muß sich dabei gegen den wachsenden Einfluß der Sendung *Westi* (Nachrichten) des Fernsehens Rußlands behaupten. Diesem wurde sofort nach dem Putsch der ganze zweite Allunionskanal übergeben. Das Fernsehen Rußlands ist noch in den Kinderschuhen und hat sichtlich Probleme, ein interessantes Programm zu gestalten, doch der Grundstein eines für den Zuschauer vorteilhaften Konkurrenzkampfes gegen das Zentrale Fernsehen ist bereits gelegt. Beiden Anstalten kommt jetzt die entscheidende Rolle bei der Herausbildung des Demokratiebewußtseins in der Provinz zu, denn die Diskrepanz zwischen den Stimmungen in den Metropolen und auf dem Land birgt für den Reformprozeß ernste Gefahren.

Die Provinz war auch bislang die Hochburg der kommunistischen Presse, die in den Großstädten, besonders in Moskau, schon vor dem Staatsstreich einen Großteil ihres Einflusses eingebüßt hatte. Im August wurde ihr das Rückgrat gebrochen: durch die Putschisten, die die Presse für ihre Desinformationen mißbrauchten, und gleich danach durch Jelzins zeitweiliges Verbot. Diese Maßnahme stieß in Moskau auf heftige Kritik namhafter Journalisten und praktisch aller demokratischen Medien, die kurz davor selber verboten waren. Vitali Tretjakow, Chefredakteur der *Nesawissimaja Gaseta*, erklärte beispielsweise, er sähe sich in dieser Situation gezwungen, kommunistischen Autoren die Seiten seiner Zeitung zur Verfügung zu stellen. Doch im Endeffekt bot diese, um genau zu sein, «zeitweilige Einstellung» den kommunistischen Redaktionen die Chance des Neuanfangs. Von der sie auch Gebrauch machten: Genau wie vor einem Jahr *Argumenty i Fakty* oder *Moskowskije Nowosti*, entledigten auch sie sich dank des Pressegesetzes ihrer früheren Herausgeber und ließen sich neu registrieren. Als Herausgeber der *Prawda* wurde das «Journalistenkollektiv der Redaktion» eingetragen, bei *Sowjetskaja Rossija* die Gewerkschaftsorganisation der Zeitung und die Belegschaft eines mysteriösen und anscheinend aus Parteigeldern finanzierten Konzerns. Zehn bis zwölf Tage nach dem Verbot waren praktisch alle betroffenen Zeitungen wieder am Kiosk; das Presseministerium Rußlands war ihnen entgegengekommen und hatte die Neuregistrierung beschleunigt vorgenommen. Während aber die *Sowjetskaja Rossija* sofort wieder ihr erzkonservatives Gedankengut unter die Leute zu bringen versuchte, gaben sich die anderen zurückhaltender. So vermied etwa der 43jährige Gennadi Selesnjow, von *Prawda*-Mitarbeitern zum neuen Chefredakteur gewählt (vorher war er stellvertretender Chefredakteur), in seinem Schreiben an die Leser, das in der ersten Nummer der wiedererstandenen Zeitung veröffentlicht wurde, die Worte Kommunismus und Sozialismus, erklärte das Blatt für unabhängig und bekräftigte, es werde «zentristische Positionen» vertreten. Was immer das auch heißen mag.

Die ehemals (oder immer noch) kommunistischen Zeitungen werden sich Klarheit verschaffen müssen, wer eigentlich heute ihre Leser sind bzw. sein können. Doch selbst das wird nicht ihr größtes Problem sein. Nachdem die Druckereien und Gebäude der KPdSU nationalisiert wurden, entfallen alle wirtschaftlichen Privilegien, die diese Blätter bislang hatten: billiges Papier, kostenlose Redaktionsräume, hohe Gehälter. Sie sind von nun an mit ihren Konkurrenten gleichgestellt. Ob sie diesem Wettbewerb gewachsen sind, ist mehr als fraglich.

Die Zeiten, als die *Prawda* das Flaggschiff der sowjetischen Presse war, sind endgültig vorbei. Die Tageszeitung Nr. 1 heißt heute *Iswestija*. Daß sie unter den Putschisten erscheinen durfte, wirft völlig zu Unrecht einen Schatten auf dieses Blatt, das all die letzten Jahre den Reformprozeß tatkräftig unterstützte. Die Junta konnte es sich einfach nicht leisten, diese etablierte und dem Parlamentspräsidium unterstellte Zeitung zu verbieten. Außerdem hoffte sie auf die Treue des Chefredakteurs Nikolai Jefimow, eines KP-Funktionärs, dessen Absetzung die *Iswestija*-Journalisten schon lange forderten. Nach der Niederschlagung des Putsches nahmen sie die Sache in die eigenen Hände: Sie entließen Jefimow, erklärten ihre Zeitung für unabhängig (der Oberste Sowjet der UdSSR, der während des Putsches schwieg, blieb auch hier wortlos), wählten Igor Golembiowski, den Mann, den sie schon lange an ihre Spitze haben wollten, zum Chefredakteur und stimmten gleichzeitig über alle Ressortleiter ab. Das, was die unabhängige Zeitung *Iswestija* ihren Lesern heute bietet, ist seriöser und objektiver Journalismus mit hohem Informationsgehalt.

Wahlen hatte es gleich nach dem Putsch auch in anderen Redaktionen gegeben: Bei *Moskowskije Nowosti* nahm den Platz von Jegor Jakowlew der Publizist und ehemalige Dissident Len Karpinski ein, in *Ogonjok* und in der *Literaturnaja Gaseta* dagegen mußten die Chefredakteure Vitali Korotitsch und Fjodor Burlatzki den Hut nehmen, weil ihre Mitarbeiter ihnen das Vertrauen entzogen. Gewählte Chefredakteure – das ist ein Phänomen der heutigen russischen Medienlandschaft. Es wird sich zeigen, ob sich dies in eine Tradition verwandelt, nachdem alle Blätter früher oder später vor die vorerst völlig offene Eigentumsfrage gestellt werden.

Bei *Commersant* ist diese Frage längst entschieden. Ein Teil der Aktien dieses Konzerns, zu dem unter anderem auch die Nachrichtenagentur *Postfactum* (eine der wichtigsten Informationsquellen während des Putsches) gehört, befindet sich in den Händen des Chefredakteurs Wladimir Jakowlew, einen anderen Teil der Aktien hat eine französische Verlagsgruppe erworben. *Commersant* wendet sich vor allem an die entstehende Unternehmerschicht, doch dieses Wochenblatt ist meistens so gut informiert, bietet so genaue Analysen nicht nur der wirtschaftlichen, sondern auch der politischen und sozialen Situation, daß sich immer mehr Entscheidungsträger und Intellektuelle diesem Blatt zuwenden. Wirtschaftlich hat sich das *Commersant*-Modell gut bewährt. Vielleicht wird es in dieser Umbruchzeit auch für andere zukunftsweisend sein.

Nichts ist in Rußland mehr so wie früher. Der wichtigste Unterschied zwischen den Medien vor und nach dem Putsch besteht darin, daß sie aus einem Machtinstrument zu einem selbständigen Machtfaktor geworden sind. Zu jener Vierten Gewalt, die in jeder modernen Gesellschaft die gesetzgebende, vollziehende und rechtsprechende Gewalt ergänzt. Je stärker diese Vierte Gewalt wird, desto sicherer kann man sein, daß sich die jüngsten Ereignisse vom August 1991 nie mehr wiederholen.

Ulrich Albrecht / Andreas Heinemann-Grüder

Europas neue Verantwortung

Der Putsch im August hat nicht nur die Sowjetunion, sondern Europa insgesamt verändert. Was hat sich geändert, und vor allem: Wie kann der Westen sich in diesem veränderten Europa so verhalten, daß die kranke sowjetische Union auf dem Weg zur Besserung rasch vorankommt? An die Adresse der Bundesregierung als wichtigstem Partner der Reformsowjetunion in Europa sind kritische Rückfragen zu richten, nicht nur wegen ihrer unentschlossenen Haltung zu Beginn des Staatsstreichs. «Wir wußten seit Monaten, was bevorsteht», schreibt Jens Reich, «und ein geglückter Putsch wäre für Osteuropa *und für Deutschland* ein schwerer Rückschlag gewesen. Da hätte man besser vorbereitet sein können!»[1] Was also taugten die Krisenmechanismen in Bonn und anderen Hauptstädten sowie nicht zuletzt die der NATO und der EG? Und welche Schlußfolgerungen sind zu ziehen?

Die negative Alternative ist in einer historischen Parallele sichtbar. Vor rund hundert Jahren gab es schon einmal ein Großreich und Gesellschaftssystem am Rande Europas, welches den Übergang in die moderne Industriegesellschaft nicht meisterte: das Osmanische Reich. Unsere Großväter sprachen angesichts der Stagnation dort vom «kranken Mann am Bosporus». Die UdSSR wiederholt heute die Rolle dieses «kranken Mannes». Die Frage lautet: Bis zu welchem Punkt? Die Türkei endete seinerzeit im förmlichen Staatsbankrott.

Der Westen engagierte sich damals notgedrungen. Auf dem Berliner Kongreß Mitte 1878 betätigte sich der deutsche Kanzler als «ehrlicher Makler», um die einander entgegenstehenden Ansprüche friedlich zum Ausgleich zu bringen. Damals entstanden, vielleicht weiterhin eine Parallele, neue selbständige Staaten (z. B. Bulgarien und Rumänien), und das türkische Staatsoberhaupt mußte in eine internationale Verwaltung der Steuern einwilligen.

Die Herausforderung an den Westen besteht somit nicht lediglich darin, die Folgen des Staatsstreiches für die eigene Sicherheit und Wohlfahrt im Verhältnis zu einem sich auflösenden Großreich zu klären. Vielmehr liegt es im ureigenen Interesse aller Europäer, daß die Nationen der heutigen UdSSR den Weg zur Demokratie und zu einer modernen Wirtschaft als deren Grundlage auch wirklich schaffen. Alle anderen Entwicklungsperspektiven bergen ungleich mehr Gefahren für Europa. Etwas zu vollmundig formuliert Genscher diese Einsicht:

> «Niemand soll im Westen annehmen, daß die Europäische Gemeinschaft auf Dauer ihre Stabilität und auch ihre Dynamik bewahren könnte, wenn östlich von uns alles zusammenbricht.»[2]

Horst Teltschik, der frühere außenpolitische Chefberater des Bundeskanzlers, meinte in den Putschtagen, es käme «einem Wunder gleich, wenn Gorbatschow eine Chance hätte, als Präsident zurückzukehren», und unterstrich die Sicherheitsfolgen der Entwicklungen in Osteuropa für den Westen:

> «Ich glaube nicht, daß die Sicherheit der Bundesrepublik und Westeuropas heute schon grundsätzlich gesichert ist. Denn eine bürgerkriegsähnliche Entwicklung in der Sowjetunion mit dem bekannten militärischen Potential bleibt ein permanentes Sicherheitsrisiko. Das zweite Sicherheitsrisiko ist dann der ganze Staatengürtel von Polen bis Jugoslawien, die alle weder demokratisch noch ökonomisch stabilisiert sind, wo wie in Jugoslawien Bürgerkriege durchaus möglich sind.»[3]

Mehr Staaten – mehr Probleme?

Himmelhoch jauchzend über das Ende des Putsches – zu Herzen betrübt über den Zerfall der Sowjetunion, so die allgemein durchgängige Stimmungslage. Die frühen Mahnungen vor einer «Osmanisierung», «Libanonisierung» oder «Balkanisierung» mit einer «vollkommen zusammenbrechenden Ökonomie, der Bildung einer Gruppe schwacher, instabiler, rückwärtsgewandt-autoritärer, doch in der Regel gut bewaffneter staatlicher Einheiten mit permanent sich ändernden und immer in Frage gestellten Grenzen»[4], scheinen sich nun zu bestätigen. Die Katastrophenwarnungen vor der «Balkanisierung» der Sowjetunion, mit denen Gorbatschow mindestens seit zwei Jahren den Westen schockte (und sich selbst legitimierte), finden im integrationswilligen Westeuropa Widerhall.

Konservative Westeuropäer verlieren die vermeintliche Stabilitätsgarantie in Gestalt des sowjetischen Präsidenten und sehen sich mit der Unzulänglichkeit ihrer Gemeinschaftsinstitutionen konfrontiert. Die Horrorbildung von blutigen Nationalitätenkonflikten, nachfolgenden Flüchtlingsströmen, von unkontrollierten Atomwaffen, ja zwischennationalen Kriegen mit Atomwaffen auf dem Territorium der ehemaligen UdSSR, von einem Pauperismus vergleichbar dem der westeuropäischen Frühindustrialisierung und von Hilferufen gen Westen gewinnen an Kontur: Die Gefahr aus dem Osten in neuer Gestalt. Das Militärfachblatt *Defence & Diplomacy* machte bereits seine Juli/August-Nummer mit der Schlagzeile «Alptraum für die 90er: Atomarer Bürgerkrieg in der UdSSR» auf.[5] Wer kann die Entwicklung innerhalb der Nach-Sowjetunion kontrollieren?

Ein diffuses Gefühl der Verantwortung für jene Prozesse, die man doch selbst partout lostreten wollte, und konträr dazu der Ruf nach Abschottung der eigenen Wohlstandswelt führen zu einer Orientierungslosigkeit, die dem selbstausgestellten Zeugnis widerspricht, Sieger im Systemwettbewerb zu sein. Über das Ende des realsozialistischen Experiments in Sprachlosigkeit verfallen, ergreift auch Linke die Furcht vor einer Destabilisierung der europäischen Staatenwelt.

Die verstörte Hilflosigkeit gegenüber dem Krieg in Jugoslawien potenziert sich, ja schlägt in vorwurfsvolle Aggressivität um angesichts dessen, was bei der vermeintlichen Balkanisierung der ehemaligen Sowjetunion bevorsteht: Mehr Staaten – mehr unberechenbare aggressive Bettler; auf diese Formel läßt sich wohl die so erstaunlich einmütige Beunruhigung bringen.

Warum die Unruhe? Aktuell werden destabilisierende Wirkungen vornehmlich erwartet aus der Desintegration des Wirtschaftsraumes, aus dem möglichen Aufflammen von Nationalitätenkonflikten, der Renationalisierung der Sicherheits- und Verteidigungspolitik mit Gefährdungen für die Rüstungskontrolle und aus der ungeklärten Kontrolle über die sowjetische Militärmacht, insbesondere über die Atomwaffen.

Im babylonischen Stimmengewirr zwischen Anerkennung nationaler Selbstbestimmung qua Nationalstaatsbildung und Kassandrarufen helfen Beschwörungen wenig. Die Bildung zahlreicher neuer Staaten ist für die Zeit nach 1945 geradezu charakteristisch. *Muß* sie jedoch auch gewaltenförmig verlaufen? Muß sie die aufgezeigten destabilisierenden Wirkungen zeitigen? Nüchtern bleibt zu fragen, mit welchen Risiken und mit welchen Chancen der Prozeß der stattlichen Desintegration der Sowjetunion verbunden ist, ob die Gefahr einer internationalen Destabilisierung besteht und wenn ja, ob sie begrenzbar bleibt.

Jede Betrachtung des heutigen und des künftigen Zustandes der vormaligen Sowjetunion hat von der Tatsache einer Paralyse der Macht, namentlich im Verhältnis Zentrum–Republiken, auszugehen: Eine Fortführung der Anarchie, des «Krieges der Gesetze», des Chaos zwischen zentral behaupteter, doch nicht mehr gewährleisteter Planungskompetenz und dem schmerzlichen Zwang zu regionaler und betrieblicher Selbstbehauptung hätte weitaus schlimmere Folgen gehabt als der jetzige Zerfall der Sowjetunion in Teilrepubliken. Der Zerfall der Sowjetunion war im Laufe des vergangenen Jahres darüber hinaus unvermeidlich geworden. Ihn noch länger hinauszuzögern, hätte sowohl ökonomisch als auch politisch weitaus verheerendere Auswirkungen gehabt.[6] Ein weiter sich verschleppender Zusammenbruch hätte die genannten Worst-Case-Szenarien weitaus mehr gerechtfertigt. Die Gefahr eines gewaltsamen Konfliktes zwischen dem Baltikum und der sowjetischen Zentrale und einer Eskalation des armenisch-aserbaidschanischen Konfliktes etwa durch militärische Einsätze der Truppen des sowjetischen Innenministeriums wird durch den Zusammenbruch der Zentralmacht gerade gemindert.

Die duale Souveränität (besser: das Fehlen sowohl einer zentralen als auch einer Republiksouveränität) war bereits zum unhaltbaren Faktum geworden. Wir müssen heute erkennen, daß Perestrojka und Erhalt der Sowjetunion unvereinbar wurden: Für eine demokratische Föderation hätte es einer neuen Identität anstelle der obsolet gewordenen Sowjetidentität bedurft. Der außenstehende Betrachter mag mit Entsetzen feststellen, daß an die Stelle der mythischen Diktatur des Proletariats vielfach die nicht minder mythische Ethno-Nation tritt, die nun angeblich allein wirtschaftliche und soziale Wohlfahrt ermöglicht.

Wirtschaftspolitischer Zerfall?

Vor dem Putsch noch föderationswillige Republiken erklären flugs ihre Unabhängigkeit. Der Reigen der Unabhängigkeitserklärungen erfolgt nicht zuletzt, um die jeweils eigene Position gegenüber Rußland zu stärken. Man will gleichberechtigt mit den bereits als Völkerrechtssubjekte konstituierten Baltenrepubliken und dem die zentralen Apparate übernehmenden Rußland über die Wirtschaftsunion verhandeln. Im Kern geht es um den Primat der Republikgesetze, um die Inanspruchnahme des Alleineigentums an Produktionsmitteln in den Republiken und um die Verweigerung eines essentiellen Finanzbeitrages für die Zentralmacht. Endziel ist die volle staatliche Unabhängigkeit. Eine horizontale Vernetzung soll anstelle der dysfunktionalen vertikalen Administration entstehen. Auf die in der Tat ineffektive zentrale Planung folgt zunächst einmal Dezentralisierung.

Mit dem Auseinanderbrechen des Sowjetsystems danken zunächst einmal eine Gesellschaftsordnung und ein Imperium ab. Ob dadurch notwendig auch der Wirtschaftsraum zerfällt, ist gar nicht ausgemacht. Die Republiken sind sich ihrer gegenseitigen Abhängigkeit durchaus bewußt; eine Autarkiepolitik können und wollen sich selbst die baltischen Republiken nicht leisten – die Grenzen westlichen Engagements haben sie bereits gespürt. Mehr als 50 bilaterale Verträge sind im vergangenen Jahr unterzeichnet worden, um gerade diese Beziehungen, allerdings als souveräne Vertragssubjekte, sicherzustellen. Die Republiken sind mit der Unionsvergangenheit in ihrer wechselseitigen Wahrnehmung weniger belastet und deshalb im Unterschied zur bisherigen Zentralmacht auch psychologisch eher integrationsfähig. Selbst wenn noch kein Staatenbund entstehen sollte, sind privilegierte Wirtschaftsbeziehungen untereinander wahrscheinlich. Die Gefahr militärisch ausgetragener Verteilungskämpfe scheint deshalb gering.

Die seit langem diagnostizierten Defizite der Sowjetwirtschaft (Wachstumsdefizit, Produktivitätsdefizit, Qualitätsdefizit, Technologiedefizit, Versorgungsdefizit, Infrastrukturmängel und Öko-Krise, Inflation, Übermilitarisierung)[7] lassen sich strukturell eher in den Republiken beheben. Die Dezentralisierung und Segmentierung der Wirtschaft in den Republiken kann Vorteile verbuchen: An die Stelle des derzeitigen Kompetenzwirrwarrs treten zunächst einmal klare Ansprechpartner und Verantwortlichkeiten.

Wird das Novostroika-Programm[8] zum Kollaps der Republikökonomien führen, oder sind die Republiken durchaus lebensfähig? Eine Antwort darauf fällt nicht leicht. Zwischen den zentralasiatischen Armenhäusern und den europäischen Staaten wird zu differenzieren sein. Das Schreckbild einer «Lateinamerikanisierung» der nachsowjetischen Staaten mit Überschuldung, einer Überschwemmung mit ausländischen Produkten, zu denen es keine Inlandskonkurrenz gibt, mit billigen Arbeitskräften für westeuropäische Industriemagnaten und massenhaften Migrationsströmen kann, muß jedoch nicht zur Wirklichkeit werden. Der Grad der wirtschaftlichen Desintegration, die politische Stabilisierung in den Republiken, die Geschwindigkeit der Marktöffnung, Nationalitätenkonflikte und nicht zuletzt die Politik Westeuropas spielen bei der möglichen Abwendung dieser Perspektive eine Rolle. Bis zur Neuetablierung zwischenrepublikanischer, horizontaler Wirtschaftsverbindungen werden sich die Versorgungsengpässe zunächst verschärfen; doch diese Probleme könnten u. E., soweit sie den Lebensmittelbereich betreffen, in Jahresfrist so weit gelöst werden, daß zumindest eine Grundversorgung mit Waren gesichert ist.

Die politisch erstarkten Republiken werden erst nach ihrer Konstituierung zu Völkerrechtssubjekten Kompetenzen an einen Staatenbund abgeben wollen. Vordringlich scheint dabei eine Aufrechterhaltung der Zollunion, der Geldpolitik, für absehbare Zeit auch noch des Rubels, eines einheitlichen Post- und Verkehrswesens und einer geregelten Energieversorgung. Eine einheitliche Verteidigungs-, Außen- und Steuerpolitik wird es, selbst wenn Restfunktionen in der Abwicklungsphase übrigbleiben, nicht mehr geben. Doch dies muß nicht schockieren: Die Erfahrung der Europäischen Gemeinschaft könnte durchaus zum Lehrstück für die Integration des Staatenbundes beitrittswilliger Republiken werden. Subregionale Allianzen zeichnen sich bereits ab: Die fünf zentralasiatischen Republiken schließen sich zusammen, in einer Föderation, die sie auch vor Rußland schützen soll.[9] Der Baltische Rat der Vorkriegszeit erfährt bereits eine Wiederbelebung. Rußland, die Ukraine, Weißrußland, Kasachstan und Usbekistan wiederum dürften sich, mit teilweisen Doppelmitgliedschaften, auf einen Staatenbund einigen.

Sicherheitspolitik

Wird es in der Nachfolge der UdSSR nicht wie bislang einen Kernwaffenstaat, sondern statt dessen vier oder fünf geben? Die Beschränkung der Konföderation auf eine lockere Wirtschaftsunion impliziert den Aufbau nationaler Streitkräfte in den neuen Republiken. Wie diese aussehen werden, ist erst in Ansätzen erkennbar. Rußland dürfte längerfristig auf eine Berufsarmee zusteuern, aber am nuklearen Potential der Sowjetunion festhalten wollen. Die Ukraine deklariert ihre Atomwaffenfreiheit und strebt den Aufbau einer Berufsarmee an, die den vormaligen Beitrag der Ukraine zum Rüstungshaushalt der Union und die bisherige Streitkräftepräsenz wesentlich unterschreiten soll.[10] Die baltischen Staaten, als erste völkerrechtlich anerkannt, beteuern ebenfalls Atomwaffenfreiheit und Neutralität und streben eine enge Kooperation mit den Ostseestaaten an, insbesondere mit den skandinavischen Ländern.[11] Die europäischen Republiken auf sowjetischem Territorium sind sich einig in der normativen Orientierung an der KSZE sowie der ökonomischen Ausrichtung auf Westeuropa, insbesondere die EG.

Die Chancen für Abrüstung werden durch den Zerfall der sowjetischen Zentralmacht tendenziell größer, vor allem hinsichtlich der Nuklearwaffen. Folgt man den Deklarationen, so werden sich die nachsowjetischen Republiken, ähnlich wie bereits Polen, Ungarn und die ČSFR, sowohl für eine «vernünftige Hinlänglichkeit» der Streitkräfte aussprechen als auch für einen neutralen Status, etwa nach finnischem Vorbild. Für eine nach außen projektiere Machtpolitik fehlt den nachsowjetischen Staaten die Bedrohungswahrnehmung.

Der neue sowjetische Verteidigungsminister, Schaposchnikow, beeilte sich nach dem gescheiterten Putsch, die Gefahr eines unkontrollierten Nukleareinsatzes herunterzuspielen. Die Sicherheitscodes schlössen unbefugte Verfügung aus. Außenminister Genscher äußerte dagegen die Befürchtung, beim Auseinanderfallen der Sowjetunion, damit auch der Sowjetarmee, könnten neue Nuklearmächte entstehen. Die Kaperung von atomaren Kurzstreckenraketen, wie im Januar 1991 bereits im aserbaidschanischen Baku geschehen, d. h. der Zugriff auf Atomwaffen durch extremistische Bürgerkriegsparteien, gehört zu den schwärzesten Szenarien. Die sowjetischen Atomwaffen (26000 – 46000) befinden sich zu 80 bis 90 Prozent auf russischem Territorium, zudem in der Ukraine, in Weißrußland, in Kasachstan und als Kurzstreckenraketen bzw. auf Bomberstützpunkten in beinahe allen Republiken. Der Prozeß des Abzugs der Atomwaffen aus den Teilrepubliken nach Rußland ist bereits im Gang. Von seinem zügigen Abschluß hängt ab, ob nationale Streitkräfte außerhalb Rußlands (oder Bürgerkriegsparteien) sich ihrer bemächtigen können. In einer zutiefst desintegrierten Armee wie der sowjetischen ist zudem die unkontrollierte

Proliferation von Atomwaffen nicht auszuschließen. Ein internationales Kontrollorgan könnte, sofern die russische Regierung zu dieser Souveränitätspreisgabe bereit ist, die neue Dislozierung und die Art der Verfügung über Atomwaffen überwachen.

Die vordringliche Inangriffnahme der inneren Probleme bietet nicht nur Chancen zur radikalen Demilitarisierung, sie erfordert sie geradezu. Verhandlungen über Rüstungsbegrenzung und Abrüstung werden künftig vor allem mit den nach wie vor hochgerüsteten Republiken Rußland und Ukraine geführt werden müssen. Außenpolitisch sind dafür durchaus positive Ausgangslagen erkennbar. Gesamteuropäisch bietet sich somit die Chance, den Zusammenbruch der sowjetischen Zentralmacht für Fortschritte bei der konventionellen und atomaren Abrüstung zu nutzen.

Da der bisherige «Blockzugang» ohnehin hinfällig geworden ist, wird die westliche Bereitschaft zu einer tatsächlichen Sicherheitspartnerschaft entscheidend sein. Werden die USA, Großbritannien, Frankreich und auch China ihre atomaren Potentiale zur Disposition stellen, wenn sie denn solches von Rußland erwarten? Fortschritte bei der Rüstungskontrolle und Abrüstung hängen somit in erster Linie von der westeuropäisch-amerikanischen Bereitschaft ab, die eigene atomare Souveränitätsreserve preiszugeben.

Nationalismus?

Das Wiederaufleben vorrevolutionärer Identitäten und Verhaltensmuster nährt die Befürchtung vor einer Eskalation innersowjetischer Nationalitätenkonflikte. Die Nationalbewegungen sind für sich genommen weder ein Garant für Demokratie (auch und vor allem gegenüber Minderheiten) noch für einen Übergang zur wie auch immer gearteten «Marktwirtschaft».[12] Mit der Zerschlagung der Einparteiherrschaft, dem Auseinanderbersten des Einheitsstaates und der Ablösung des administrativen Plansystems werden politische Entscheidungsbefugnisse an Republiken übergehen, die als in der Regel ethnisch inhomogene Gebilde für zahlreiche Minderheiten abermals zum Gefängnis werden könnten – mit einer Potenzierung der seit drei Jahren offenen Nationalitätenkonflikte.

Die schnelle Übernahme von Unionsinstanzen und -kompetenzen durch Rußland, insbesondere aber Jelzins Verlautbarung angesichts der ukrainischen Unabhängigkeitserklärung, daß über die Grenzen neu verhandelt werden müsse, hat in der Ukraine und in den zentralasiatischen Republiken Befürchtungen vor einem chauvinistischen Großrußland belebt. Die Reanimation vorrevolutionärer Smybolik und zaristischer Riten (man denke an Weiheakte der orthodoxen Kirche) gemahnen an die tiefe Verwurzelung des russischen Nationalkonservatismus.[13] Eine Rückkehr zu autoritärem Denken ist vor dem Hintergrund der innerrussischen Nationalitätenprobleme und angesichts des Mangels an einem funktionierenden Parteiensystem nicht rundheraus auszuschließen.

Es besteht also durchaus die Möglichkeit des Übergangs von der bisherigen Anti-Politik zu autoritärer Politik. Das Ende der KPdSU-Herrschaft ist weder identisch mit dem Eintreten der Demokratie, noch tritt an die Stelle der vormaligen Übermilitarisierung automatisch ein neues Sicherheitsdenken. Um so wichtiger ist die innere Zivilisierung der Republiken: die Entwicklung politischer Parteien, die Entstehung verläßlicher politischer Koalitionen und die Etablierung einer pluralistischen Konfliktkultur. All dies wird ein langwieriger Prozeß sein, der soziale Differenzierung zur Voraussetzung hat. Der «Irrweg des Nationalismus» (P. Glotz) wird sich erst abwenden lassen, wenn neben der nationalen Identität auch Loyalität und Staatsbürgerlichkeit aus der Bindung an den Verfassungs- und Sozialstaat erwachsen.

Rußland wird aufgrund seiner Größe, seines Militärpotentials und seiner Ressourcen eine europäische Großmacht bleiben. Zwei sich zum Teil miteinander vermischende Tendenzen lassen sich in der russischen Politik feststellen: einerseits eine slawophile, antiwestliche, klerikale, großrussisch-chauvinistische Richtung, die in Solschenizyn ihren Fürsprecher fand, und auf der anderen Seite eine klare Politik der Selbstbeschränkung und der Ausrichtung auf die Europaintegration.[14] Unstrittig unter den politisch maßgeblichen Kräften Rußlands ist die Konzentration auf die Innenpolitik. Die Außenpolitik ist – den russischen Politikern vollauf bewußt – dem Diktat der beschränkten Mittel unterworfen.[15] Eine außenpolitische Machtprojektion ist daher mittelfristig unwahrscheinlich. Kritik an der hypertrophen militärischen Macht, aber auch am überzogenen Raumfahrtprogramm, sowie gutnachbarschaftliche Beziehungen zu den osteuropäischen Ländern und Stalinismuskritik kennzeichnen so beispielsweise die Programmatik der «Demokratischen Union» in Rußland.[16] Die

Chancen für radikale einseitige Abrüstungsschritte, für tiefgreifende Konversion und für weitere Abrüstungsabkommen stehen deshalb – sofern sich ihre Kosten ertragen lassen – günstig.

«Cordon sanitaire» oder europäisches Haus?

Eine weitere Orientierung von Westeuropa und den USA hin auf die sowjetische Zentralmacht ist obsolet.[17] Der Abschied von der Sowjetunion ist auch für die Westeuropäer schmerzlich. Er erfordert die Preisgabe unhaltbarer Positionen: wirtschaftlich und sicherheitspolitisch.

Frieden und Sicherheit in Osteuropa, namentlich in der vormaligen Sowjetunion, werden, so banal es klingt, von der Lebensfähigkeit der neuen Staaten, von ihrer Fähigkeit zur Befriedigung der Grundbedürfnisse und von ihrer Rechtsstaatlichkeit abhängen. Die Möglichkeiten Westeuropas, diese Lebensfähigkeit zu ermöglichen, sind in der Tat vielfältig. Und dennoch beschwören führende Medien – das jugoslawische Beispiel vor Augen – geradezu den «humanitär» begründeten Interventionsfall Sowjetunion, eine Entwicklung also, die es unter allen Umständen abzuwenden gilt.

Der noch offenen Debatte unter Friedensforschern um die Rolle der NATO, der Westeuropäischen Union, der KSZE, der EG und des Europarates soll hier nicht vorgegriffen werden. Vielmehr sollen praktikable Ansatzpunkte und Prioritäten aufgezeigt werden, die eine strukturierende Wirkung auf die künftige europäische Sicherheitsordnung versprechen.

In der Krise zeigte sich, daß die NATO «das unpassendste und ungeeignetste Instrument ist, um auf den Putsch in Moskau zu reagieren».[18] Als die neuen Demokratien in Ostmitteleuropa sich nach dem Coup plötzlich bedroht sahen und nach westlichem Schutz riefen, reagierte die Allianz mit Weghören. Das westliche Sicherheitsbündnis hat aber auch keinerlei Möglichkeit, auf eine negative Entwicklung irgendwo in Osteuropa einzuwirken. Es kann nicht einmal, wie beispielsweise die EG, Geld oder Güterlieferungen sperren. Im Gegenteil, der Tatbestand, daß die westlichen Strategen die sowjetischen Unterhändler bei den jüngsten Rüstungskontrollabkommen (dem Wiener Vertrag über die konventionellen Streitkräfte in Europa, VKSE, sowie dem START-Abkommen über die Interkontinentalraketen) nach beiderseitiger Ansicht kräftig über den Tisch ziehen konnten, stärkte sogar die Motivation, wenn nicht gar die Stellung der Putschisten. Welche Schlußfolgerungen zieht die NATO selber aus ihrem Unvermögen, einer Bedrohung entgegentreten zu können, und welche sollte sie objektiv ziehen?

Derzeit ist die NATO dabei, eine neue Militärstrategie zu entwerfen. Es handelt sich nicht um eine anpassende Modernisierung, wie sie die Bürokraten der Allianz schon wiederholt hinter sich gebracht haben. Nicht nur die Friedensbewegung fragt, welche militärische Aufgabe das Westbündnis berechtigterweise noch anmelden könne. Bei der Suche nach einer Antwort ist man im NATO-Hauptquartier längst dazu übergegangen, nicht mehr von einer «Bedrohung» aus dem Osten zu reden oder von dem Bestreben – unlängst noch eine Lieblingsformel von Stabsoffizieren –, die Sowjetunion «unter Risiko zu halten». Heute ist allenfalls von Sicherheitsrisiken aus dem Osten die Rede, gegen die es Vorkehrungen zu treffen gelte.

Beim Versuch, diese Vorkehrungen zu definieren, fischen die NATO-Planer bislang noch im trüben. Werden die neuen Nationalstaaten sich in herkömmlicher Manier Armeen geben, zu einem Milizsystem der Volksverteidigung greifen, ein regionales System kollektiver Sicherheit entwickeln oder – noch unwahrscheinlicher – dem Militär ganz abschwören? Die Frage orthodoxer Rüstungsplaner, gegen was sie denn nun zu rüsten hätten, soll nicht für sich ernst genommen werden. Es liegt auf der Hand, daß die militärische Gefährdung des Westens nach dem gescheiterten Putsch drastisch gesunken ist.

Die Vorgaben der verantwortlichen Verteidigungsminister führen die Militärs kaum aus der Sackgasse heraus. Bundesverteidigungsminister Stoltenberg äußerte Ende August 1991, auf dem Gipfel der Staats- und Regierungschefs der NATO im November in Rom müsse eine «Bestandsaufnahme» der bisherigen Atomwaffenstrategie gemacht werden.[19] Der britische Verteidigungsminister King möchte gar die vier Tornado-Staffeln der Royal Air Force im niederrheinischen Brüggen mit neuen nuklearen Abstandswaffen von 400 Kilometer Reichweite ausstatten. Diese neuartigen Raketen werden weit vor dem Abwurfziel gezündet und gestatten es dem Bomber, außerhalb der Reichweite der gegnerischen Flugabwehr zu operieren. In der Ost-West-Rüstungskontrolle sind solche Abstandswaffen bislang kein Gesprächsthema.

Eine konventionelle, unvernünftige Reaktion der Sicherheitsverantwortlichen im Westen könnte im Osten eine noch unvernünftigere Gegenreaktion hervorrufen und den Demokratisierungsbemühungen damit die Luft abschneiden. Die sowjetische Armee ist weiterhin die kopfstärkste europäische Streitmacht. Die Russische Republik, welcher die Atomwaffen zumindest größtenteils zufallen dürften, muß versuchen, mit der Altlast Sowjetunion fertig zu werden. Das kann am ehesten gelingen, wenn das Millionenheer schrittweise verkleinert wird. Im Innern durchsetzbar ist ein solcher Weg nur, wenn auf parallele Schritte im Westen verwiesen werden kann.

Auf die Anfrage, was die transatlantische Allianz tun könne, um die äußeren Sicherheitsinteressen der kleineren ehemaligen Bündnispartner im Warschauer Vertrag oder der sich lossagenden Sowjetrepubliken zu fördern, weiß die NATO keine Antwort. Sie bemüht sich nicht einmal, diesen Zustand zu ändern. Die Regierungen in den kleineren Staaten Ostmitteleuropas machen sich zu Recht Sorgen darüber, daß es kein Sicherheitssystem gibt, welches auch sie einschließt. Die NATO-Bürokraten reagieren wie die EG: Eine Ausweitung des Klubs auch nur zu erörtern, überfordert die in den Routinen des Kalten Krieges herangewachsenen Apparate. Modelle der Kooperation oder gar der Versuch, Garantieverpflichtungen etwa für die Integrität der neuen politischen Gemeinschaften im Osten zu entwerfen, das wären jetzt die Aufgaben der Stäbe.

Die NATO und die WEU sind jedoch bislang nicht nur nicht willens, sondern von ihrer ganzen Struktur her zu westeuropäisch orientiert, um Osteuropa einzubinden. Die NATO beschränkt ihre Anpassung auf Streitkräftereduktion, Multinationalität, schnelle Mobilisierung, Modernisierung, Flexibilisierung und vor allem auf semantische Umdefinitionen.[20] Statt «Vorneverteidigung» nun «Vornepräsenz». Am nuklearen Ersteinsatz, an den «substrategischen» Nuklearwaffen will man nicht rütteln, geschweige denn an der NATO selbst. In den NATO-Szenarien kommen Nationalitätenkämpfe und Migrationsbewegungen nicht vor. Zudem belegt der jugoslawische Fall anschaulich, wie untauglich die «Risiko»-Legitimation der NATO bzw. der WEU ist. – «Europäische Eingreiftruppen» würden Feuer mit Benzin löschen. Das eklatante Defizit an Konfliktlösungsmechanismen, ja sogar an Vermittlungs- oder Streitschlichtungsoptionen registriert die NATO bislang nicht.

Die NATO-«Strategie» bleibt letztlich abwartend, sie bietet den Osteuropäern kaum mehr als Kontakte an und ist ansonsten dem

NATO-Status-quo verpflichtet.[21] Die NATO-Politik der «Rückversicherung» gegen das Restrisiko, bislang mit der möglichen Rückkehr zur Außenpolitik vor der Perestrojka begründet, entbehrt nach dem gescheiterten Putsch seiner Grundlage. Die Argumentation mit den «Restfunktionen» wird nur eins bewirken: die Ausrichtung der neuen Staaten an westeuropäischen Standards, nicht aber eine Entwicklung qua Demilitarisierung.

So richtet sich der Blick auf die Konferenz über Sicherheit und Zusammenarbeit (KSZE). Diese wird angesichts der neuen Entwicklung mehr Bedeutung erlangen. In pathetischen Deklarationen (die im Jahre 1990 auch das Ziel hatten, der Sowjetregierung die deutsche Vereinigung schmackhaft zu machen) hatte sich der widerstrebende Westen darauf eingelassen, dem sogenannten Helsinki-Prozeß erstmals dauernde Strukturen zu verleihen. Das Konfliktverhütungszentrum in Wien mit seinen wenigen Mitarbeitern ist selbst bei liebenswürdiger Betrachtung sicherheitspolitisch ein Nullum, und auch andere Ansätze zur Verfestigung der KSZE, wie die kleinen neuen Einrichtungen in Prag und Warschau, sind politisch allenfalls von marginaler Bedeutung. So überrascht nicht, daß die KSZE in der durch den Putsch ausgelösten Krise *keine* Rolle in der europäischen Politik spielte. Das «keine» ist mit Bitterkeit zu unterstreichen, weil eben für solche Krisen, wie die durch den Putsch ausgelöste, der KSZE-Mechanismus überhaupt konzipiert wurde. Aber auch in der Jugoslawien-Krise oder bei der Behandlung des Problems albanischer Massenflucht «war der Einsatz der KSZE bisher mehr als enttäuschend».[22]

Das große Plus der KSZE bleibt dennoch, daß sie die Sowjetunion einbezieht, während die NATO ihr unverbunden gegenübersteht. Die vormalige Sicherheitssituation mit einer geschlossenen Allianz im Westen und einem halbwegs intakten Militärapparat im Osten blieb besonders für die neuen Demokratien in Ostmitteleuropa ungemütlich. Wenn die Russische Republik Jelzins als Atommacht den Ostpart übernimmt, ändert sich auch künftig nur wenig an dieser Situation. Anders als das militärische Bündnis NATO ist der KSZE-Prozeß jedoch offener für Veränderungen. Die Veränderungen der KSZE bleiben auch rundum akzeptabler, weil sich alle in Europa den gleichen Regeln und Mechanismen fügen müssen. Dies bleibt die Stärke, aber zugleich die Schwäche einer auf die KSZE bauenden Politik.

Will man einem unkontrollierten Abdriften der neuen europäischen Staaten (der baltischen Staaten, Rußlands, der Ukraine, Weißrußlands, Moldawiens) in ethnische oder zwischennationale Konflikte vorbeugen, so bedürfen sie der politisch-kommunikativen Einbindung in gesamteuropäische Institutionen, zunächst vor allem in die KSZE – auf Minister- und Parlamentarierebene, bei intergouvernementalen Konferenzen, in das Zentrum für Konfliktverhütung, in die Konferenz für Sicherheit in Europa.[23] Die Philosophie eines «Europa der Regionen» räumt substaatlichen Entitäten durchaus beträchtliche Kompetenzen ein, die Staatsbildungsphase etwa in der Ukraine und Weißrußland sollte deshalb kein Hinderungsgrund für die Beteiligung an der KSZE sein. Die KSZE schließt jedoch bislang nur anerkannte Staaten ein. Eine Änderung, zumindest die Gewährung eines Beobachterstatus, scheint nötig, da die Integration vorrangig ist. Ebenfalls wünschenswert ist die baldige Aufnahme der neuentstandenen Republiken (sofern sie wie die baltischen Republiken selbständige Völkerrechtssubjekte sein wollen) in die UNO. Selbst wenn sich westeuropäische Staaten noch nicht sofort entschließen können, etwa mit Rußland, der Ukraine und Weißrußland diplomatische Beziehungen aufzunehmen, so ist die Einrichtung von Interessenvertretungen und Konsulaten durchaus möglich.

Die Bereitschaft der baltischen Republiken, Rußlands und der Ukraine zur Mitarbeit in der KSZE ist bereits signalisiert worden. Wird dieses Angebot ausgeschlagen, sind Rückfälle in die Renationalisierung zu erwarten. An die Stelle der sukzessiven Integration in Europa träten dann andere Loyalitäten. Eine solche Abkopplung von Westeuropa würde allerdings fatale Folgen haben. Nur im KSZE-Rahmen könnte im Falle der befürchteten Virulenz ethnischer Konflikte oder Grenzrevisionen ein Disziplinierungszwang durch Einbindung erfolgen. Der Dialog muß frühestmöglich institutionalisiert werden, um längst vor einer Sicherheitsordnung wechselseitige Informationsflüsse, Konfliktprävention, Krisenstabilität und Verifikation der Abrüstung bei den Rechtsnachfolgern der Sowjetunion zu erreichen.

Unseres Erachtens kann nur aus der KSZE ein europäisches Sicherheitssystem erwachsen; sie wird der NATO noch über geraume Zeit komplementär sein und diese langfristig, so ist zu hoffen, überflüssig machen. Die Aufnahme aller nachsowjetischen Staaten in die NATO, die Umwandlung der NATO in eine European-Atlantic Treaty Organization dürfte hingegen der Perspektive einer Demilitarisierung der innereuropäischen Sicherheit wenig dienlich sein, sondern eher zur

Angleichung der militärischen Standards in allen Mitgliedsstaaten, d. h. zur technologischen Nachrüstung in den neuen Mitgliedsstaaten, beitragen.[24] Die Aufnahme der nachsowjetischen Staaten in die NATO würde schwerlich Gleichberechtigung implizieren. Die – abstrakt vorstellbare – grundlegende Umwandlung der NATO von einem Militärblock zu einem weltumspannenden Sicherheitssystem, das den neuartigen Sicherheitsgefährdungen gerecht wird, käme faktisch dem Ersatz der NATO gleich.

Systematisch gesprochen, vollzieht die Weltaußenpolitik derzeit einen Paradigmenwechsel – weg vom völkerrechtlichen Prinzip der Nichteinmischung in die inneren Angelegenheiten eines Nationalstaates hin zur bedingten Einmischung.[25] Der besiegte Irak hat beispielsweise in bezug auf die Kurden Abstriche seiner Souveränität hinnehmen müssen. Die Einmischung der EG in der jugoslawischen Krise hat nur Sinn, wenn sie sich zu diesem neuen Grundsatz bekennt. Es handelt sich um eine logische Ausweitung des Anspruchs auf universelle Geltung der Menschenrechte. Werden diese innerstaatlich nicht garantiert, so die Resolution, dann erwächst ein Mandat der internationalen Gemeinschaft, einzugreifen. Egon Bahr wertet den derzeitigen Zustand des Völkerrechtes in dieser Hinsicht als «immer ergänzungsbedürftiger».[26]

Eine weitere Stärkung der KSZE scheint möglich, weil die Einbindung der UdSSR oder ihrer Nachfolgestaaten auch im Westen als Vorteil gelten muß. Denkbar wäre, nach dem Vorbild des Sicherheits-rates der Vereinten Nationen auf dem Boden der KSZE einen «Europäischen Sicherheitsrat» zu bilden. Dessen Kompetenzen dürften, wie die Machtverhältnisse liegen, eher beschränkt und an Möglichkeiten nichtmilitärischer Streitbeilegung orientiert bleiben.

Eine größere Wirksamkeit der KSZE, insbesondere des Konfliktverhütungszentrums (mit ungeklärter Durchsetzungsmacht)[27], und ein Konzept kollektiver Sicherheit mit multinationaler Friedenstruppe beanspruchen Zeit. Peter Glotz hat recht, wenn er sich mittelfristig daran orientiert, «Sicherheit mit wirtschaftspolitischen Mitteln zu organisieren».[28]

Die institutionelle Anbindung an die KSZE, der Einschluß in den Europa-Rat und die Anbindung an EG-Institutionen bleiben natürlich kein Garant für die Vermeidung gewaltsamer Konflikte, und sie können das Wohlstandsgefälle nicht schlagartig abbauen. Der zentrale Aspekt wäre hier vorerst die sicherheitspolitische Integration.

Dabei stehen nichtmilitärische Aspekte der Sicherheit im Vordergrund.[29] Die wesentlichen Gefährdungen des Westens liegen nicht im militärischen Bereich, sondern sind ökologischer Natur (Stichwort Tschernobyl) und sozialer sowie ökonomischer Art (Stichwort Flüchtlingsströme). Erst aus nicht gelösten gesellschaftlichen Problemen im Osten können militärische Gefahren für den Westen erwachsen. Die Hauptverantwortung des Westens liegt in seinem Beitrag zur sozialen und ökonomischen Stabilisierung in Osteuropa. Dafür ist er gut gerüstet.

Potentiale: Was kann Westeuropa leisten?

Die westeuropäische Integration kann die faktische Spaltung Europas vertiefen, sollte sie den baltischen Staaten und den übrigen europäischen Sowjetrepubliken nicht bald die Aussicht auf Hilfe bei der Wirtschaftsmodernisierung bieten. Der Abbau des West-Ost-Gefälles ist im westeuropäischen Interesse. Eine Peripherisierung der nachsowjetischen Republiken würde in der Tat zu massenhaftem Migrationsdruck führen. Gefragt ist eine osteuropäische Entwicklungspolitik.

Die USA und die meisten westeuropäischen Länder reden den Sowjets statt dessen eine Primitivideologie von der Marktwirtschaft ein, die mit der Wirklichkeit wenig gemein hat. Auf den Erfolg des Übergangs zu warten oder ihn nur mit Ratschlägen zu begleiten, ehe westliche Hilfe einsetzt, dies würde nur zur Potenzierung dessen beitragen, was in der ehemaligen DDR vor aller Augen studiert werden kann. Die Hilfe darf nicht mehr an eindeutige Stabilitätserwartungen geknüpft sein.[30]

Die Depression in den nichtsowjetischen osteuropäischen Staaten straft die Ideologen des schnellen Wirtschaftswunders Lügen. Trotz Teilerfolgen ist überall ein dramatischer Rückgang der Bruttoinlandsproduktion zu verzeichnen.[31] Überverschuldung, Arbeitslosigkeit, Preiserhöhungen, Einkommensverluste, begrenzte Privatisierbarkeit heißen die Stichwörter.

Der Weg zur Marktwirtschaft ist weit. Eine Marktwirtschaft ohne soziale Wohlfahrt würde nur jene Probleme hervorrufen, vor denen sich die westliche «Zitadelle» zu schützen wünscht. Was ein Symposium der «Osteuropabank» vor dem Londoner Gipfeltreffen im Juli 1991 den Sowjets anriet, veranlaßte selbst Viktor Meier in der *Frank-*

furter Allgemeinen Zeitung zur Mahnung vor einem Bilderbuchkapitalismus. Das Symposium vermittelte «den Eindruck, daß unter den westlichen Fachleuten (...) dogmatische und zum Teil wirklichkeitsfremde Auffassungen vorherrschen (...) Der Umwandlung der Eigentumsverhältnisse, also der Privatisierung, absolute Priorität zu geben und sie sogar als Voraussetzung für das Funktionieren von Stabilität und Markt zu betrachten (...) geht indessen an den osteuropäischen Realitäten vorbei und kann (...) üble Folgen nach sich ziehen».[32] Schocktherapien kann niemand in den nachsowjetischen Republiken auffangen.

John Kenneth Galbraith warnt zu Recht: «Nur ein paar Jahre des Leidens – und dann wird alles gut sein. Dies – ich wähle meine Worte sorgfältig – ist Irrsinn.»[33] Ebendeshalb wäre es sträflich, sich ohne Politikvorschläge der fatalistischen Sichtweise zu fügen, wonach «von der EG bestenfalls ein europäisches Haus in der Form zu erwarten (ist), daß es ein prächtiges, militärisch – auch atomar – gut bewachtes Herrenhaus (...) geben wird».[34] Keines der Extreme – westeuropäischer Isolationismus oder brachialer Oktroi des Frühkapitalismus – dürfte den Menschen in der Sowjetunion dienlich sein.

Im nächsten Winter stehen ähnliche Nahrungsmittelhilfen auf der Tagesordnung wie im vergangenen Jahr. Doch dies ändert nichts an den strukturellen Problemen. Die als vorrangig anzusehenden wirtschaftspolitischen Reformmaßnahmen sind der Abbau des reglementierenden Plansystems, die Schaffung autonomer Unternehmen durch entsprechende Gesetzgebung, die Preisreform, Haushaltssanierung, Subventionsabbau, die Schaffung eines neuen Steuer-, Geld- und Kreditsystems, die Vorbereitung sozialpolitischer Maßnahmen zur Absicherung des schrittweisen Übergangs zum Markt, die schrittweise Demonopolisierung als Voraussetzung der Privatisierung und eine Öffnung zum Weltmarkt.[35] Weit vor der Privatisierung steht für die Unternehmen die Gewinnung ökonomischer Eigeninitiative. Bedingung der Marktwirtschaft ist keineswegs die volle Privatisierung, sondern die Diversifizierung der Besitzverhältnisse. Die staatliche Wirtschaftspolitik wird das Budgetdefizit scharf reduzieren müssen, durch Einschnitte im Militär-Budget, durch Kürzungen bei den Subsidien.

Die westlichen Wirtschaftsbeziehungen werden dem Trend zur Dezentralisierung und Regionalisierung folgen müssen. Da eine zentrale Kreditgarantie nicht mehr gegeben werden kann, bleibt dazu keine Alternative. Will man die «Schuldenfalle» der lateinamerikanischen

Länder vermeiden, so müßten ausländische Kredite bzw. Investitionen eher in effektiven Betrieben angelegt werden.[36] Investitionen sollten dabei direkt in die Betriebe fließen, will man vermeiden, daß sie erneut in der Administration versanden.

Eine sofortige liberalistische Öffnung des Binnenmarktes würde hingegen einen Verdrängungswettbewerb ohne jede Chance zur eigenen Regeneration, eine «Peripherisierung» der sowjetischen Wirtschaft zur Folge haben. Umgekehrt sind vielmehr Maßnahmen zur Erschließung eines verbesserten Zugangs zu westlichen Märkten mit einfachen Gütern sinnvoll. Wirtschaftspolitisch heißt dies eine Mischung aus Öffnung und selektivem Schutz. Die Eingliederung in das Weltwirtschaftssystem wird sich allmählich vollziehen – in Abhängigkeit von der Leistungsfähigkeit. Die Bundesrepublik Deutschland könnte aufgrund ihrer Potenz und ihrer geographischen Nähe durchaus die Funktion eines Türöffners spielen.

Westliche Kredite, darin sind sich sowjetische Reformökonomen und westliche Wirtschaftsfachleute einig, sollten auf Prioritätsbereiche, die Hilfe zur Selbsthilfe ermöglichen, orientiert sein, also auf die Infrastruktur (Verkehr, Distributionssektor), die Kommunikation und die Ressourcen- und Energieversorgung, die vorläufig wichtigstes Exportgut bleibt.[37] Gerade auf diesen Sektoren ist ein umfangreicher Technologietransfer vonnöten.

Vor Illusionen bleibt jedoch zu warnen: Beim Verkauf von unrentablen staatlichen Betrieben werden sich in aller Regel weder inländische noch ausländische Käufer finden; der Westen wird nur die Filetstücke absahnen. Keine Treuhand-Gesellschaft kann Käufer finden, um das gesamte sowjetische Staatseigentum zu privatisieren. Attraktiver scheinen da Modelle der Aktienverteilung (wie dies Jeffrey Sachs in Polen vorgeschlagen hat) an die Beschäftigten und die Gründung von Aktiengesellschaften.[38]

Ungeachtet dessen werden Subventionen für die Aufrechterhaltung von nach westlichen Maßstäben unrentabler und nicht am Weltmarkt ausgerichteter Produktion nötig sein, so beispielsweise Überbrükkungskredite für die vernachlässigte Leicht- und Lebensmittelindustrie. Westliche Investitionen in nennenswerten Größenordnungen wird es allerdings nur geben, wenn der Rubel konvertierbar ist und die Gewinne ausgeführt werden können.[39] Ob Freihandelszonen den erwarteten Investitionseffekt nach sich ziehen bleibt abzuwarten. Auch die Rüstungskonversion verspricht keine schnelle Abhilfe. Sie ruft ungeahnte Umstellungs- und Modernisierungskosten hervor. Ein sowjetischer Ökonom, Alexej Kireev, meinte gar, daß weitere Vertragsabschlüsse bei der Abrüstung nur möglich seien, wenn der Westen die Kosten der Verschrottung von sowjetischen Waffen mit übernimmt.[40]

Die mangelnde Kommunikationsdichte und die Notwendigkeit praktischer Erfahrungen in der nach wie vor ideologisch begriffenen «Marktwirtschaft» müssen selbst dem Laien ins Auge fallen. Die berufliche Ausbildung, die Schaffung gemeinsamer Braintrusts (etwa eines deutsch-sowjetischen Instituts für Unternehmertum und Investitionen) und die Gründung von Instituten für Aus- und Fortbildung sind schnell realisierbar. Einige praktische Vorschläge liegen bereits auf dem Tisch: Die Gründung eines Koordinierungsinstituts für die mittelständische Wirtschaft, der Ausbau der Europäischen Bank für Wiederaufbau und Entwicklung zu einer Instanz, die ausländische Investoren und Unternehmen mit sowjetischen Partnern bei der Entwicklung von Projekten zusammenbringt.[41] Auch Städtepartnerschaften und Gewerkschaftsbeziehungen können bei diesem Know-how-Transfer wertvolle Dienste leisten.[42]

Institutionell ist vor allem die Einbeziehung Osteuropas in die EG zu befördern. Diese auch von Genscher vorgebrachte Forderung rennt offene Türen ein. Mit der Umsetzung aber hapert es. Gewiß sieht man in der Brüsseler EG-Bürokratie, daß in Osteuropa der Doppelprozeß der politischen Demokratisierung einerseits und der wirtschaftlichen Transformation hin zur Marktwirtschaft andererseits der Stützung bedarf. Es ist aber nicht sichtbar, daß westeuropäische Politiker und Experten auch entsprechende Schritte einleiten, um bei einem weiteren Zerfall der überkommenen östlichen Wirtschaftssymbiose, wenn etwa die Öl- und Gaslieferungen aus der heutigen Sowjetunion stocken, einzugreifen.

Der russische Außenminister, A. Kosirew, hat bereits – weit vorauspreschend – den längerfristigen Eintritt in die EG anvisiert.[43] Die Integration in den europäischen Wirtschaftsraum, d. h. in die Gruppe der EFTA-Staaten und in die EG, wird vorerst über die Anbindung an einzelne EG-Institutionen erfolgen. Ein unmittelbarer Eintritt hätte nur einen Verdrängungswettbewerb zur Folge. Die Konstituierung der Europäischen Bank für Wiederaufbau mit Beteiligung der nachsowjetischen Republiken würde indessen Mitsprache bei der Integration ermöglichen.

Nun sind die Westeuropäer weder die Lehrmeister noch die Zahlmeister ihrer osteuropäischen Zeitgenossen. So wichtig Nothilfe und humanitäres Engagement bleiben – die Beziehungen zwischen den beiden Hälften des Kontinents werden langfristig von wechselseitigen Interessen getragen. Und deren Bewertung legt ein eindeutiges Ergebnis nahe.

Als Gorbatschow sich im kleinsten Kreise im Juli 1990 entschloß, den Deutschen die Einheit und Souveränität mit dem Verzicht auf alle Siegerrechte ohne Wenn und Aber zuzugestehen, basierte dieser Schritt auf einer kühlen Abwägung.[44] Die alt-sowjetischen Positionen – militärische Präsenz in Deutschland, mit einer eigenen Zone, Vorenthaltung der Souveränität – hätten sich sicher noch eine Zeitlang halten lassen. Andererseits erschienen die Deutschen aufgrund ihres Wirtschaftspotentials als geeigneter Auslandspartner, um der Perestrojka auf die Sprünge zu helfen. Verbunden mit einem weitgehenden Angebot zur Vereinigung sollten die Deutschen begreifen, welche Chance ihnen eingeräumt wurde. Der deutsch-sowjetische Vertrag vom 13. September 1990, einen Tag nach dem Abschluß der 2 + 4-Verhandlungen über die Regelung der äußeren Aspekte der Vereinigung, spiegelt den Tatbestand, daß die Bundesregierung diesen Vorgang begriffen hatte. Ob sie ihrerseits dem sowjetischen Entgegenkommen politisch und sachlich eine substantielle Antwort zu geben vermag, bleibt derzeit offen. Fast erscheinen die Handlungsmöglichkeiten einer Regierung als zu eng, um all den Verpflichtungen nachzukommen, die die Bundesregierung vor Jahresfrist mit Blick auf das Einigungsziel einging.

Das deutsche Beispiel ist zu verallgemeinern. Zwar bleiben die Deutschen mit der Wiedervereinigung außerhalb der sowjetischen Grenzen die Hauptprofiteure der Politik Gorbatschows. Aber in einem vergleichbar befreienden Schritt hat sich Gorbatschow entschlossen, den anderen mit der UdSSR im Warschauer Pakt verbündeten Staaten das Recht auf den eigenen Weg zur Demokratie zuzugestehen und mit dem Abzug der sowjetischen Armee die Freiheit dieses Weges zu bestätigen. Eine Antwort des Westens auf diese Jahrhundertentscheidung sollte nicht nur mit Blick auf Deutschland, sondern womöglich vorrangig in Würdigung der politischen Neuentstehung des mittleren und südöstlichen Europa gebildet werden.

Ein gesamteuropäischer Austausch über politische und soziale Erfahrungen und Strukturen kann zum einen der platten Übernahme westlicher Politikrezepte entgegenwirken und zum anderen die wechselseitige Empathie fördern. Ein weites Feld bisher unterentwickelter nichtgouvernementaler Kontakte liegt im Bereich der Parteien, Gewerkschaften und sozialen Bewegungen. Dem Aufbau dieser vielfältigen nichtgouvernementalen Kontakte dürfte eine nicht unmaßgebliche Rolle bei der Stabilisierung des Demokratisierungsprozesses zukommen.

Die Umsetzung westlicher Verantwortung muß sich nicht lediglich in Finanz- und Güterströmen von Westeuropa Richtung Osten niederschlagen. Die Industrien Polens, der ČSFR und Ungarns könnten beim Aufbau in den nachsowjetischen Staaten eine wichtige Rolle spielen und nach dem Ableben des Rates für Gegenseitige Wirtschaftshilfe diesen Gesellschaften eine neue Funktion als Brücken zwischen West und Ost zuweisen – vorausgesetzt, es erfolgt eine angemessene Starthilfe, vor allem in der Finanzierung. Nicht daß der Weg von Moskau nach Brüssel zwangsweise über Warschau, Prag oder Budapest führt. Die Begünstigung der Neubildung regionaler Wirtschaftsräume im Osten wäre jedoch ein sinnvolles Mittel westlicher Politik.

Kann Westeuropa den Zerfall der Sowjetunion in selbständige Völkerrechtssubjekte und die Entstehung neuer Gesellschaftswesen und Ökonomien im Osten verdauen? Vermutlich nicht ohne eine grundlegende Reform der Europäischen Gemeinschaft selbst. Geschwindigkeit und Maß der Integration in die Gemeinschaft werden variieren. Gänzlich offen ist die Frage, wie mit den asiatischen Republiken der Sowjetunion verfahren werden soll. Doch zunächst geht es um Unterstützung bei der Integration von Subregionen (baltische Staaten, zentralasiatische Republiken, Rußland, Ukraine, Weißrußland), die mit den anderen osteuropäischen Staaten ein eigenes Gravitationszentrum neben Westeuropa bilden werden. Ohne die Perspektive der Integration in gesamteuropäische Institutionen ist der Pendelschlag in fremdenfeindliche Tendenzen und Minderheiten-Konflikte, in eine Militarisierung der neuen Staaten schwerlich verhinderbar. Eine Regression in nationalstaatliche Politik ist nicht auszuschließen. Doch wäre es letztlich zynisch, dem nicht die Potentiale europäisch-integrativer Politik entgegenzusetzen.

Anmerkungen

1 Jens Reich, «Eine Sternstunde der Geschichte», in: *Berliner Zeitung* vom 24.8.1991 (Hervorhebung im Original).
2 Interview in: *Die Zeit* vom 30.8.1991.
3 Interview in: *Die Tageszeitung* vom 22.8.1991.
4 So Sergej Karaganov (Stellvertretender Direktor des Europa-Instituts der sowjetischen Akademie der Wissenschaften), Questions Facing the Future of Europe, in: *International Affairs* (Moscow) 4/1991, S. 39–48, hier S. 45.
5 Barry Schneider, The First Nuclear Civil War?, in: *Defense & Diplomacy*, Juli/August 1991, S. 7–12.
6 Auf die Fragwürdigkeit des Stabilitätsargumentes beim Aufrechterhalten des Sowjetimperiums hat bereits vor dem Putsch Alexander J. Motyl, Empire or Stability? The Case for Soviet Dissolution, in: *World Policy Journal*, Summer 1991, S. 499–524, deutlich hingewiesen.
7 Hans-Hermann Höhmann, Christian Meier, Die Wirtschaft Osteuropas im Umbruch. Konsequenzen für die Ost-West-Beziehungen zeichnen sich ab, in: *Beiträge zur Konfliktforschung* 4/1990, S. 35–57, insbes. S. 38f.
8 Den Begriff, zu deutsch «Neubau», hat Axel Lebahn von der Deutschen Bank formuliert.
9 Den Gedanken äußerte bereits Valerij Chalidse, «Kto-to dolzen skazat gorkic slova», in: *Novoe vremja* 44/1990, S. 33.
10 Zum derzeitigen militärischen Status der Ukraine und den Plänen zum Aufbau einer ukrainischen Armee vgl. Valerij Semivolos, Sobstvennaja Armija dlja Ukrainy?, in: *Novoe vremja* 26/1991, S. 35.
11 Justas Paleckis, Abgeordneter im litauischen Parlament, in: *Die Tagszeitung* vom 28.8.1991.
12 Gerhard Simon, Die Nationalbewegungen und das Ende des Sowjetsystems, in: *Osteuropa* 8/1991, S. 774–790.
13 Vgl. Juri Glybowski, Jörg Winkel, Rückwärts marsch! Zum Konservatismusphänomen in der UdSSR, in: *Osteuropa* 8/1991, S. 797ff.
14 Alexander Solschenizyn, Rußlands Weg aus der Krise. Ein Manifest, München 1990.
15 Interview mit Vladimir Lukin und Vladimir Razubavc, Rossijskie aksiomy, in: *Novoe vremja* 2/1991, S. 24f.
16 Zur Außenpolitik des neuen russischen Patriotismus vgl. Nicolai N. Petro, New Political Thinking and Russian Patriotism: The Dichotomy of Perestrojka, in: *Comparative Strategy* vol. 9, 4/1990, S. 335–370, insbes. S. 360ff.
17 Das ängstliche Festhalten an der Zentralmacht, wie es noch den Aufsatz von Graham Allison, Robert Blackwill (America's Stake in the Soviet Future, in: *Foreign Affairs*, vol. 70 (No. 3), Summer 1991, S. 77–97 durchzieht, dürfte nun von den Ereignissen überholt sein.
18 Andreas Zumach, «Klammheimliche NATO-Freude», in: *Die Tageszeitung* vom 21.8.1991.
19 Dietmar Scher, «Wende in Moskau zwingt NATO zur Bestandsaufnahme», in: *Berliner Zeitung* vom 27.8.1991.
20 Londoner Erklärung vom 6.7.1991, in: *Blätter für deutsche und internationale*

Politik, 8/1991, S. 1015f; vgl. auch General Dieter Claus, Stellvertretender Oberbefehlshaber Europas, Bausteine der NATO-Strategie des beschützten Friedens in Europa, in: *Europäische Sicherheit* 6/1991, S. 319–326.

21 Curt Gasteyger, The Remaking of Eastern Europe's Security, in: *Survival*, März/April 1991, S. 111–124.

22 Andrew Pierre, «Die US-Politik hat sich angepaßt», in: *Die Tageszeitung* vom 23.8.1991.

23 Heinz Timmermann, Öffnung nach Westen. Schwerpunkte sowjetischer Europa-Politik, in: *Osteuropa*, 8/1991, S. 735–750.

24 Die EATO-Idee entwickelte Walther Stützle, in: ders., West und Ost in einem Bündnis, in: *Die Zeit* vom 25.5.1990; Dieter Senghaas übernimmt die Idee in: ders., Europa, quo vadis? Neue Aufgaben für eine Politik der Friedensgestaltung, Stiftung, Wissenschaft und Politik, Arbeitspapier 2679, Jan. 1991, S. 29.

25 Vgl. Georgia Tornow, in: *Die Tageszeitung* vom 21.8.1991.

26 Ebd.

27 Vgl. Pariser Charta für ein neues Europa, z. B. in: *Frankfurter Rundschau* vom 22.11.1990.

28 Peter Glotz, Neue Freiheit – alter Hader. Der Nationalitätenstreit in Osteuropa verlangt eine andere Sicherheitspolitik, in: *Die Zeit* vom 24.8.1990.

29 Vgl. Günter Pollach, Zwischen NATO, WEU und KSZE, in: *Blätter für deutsche und internationale Politik*, 7/1991, S. 832–842, insbes. S. 839ff.

30 Vgl. dazu Mária Huber, Christian Schmidt-Häuser, Mit Geld allein ist es nicht getan. Wie der Westen in der Sowjetunion helfen kann, in: *Die Zeit* vom 31.5.1991.

31 Nikolaus Piper, Auf Messers Schneide, Rezession und Arbeitslosigkeit setzen die Reformer unter Druck, in: *Die Zeit* vom 22.2.1991.

32 *Frankfurter Allgemeine Zeitung* vom 23.7.1991.

33 John Kenneth Galbraith, Ein Rezept namens Kapitalismus, in: *Die Zeit* vom 26.10.1990.

34 Zitat aus Karlheinz Koppe, Europas neue Grenzen, in: *Blätter für deutsche und internationale Politik*, 5/1991, S. 582.

35 Höhmann, Meier, a. a. O., S. 42.

36 Leonid Arzishevskij, Vneshnie resursy, in: *Novoe vremja* 37/1991, S. 24f.

37 Die Prioritätensetzung auf diese Bereiche als Voraussetzung für Investitionen und Joint-venture kam deutlich bei dem deutsch-sowjetischen Colloquium (92. Bergedorfer Gesprächskreis am 27./28.4.1991) von Wirtschaftsfachleuten zum Thema Perestrojka: Kontinuität, Ende oder Wende? (Protokoll Nr. 92, Hamburg 1991, Körber-Stiftung) zum Ausdruck.

38 Zum russischen Privatisierungsprogramm vgl. Michail Dmitrievich Malej, Kazdyj grazdannin Rossii skoro poluchit akzii no mnogie pri pervoj ze vozmoznosti postarajutsa ot nich izbavitsa, in: *Novoe vremja*, 28/1991, S. 9–11; ähnliche Programme gibt es in Armenien, den Baltenrepubliken, Weißrußland und Kasachstan.

39 Vorschläge von Ivan Silaev (Ministerpräsident Rußlands, jetzt zugleich Vorsitzender des sowjetischen Wirtschaftskomitees), Rossija v mirovoj ekonomike, in: *Novoe vremja*, 18/1991, S. 11.

40 So auf dem Berliner Symposium der Berghof-Stiftung über Rüstungskonversion in der Sowjetunion am 11./12.4.1991.

41 Thomas Hanke, Visionen auf Kredit, in: *Die Zeit* vom 19.4.1991.

42 Huber, Schmidt-Häuer, Mit Geld allein..., a.a.O., *Die Zeit* vom 31.5.1991.

43 *Novoe vremja*, 43/1990, S. 6ff und *Novoe vremja*, 45/1990, S. 24f.

44 Genauer dazu: U. Albrecht, Die Abwicklung der DDR. Die Regelung der internationalen Aspekte, Opladen 1991 (i. E.)

Hartwig Bögeholz

Vom Beginn der Perestrojka bis zum Ende der Sowjetunion – eine Chronik

11. März 1985: Nachdem die KPdSU mit dem tags zuvor verstorbenen Konstantin Tschernenko nunmehr den dritten Generalsekretär in Folge durch Alterstod verloren hat, entsendet das ZK einmütig sein jüngstes Mitglied in dieses Amt: den 54jährigen Michail Sergejewitsch Gorbatschow. Vom Politbüro wird Gorbatschow mit nur einer Stimme Mehrheit nominiert.

8. April 1985: Gorbatschow gibt ein Moratorium für die Aufstellung von Mittelstreckenraketen im europäischen Teil der UdSSR bekannt.

12. April 1985: Auf Beschluß des Politbüros wird Boris Jelzin, bisher Erster Sekretär des Gebietskomitees Swerdlowsk im Ural, Leiter der Abteilung Bauwesen im ZK der KPdSU. Nur zwei Monate später wählt ihn das ZK-Plenum zum ZK-Sekretär für das Bauwesen.

23. April 1985: Das Politbüro wird um drei Mitglieder auf dreizehn vergrößert. Bei den Zugängen handelt es sich um Viktor Tschebrikow, einen der Leiter des KGB, Jegor Ligatschow, den Leiter des Parteiapparates, sowie Nikolai Ryschkow, einen Ingenieur und Wirtschaftsfunktionär.

2. Juli 1985: Der Oberste Sowjet der UdSSR schiebt den dienstältesten Außenminister der Welt, Andrej Gromyko, auf den einflußlosen Posten des nominellen sowjetischen Staatsoberhauptes ab. Neuer Außenminister wird der Chef der KP Georgiens, Eduard Schewardnadse.

6. August 1985: Am vierzigsten Jahrestag des Atombombenabwurfes auf Hiroshima erklärt die UdSSR einseitig den Verzicht auf Atomwaffenversuche.

27. September 1985: Nikolai Ryschkow löst den achtzigjährigen Nikolai Tichonow im Amt des Ministerpräsidenten ab.

27. Oktober 1985: Das ZK der KPdSU billigt den Entwurf für ein neues Parteiprogramm sowie veränderte Statuten. Von zahlreichen Grundsätzen der bisherigen Weltmachtpolitik wird Abschied genommen. So wird angekündigt, «nicht nach militärischer Überlegenheit zu streben». Die Wirtschaft soll «zur vollkommensten und leistungsfähigsten in der Welt» aufblühen.

19. und 20. November 1985: In Genf treffen Michail Gorbatschow und US-Präsident Ronald Reagan zusammen. Gorbatschow will alles unternehmen, um die USA vom SDI-Projekt abzubringen, doch Reagan hält an diesem Vorhaben fest, auch wenn er zusagt, «nicht die militärische Überlegenheit zu suchen». Beide Seiten kommen überein, keine Kriege, vor allem keine nuklearen Kriege gegeneinander zu führen.

24. Dezember 1985: Auf Beschluß des Politbüros der KPdSU löst Boris Jelzin den Parteichef von Moskau, Viktor Grischin, ab.

25. Februar bis 6. März 1986: Der 27. Parteitag der KPdSU bleibt noch weitgehend den alten Vorstellungen verhaftet, obgleich er das neue Parteiprogramm und die bisherigen Umbesetzungen billigt. Gorbatschow spricht erstmals von «Glasnost» (vom altrussischen Glas – die Stimme) und fordert «wirklich revolutionäre Veränderungen in der Wirtschaft». Ligatschow dagegen schließt «Abweichungen in Richtung Marktwirtschaft und privatem Unternehmertum» kategorisch aus.

18. April 1986: Beim 11. Parteitag der SED in Ostberlin schlägt Gorbatschow die Reduzierung aller konventionellen Streitkräfte vom Atlantik bis zum Ural vor.

26. April 1986: Im Atomkraftwerk Tschernobyl kommt es zur Katastrophe.

10. bis 12. Oktober 1986: In der isländischen Hauptstadt Reykjavik treffen Michail Gorbatschow und US-Präsident Ronald Reagan zusammen. Sie gehen ohne konkrete Einigung auseinander, aber Gorbatschow stellt eine deutliche sowjetische Abrüstung bei einem amerikanischen Verzicht auf SDI in Aussicht.

16. Oktober 1986: In einem Interview mit «Newsweek» vergleicht Bundeskanzler Helmut Kohl Michail Gorbatschow seiner propagandistischen Fähigkeiten wegen mit Joseph Goebbels. Aus Verärgerung sagt die UdSSR eine Reihe von Besuchen und Gesprächen ab.

9. Dezember 1986: In der Lagerhaft stirbt Anatoli Martschenko, bekannter Regimegegner und Mitglied der (aufgelösten) Helsinkigruppe an den Folgen eines Hungerstreiks.

17. und 18. Dezember 1986: Nach der Ablösung des zwar in Amtsmißbrauch und Korruption verwickelten, aber populären kasachischen KP-Chefs Dinmuchamed Kunajew durch den Russen Gennadi Kolbin kommt es in Alma Ata zu nationalistischen Unruhen, die mehrere Todesopfer fordern.

23. Dezember 1986: Nach siebenjähriger Verbannung in die für Ausländer gesperrte Stadt Gorki kehrt Andrej Sacharow mit seiner Frau Jelena Bonner nach Moskau zurück. Er darf nun wieder wissenschaftlich arbeiten. Gorbatschow verfügte wenige Tage zuvor die Freilassung.

25. Dezember 1986: Das Politbüro verabschiedet Regelungen, die die Möglichkeit zur Bildung von Joint-ventures schaffen.

19. Januar 1987: In der Zeitschrift «Moscow News» (Moskowkije Novosti) wird Lenins Testament von 1923 veröffentlicht, das eine Warnung vor Stalin enthält: Dieser habe «unermeßliche Macht in seinen Händen konzentriert».

27. und 28. Januar 1987: Vor dem von Gorbatschow statutenwidrig dreimal verschobenen Plenum des ZK der KPdSU brandmarkt er die Fehler der Vergangenheit. «Maßnahmen revolutionären Charakters» seien geboten, so «Demokratie in der Produktion» und Veränderungen des Wahlsystems. Parteifunktionäre sollten künftig geheim und aus einem Kreis von mehreren Kandidaten, in staatliche Führungspositionen auch Parteilose gewählt werden. Gorbatschows Quintessenz: «Wir brauchen die Demokratie wie die Luft zum Atmen.» Allerdings bleiben die vom ZK gefaßten Beschlüsse trotz einer Rücktrittsandeutung Gorbatschows deutlich hinter diesen Forderungen Gorbatschows zurück. Als einziger der elf ZK-Sekretäre geht der Konservative Michail Simjanin, an seine Stelle rückt Anatoli Lukjanow.

14. bis 16. Februar 1987: In Moskau tagt das internationale und pluralistisch zusammengesetzte Friedensforum «Für eine atomwaffenfreie Welt, für das Überleben der Menschheit». Andrej Sacharow betont den engen Zusammenhang von Abrüstung und Einhaltung der Menschenrechte, Gorbatschow bezeichnet die Doktrin der atomaren Abschreckung als «haltlos» und kündigt eine «neue Haltung» zu den Menschenrechten an.

1. März 1987: Gorbatschow trennt die Frage der Mittelstreckenraketen vom SDI-Projekt, diese Verknüpfung blockierte bisher Fortschritte bei den Verhandlungen. Nun soll rasch ein Abkommen unterzeichnet werden, das die Beseitigung der Mittelstreckenraketen größerer Reichweite in Europa regeln soll. Wenige Wochen später stellt er auch Abrüstungsschritte bei Mittelstreckenraketen mittlerer Reichweite und konventioneller Rüstung in Aussicht.

28. Mai 1987: Auf dem Roten Platz landet Mathias Rust, der mit seinem Sportflugzeug ungehindert von Helsinki nach Moskau fliegen konnte. Zwei Tage später rollen Köpfe: Hohe Militärs und Verteidigungsminister Sergej Sokolow verlieren ihre Ämter. Neuer Verteidigungsminister wird der Armeegeneral Dmitrij Jasow, seit Anfang des Jahres einer der Stellvertreter Sokolows.

14. Juni 1987: Am Freiheitsdenkmal im lettischen Riga findet die erste unabhängige politische Demonstration zum Gedenken an die Massendeportationen vom 14. Juni 1941 statt. Von den damals 15000 nach Sibirien verbannten Letten kamen 90 Prozent ums Leben (es wurden auch 10000 Esten und 34000 Litauer deportiert).

15. Juni 1987: Andrej Sacharow appelliert an Gorbatschow, alle politischen Gefangenen freizulassen. Es wird eine Amnestie verkündet, die auch für bestimmte politische Delikte gelten soll.

21. Juni 1987: Erstmals stellen sich bei Kommunalwahlen mehrere Kandidaten zur Wahl, wenn auch nur in einigen Stimmbezirken.

25. und 26. Juni 1987: Das ZK berät und verabschiedet das von Gorbatschow initiierte Dokument «Aufgaben der Partei für die grundlegende Umgestaltung der Wirtschaftsführung».

6. Juli 1987: Auf dem Roten Platz beginnen Demonstrationen der Krimtataren, die unter Stalin deportiert wurden und nun ihre Rückkehr auf die Krim und die Errichtung einer «Autonomen Tatarischen Republik» fordern.

22. Juli 1987: Gorbatschow bietet eine weltweite Null-Lösung bei atomar bestückten Kurz- und Mittelstreckenraketen an.

23. August 1987: Erstmals demonstrieren etwa 12000 Menschen in Estland, Litauen und Lettland gegen den Hitler-Stalin-Pakt, dessen Unterzeichnung sich an diesem Tag zum 48. Mal jährt, und die Einverleibung ihrer Länder durch die UdSSR.

1. Oktober 1987: In Murmansk schlägt Gorbatschow die Schaffung einer atomwaffenfreien Zone in Nordeuropa unter Einschluß sowjetischen Territoriums sowie die Begrenzung der Kriegsmarine vor.

11. November 1987: Boris Jelzin verliert, nach eigener Darstellung wegen seiner heftigen Kritik am Parteiapparat und auf direktes Betreiben von Michail Gorbatschow, sein Amt als Moskauer Parteichef. Wenig später verschafft Gorbatschow Jelzin das Amt des Ersten Stellvertreters (mit Ministerrang) des Vorsitzenden der Staatlichen Baubehörde.

7. bis 10. Dezember 1987: Michail Gorbatschow und US-Präsident Ronald Reagan kommen in Washington zu ihrem dritten Gipfeltreffen zusammen. Dabei unterzeichnen sie den INF-Vertrag, der die weltweite Beseitigung landgestützter Mittelstreckenraketen mittlerer und kürzerer Reichweite vorsieht.

1. Januar 1988: Das «Gesetz über die Staatsbetriebe» tritt in Kraft. Es sieht eine deutlich größere Selbständigkeit der Betriebe vor, räumt den Direktoren mehr Entscheidungsbefugnisse ein, beläßt erwirtschaftete Gewinne zum Teil im Unternehmen und ermöglicht die Wahl von Betriebsleitern und Meistern durch die Arbeiter. Allerdings sind die meisten der Regelungen als Kann-Bestimmungen formuliert. Der Reformökonom Gawrijl Popow kritisiert die zahlreichen Auflagen.

9. Februar 1988: Das Militärkollegium des Obersten Gerichtshofes rehabilitiert offiziell Nikolaj Bucharin und Alexander Rykow. Im Juni werden auch Lew Kamenew, Gregorij Sonowjew und Karl Radek rehabilitiert.

11. Februar 1988: In Berg-Karabach, der armenischen Enklave in Aserbaidschan, entbrennen schwere Unruhen. Dort wird ein Ende der Benachteiligung und Unterdrückung sowie der Anschluß der Enklave an Armenien gefordert. Trotz zahlreicher Interventionen aus Moskau sind die lokalen und regionalen Autoritäten nicht mehr Herr der Lage. Erst im Juni lassen die bürgerkriegsähnlichen Unruhen nach.

14. April 1988: In Genf wird das Abkommen über Afghanistan unterzeichnet, das auch den Rückzug der sowjetischen Truppen regelt.

7. bis 9. Mai 1988: Etwa siebzig Menschen gründen die «Demokratische Union», die ein breites politisches Spektrum vereinigen soll. Sechzig der Teilnehmer werden festgenommen.

23. Mai 1988: Das ZK verabschiedet zehn vom Politbüro vorgelegte Thesen über die Demokratisierung, die von der kommenden 19. Parteikonferenz verabschiedet werden sollen. Alle Parteigremien sollen durch geheime Wahl unter mehreren Kandidaten besetzt werden, alle Amtsperioden werden auf fünf Jahre und das Wahlamt auf zwei Amtsperioden begrenzt, die örtlichen und regionalen Sowjets sollen ihre «wirkliche Regierungsmacht» zurückerhalten, die Ämterhäufung soll verhindert werden, die Richter sollen die Unabhängigkeit erhalten. Die UdSSR soll ein «sozialistischer Rechtsstaat» werden. Erstmals wird ein derartiges Dokument zur breiten öffentlichen Diskussion gestellt.

26. Mai 1988: Mit der Verabschiedung eines Gesetzes über das Genossenschaftswesen erleichtert der Oberste Sowjet die Gründung von kollektiven Privatbetrieben und stellt diese den staatlichen Betrieben gleich. Damit ist das Eigentumsmonopol des Staates erstmals durchbrochen.

28. Mai 1988: Auf einer Sondersitzung ratifiziert der Oberste Sowjet der UdSSR den INF-Vertrag, dessen Ratifikationsurkunden im Verlauf des am folgenden Tag beginnenden Gipfeltreffens ausgetauscht werden.

29. Mai bis 2. Juni 1988: Beim vierten Gipfeltreffen erörtern Michail Gorbatschow und US-Präsident Ronald Reagan in Moskau den Stand der START-Abrüstungsverhandlungen, regionale Konflikte sowie humanitäre und Menschenrechtsfragen. Reagan trifft auch mit Dissidenten und Ausreisewilligen zusammen.

5. bis 19. Juni 1988: Nachdem Gorbatschow dem Patriarchen Pimen vor einigen

Wochen zusicherte, die Perestrojka gelte auch für die Kirche, können die großen Feiern zum 1000. Jahrestag der Christianisierung Rußlands unbehelligt und in aller Öffentlichkeit stattfinden.

9. Juni 1988: Eine nach den Demonstrationen des letzten Jahres eingesetzte Kommission beschließt, den Forderungen der Krimtataren weitgehend zu entsprechen. Sie dürfen auf die Krim zurückkehren, ihre Sprache und Kultur werden gefördert. Allerdings erhalten sie keine autonome Republik.

28. Juni bis 1. Juli 1988: 4991 Delegierte kommen zur nach 47 Jahren wieder stattfindenden (19.) Parteikonferenz der KPdSU zusammen, in deren Mittelpunkt nach Gorbatschow «die Demokratisierung der Gesellschaft und die radikale Reform des politischen Systems» stehen. Auf der Grundlage der Trennung von Partei und Staat werden freie Wahlen für einen Kongreß der Volksdeputierten gefordert, der eine Umstrukturierung der Staatsorgane vornehmen soll. Eine bittere Bilanz zieht Boris Jelzin vor den Delegierten: «Nach drei Jahren der Perestrojka konnten keine spürbaren, realen Probleme der Menschen gelöst werden.»

4. Juli 1988: In Armenien brechen erneut schwere Unruhen aus, die sich am Schicksal von Berg-Karabach entzünden. Abermals fordern die Konflikte zwischen Armeniern und Aserbaidschanern Todesopfer. Der von Berg-Karabach beschlossene Anschluß an Armenien wird vom Präsidium des Obersten Sowjets der UdSSR am 18. Juli aufgehoben.

23. August 1988: Nachdem das geheime Zusatzprotokoll zum Hitler-Stalin-Pakt, das die baltischen Staaten der sowjetischen Sphäre zuordnete, erstmals von baltischen Medien veröffentlicht wurde, demonstrieren am 49. Jahrestag dieses Paktes Hunderttausende in Estland, Lettland und Litauen.

2. September 1988: Die offizielle Nachrichtenagentur «Tass» meldet, etwa zehntausend bisher verbotene Publikationen, darunter auch die Werke Leo Trotzkijs, würden wieder in öffentlichen Bibliotheken zu finden sein.

11. September 1988: Estland erklärt die estnische Sprache zur Amtssprache. Lettland und Litauen erheben ihre Sprachen am 6. und 7. Oktober zu Amtssprachen. Im folgenden Winter stufen alle baltischen Republiken ihre Sprachen gegen den Widerstand der russischen Bevölkerungsteile zu Staatssprachen ein.

30. September 1988: Das kurzfristig von Gorbatschow einberufene ZK der KPdSU beschließt handstreichartig weitreichende personelle Umbesetzungen in allen Führungsorganen, durch die zahlreiche Widersacher der Perestrojka ausgebootet werden. Allen voran wird Gorbatschows konservativer Gegenspieler Jegor Ligatschow aus dem Politbüro entfernt und auf den ZK-Posten abgeschoben, der für die notleidende Landwirtschaft zuständig ist. Zudem wird der bisher von Ligatschow geleitete ZK-Apparat umstrukturiert. Auch Andrej Gromyko scheidet aus dem Politbüro aus; am 1. Oktober räumt er auch das Amt des (bislang einflußlosen) Staatspräsidenten der UdSSR für Michail Gorbatschow. Neuer KGB-Chef wird der bisherige Vize Wladimir Krjutschkow. Der bisherige Innenminister Wladimir Wlassow wird neuer Ministerpräsident Rußlands, ihm folgt Wadim Bakatin.

Oktober 1988: In den baltischen Republiken konstituieren sich nationale Volksfronten. Am 1. und 2. die estnische «Rahvarinne», deren Gründung im September auf einer Kundgebung 300000 Menschen forderten. Am 9. folgt die lettische «Latvijas Tautas Fronte», am 22. und 23. schließlich die litauische «Sajudis».

Alle Organisationen erheben die Forderung nach weitgehender Souveränität innerhalb der Sowjetunion.

20. Oktober 1988: Andrej Sacharow wird in das Präsidium der Akademie der Wissenschaften gewählt.

24. bis 28. Oktober 1988: Bundeskanzler Helmut Kohl trifft in Moskau Michail Gorbatschow. In die unterzeichneten Abkommen wird Berlin (West) ausdrücklich einbezogen – bisher stets ein Streitpunkt.

12. November 1988: In Tiflis demonstrieren Hunderttausende Georgier gegen die «Russifizierung» und für die Unabhängigkeit ihres Landes.

16. November 1988: Der Oberste Sowjet Estlands stellt auf der Grundlage der sowjetischen Verfassung estnisches über sowjetisches Recht und beendet die automatische Übernahme sowjetischer Gesetze. Außerdem wird die estnische Verfassung geändert. Nun darf allein Estland über seine Ressouren verfügen, außerdem wird das Privateigentum wieder zugelassen. Vom Obersten Sowjet der UdSSR werden diese Beschlüsse als verfassungswidrig erklärt. Gorbatschow bezeichnet sie als verantwortungsloses «Abenteurertum».

22. November 1988: Abermals flammen die Auseinandersetzungen zwischen Armeniern und Aserbaidschanern um Berg-Karbach auf. Sie greifen auch auf Nachitschewan über, eine aserbaidschanische Enklave in Armenien. Nach wenigen Tagen erreichen die Unruhen bürgerkriegsähnliche Ausmaße.

1. Dezember 1988: Der Oberste Sowjet der UdSSR nimmt eine neue Verfassung und ein neues Wahlgesetz an. Danach wird ein zu einem Drittel vom Volk gewählter Kongreß der Volksdeputierten mit 2250 Mitgliedern geschaffen, der aus seinem Kreis das eigentliche Parlament, den neuen Obersten Sowjet mit 422 Mitgliedern, wählen wird. An der Spitze des Staates wird der neue Vorsitzende des Obersten Sowjets stehen. Bei den Wahlen müssen jeweils mehrere Kandidaten zur Auswahl stehen.

7. Dezember 1988: In seinem bisher wichtigsten Auftritt vor der Weltöffentlichkeit kündigt Michail Gorbatschow vor der UN-Generalversammlung in New York an, was niemand erwartet: Erstmals will eine Militärmacht ohne vertragliche Grundlage und ohne jegliche Vorleistung deutlich abrüsten. Die UdSSR wird bis 1991 eine halbe Million Soldaten demobilisieren, 10000 Panzer, 8500 Geschütze und 800 Flugzeuge werden ausgemustert. Davon werden aus den Ländern Osteuropas 50000 Mann und 5000 Panzer abgezogen, die dortigen sowjetischen Truppen werden «reorganisiert» und dann «eindeutig defensiv sein».

Gorbatschow bricht seine Reise in die USA ab, da in Armenien ein Erdbeben katastrophale Zerstörungen verursacht. Etwa 25000 Menschen kommen ums Leben, zahlreiche Orte werden völlig zerstört.

15. Dezember 1988: Michail Moissejew wird neuer Generalstabschef der Streitkräfte und Erster Stellvertreter des Verteidigungsministers der UdSSR. Er löst Marschall Sergej Achromejew ab, der vor kurzem offenbar wegen der Abrüstungspläne zurücktrat.

30. Dezember 1988: Wegen Bestechlichkeit und Amtsmißbrauch wird Jurij Tschurbanow, Schwiegersohn des früheren Generalsekretärs Breschnew und unter diesem stellvertretender Innenminister, zu 12 Jahren Haft verurteilt.

12. Januar 1989: Nach erneuten Unruhen in Berg-Karabach, die abermals Dutzende von Toten fordern, wird die Region direkt der Führung der UdSSR unterstellt. Die Amtsgeschäfte übernimmt wenig später ein Sonderverwaltungskomitee.

5. Februar 1989: Der Historiker Roy Medwedew veröffentlicht erstmals Zahlen über die Opfer der Stalin-Zeit: Etwa 40 Millionen Menschen hätten unter Repressionsmaßnahmen zu leiden gehabt, davon seien 11 Millionen umgebracht worden.

15. Februar 1989: Die UdSSR beendet den Abzug ihrer Truppen aus Afghanistan, 13000 Gefallene sind zu beklagen.

21. Februar 1989: In Weißrußland (Belorußland) gründet sich die Bewegung «Wosroschdenje» (Wiedergeburt), die ein höheres Maß an Selbständigkeit fordert.

25. Februar 1989: In Duschanbe, der Hauptstadt Tadschikistans, kommt es zu nationalistischen Unruhen.

12. März 1989: In Kischinew, der Hauptstadt Moldawiens, halten die großen Demonstrationen für eine Sprachreform an. Es kommt zu Unruhen, die viele Verletzte fordern.

14. März 1989: Der Oberste Sowjet der UdSSR legt einen Plan vor, der den Republiken mehr Rechte als bisher zugesteht. Bei der Zentralregierung sollen die Kontrolle über Preise, Verteidigungsfragen, das nationale Verkehrsnetz, Energie, Maschinenbau sowie die chemische und pharmazeutische Industrie verbleiben.

15. und 16. März 1989: Angesichts unleugbarer Mißstände beschließt das ZK der KPdSU eine «Reform der Landwirtschaft» und die «Auflösung der zentralen Agrarbehörde». Gegen den Widerstand von Ligatschow wird festgelegt, daß den Bauern Staatsland in Pacht gegeben werden soll.

26. März 1989: Die Wahlen der Abgeordneten zum Kongreß der Volksdeputierten der UdSSR beginnen. Erstmals stehen mehrere Kandidaten für jedes Mandat zur Wahl, dennoch kritisieren viele Demokraten die Wahlen als nicht demokratisch genug. Boris Jelzin erhält im Moskauer Wahlkreis 1 knapp 90 Prozent der Stimmen. In den baltischen Republiken werden überwiegend die Kandidaten der Volksfronten gewählt.

30. März 1989: Sowjetische Betriebe können nun selbständig Außenhandelsgeschäfte tätigen, sofern sie sich beim Ministerium für Außenhandel registrieren lassen.

31. März 1989: In Moskau findet der Gründungskongreß der «Allunionsgesellschaft der sowjetdeutschen Wiedergeburt» statt. Die Vertreter der sowjetischen Staatsbürger deutscher Nationalität fordern die Wiederherstellung ihrer Autonomie in ihrem ursprünglichen Siedlungsgebiet.

8. und 9. April 1989: In Georgiens Hauptstadt Tiflis erreichen die nationalistischen Demonstrationen einen Höhepunkt. Beim brutalen Vorgehen sowjetischer Truppen, die sogar Giftgas einsetzen, kommen 16 Menschen ums Leben, Tausende werden verletzt. In den nächsten Tagen kommt es zu Umbesetzungen an der Führungsspitze der KP Georgiens.

15. bis 18. Mai 1989: Michail Gorbatschow besucht China, wo er in Peking des studentischen Hungerstreiks und einer Millionendemonstration für mehr Demokratie ansichtig wird.

18. Mai 1989: Litauen erklärt seine Souveränität auf der Grundlage der sowjetischen Verfassung. Estland und Lettland verabschieden Gesetze über die wirtschaftliche Selbständigkeit ihrer Republiken.

25. bis 30. Mai 1989: Der Kongreß der Volksdeputierten wählt Michail Gorbatschow zum neuen Staatspräsidenten mit weitgehenden Machtbefugnissen («Vorsitzender des Obersten Sowjets») und Anatoli Lukjanow zu seinem Stellvertreter. Bei den Wahlen der 542 Mitglieder für die beiden Kammern des Obersten Sowjet der UdSSR fällt Boris Jelzin durch, rückt aber durch Verzicht des sibirischen Abgeordneten Alexej Kasannik nach. In einer Grundsatzrede fordert Michail Gorbatschow eine Kürzung der Militärausgaben und eine Verringerung des Verwaltungsapparates, um Mittel für die dringend erforderliche Verbesserung der wirtschaftlichen Situation zu erhalten. Angesichts der Machtfülle Gorbatschows befürchtet Jelzin, «wir könnten uns wieder einmal unter einem totalitären Regime, unter einer Diktatur, wiederfinden».

3. Juni 1989: Im usbekischen Fergana-Tal beginnen schwere Ausschreitungen von Usbeken gegen die Mescheten, eine 1944 aus Georgien deportierte türkischstämmige Minderheit. Über hundert Menschen werden getötet, mehr als tausend Häuser niedergebrannt. In den nächsten Wochen müssen 15000 Mescheten über eine Luftbrücke evakuiert werden.

7. Juni 1989: Mit wenigen Gegenstimmen und Enthaltungen wird Nikolai Ryschkow vom Obersten Sowjet der UdSSR zum neuen Ministerpräsidenten gewählt.

12. bis 15. Juni 1989: Bei seinem Besuch in der Bundesrepublik Deutschland ruft Gorbatschow das «Ende des Kalten Krieges» aus und verpflichtet sich erstmals gegenüber einem kapitalistischen Land auf die Achtung der Menschenrechte und die Ächtung des Krieges als Mittel der Politik.

17. Juni 1989: Auch in Kasachstan beginnen Unruhen, die Todesopfer fordern. Mehrere hundert armenische, aserbaidschanische und georgische Bewohner des transkaukasischen Nowy Usen müssen evakuiert werden. Sie werden von den Kasachen für die schlechte wirtschaftliche Lage der Gegend verantwortlich gemacht.

10. bis 27. Juli 1989: In den großen Kohlerevieren Kusbass und Donbass sowie in anderen Regionen treten Hunderttausende Bergarbeiter in den Streik; dies ist der größte Arbeiterprotest seit 1921. Sie fordern höhere Löhne, bessere Arbeitsbedingungen und ausreichende Versorgung. Erst nachdem Ministerpräsident Ryschkow umfassende Zusagen macht, nehmen die Kumpel ihre Arbeit wieder auf.

24. Juli 1989: In Tadschikistan wird Tadschikisch zur Amtssprache, Russisch zur Verkehrssprache erklärt.

25. Juli 1989: Mit Einverständnis der UdSSR ernennt Papst Johannes Paul II. seit 63 Jahren erstmals wieder einen Bischof von Minsk.

27. Juli 1989: Der Oberste Sowjet der UdSSR gewährt Estland, Litauen und Lettland zum 1. Januar 1990 wirtschaftliche Unabhängigkeit.

28. Juli 1989: Lettland erklärt seine Souveränität.

29. und 30. Juli 1989: Etwa 400 Abgeordnete des Kongresses der Volksdeputierten der UdSSR schließen sich in Moskau um Boris Jelzin und Juri Afanasjew zur «Interregionalen Deputiertengruppe» zusammen, um eine «Beschleunigung der Perestrojka» zu bewirken.

12. August 1989: In Baku, der Hauptstadt Aserbaidschans, demonstrieren Zigtausende für mehr Unabhängigkeit. Wenige Tage später treten hunderttausend Arbeiter in einen Warnstreik.

23. August 1989: Mehr als eine Million Menschen bildet eine 600 Kilometer lange Menschenkette durch die baltischen Republiken von Tallinn über Riga bis nach Vilnius. Unter dem Motto «Der baltische Weg» fordern sie am 50. Jahrestag der Unterzeichnung des Hitler-Stalin-Paktes die Beseitigung seiner Folgen.

27. August 1989: In Moldawien demonstrieren Hunderttausende. Wenige Tage später beschließt der Oberste Sowjet, das lateinische Alphabet wieder einzuführen, Moldauisch zur Amtssprache und Russisch nur zur Verkehrssprache zu erklären.

10. September 1989: In Kiew wird die ukrainische Volksbewegung RUCH gegründet, die für eine weitgehende Souveränität der Ukraine eintritt.

19. und 20. September 1989: Das ZK der KPdSU tagt in Moskau zu Nationalitätenfragen. Versuche der Loslösung von der UdSSR werden als «fruchtlos und verurteilungswürdig» bezeichnet, auch würden die Verwaltungsgrenzen innerhalb der UdSSR nicht verändert. Des weiteren nimmt das ZK Umbesetzungen vor. Als letztes verbliebenes Mitglied des Breschnew-Politbüros wird der ukrainische Parteichef Wladimir Schtscherbitzki, der wenig später auch diesen Posten verliert, aus dem ZK ausgeschlossen. Neu kommt der KGB-Chef Wladimir Krjutschkow in dieses Gremium.

22. September 1989: In Kasachstan erklärt der Oberste Sowjet die Landessprache zur Amtssprache und Russisch zur Verkehrssprache. Das gleiche geschieht in Kirgisien.

25. September 1989: Nach einem von der aserbaidschanischen Volksfront ausgerufenen Generalstreik beschließt der Oberste Sowjet ein Gesetz über die Souveränität von Aserbaidschan, das auch die weitere Kontrolle über Berg-Karabach vorsieht. Darauf kommt es zu weiteren Unruhen und Zusammenstößen.

24. Oktober 1989: Vom Obersten Sowjet der UdSSR wird ein neues Wahlgesetz verabschiedet, das die direkte Wahl aller lokalen und regionalen Abgeordneten, die bisher zu einem Teil von gesellschaftlichen Organisationen bestimmt wurden, festlegt.

28. Oktober 1989: In der Ukraine beschließt der Oberste Sowjet, Ukrainisch zur Amtssprache und Russisch zur Verkehrssprache zu erklären.

13. November 1989: Der Oberste Sowjet Estlands erklärt den Anschluß der Republik an die UdSSR im Jahre 1940 für «null und nichtig» und Estland für souverän und unabhängig.

14. November 1989: Der Oberste Sowjet der UdSSR verabschiedet eine Deklaration, die die volle politische Rehabilitierung der Sowjetdeutschen und anderer unter Stalin deportierter Völker formuliert.

20. November 1989: In Georgien beschließt der Oberste Sowjet, die automatische Übernahme sowjetischer Gesetze zu beenden und sich das Recht auf Austritt aus der UdSSR vorzubehalten.

2. und 3. Dezember 1989: Auf dem Schiff «Maxim Gorki», das im Hafen der maltesischen Hauptstadt La Valletta ankert, treffen Michail Gorbatschow und George Bush zusammen. Sie vereinbaren eine Beschleunigung der Genfer Verhandlungen über strategische Rüstung (START) und betonen, daß der Kalte Krieg zu Ende und eine neue Phase der Beziehungen angebrochen sei.

14. Dezember 1989: In Moskau stirbt Andrej Sacharow an Herzversagen.

20. Dezember 1989: Die Mehrheit der KP Litauens sagt sich auf einem Sonderparteitag von der KPdSU los und fordert die Unabhängigkeit Litauens.

11. Januar 1990: Schwere Unruhen beginnen in Nachitschewan, einer aserbaidschanischen Enklave in Armenien, und Berg-Karabach. Dabei werden die Grenzbefestigungen zum Iran und zur Türkei niedergerissen. Zahlreiche Menschen werden getötet und verletzt, unter anderem bei einem Pogrom von Aserbaidschanern an Armeniern in Baku. Am 15. Januar verhängt das Präsidium des Obersten Sowjets der UdSSR den Ausnahmezustand über Berg-Karabach. Die entsandten Truppen des sowjetischen Innenministeriums erhalten Schießbefehl.

11. bis 13. Januar 1990: Gorbatschow besucht Litauen und sagt der Republik «gute Entwicklungsmöglicheiten in einer reformierten UdSSR zu. Bei einer Konfrontation aber werde es zu einer «Tragödie» kommen.

19. Januar 1990: Sowjetische Truppen marschieren auf Anordnung von Gorbatschow in Baku ein, angeblich, um weitere Pogrome gegen Armenier zu verhindern. Ihr Vormarsch kostet mehr als hundert Menschen das Leben, er soll offenkundig die bankrotte Führung Aserbaidschans vor der Volksbewegung retten. Die Bevölkerung tritt in den Generalstreik, der Hafen von Baku wird zur See blockiert. Verschiedene Vermittlungsversuche scheitern. Die Protestaktionen halten noch Wochen an.

5. bis 7. Februar 1990: Das ZK der KPdSU billigt nach äußerst kontroversen Diskussionen den Verzicht auf ihre bisher in der Verfassung festgeschriebene Führungsrolle.

11. und 12. Februar 1990: Bundeskanzler Helmut Kohl erhält in Moskau von Michail Gorbatschow dessen Zustimmung zur deutschen Einheit. Auch besteht die sowjetische Führung nicht mehr darauf, daß das vereinigte Deutschland neutral sein muß.

24. Februar 1990: Erstmals wird der Oberste Sowjet Litauens demokratisch gewählt, die Volksfront «Sajudis» erlangt die Mehrheit. Am 11. März erklärt er die Wiederherstellung der Unabhängigkeit Litauens, die am 16. März vom sowjetischen Kongreß der Volksdeputierten für ungültig erklärt wird.

27. Februar 1990: Der Oberste Sowjet der UdSSR überträgt dem künftigen Präsidenten der Sowjetunion außerordentliche, fast schon diktatorische Vollmachten, die bis zur Aufhebung der Gesetze widerspenstiger Republiken und zur Verhängung des Ausnahmezustandes reichen.

4. März 1990: Bei den Wahlen und den später stattfindenden Nachwahlen zu den Obersten Sowjets in Rußland, Weißrußland und der Ukraine erhalten vor allem die Reformer Mehrheiten. In seinem Wahlkreis Swerdlowsk im Ural erhält Boris Jelzin 72 Prozent der Stimmen.

11. März 1990: Als erste der baltischen Republiken erklärt Litauen seine Unabhängigkeit. Der Oberste Sowjet benennt sich in «Oberster Rat der Republik Litauen» um und wählt Vytautas Landsbergis zu seinem Vorsitzenden.

13. bis 16. März 1990: Der Kongreß der Volksdeputierten der UdSSR schafft das Amt des sowjetischen Staatspräsidenten. Er wählt mit knapper Mehrheit Michail Gorbatschow und erteilt ihm neue, weitreichende Vollmachten. Anschließend wird Anatoli Lukjanow zum Präsidenten des Obersten Sowjets der UdSSR gewählt. Erst der nächste Präsident soll frei und geheim vom Volk gewählt werden. Der Kongreß streicht die Führungsrolle der KPdSU aus der Verfassung und bezeichnet die Unabhängigkeitserklärung Litauens als «ungesetzlich und ungültig». Gorbatschow stellt Litauen ein dreitägiges Ultimatum, die Sezession aufzuheben.

18. März 1990: Auch in Estland und Lettland finden demokratische Wahlen zu den Obersten Sowjets statt, bei denen die Kandidaten der Volksfronten die Mehrheiten erlangen. Am 30. März stellt der Oberste Sowjet Estlands fest, das Land sei besetztes Territorium, er erklärt die Wiederherstellung der Unabhängigkeit Estlands.

21. März 1990: Gorbatschow erläßt ein Dekret, das die Grenzen Litauens unter KGB-Aufsicht stellt und die Einreise von Ausländern beschränkt. Zugleich beginnen die ersten Panzer durch Litauen zu rollen.

28. März 1990: In seiner ersten Rede vor dem neugeschaffenen Präsidialrat kündigt Michail Gorbatschow den baldigen «kontrollierten Übergang zur Marktwirtschaft» an.

31. März 1990: Ultimativ fordert Michail Gorbatschow abermals von Litauen die Aufhebung der Unabhängigkeitserklärung. Darauf erklärt der Oberste Rat Litauens am 6. April seine Bereitschaft zum Dialog über neue Beziehungen zwischen der UdSSR und Litauen.

3. April 1990: Der Oberste Sowjet der UdSSR verabschiedet ein Gesetz, das das Verfahren über den Austritt aus der UdSSR in komplizierter und langwieriger Weise regelt.

17. April 1990: Eine sowjetische Wirtschaftsblockade gegen Litauen beginnt. Die Erdöllieferungen werden gestoppt, die Erdgaszufuhren stark gedrosselt.

1. Mai 1990: Während der traditionellen Parade buht und pfeift der erstmals geduldete Zug der Oppositionellen Michail Gorbatschow und die weiteren Führungsmitglieder aus, worauf er wutentbrannt die Tribüne auf dem Lenin-Mausoleum verläßt.

4. Mai 1990: In Lettland verabschiedet der Oberste Sowjet die Deklaration über die «Wiederherstellung der Unabhängigkeit der Republik Lettland», die de facto allerdings erst nach einer mehrjährigen Übergangsperiode hergestellt werden soll.

14. Mai 1990: Per Dekret erklärt Gorbatschow die Unabhängigkeitserklärungen Estlands und Lettlands für ungültig. Anderntags rufen moskautreue Kommunisten zum Streik auf.

29. Mai 1990: In Moskau wird Boris Jelzin, gegen den ein Ordnungsverfahren der KPdSU läuft, im dritten Wahlgang gegen den von Gorbatschow favorisierten Alexander Wlassow zum Vorsitzenden des Obersten Sowjets und damit zum Staatspräsidenten der Russischen Föderativen Sowjetrepublik gewählt. Er bekundet seine Bereitschaft, mit den baltischen Republiken gleichberechtigt zusammenzuarbeiten.

Gorbatschow bricht zu einer einwöchigen Reise nach Kanada und in die USA auf, wo er mit US-Präsident George Bush zusammentrifft, allerdings keine Zusage über die so dringend benötigte Wirtschaftshilfe erhält.

4. Juni 1990: In der kirgisischen Stadt Osch kommt es zu Gewalttaten zwischen Kirgisiern und Usbeken, weit mehr als hundert Menschen verlieren ihr Leben.

Am 7. Juni wird über die kirgisische Hauptstadt Frunse der Ausnahmezustand verhängt.

7. Juni 1990: Zum Nachfolger des Anfang Mai verstorbenen Patriarchen von Moskau und ganz Rußland, Pimen, bestimmt die Russisch-Orthodoxe Kirche in Sagorsk den Metropoliten Alexej von Leningrad und Nowgorod.

12. Juni 1990: Der neugewählte Kongreß der russischen Volksdeputierten erklärt die Souveränität der Russischen Föderativen Sowjetrepublik (RSFSR), deren Gesetze nun über denen der UdSSR stehen. Kurz drauf deutet Gorbatschow erstmals an, die UdSSR könne auch als lockerer «Bund souveräner Staaten» gestaltet sein. Am 15. Juni wählt der Oberste Sowjet Rußlands Iwan Silajew zum neuen russischen Ministerpräsidenten.

16. Juni 1990: Im Obersten Sowjet der UdSSR erhalten die von Gorbatschow und Ryschkow vorgelegten Maßnahmen zur Einführung der Marktwirtschaft eine breite Mehrheit. Einzig die geplante Verdreifachung des Brotpreises wird gestrichen.

20. Juni 1990: Usbekistan erklärt sich für souverän.

20. bis 24. Juni 1990: In Rußland gründet sich die russische KP, an deren Spitze der Reformgegner Iwan Poloskow gewählt wird. Jegor Ligatschow kritisiert Gorbatschow wegen seines Doppelamtes an der Spitze von Staat und Partei und fordert den Verzicht auf eines der Ämter. Darauf droht Gorbatschow mit seinem Rücktritt als Generalsekretär des ZK der KPdSU.

23. Juni 1990: Moldawien erklärt sich für souverän.

29. Juni 1990: Der Oberste Rat Litauens beschließt die Aussetzung der Unabhängigkeitserklärung für die Dauer von Verhandlungen mit der sowjetischen Regierung.

4. bis 13. Juli 1990: Der 28. Parteitag der KPdSU setzt den Reformkurs fort, obwohl von konservativer Seite heftige Kritik an Gorbatschows Politik geübt wird. Gorbatschow wirft seinerseits der sowjetischen Regierung unter Nikolai Ryschkow zu zögerliches Vorgehen bei der Reformierung der Wirtschaft vor. Mit überwiegender Mehrheit wird Gorbatschow erneut zum Generalsekretär gewählt, als seinen Stellvertreter kann er gegen Ligatschow Wladimir Iwaschko durchsetzen. Boris Jelzin verläßt am vorletzten Tag den Parteitag und erklärt seinen Austritt aus der KPdSU. Danach kündigt auch die Reformgruppe «Demokratische Plattform» ihren Austritt an.

13. Juli 1990: Die Oberbürgermeister von Moskau und Leningrad, Gawrijl Popow und Alexander Sobtschak kündigen ihren Austritt aus der KPdSU an.

15. und 16. Juli 1990: Gegen umfangreiche Hilfszusagen erhält Bundeskanzler Helmut Kohl im Kaukasus Gorbatschows Einverständnis zur Vereinigung, vollen Souveränität und NATO-Zugehörigkeit Deutschlands.

16. Juli 1990: Der Oberste Sowjet der Ukraine erklärt mit großer Mehrheit die Souveränität und stellt die Gesetze der Ukraine über die der UdSSR.

27. Juli 1990: Weißrußland erklärt sich für souverän.

1. August 1990: Das neue Mediengesetz der UdSSR tritt in Kraft, damit herrscht Pressefreiheit.

10. August 1990: Karelien erklärt sich für souverän.

15. August 1990: Gorbatschow rehabilitiert zahlreiche Bürger, die zwischen 1966 und 1988 ausgebürgert worden sind, darunter Alexander Solschenizyn.

20. August 1990: Gagausien erklärt sich für souverän.

23. August 1990: Armenien und Turkmenistan erklären sich für souverän.

25. August 1990: Tadschikistan erklärt sich für souverän.

September 1990: Alexander Solschenizyn veröffentlicht sein Manifest «Rußlands Weg aus der Krise», das auch von sowjetischen Medien verbreitet wird. Darin zieht er eine vernichtende Bilanz der Perestrojka und warnt vor dem Ausverkauf seines Landes an das westliche Kapital.

9. September 1990: In Helsinki einigen sich Michail Gorbatschow und George Bush auf ein gemeinsames Vorgehen im Konflikt um Kuwait.

Um Moskau herum beginnen undurchsichtige Truppenbewegungen, die fünf Tage anhalten. Später erklärt Verteidigungsminister Jasow, es hätte sich um Ernteeinsätze und Übungen für die Militärparade zum Jahrestag der Oktoberrevolution gehandelt.

11. September 1990: Der Oberste Sowjet der RSFSR beschließt für Rußland die Annahme des radikalen 500-Tage-Programms des Ökonomen Stanislaw Schatalin zur Einführung der Marktwirtschaft.

24. September 1990: Der Oberste Sowjet der UdSSR erteilt Gorbatschow weitreichende, bis zum 31. März 1992 gültige Vollmachten für den «Umbau der Wirtschaft» sowie zur «Wiederherstellung von Recht und Ordnung».

30. September 1990: In Kiew fordern mehr als hunderttausend Demonstranten die vollständige Unabhängigkeit der Ukraine. Die Kundgebungen halten im Oktober an, sie zwingen den Ministerpräsidenten Witali Massol zum Rücktritt.

12. Oktober 1990: In einem ersten Prozeß wegen antisemitischer Hetze wird Konstantin Smirnow-Ostaschwili, ein Führer der großrussisch-nationalistischen Bewegung «Pamjat», in Moskau zu zwei Jahren Lagerhaft verurteilt. Er hatte am 18. Januar mit anderen ein Schriftstellertreffen im Haus der Literatur gesprengt und jüdische Literaten bedroht.

15. Oktober 1990: In Oslo wird Michail Gorbatschow der Friedensnobelpreis zuerkannt.

20. und 21. Oktober 1990: In Moskau gründet sich die Bewegung «Demokratisches Rußland», die vorerst als lockerer Zusammenschluß demokratischer Einzelorganisationen eine Alternative zur KPdSU bieten will. Sie wird von Nikolai Trawkin geleitet.

25. Oktober 1990: Als vorletzte der sowjetischen Republiken erklärt der Oberste Sowjet in Alma Ata Kasachstan für souverän und räumt kasachischem Recht Vorrang vor sowjetischem ein. Zuvor untersagte das kasachische Parlament weitere Atomwaffentests und Versuche mit Massenvernichtungswaffen. In Kasachstan liegt das wichtige atomare Versuchsgelände Semipalatinsk.

26. Oktober 1990: In der ukrainischen Stadt Donezk gründen Bergarbeiter die erste unabhängige Gewerkschaft in der UdSSR, die mit etwa zwei Millionen Mitgliedern rechnet.

28. Oktober 1990: Bei den Parlamentswahlen in Georgien erhält der «Runde Tisch Freies Georgien», ein Bündnis der Oppositionsparteien, 54 Prozent, die KP nur 29 Prozent der Stimmen.

11. November 1990: Gorbatschow und Jelzin treffen zu einem mehrstündigen, vertraulichen Gespräch zusammen, um über die Bildung einer «Koalitionsregierung des nationalen Vertrauens» zu verhandeln.

14. November 1990: In einem Zeitungsartikel erwägt Marschall Sergej Achromejew, früherer Generalstabschef und nun Militärberater Gorbatschows, unverhohlen ein Eingreifen der Armee: «Wenn die Verfassung verletzt wird oder jemand versucht, mit Gewalt oder durch andere verfassungswidrige Aktionen unser Land zu teilen oder seine Gesellschaftsordnung zu verändern, dann können die Streitkräfte auf Beschluß des Obersten Sowjets und des Präsidenten eingesetzt werden, um die Einheit unserer Heimat und ihre Gesellschaftsordnung zu bewahren.»

23. November 1990: Gorbatschow schlägt dem Obersten Sowjet der UdSSR eine Umstrukturierung der Staatsführung vor, die die bisherige Regierung unter Nikolai Ryschkow abschafft und einen Föderationsrat unter Gorbatschow an seine Stelle setzt.

30. November 1990: Das KGB gibt die Bildung einer Sondereinheit zur Überwachung der Lebensmittelspenden aus dem Ausland bekannt. Wenig später ordnet Michail Gorbatschow an, daß die Arbeiterkomitees mit weitreichenden Vollmachten versehen von sofort an die Verteilung von Lebensmitteln und Konsumgütern kontrollieren sollen. Der sowjetische Kongreß der Volksdeputierten setzt eine Sonderkommission unter der Leitung von Boris Jelzin ein, die das Lebensmittelangebot sowie Fälle von Sabotage untersuchen soll.

2. Dezember 1990: Nach zweijähriger Amtszeit und wachsender Kritik wegen zunehmender ethnischer Konflikte sowie steigender Kriminalität entläßt Michail Gorbatschow den Innenminister Wadim Bakatin. Zum Nachfolger ernennt Gorbatschow Boris Pugo, der mehrere Jahre Chef des KGB und der moskautreuen Kommunisten in Lettland war. Erster Stellvertreter des Innenministers wird General Boris Gromow, der Oberbefehlshaber in Afghanistan gewesen war.

3. Dezember 1990: Nach tagelangen Debatten stimmt der Kongreß der russischen Volksdeputierten der Einführung von privatem Grundbesitz zu. Einen freien Grundstücksmarkt wird es allerdings nicht geben, Landbesitzer dürfen ihre Flächen erst nach zehn Jahren «nur an den Staat» verkaufen.
Der Oberste Sowjet beginnt mit den Beratungen über einen neuen Unionsvertrag.

20. Dezember 1990: Völlig überraschend erklärt vor dem Kongreß der Volksdeputierten Außenminister Eduard Schewardnadse seinen Rücktritt. In seiner leidenschaftlich vorgetragenen Begründung sagt er: «Eine Diktatur ist im Anmarsch – dies erkläre ich mit voller Verantwortung. Niemand weiß, wie die Diktatur sein wird und was für ein Diktator kommt, was für Zustände (...) Ich trete zurück. Dies ist mein Protest gegen die anbrechende Diktatur. Und doch glaube ich, daß die Diktatur nicht durchkommen wird.»

23. Dezember 1990: In einer Rede vor dem Kongreß der Volksdeputierten sagt Wladimir Krjutschkow, Vorsitzender des KGB: «Wir sollten bereit sein, Blutvergießen hinzunehmen, wenn wir darüber reden wollen, die Ordnung in unserem Land wiederherzustellen.»

27. Dezember 1990: Erst im zweiten Wahlgang wird Gennadi Janajew vom Kongreß der Volksdeputierten zum Stellvertreter von Präsident Gorbatschow gewählt. Nach dem Scheitern im ersten Wahlgang sagte Gorbatschow: «Ich möchte einen Mann an meiner Seite haben, dem ich in dieser kritischen Zeit, an dieser historischen Wegscheide, voll vertraue.»

Der Oberste Sowjet der UdSSR ermächtigt Gorbatschow, sich die Regierung direkt zu unterstellen, in unbotsamen Republiken die gewählten Parlamente durch die Präsidialgewalt zu ersetzen und Wirtschaftskompetenzen wieder an die Zentrale zurückzugeben.

7. Januar 1991: Nach schweren Auseinandersetzungen zwischen Osseten, einer in Georgien lebenden Minderheit, und Georgiern stellt Gorbatschow ein Ultimatum, nach dem die Autonomie Süd-Ossetiens wiederhergestellt werden muß. Dennoch halten die bürgerkriegsähnlichen Unruhen an.

13. Januar 1991: Gerufen von einem ominösen «Nationalen Rettungskomitee», greifen im Schatten des Golfkrieges die «Schwarzen Barette», Sondereinheiten des sowjetischen Innenministeriums, in Litauen und Lettland «zum Schutz des Bestands der Sowjetunion» ein. Sie besetzen wichtige Gebäude und umstellen die Parlamente in Vilnius und Riga. Mehrere Dutzend Menschen werden getötet, viele verletzt. Gorbatschow will von dieser Aktion nichts gewußt haben, billigt sie aber im nachhinein. Sofort nach Bekanntwerden des Putschversuches reist Boris Jelzin nach Estland, um dort im Namen Rußlands Beistandsverträge mit den baltischen Republiken abzuschließen.

15. Januar 1991: Alexander Bessmertnych, bisher sowjetischer Botschafter in den USA, wird neuer Außenminister.

20. Januar 1991: In mehreren Städten der UdSSR demonstrieren Hunderttausende gegen die Gewalttaten verschiedener Truppen in Litauen. Sie fordern eine Beschleunigung der Reformen und den Rücktritt von Michail Gorbatschow, da dieser nun einen reaktionären Kurs verfolge.

23. Januar 1991: Gorbatschow läßt alle 50- und 100-Rubel-Banknoten für ungültig erklären, womit der Schattenwirtschaft ein Schlag versetzt und die Geldmenge verringert werden soll. Da der Bevölkerung nur drei Tage Zeit bleiben, die großen in kleinere Scheine zu tauschen, kommt es zu Unruhen. Öffentliche Kritik trifft vor allem den neuen Ministerpräsidenten Walentin Pawlow, der als Finanzminister die inflationäre Aufblähung der Geldmenge betrieb.

19. Februar 1991: In einem erst nach heftigen Bemühungen zustande gekommenen Fernsehinterview fordert der von den Medien entweder totgeschwiegene oder herabgewürdigte Boris Jelzin den Rücktritt von Michail Gorbatschow, denn er führe das Volk in die Irre.

1. März 1991: Zigtausende Bergarbeiter in allen Teilen der Sowjetunion treten in den Streik. Sie verlangen die Einlösung der im letzten Jahr gemachten Zusagen sowie den Rücktritt von Michail Gorbatschow und dessen Regierung. Auch soll eine interregionale Parlamentariergruppe die Handlungen zwischen den einzelnen Republiken koordinieren: «Die Einmischung des Zentrums verschlimmert nur jedesmal die Lage.» Die Streikwelle breitet sich rasch aus und erfaßt auch andere Wirtschaftsbereiche, so daß enorme Produktionsausfälle zu verzeichnen sind. Selbst schärfste Drohungen der Zentrale können die Streikenden nicht zum Einlenken bewegen. Erst nachdem Rußland die auf seinem Territorium befindlichen Bergwerke übernimmt, gelingt es Anfang Mai Boris Jelzin, die Streikenden wieder zur Aufnahme ihrer Arbeit zu veranlassen.

28. März 1991: Per Dekret unterstellt Gorbatschow die Moskauer Polizei dem sowjetischen Innenministerium und ernennt einen neuen Polizeichef für die Hauptstadt, um eine geplante Großdemonstration für den in allen Medien angefeindeten Boris Jelzin zu verhindern. Ein gewaltiger Truppenaufmarsch kann tatsächlich die Versammlung unterbinden, aber kleinere Sympathiekundgebungen nicht verhindern.

2. April 1991: Zahlreiche Einzelhandelspreise steigen um durchschnittlich 60 Prozent. Der Staat will 85 Prozent der Mehreinnahmen als Ausgleichszahlungen an die Bevölkerung zurückführen. Allein die Ankündigung dieser Preiserhöhung im Februar brachte in Moskau die Fleischversorgung zum Erliegen. Des weiteren werden die Sonderkurse für den Rubel abgeschafft, die sowjetische Währung wird abgewertet. Zugleich öffnen mehrere Devisenbörsen, die den Devisenhandel regulieren sollen.

16. bis 19. April 1991: Michail Gorbatschow besucht Japan. Im Streit um die Kurilen-Inseln kann keine Einigung erzielt werden, deshalb sagt Japan die gewünschte Wirtschaftshilfe nicht zu.

17. April 1991: Führende Funktionäre der KPdSU veröffentlichen einen Aufruf «Das Vaterland ist in Gefahr!». Kernaussagen: «Eine Handvoll Leute, die sich als Demokraten hinzustellen versuchen, wollen ihren Machthunger befriedigen.» «Sie möchten, daß der in Jahrhunderten entstandene Staat auseinanderfällt. Sie wollen unsere moralischen Traditionen und unsere Lebensweisen zerstören, uns wirtschaftlichen und sozialen Experimenten aussetzen, die in eine kapitalistische Gesellschaft münden.»

23. April 1991: Auf einer Datscha bei Moskau einigen sich Gorbatschow, Jelzin und acht andere Republikspräsidenten auf einen Entwurf für den neuen Unionsvertrag nach der «Formel 9 + 1». Sie billigen zudem das Anti-Krisen-Programm der Regierung Pawlow, das auch Notstandsmaßnahmen für Schlüsselindustrien vorsieht. Im ersten Quartal sank das Bruttosozialprodukt der UdSSR um 8 Prozent.

3. Juni 1991: Gorbatschow, Jelzin und acht andere Republikspräsidenten unterzeichnen den Entwurf für den neuen Unionsvertrag, der eine «Union Souveräner Sowjetrepubliken» vorsieht. Die drei baltischen Republiken, Moldawien und Georgien nehmen an den Verhandlungen nicht teil und stimmen dem Entwurf nicht zu.

12. Juni 1991: In Rußland finden freie Wahlen statt. Boris Jelzin erringt 57,3 Prozent der Stimmen bei den Wahlen zum Präsidenten, zu seinem Stellvertreter erklärt er Oberst Alexander Ruzkoi von den «Kommunisten für Demokratie». In Moskau und Leningrad werden die Oberbürgermeister unmittelbar gewählt. Die Reformer Gawrijl Popow und Anatoli Sobtschak erhalten jeweils etwa 65 Prozent der Stimmen. In Leningrad spricht sich zudem eine Mehrheit der Stimmbürger für eine Rückbenennung der Stadt in Sankt Petersburg aus.

18. Juni 1991: Boris Jelzin beginnt einen mehrtägigen Besuch in den USA, wo er auch mit Präsident George Bush zusammentrifft, um über amerikanische Wirtschaftshilfe zu reden. Derweil fordert Ministerpräsident Walentin Pawlow in Moskau Sondervollmachten für sich, was von demokratischen Politikern «als der Versuch eines Staatsstreiches» gewertet wird.

1. Juli 1991: Der Oberste Sowjet der UdSSR verabschiedet ein Gesetz über die Grundsätze der Entstaatlichung und Privatisierung von Unternehmen, nach denen bis Ende 1992 die Hälfte der Betriebe aus dem Staatseigentum entlassen und in Mitarbeiter-Aktiengesellschaften umgewandelt werden soll.

Erstmals seit 1930 werden in Rußland wieder Arbeitsämter eingerichtet und Arbeitslose registriert.

2. Juli 1991: Bekannte Reformer wie Eduard Schewardnadse, Alexander Jakowlew, Gawrijl Popow und Anatoli Sobtschak treten mit einem Plan zur Gründung einer «Bewegung für Demokratische Reformen» an die Öffentlichkeit. Daraus soll eine Massenpartei entstehen, die die KPdSU verdrängen soll.

5. Juli 1991: Der Oberste Sowjet verabschiedet die «Grundlagen der Gesetzgebung über ausländische Investitionen», die diese mit einheimischen Firmen gleichstellt. Nunmehr dürfen Betriebe zu hundert Prozent in ausländischer Hand sein.

17. Juli 1991: Michail Gorbatschow trifft nach dem Weltwirtschaftsgipfel in London bei den Regierungschefs der sieben wichtigsten Industrieländer ein – als Bittsteller. Er erhält zwar Unterstützung für weitere Reformen, aber keine konkreten Hilfszusagen.

In Kiew unterschreiben die Ukraine, Rußland, Weißrußland und Kasachstan eine Absichtserklärung über den Aufbau einer gemeinsamen Landesverteidigung.

20. Juli 1991: Boris Jelzin verbietet in einem Erlaß jegliche parteipolitische Tätigkeit in staatlichen Organen und Unternehmen in Rußland.

23. Juli 1991: Die Schriftsteller Walentin Rasputin und Jurij Bondarew sowie die Generale Boris Gromow, stellvertretender Innenminister, und Walentin Warennikow, stellvertretender Verteidigungsminister, veröffentlichen den Aufruf «Wort ans Volk». Das Vaterland werde «zerfallen und in Dunkelheit und Bedeutungslosigkeit versinken», einzig «die Armee und die Flotte» könnten den «Bruderkrieg und eine Zerstörung der Heimat verhindern».

25. und 26. Juli 1991: Vor dem ZK fordert Michail Gorbatschow die Umwandlung der KPdSU in eine eher sozialdemokratische Partei, die die Notwendigkeit der Marktwirtschaft, des Privateigentums und privaten Unternehmertums anerkennen müsse. Zudem solle die Partei eine allfällige Entscheidung der Wähler akzeptieren und gegebenenfalls in die Opposition gehen. Ein Parteitag im Herbst solle über das neue Programm entscheiden.

28. Juli 1991: Ein enger Vertrauter von Gorbatschow, Alexander Jakowlew, tritt von seinem Amt als Präsidentenberater zurück, wenige Tage später verläßt er die KPdSU.

29. Juli 1990: In Moskau unterzeichnen Rußland und Litauen einen auf zehn Jahre angelegten Grundlagenvertrag über die zwischenstaatlichen Beziehungen.

In Georgiens Hauptstadt Tiflis wird ein Abkommen über die zwischenstaatlichen Beziehungen zwischen Georgien und Armenien geschlossen.

31. Juli 1991: In Moskau unterzeichnen Gorbatschow und Bush den START-Vertrag, der den Abbau von strategischen Atomwaffen vorsieht.

2. bis 4. August 1991: In Moskau findet der Gründungskongreß der «Demokratischen Kommunistischen Partei Rußlands» statt, die aus der Reformgruppe «Kommunisten für Demokratie» hervorging und innerhalb der KPdSU ein Gegengewicht zu den reaktionären «Kommunisten Rußlands» bilden. Zum Vorsitzenden der neuen Partei wird Jelzins Stellvertreter Alexander Ruzkoi gewählt.

4. August 1991: Michail Gorbatschow reist zum Urlaub auf die Krim.

6. August 1991: Nach Angaben des sowjetischen Finanzministeriums betragen die

Auslandsschulden der UdSSR 62 Milliarden Rubel. Alle Tilgungs- und Zinszahlungen würden fristgerecht getätigt.

In Moskau tagt das ZK der Russischen KP. Es ersetzt Iwan Poloskow, der den «Kommunisten Rußlands» vorsteht, als Generalsekretär durch den ebenso orthodoxen Walentin Kupzow. Jelzins Vize Alexander Ruzkoi wird aus der Partei ausgeschlossen.

10. August 1991: Boris Jelzin erklärt, daß er nach der Unterzeichnung des neuen Unionsvertrages alle Wirtschaftsunternehmen, die sich auf russischem Territorium befinden, russischer Zuständigkeit unterstellen wird.

11. August 1991: In Moskau tagt die unter anderem von Jegor Ligatschow inspirierte «Marxistische Plattform» innerhalb der KPdSU. Gorbatschow wird eine bürgerliche Politik vorgeworfen, weshalb der nächste Parteitag ihn als Generalsekretär abwählen müsse.

12. August 1991: Die Regierung der UdSSR erklärt, der unmittelbare Warenaustausch zwischen den einzelnen Republiken sei unzulässig.
In Kischinew unterzeichnen Delegationen Moldawiens und Rußlands ein Wirtschafts- und Handelsabkommen.

14. August 1991: Litauen und Armenien schließen ein Abkommen über die zwischenstaatlichen Beziehungen.

Der Präsident Moldawiens, Mirtscha Snjegur, kündigt an, er werde den neuen Unionsvertrag nicht unterzeichnen. Moldawien werde aber die Beziehungen zu den anderen Republiken ausbauen.

18. August 1991: In Alma Ata erklärt Boris Jelzin, er werde sich für die Wiederherstellung der Autonomie der Sowjetdeutschen einsetzen.

Der Putsch und das Ende der Sowjetunion

19. August 1991: Am frühen Morgen verbreiten die Nachrichtenagentur TASS und die Medien eine Erklärung, der zufolge Michail Gorbatschow seit 4 Uhr entmachtet ist. Aus gesundheitlichen Gründen könne er seinen Amtspflichten als Präsident nicht mehr nachkommen, deshalb habe ein «Staatskomitee für den Ausnahmezustand in der UdSSR» die Macht übernommen. Später gibt Boris Jelzin bekannt, daß Gorbatschow in seinem Urlaubssitz auf der Krim festgesetzt wird, von wo er heute nach Moskau zurückkehren wollte. Für den nächsten Tag war die Unterzeichnung des neuen Unionsvertrages vorgesehen.

Dem «Staatskomitee für den Ausnahmezustand» gehören an:
Gennadi Janajew, Vizepräsident der UdSSR, jetzt «Amtierender Präsident»
Valentin Pawlow, Ministerpräsident der UdSSR
Boris Pugo, Innenminister der UdSSR
Dmitrij Jasow, Verteidigungsminister der UdSSR
Wladimir Krjutschkow, Vorsitzender des KGB
Oleg Baklanow, Erster Stellvertreter des Vorsitzenden des Verteidigungsrates der UdSSR
Wasilij Starodubzew, Vorsitzender des Kolchosverbandes
Alexander Tisjakow, Präsident des Verbandes der Staatsbetriebe und Industrieobjekte des Bau-, Transport- und Nachrichtenwesens.

Das Staatskomitee beschließt folgende Maßnahmen: Alle Medien werden unter Kontrolle genommen. Der unabhängige und kritische Sender «Echo von Moskau» wird vom KGB besetzt und zum Schweigen gebracht. Nur neun linientreuen Zeitungen wird das Erscheinen am nächsten Tag gestattet. Löhne und Preise werden eingefroren. Parteien und Demonstrationen werden verboten, erste Verhaftungen erfolgen. In mehreren Städten werden Militärkommandeure eingesetzt.

Als einzige Republik begrüßt Aserbaidschan den Putsch.

Vom Morgen an rollen zahllose Militärfahrzeuge ins Moskauer Stadtgebiet. Am Nachmittag sperren Sondertruppen den Roten Platz ab. Immer wieder versuchen Bürger, Armeefahrzeuge zu blockieren und Barrikaden zu errichten. Wegen der anhaltenden Demonstrationen wird am Nachmittag der Ausnahmezustand über Moskau verhängt.

Über Leningrad werden der Ausnahmezustand und eine nächtliche Ausgangssperre verhängt. Generalleutnant Viktor Samsonow erklärt dort den Oberbürgermeister Sobtschak für abgesetzt. Dennoch kommt der Leningrader Stadtrat unter Sobtschak zusammen, er stellt sich hinter Boris Jelzin und unterstützt den Aufruf zum Generalstreik. Auch im Baltikum ziehen an strategisch wichtigen Stellungen sowjetische Truppen auf, überall werden Rundfunk- und Fernsehsender sowie öffentliche Gebäude besetzt. Am Nachmittag stellt der sowjetische Militärbefehlshaber im Baltikum, General Kzumin, Estland, Lettland und Litauen unter Militärgewalt.

Boris Jelzin wird zum wichtigsten Gegenspieler der Putschisten. Er bezeichnet die Entmachtung Gorbatschows als «verfassungswidrigen, reaktionären Staatsstreich», in einem «Anti-Putsch-Erlaß» erklärt er die Anordnungen des «Staatskomitees für den Ausnahmezustand» für ungesetzlich. Auf einem Schützenpanzer stehend verlangt Jelzin die sofortige Wiedereinsetzung Gorbatschows in all seine Funktionen. Er fordert die Bevölkerung zum unbefristeten Generalstreik auf. Die Streitkräfte ruft er auf, sich nicht am Staatsstreich zu beteiligen. Später stellt Jelzin sämtliche sowjetischen Exekutivorgane (darunter das KGB wie das Innen- und Verteidigungsministerium) auf dem Territorium Rußlands unter seine Befehlsgewalt.

Die Nacht verläuft weitgehend ruhig. Boris Jelzin hält sich mit etwa hundert Abgeordneten im Gebäude des Russischen Parlaments auf, dem Weißen Haus. Er wird von mehreren tausend Anhängern sowie ihm gegenüber loyalen Eliteeinheiten mit Schützenpanzern bewacht.

20. August 1991: In einer Verlautbarung warnt Janajew Jelzin und die Reformkräfte vor jeglichem Widerstand gegen die Anordnungen des «Staatskomitees»; dieses sei entschlossen, alle Anweisungen auch durchzusetzen. Es wird auch ein Haftbefehl gegen Jelzin erlassen. Eine Sondersitzung des ZK der KPdSU wird abgesagt, als die neue Führung erkennen muß, daß sie keine Mehrheit finden wird. Auf der Sitzung sollte Gorbatschow «offiziell» seines Postens als Generalsekretär enthoben werden.

Die Regierung Rußlands unter Präsident Jelzin und Ministerpräsident Iwan Silajew sendet an den Vorsitzenden des Obersten Sowjets, Anatoli Lukjanow, einen Forderungskatalog. Es wird die Auflösung des «Staatskomitees» und die Aufhebung aller seiner Anordnungen verlangt. Jelzin fordert zudem ein Treffen mit Gorbatschow und Janajew binnen 24 Stunden sowie eine medizinische Untersuchung Gorbatschows durch Ärzte der WHO. Am Abend kündigt Jelzin an, daß ein russisches Verteidigungsministerium mit Konstantin Kobez an der Spitze errichtet wird, dem alle auf russischem Territorium stehenden Streitkräfte unterstellt werden.

Der Widerstand der Menschen formiert sich trotz Ausnahmezustand und Demonstrationsverbot. Die größten Manifestationen gibt es mit Hunderttausenden von Menschen in Moskau, Leningrad und Kischinew, der Hauptstadt Moldawiens. In Moskau sammeln sich die Menschen um das russische Parlamentsgebäude. Sie errichten Barrikaden.

Zu den Menschen in Leningrad spricht Oberbürgermeister Sobtschak. In der Nacht konnte Sobtschak mit Hilfe von loyalen Omon-Sondereinheiten mehrere von Truppen des sowjetischen Innenministeriums besetzte Druckereien und das Fernsehzentrum zurückgewinnen. In seiner Ansprache teilt er mit, er habe mit dem Stadtrat die Lage unter Kontrolle und alle Anordnungen des «Staatskomitees» aufgehoben.

Die ersten Belegschaften treten in den Streik. Im nordrussischen Workuta werden fünf von dreizehn Bergwerken, im Kohlegebiet Kusnezk die Hälfte der Gruben bestreikt.

In der estnischen Hauptstadt Tallinn demonstrieren zweihunderttausend Menschen. Am Abend verlangen die sowjetischen Truppen, daß das Parlamentsgebäude geräumt wird, wo das Parlament Estlands an der Unabhängigskeitserklärung arbeitet. Diese wird am späten Abend verabschiedet. In Lettland werden gewaltsam das Rundfunkgebäude, die Telefonzentrale und andere Häuser besetzt.

In Moskau tauchen in einigen Läden bisher knappe Lebensmittel wie Wurst, Käse, Kaffee und Räucherlachs auf.

In Den Haag treffen die EG-Außenminister zusammen. Sie beschließen, die Wirtschaftshilfe für die UdSSR auszusetzen. US-Präsident George Bush erklärt, er habe Boris Jelzin telefonisch die Unterstützung der USA zugesagt.

Am Abend bereiten sich die Menschen in Moskau auf einen Angriff gegen das Weiße Haus vor. Es werden Freiwilligenverbände für den geplanten passiven Widerstand gebildet. Als «Radio M» kann der am Vortag zum Schweigen gebrachte Sender «Echo von Moskau» direkt aus dem Parlamentsgebäude senden. In einer dramatischen Ansprache verurteilt Jelzin die «politischen Abenteurer», die «allerschwerste Verbrechen» begingen.

Das «Staatskomitee» erklärt alle bisherigen Erlasse von Boris Jelzin für «null und nichtig». Der Moskauer Militärkommandant Nikolai Kalinin verhängt eine Ausgangssperre von 23 bis 5 Uhr.

21. August 1991: Kurz nach Mitternacht fallen die ersten Schüsse. Etwa siebzig unter dem Kommando des KGB stehende Panzer rollen in Richtung des russischen Parlamentsgebäudes. Sie werden von aufgebrachten Demonstranten mit Molotowcocktails angegriffen. Einige Barrikaden werden überrollt, doch wenige hundert Meter vor dem Weißen Haus müssen die Panzer ihren Vormarsch abbrechen. Sie versuchen umzukehren, was einigen nicht gelingt. Einige Tanks werden von Demonstranten zerstört und erobert, dabei nehmen sie einen General gefangen. Die Gewaltaktion fordert drei Todesopfer.

Nachdem der Angriff abgewehrt ist, tritt Eduard Schewardnadse vor die Menschen. Er ruft zum Bleiben und zum weiteren Widerstand gegen das «Staatskomitee» auf.

Mit einer Schweigeminute beginnt am Morgen das Russische Parlament die entscheidende Dringlichkeitssitzung. Darin fordert es das «Staatskomitee» ultimativ zur Auflösung auf und verlangt das Ende des Ausnahmezustandes sowie die Freilassung Gorbatschows.

Nun wird auch die KPdSU aktiv, die bisher der Festsetzung ihres Generalsekretärs untätig zusah. Gorbatschows Stellvertreter Wladimir Iwaschko fordert vom «Staatskomitee» die Möglichkeit zum Kontakt mit Generalsekretär Gorbatschow.

Wenig später bietet KGB-Chef Krjutschkow Boris Jelzin eine Zusammenkunft mit Gorbatschow auf der Krim an. Aus Sicherheitsgründen lehnt das Parlament dieses Angebot für Jelzin ab. Statt dessen reisen der russische Ministerpräsident Iwan Silajew, Jelzins Stellvertreter Alexander Ruzkoi und zehn russische Parlamentsabgeordnete zusammen mit Krjutschkow zu Gorbatschow. Des weiteren teilt Jelzin mit, Krjutschkow habe ihm gegenüber erklärt, er habe in der Nacht seinen eigenen Befehl zum Angriff auf das Weiße Haus zurückgenommen.

Wenig später teilt dem russischen Parlament ein Abgeordneter im Namen von Boris Jelzin mit, daß einige Mitglieder des «Staatskomitees» den Kreml verlassen hätten und auf dem Weg zum Flughafen Wnukowo seien. Die Nachricht wird von den Abgeordneten wie von den vor dem Gebäude über Lautsprecher informierten Menschen sofort richtig verstanden: Sie bejubeln die Niederschlagung des Putschversuches.

Erste Telefonkontakte mit Gorbatschow werden hergestellt. Danach setzt ein Wettlauf zur Krim ein: Das geflüchtete «Staatskomitee» landet als erstes, ihm dicht auf den Fersen Verfolger Ruzkoi. Diesem folgen der russische Ministerpräsident Iwan Silajew und mehrere Diplomaten aus den USA, Frankreich, Großbritannien und Deutschland. Ihnen wiederum folgt der Vorsitzende des Obersten Sowjets der UdSSR, Anatoli Lukjanow, der als einer der Drahtzieher des Putsches gilt, mit Iwaschko. Schließlich kommen noch gemeinsam der frühere Innenminister Wadim Bakatin, der Präsidentenberater Jewgeni Primakow und Arkadi Wolski, ein Freund Gorbatschows.

Unter dem Beifall der Bevölkerung ziehen die ersten Panzereinheiten aus der Innenstadt ab. Boris Jelzin erklärt sich vorübergehend zum Befehlshaber der sowjetischen Streitkräfte und befiehlt den Rückzug. «Tass» gibt die Aufhebung aller Anordnungen des «Staatskomitees für den Ausnahmezustand» bekannt.

Das lettische Parlament stimmt mit 109 von 201 Stimmen dafür, die bereits 1990 verabschiedete, auf eine Übergangsperiode angelegte, Unabhängigskeitserklärung sofort in Kraft zu setzen.

Von der Krim aus verbreitet Gorbatschow eine Erklärung, derzufolge er die Kontrolle über das ganze Land wieder ausübe. Er habe den Generalstabschef Moissejew angewiesen, den Truppen den Rückzug zu befehlen und nur nach seinen, Gorbatschows, Anordnungen zu gehorchen.

22. August 1991: Um 2 Uhr trifft Gorbatschow auf dem Moskauer Flughafen Wnukowo ein.

Der russische Vizepräsident Alexander Ruzkoi bestätigt die Verhaftung von

KGB-Chef Krujtschkow, der im gleichen Flugzeug wie Gorbatschow nach Moskau gebracht wurde. Auch Janajew, Jasow, Tisjakow, Baklanow und Starodubzew werden verhaftet. Die beiden letzteren werden allerdings wieder freigelassen, da sie als Abgeordnete Immunität genießen, die erst aufgehoben werden muß. Innenminister Pugo fügt sich vor der Verhaftung mit seiner Dienstwaffe schwere Verletzungen zu, denen er im Krankenhaus erliegt. Ministerpräsident Pawlow, der erkrankt im Hospital liegt, wird dort unter Bewachung gestellt.

Vor dem litauischen Parlament in Vilnius kommt es zu einem Schußwechsel zwischen Wachen und sowjetischen Soldaten des Innenministeriums, die eine Sperre durchbrechen, angehalten werden und darauf das Feuer eröffnen. Ein Mann wird getötet, drei werden verletzt. Weiterhin wird der Tod von Juris Bekeris, einem Fernsehchef, bekannt, der zwei Tage zuvor bei der Besetzung des Rundfunkgebäudes schwer verletzt worden war.

Mittags findet vor dem Parlamentsgebäude eine Kundgebung mit Hunderttausenden von Moskauern statt. Jelzin gibt als erstes bekannt, daß die weiß-blau-rote Fahne aus der Zeit vor der Oktoberrevolution zur offiziellen Staatsflagge Rußlands erhoben wurde. Dann gibt er eine ganze Reihe von Maßnahmen bekannt. So habe er den Chef des sowjetischen Fernsehens, Leonid Krawtschenko, abgesetzt. Er bezeichnet den Vorsitzenden des Obersten Sowjets der UdSSR, Anatoli Lukjanow, als eigentlichen Ideologen des Putsches. Hinter den Putschisten habe der neostalinistische Kern der KPdSU gestanden. Für alle in Rußland stationierten Streitkräfte habe er die Auflösung aller Parteizellen der KPdSU angeordnet. Zu seiner Sicherheit bedürfe Rußland unbedingt eigener Streitkräfte. Die sowjetischen Unternehmen auf dem Boden Rußlands seien sämtlich in russisches Eigentum übergeführt worden. Im Lichte der jüngsten Ereignisse müsse auch der neue Unionsvertrag in einigen Punkten geändert werden. Das Gebäude der KPdSU werde verstaatlicht.

Am Nachmittag enthebt Gorbatschow Ministerpräsident Pawlow seines Amtes. Per Dekret ernennt er den bisherigen Generalstabchef Michail Moissejew zum amtierenden Verteidigungsminister, Wassili Truschin zum amtierenden Innenminister und Leonid Schebarschin zum amtierenden Vorsitzenden des KGB.

Michail Gorbatschow gibt eine internationale Pressekonferenz, auf der er dem Volk dankt: «Die Menschen sind tapfer geworden!» Er schildert, wie er unter Druck gesetzt und dann isoliert wurde. Er verurteilt den Putsch aufs schärfste und bezeichnet es als Fehler, daß er die Putschisten selbst in ihre Ämter gebracht hatte. Dennoch hält er die KPdSU für reformierbar.

Die Journalisten der «Iswestija» beschließen einstimmig die Absetzung ihres Chefredakteurs Nikolai Jefimow, er sei für den Staatsstreich mitverantwortlich.

Am Abend trifft die Moskauer Bevölkerung zu großen Feiern in der Innenstadt zusammen. Nach einem Feuerwerk ziehen Demonstrationszüge vor das ZK-Gebäude und fordern «Nieder mit der KPdSU!». Sie blockieren den Bau, da Gerüchten zufolge Akten daraus weggebracht würden. Ein weiterer Zug versammelt sich vor dem KGB-Sitz, um dessen Auflösung zu fordern. Unter den Augen der Menschenmenge wird das Denkmal des Tscheka-Gründers Felix Dscherschinski niedergelegt. Auf Anordnung des Moskauer Oberbürgermeisters Popow werden die ersten KP-Gebäude geschlossen und versiegelt.

Litauen verbietet die moskautreue KP als «illegale» Organisation.

23. August 1991: Jelzin hält vor dem KGB-Sitz eine Rede, um die versammelten Demonstranten vom Sturm auf das Gebäude abzuhalten. Er gibt bekannt, daß die am Tag zuvor von Gorbatschow eingesetzten Minister auf seinen «Rat» bereits wieder abgelöst wurden. In einer Unterredung akzeptierte Gorbatschow die Personalwünsche Jelzins, nach denen Wadim Bakatin neuer KGB-Chef, Viktor Barannikow, neuer Innenminister und General Jewgenij Schaposchnikow, der sich dem Befehl der Putschisten widersetzt hatte, neuer Verteidigungsminister der UdSSR werden soll. Außenminister Bessmertnych muß zurücktreten. Während des Putsches war er, angeblich krank, abgetaucht. Er führte aber offenbar gleich zu Beginn des Staatsstreiches eine Unterredung mit Janajew, nach der er die Botschaft des «Staatskomitees» an die Welt über das Außenministerium verbreiten ließ.

Gorbatschow hält vor dem Russischen Parlament eine Rede, in der er bekannt gibt, daß er mit Jelzin den Rücktritt der gesamten Regierung der UdSSR sowie die wechselseitige Vertretung beider Präsidenten im Krisenfall vereinbart hat. Gorbatschow erläutert seine Positionen. Nachdem er abermals an der KPdSU festhalten, sie nur reformieren will, unterzeichnet Jelzin provokativ eine Verfügung, die die Tätigkeit der KPdSU auf russischem Gebiet untersagt, bis ihre Verwicklung in den Putsch geklärt ist. Jelzin verbietet auch die Zeitungen, die den Putsch unterstützt haben.

In Moskau werden die Putschisten Baklanow, Starodubzew sowie der am Putsch beteiligte stellvertretende Verteidigungsminister Walentin Warennikow, der für die Armee-Einsätze im Baltikum verantwortlich war, verhaftet.

Am heutigen 52. Jahrestag der Unterzeichnung des Hitler-Stalin-Paktes verbietet auch Lettland die KP, ihr Eigentum wird eingezogen. Alfred Rubiks, Vorsitzender der orthodoxen KP, wird verhaftet. Estland verbietet das KGB, dessen Eigentum wird konfisziert. Die Führung der litauischen KP verläßt das Land mit einer militärischen Eskorte.

Nach einem Bericht der «Washington Post» hatten die Putschisten Gorbatschow die Codes für das Auslösen der sowjetischen Atomwaffen abgenommen.

24. August 1991: Dmitrij Komar, Ilja Kritschewski und Wladimir Usow, drei Todesopfer des Putsches, werden auf dem Wagankowskoje-Friedhof beigesetzt. Mehr als eine Million Menschen gibt ihnen das letzte Geleit.

Gorbatschow tritt als Generalsekretär der KPdSU zurück und empfiehlt dem ZK die Selbstauflösung. Er beruft den russischen Ministerpräsidenten Iwan Silajew an die Spitze eines «Komitees für die Leitung der Wirtschaft», das die abgelöste sowjetische Regierung ersetzen soll. Die weiteren Mitglieder sind Lischow, stellvertretender Moskauer Bürgermesiter, Arkadi Wolskij und der Reformökonom Grigori Jawlinski. Zugleich untersagt Gorbatschow jede parteipolitische Tätigkeit im Staatsapparat, ausdrücklich auch in der Armee und im KGB.

Die Ukraine erklärt ihre Unabhängigkeit mitsamt eigener Währung und Armee. Am 1. Dezember soll sie durch ein Referendum bestätigt werden und dann in Kraft treten.

Boris Jelzin erkennt die Unabhängigkeit von Estland und Lettland an. In einem Dekret ordnet er an, daß die Archive der KPdSU und des KGB russischer Kontrolle unterstellt werden.

In seiner Moskauer Wohnung begeht Marschall Sergej Achromejew, persönlicher Militärberater Gorbatschows, Selbstmord. Er wurde bisher nicht mit dem Putsch in Verbindung gebracht.

25. August 1991: In Minsk erklärt das Parlament von Weißrußland (Bjelorußland) die Unabhängigkeit der Republik.

Boris Jelzin stellt alle Kommunikationseinrichtungen der sowjetischen Regierung unter russische Kontrolle.

26. August 1991: Boris Jelzin läßt seinen Vizepräsidenten Alexander Ruzkoi warnen: Rußland behalte sich das Recht, die Frage einer Revision der Grenzen aufzuwerfen, für den Fall vor, daß einzelne Republiken aus der (wie auch immer gearteten) Union ausscheren.

Mit einer Schweigeminute für die Todesopfer des Putsches beginnt in Moskau die Sondersitzung des Obersten Sowjets der UdSSR, dessen Präsident Anatoli Lukjanow wegen der gegen ihn erhobenen Vorwürfe zurücktritt. Michail Gorbatschow nimmt einen Teil der Schuld für den Putsch auf sich und schließt nunmehr jeden Kompromiß auf dem Weg zu umfassenden Reformen aus. Er ruft zur baldigen Unterzeichnung des neuen Unionsvertrages auf, danach sollen alle Staatsorgane eine demokratische Legitimierung erhalten. Auch der Präsident soll direkt durch das Volk gewählt werden.

In Moskau begeht der Verwaltungschef der KPdSU, Krutschina, Selbstmord. Auch er war bisher nicht mit dem Putsch in Verbindung gebracht worden.

27. August 1991: Im Obersten Sowjet der UdSSR werfen Vertreter der kleineren Republiken Rußland vor, die Hegemonie in der zerfallenden Union anzustreben.

Michail Gorbatschow trifft mit den Präsidenten Boris Jelzin, Nursultan Nasarbajew (Kasachstan) und Askar Akajew (Kirgisien) zusammen. Es habe Einigkeit bestanden, die UdSSR als «Union souveräner Staaten» zu erneuern. Jelzin erklärt, daß Rußland gegenüber allen Staaten der Union am Prinzip der Unverletzlichkeit der Grenzen festhalten werde.

Das zu zwei Dritteln von Rumänen bewohnte Moldawien erklärt seine Unabhängigkeit, worauf der neue Staat sofort von Rumänien anerkannt wird.

Neuer Chef des sowjetischen Fernsehens wird Jegor Jakowlew, bisher Chefredakteur der kritischen Zeitschrift «Moscow News».

28. August 1991: Der Oberste Sowjet der UdSSR setzt offiziell die bisherige Regierung ab und bestätigt als provisorische Regierung das «Komitee zur Führung der Volkswirtschaft» unter der Leitung des russischen Ministerpräsidenten Iwan Silajew.

In einer kämpferischen Rede setzt sich Gorbatschow vehement für den Erhalt der Union ein. Falls dies nicht gelinge, werde er zurücktreten. Zum neuen Außenminister der UdSSR ernennt Gorbatschow den bisherigen Botschafter in der ČSFR, Boris Pankin, der den Putsch scharf verurteilt hatte. Des weiteren löst Gorbatschow das leitende KGB-Kollegium auf.

Boris Jelzin unterzeichnet ein Dekret, das rückwirkend zum 25. August das gesamte sowjetische Finanzwesen (darunter auch den Handel mit Edelmetallen und -steinen) russischer Kontrolle unterstellt. Weiterhin bittet Jelzin ausländische Regierungen, die Auslandskonten der KPdSU einzufrieren.

In Bonn unterzeichnen Außenminister Hans-Dietrich Genscher und die Außenminister der baltischen Republiken die Urkunden über die Aufnahme diplomatischer Beziehungen zwischen der Bundesrepublik Deutschland und Estland, Lettland sowie Litauen.

29. August 1991: In Kiew unterzeichnen Vertreter der Ukraine und Rußlands, der beiden wichtigsten Republiken der UdSSR, ein Acht-Punkte-Abkommen, das ein «unkontrolliertes Auseinanderfallen» der «ehemaligen UdSSR» verhindern soll. Die beiden Republiken schaffen damit einen Staatenbund, der vor allem die Wirtschaft und die nationale Sicherheit regeln soll. Alle anderen Republiken werden zum Beitritt oder zum Abschluß ähnlicher Abkommen aufgefordert. Anderntags fordert der Präsident Kasachstans, Nursultan Nasarbajew, eine Übereinkunft aller Sowjetrepubliken zur Schaffung eines «gemeinsamen Wirtschaftsgebietes».

Die KP Kasachstans gibt ihre Trennung von der KPdSU und ihre Auflösung bekannt. Auch die KP Tadschikistans vollzieht diesen Schritt, um eine «demokratische Partei» zu werden.

30. August 1991: Der Oberste Sowjet der UdSSR entzieht Michail Gorbatschow die weitreichenden Präsidial-Vollmachten, die ihm im September 1990 zugestanden worden waren. Für eine Übergangszeit soll der «Sicherheitsrat» unter Gorbatschow als höchstes politisches Organ arbeiten. Nachdem Reformer wie Schewardnadse, Popow und Alexander Jakowlew absagten, gehören dem «Sicherheitsrat» nun Gorbatschow, sein Berater Jewgeni Primakow, KGB-Chef Wadim Bakatin und Vertreter der Republiken an.

Rußland und Kasachstan unterzeichnen in Alma Ata ein Abkommen, das dem «unkontrollierten Zerfall» der UdSSR entgegenwirken soll.

Jelzin bricht zu einer aus Sicherheitsgründen nicht öffentlich angekündigten Reise in die baltischen Republiken auf, wo er unter anderem über den baldigen Abzug der Omon-Truppen des sowjetischen Innenministeriums verhandelt.

Aserbaidschans Parlament stellt einstimmig die uneingeschränkte Unabhängigkeit der Republik wieder her. Die KP der Republik verläßt die KPdSU und zieht alle Vertreter aus deren Gremien zurück.

Anatoli Lukjanow wird verhaftet.

31. August 1991: Usbekistan und Kirgisien (Kyrgystan) erklären ihre Unabhängigkeit.

Oberbürgermeister Popow ordnet an, daß das Moskauer Lenin-Museum zum 1. Oktober geräumt wird.

Das Atomwaffenversuchsgelände Semipalatinsk in Kasachstan wird von kasachischen Behörden für geschlossen erklärt. Hier wurden bisher 500 atomare Sprengköpfe gezündet.

1. September 1991: In einem Fernsehinterview lehnt Michail Gorbatschow einen Rücktritt ausdrücklich ab. Er erklärt zugleich, er werde die Unabhängigkeit der baltischen Republiken akzeptieren.

Der britische Premierminister John Major, der als derzeitiger Vorsitzender der G-7-Gruppe zuvor US-Präsident George Bush besuchte, trifft in Moskau mit Gorbatschow und Jelzin zusammen. Er nennt die Voraussetzungen für umfassende Wirtschaftshilfe: Radikale Wirtschaftsreformen und Verringerung der Militärausgaben.

In Baku, der Hauptstadt Aserbaidschans, demonstrieren Tausende gegen den Präsidenten Ajas Mutalibow. Er wird zum Rücktritt aufgefordert, da er den

Putsch nicht klar verurteilt habe. Mutalibow verlangt von Gorbatschow, die sowjetischen Truppen als den einzigen Garanten für Stabilität im Lande zu belassen.

2. September 1991: In Moskau kommt der Kongreß der Volksdeputierten der UdSSR zu einer Sondersitzung zusammen. Der Präsident Kasachstans, Nasarbajew, verkündet überraschend, daß die Vertreter von zehn Republiken mit dem Präsidenten Michail Gorbatschow einen neuen Unionsvertrags unterzeichnen wollen. Für die Übergangszeit bis zur Annahme einer neuen Verfassung sollen ein 200 Mitglieder starker «Repräsentantenrat der Volksdeputierten», ein «Staatsrat», dem der Präsident der UdSSR sowie die Präsidenten der Republiken angehören, sowie ein Wirtschaftskomitee geschaffen werden und an die Stelle des Obersten Sowjets und des Kongresses der Volksdeputierten treten. Der bisherige Kongreß der Volksdeputierten solle binnen drei Tagen über diesen Plan abstimmen, der einer Selbstauflösung gleichkommt und von den zentralen Machtstrukturen einzig das Amts des Präsidenten Gorbatschow bestehen ließe.

Gegen sieben Führer des Putsches wird Anklage wegen Hochverrats erhoben.

3. September 1991: In der georgischen Hauptstadt Tiflis demonstrieren Tausende von Oppositionellen gegen den Präsidenten Swiad Gamsachurdia, da er während des Putsches eine schwankende Haltung eingenommen habe. Georgische Sondertruppen lösen die Demonstration gewaltsam und unter Einsatz von Schußwaffen auf. Gamsachurdia läßt die Führer der Opposition festnehmen.

Berg-Karabach, die armenische Enklave in Aserbaidschan, erklärt sich zu einer eigenständigen Republik der Sowjetunion.

Die Ukraine ernennt mit General Konstantin Morasow, dem bisherigen Oberbefehlshaber der sowjetischen Luftwaffe in der Ukraine, einen eigenen Verteidigungsminister.

4. September 1991: Der Wirtschaftsreformer Stanislaw Schatalin berichtet im Fernsehen, Wirtschaftsexperten von 13 der 15 Republiken hätten die Bildung einer Wirtschaftsgemeinschaft diskutiert, die in einigen Punkten der EG ähnele. Eine gemeinsame Währung sei nicht vorgesehen, aber die Zoll- und Steuerpolitik sollten koordiniert werden. Außerdem solle Freizügigkeit für Arbeitskräfte herrschen.

5. September 1991: Das Ende der Sowjetunion wird besiegelt. Mit überwältigender Mehrheit verabschiedet der Kongreß der Volksdeputierten in Moskau die neue Machtstruktur, die den Übergang zur «bürgerlich-demokratischen Gesellschaft» ermöglichen soll. Bis zur Unterzeichnung eines neuen Unionsvertrages und zur Verabschiedung einer neuen Verfassung soll folgende, von Gorbatschow mit aller Macht durchgepeitschte Ordnung gelten: Der bisherige Oberste Sowjet wird zu einem Parlament, das aus zwei selbständigen Kammern, dem Rat der Republiken und dem Rat der Union, besteht und «höchstes Machtorgan» ist. Der bisherige Präsident der UdSSR und die Präsidenten der Republiken bilden den «Staatsrat», dessen Beschlüsse als «bindend» bezeichnet werden. Die Koordinierung der Volkswirtschaft und die Wirtschaftsreform sind schließlich Aufgabe des «Interrepublikanischen Wirtschaftskomitees», dessen Vorsitzender vom Präsidenten der UdSSR unter Zustimmung des Staatsrates nominiert wird.

Zu den Autoren

Ulrich Albrecht, geb. 1941, Professor am Institut für internationale Politik und Regionalstudien des Fachbereichs Politische Wissenschaft der FU Berlin. Er hat sich längerfristig mit der Rüstung der UdSSR beschäftigt (Veröffentlichung 1989: *Die sowjetische Rüstungsindustrie*) und ist als Leiter des Forschungsinstituts der Berghof-Stiftung u. a. an dem Aufbau einer sowjetisch-deutschen Konversionsagentur in Leningrad beteiligt.

Hartwig Bögeholz, geb. 1952, Soziologe und freier Publizist, lebt in Bielefeld. Bei rororo aktuell erschien: *«Gebt uns Demokratie oder gebt uns den Tod». China: Das Massaker und die Folgen* (1989), im Selbstverlag erschienen: *Der Krieg um Kuwait. Eine Chronologie mit allen UN-Resolutionen* (1991).

Barbara Dietz, geb. 1949, lebt in München und ist dort wissenschaftliche Mitarbeiterin am Osteuropa-Institut.

Klaus-Helge Donath, geb. 1956, seit Januar 1990 Korrespondent der *tageszeitung* in Moskau.

Iwan Dsjuba, geb. 1931, Literaturkritiker; Mitarbeiter des Instituts für Literatur der Ukrainischen Akademie der Wissenschaften; Mitglied der ukrainischen Volksbewegung «Ruch», lebt in Kiew.

Wolfgang Eichwede, geb. 1942, Dr. phil., Professor für Zeitgeschichte und Politik in Osteuropa an der Universität Bremen sowie Direktor der Forschungsstelle Osteuropa. Zu den Arbeitsschwerpunkten (dazu auch Publikationen) zählen Fragen der internationalen Politik und Sozialgeschichte. In den letzten Jahren gilt sein besonderes Interesse der Ausbildung gesellschaftlicher Bewegungen und einer neuen politischen Kultur in Rußland und der früheren UdSSR.

Leonid Gosman, geb. 1950, Dr. phil., arbeitet als Assistenzprofessor in der Abteilung für Psychologie an der Lomonossov-Universität in Moskau. Er ist Vorsitzender der Vereinigung praktischer Psychologen der UdSSR und hat zahlreiche Arbeiten zur Sozial- und Familienpsychologie und zur politischen Psychologie veröffentlicht.

Andrej Gurkow, geb. 1959, studierte Journalistik an der Moskauer Lomonossow-Universität; Redakteur bei der Kulturzeitung *Sowjetskaja Kultura*, danach bei dem Reformblatt *Moskowskije Nowosti*; seit 1988 Leiter der deutschsprachigen Ausgabe *Moskau News* in Köln.

Gassan Gussejnow, geb. 1953 in Aserbaidschan, lebt in Moskau. Mitarbeiter am Institut für Weltliteratur; Autor von Büchern und Artikeln zur klassischen Philologie, Sprachphilosophie und Kulturgeschichte. Seit 1990 Vorlesungen an Universitäten in den USA, Italiens, der Schweiz und Deutschlands. Zur Zeit Forschungsstipendiat der Alexander-von-Humboldt-Stiftung in Heidelberg.

Uwe Halbach, geb. 1949, Dr. phil., Studium der europäischen Geschichte und der Slawistik an der Universität Köln, Mitarbeiter am Seminar für osteuropäische Geschichte; seit 1986 Mitarbeiter am Bundesinstitut für ostwissenschaftliche und internationale Studien.

Andreas Heinemann-Grüder, geb. 1957, Dr. phil, Wissenschaftlicher Mitarbeiter am Forschungsinstitut der Berghof-Stiftung. Veröffentlichungen zur sowjetischen Politik im arabisch-israelischen Konflikt, zur Geschichte der sowjetischen Atombombe und zur Migration deutscher Naturwissenschaftler und Techniker in die Sowjetunion; arbeitet zur Zeit über Sysstemtransformation und Konversion in der Sowjetunion.

Hans-Hermann Höhmann, geb. 1933, Prof. Dr., Leitender Wissenschaftlicher Direktor und Leiter des Forschungsbereichs Wirtschaft am Bundesinstitut für ostwissenschaftliche und internationale Studien. Honorarprofessor an der Universität Köln.

Barbara Kerneck-Samson, geb. 1947, seit 1988 Korrespondentin der *tageszeitung* in Moskau; veröffentlichte jüngst eine Jelzin-Biographie: *Boris Jelzin*, München 1991 (erweiterte und aktualisierte Neuausgabe Oktober 1991).

Otto Lacis, geb. 1934, Studium der Journalistik an der Moskauer Lomonossow-Universität; bis zum Staatsstreich im August 1991 Erster Stellvertretender Chefredakteur der theoretischen Zeitschrift des ZK der KPdSU *Kommunist* und Mitglied des ZK der KPdSU; seit August 1991 Mitglied der Redaktion der Zeitung *Iswestija*, lebt in Moskau.

Michaela Riese, geb. 1943, von 1986 bis 1991 Korrespondentin für den *Parlamentarisch-Politischen Pressedienst*, *Die Rheinpfalz* u.a. Tageszeitungen in Moskau. Freie Journalistin in Bonn.

Eduard Ambrosejewitsch Schewardnadse, geb. 1928 in Georgien, von 1964 bis 1972 Innenminister von Georgien, dann Erster Sekretär der KP Georgiens, ab 1976 Mitglied des ZK der KPdSU, seit 1985 Mitglied des Politbüros und Außenminister der UdSSR. Im Dezember 1990 trat er von diesem Amt zurück.

Hans-Henning Schröder, geb. 1949, Dr. phil., Osteuropahistoriker, Referent am Bundesinstitut für ostwissenschaftliche und internationale Studien, Veröffentlichungen zum Stalinismus und zur sowjetischen Rüstungs- und Sicherheitspolitik.

Werner Sörgel, geb. 1931, Soziologe und Politologe, Geschäftsführender Gesellschafter des SINUS-Instituts München.

Friedhelm Wachs, geb. 1963, Diplompolitologe und Osteuropaexperte, lebte 1984/85 in Moskau, arbeitete für die *tageszeitung* als Osteuroparedakteur und hat mehrere Studien zur wirtschaftlichen Entwicklung in Osteuropa veröffentlicht. Wachs lebt und arbeitet heute als Unternehmens- und Managementberater in Meißen.

der BRD [illegible] Mitglied der [illegible] August [illegible] der Redaktion der Zeitschrift [illegible]

[illegible] Bonn.

[illegible] Wuppertal [illegible] 1969 [illegible] in Darmstadt [illegible]

Hans-Hermann Schneider, geb. 1952 [illegible] Studium [illegible] Studien [illegible] Vorstellungen und [illegible]

Werner Sorell, geb. 1936 [illegible] Politologe [illegible] Mitarbeiter [illegible]

[illegible] 1948 [illegible] Studium [illegible]

Osteuropa

«Gorbatschow wird in die Geschichte eingehen als ein Mann, der die Welt verändert hat. Doch nachdem nicht nur die Völker Osteuropas, sonderen auch die der Sowjetunion ihr Selbstbestimmungsrecht wahrzunehmen versuchen, erweist er sich als Machtpolitiker, dem es in erster Linie um die Aufrechterhaltung des Imperiums geht. Auch bei ihm wird aber der Gedanke reifen müssen,. daß es für die Sowjetunion allemal günstiger ist, unabhängige, aber verläßliche Partner zu haben als abhängige, feindlich gesinnte Vasallen.»
Andrejs Urdze

Andrejs Urdze (Hg.)
Das Ende des Sowjetkolonialismus
Der baltische Weg
(rororo aktuell 12897)
In diesem Buch berichten Autoren aus den baltischen Staaten über die traumatischen Erfahrungen der Okkupation und die Folgen der Einverleibung in die Sowjetunion.

G. Koenen / K. Hielscher
Die schwarze Front *Der neue Antisemitismus in der Sowjetunion*
(rororo aktuell 12927)
Die Autoren erklären den wachsenden Antisemitismus seit der Perestroijka-Zeit und benennen die ihn tragenden gesellschaftlichen Gruppen und ihre Motive.

Steffi Engert / Uwe Gartenschläger
Der Aufbruch: Alternative Bewegungen in der Sowjetunion
Perestroika von unten
(rororo aktuell 12623)

rororo aktuell

In differenzierten Einzel- und Gruppenporträts beschreiben die Autoren was es heißt, in der heutigen Sowjetunion auszusteigen und ein selbstbestimmtes, anderes Leben zu führen.

Michail Gorbatschow
Die Rede *«Wir brauchen die Demokratie wie die Luft zum Atmen» Referat vor dem ZK der KPdSU*
(rororo aktuell 12168)
Eine Aufforderung, die UdSSR zu verändern, vorgetragen am 27. Januar 1987

Richard Wagner / Helmuth Frauendorfer (Hg.)
Der Sturz des Tyrannen
Rumänien und das Ende einer Diktatur
(rororo aktuell 12839)

Josip Furkes / Karl-Heinz Schlarp (Hg.)
Jugoslawien: Ein Staat zerfällt
Der Balkan - Europas Pulverfaß
(rororo aktuell 13074)

Václav Havel

«Mit **Václav Havel** ehren Sie einen unbequemen Intellektuellen, der weiß, daß er stört, und nicht daran denkt, davon zu lassen. Sie ehren einen Schriftsteller, der weiß, daß die Arbeit an den Worten absolut notwendig ist — eine Arbeit, die sich keiner in diesem Jahrhundert ersparen kann, in dem jedes Wort zum Slogan werden kann, in dem der Aufschrei des Herzens so vielen Manipulationen unterworfen werden kann und in dem gute Absichten zur allerschönsten Verpakkung schlechter Taten dienten.» André Glucksmann in seiner Laudatio auf Václav Havel anläßlich der Verleihung des Friedenspreises des Deutschen Buchhandels 1989

Das Gartenfest. Die Benachrichtigung *Zwei Dramen. Essays. Antikoden*
(rororo 12736)

Die Gauneroper. Das Berghotel. Erschwerte Möglichkeit der Konzentration. Der Fehler
Theaterstücke
(rororo 12880)
«Ich frage bei jeder Gelegenheit Havels politische Bewunderer: Kennen Sie seine Stücke? Seine Stücke geben dem Politiker Havel Dimensionen, ohne die man ihn nicht verstehen kann.»
Milan Kundera

Largo Desolato *Schauspiel*
Mit einem Vorwort von Siegfried Lenz
(rororo 5666)

Vaněk-Trilogie: Audienz. Vernissage. Protest – Versuchung. Sanierung *Theaterstücke*
(rororo 12737)

rororo Literatur

Fernverhör *Ein Gespräch*
(rororo 12859)

Am Anfang war das Wort *Texte von 1969 bis 1990*
(rororo aktuell essay 12838)

Briefe an Olga *Betrachtungen aus dem Gefängnis*
(rororo aktuell essay 12732)

Angst vor der Freiheit *Essay*
(rororo essay 13018)

Versuch, in der Wahrheit zu leben
Essay
(rororo aktuell essay 12622)

Im Verlag Rowohlt · Berlin ist erschienen:

Eda Kriseová
Václav Havel. Dichter und Präsident
Die autorisierte Biografie
Deutsch von E. Thiele, G. Heißig und M. Pasetti
288 Seiten mit Abbildungen.
Gebunden.

Probleme Afrikas

«Der Weiße kam und hatte die Bibel in der einen Hand, das Gewehr in der anderen, und er gab dem Schwarzen die Bibel und nahm ihm sein Land. Und er lehrte den Schwarzen: "Wenn ich, dein Herr, dich auf die eine Wange schlage, dann halte auch die andere hin; denn deinen Frieden wirst du erleben in der anderen, jenseitigen Welt." Der Weiße freut sich an diesem Himmel hier in der Gegenwart, uns aber will er einreden, daß unser Teil an diesem Himmel, an diesem Land, im Jenseits läge. Aber wir wollen keine spirituelle Teilhabe an unserem Land. Wir wollen dieses Land, das wir aufgebaut haben, hier und jetzt.»
Winnie Mandela

Reimer Gronemeyer (Hg.)
Der faule Neger *Vom weißen Kreuzzug gegen den schwarzen müßiggang*
(rororo aktuell 13071)
«Making the lazy nigger work»: Zwangsarbeit, Arbeitshäuser, die Erziehung zu Ordnung, Pünktlichkeit und Gehorsam - das waren die Imperative des «Evangeliums der Arbeit», in dessen Namen die Schwarzen im 19. Jahrhundert «zivilisiert» werden sollten. - Dieses Buch ist nicht nur eine paradigmatische Fallstudie vom Scheitern der Arbeitsgesellschaft in Afrika, sondern es deckt auch die Spuren gewalttätiger Zerstörungen auf dem Wege der Verinnerlichung der Arbeitsgesellschaft bei uns auf. Der Band ist ausgestattet mit zahlreichen Fotos.

rororo aktuell

Mary Benson
Nelson Mandela - die Hoffung Südafrikas
(rororo aktuell 5887)
Mary Benson, geboren in Pretoria, interviewte Mandela im Untergrund und berichtete 1964 dem UNO-Ausschuß über Apartheid und über die Angeklagten im Rivonia-Prozeß.

Bedrohte Welten

«Nur wenige unserer Zeremonien können verpflanzt werden. Nur wenige unserer Zeremonien können wir für euch öffnen. Versucht nicht, uns nachzuahmen. Versucht nicht, euch fremde Haut überzustülpen. Es kommt nicht darauf an, ob man Deutscher, Chinese oder Indianer ist, es kommt darauf an, ob man den menschlichen Weg geht und alles nichtmenschliche Leben achtet. Dabei können wir uns gegenseitig helfen.»
Phillip Deere,
Medizinmann der Muskogee

Indianische Welten
Der Erde eine Stimme geben
Texte von Indianern aus Nordamerika
Lesebuch
Herausgegeben von Claus Biegert
(rororo aktuell 5219)
Der Autor hat in diesem Lesebuch Texte nordamerikanischer Indianer zusammengestellt. Sie zeigen die eigene Welt und die besondere Weltsicht der Ureinwohner Nordamerikas. Der Band enthält auch Texte indianischer Autoren, Stücke aus Erzählungen und Romanen dieser eigenen, bei uns noch kaum bekannten amerikanischen Literatur.

Julian Burger
Die Wächter der Erde *Vom Leben sterbender Völker*
Gaia Atlas / Großformat
(rororo aktuell 12988)
Ein mit vielen Fotos ausgestatteter Atlas über die bedrohten Völker der Welt. von den Aborigines Australiens bis zu den Massai-Stämmen Afrikas.

rororo aktuell

Petra K. Kelly / Gert Bastian (Herausgeber)
Tibet - ein vergewaltigtes Land
Berichte vom Dach der Welt
(rororo aktuell 12474)
Die Herausgeber sind seit Jahren aktiv in der Menschenrechtsarbeit für Tibet. Sie haben Berichte, Reportagen und Dokumente zusammengestellt, die ein authentisches und aktuelles Bild von Tibet zeichnen und auch die traditionsreiche Geschichte und Kultur des tibetischen Volkes lebendig werden lassen.

Bahman Nirumand (Hg.)
Die kurdische Tragödie *Die Kurden - verfolgt im eigenen Land*
(rororo aktuell13075)
Dieser Band analysiert die aktuelle Lage, beleuchtet die politischen Rivalitäten der verschiedenen Kurden-Parteien und vermittelt das nötige Hintergrundwissen zum Verständnis der «Kurdenfrage».

Ökologie

«Die Menschen werden zu Gefangenen zeitraubender Beschleunigung, verdummender Erziehung und krankmachender Medizin, weil die Abhängigkleit von verfassungsmäßig garantierten Industriegütern und Expertendiensten die menschlichen Möglichkeiten zerstört.»
Ivan Illich

R. Behrend /W. Paczian
Raubmord am Regenwald *Vom Kampf gegen das Sterben der Erde*
(rororo aktuell 12729)
«Es hat 100 Millionen Jahre gedauert, bis der Regenwald geschaffen war. Wir brauchten nur 40 Jahre, um die Hälfte aller tropischen Wälder unwiederbringlich zu zerstören.»
Aus dem Vorwort

R. Grießhammer, C. Hey, P. Hennicke, F. Kalberlah
Ozonloch und Treibhauseffekt *Ein Report des Öko-Instituts*
(rororo aktuell 12603)
Das Buch verdeutlicht die komplexen Ursachen und die möglichen Folgen von Ozonloch und Treibhauseffekt, und es zeigt, was geschehen muß, will man derKatastrophe noch Enhalt gebieten.

Henk Hobbelink
Bio-Industrie gegen die Hungernden
(rororo aktuell 12381)
Die Gen-Multis und die Lebens-Mittel der Dritten Welt.

Pat Mooney / Cary Fowler
Die Saat des Hungers *Wie wir die Grundlagen uinserer Ernährung vernichten*
(rororo aktuell 12987)

rororo aktuell

Cristina Perincioli
Die Frauen von Harrisburg oder«Wir lassen uns die Angst nicht ausreden»
(rororo aktuell 4719)
Der Beinahe-Gau in den USA - Frauen berichten von ihrer Angst, ihrer Wut und den Veränderungen, die in Harrisburg seitdem geschehen sind.

Ivan Illich
Selbstbegrenzung *Eine politische Kritik der Technik*
(rororo aktuell 4629)
«In der Zuspitzung seiner Zivilisationskritik wirkt Illich wie ein wiederauferstandener Rousseau. Seine Polemik in "Selbstbegrenzung" öffnet uns die Augen.»
Norddeutscher Rundfunk